적천수 강의

滴天髓講義 적천수 강의

CHŎKCHŎNSOO, the Classic of Myungri

낭월★박주현

2

동학사

책머리에

『적천수강의』1권을 쓰면서 참 많은 것을 생각하게 되었다. 가능하면 철초 선생의 의사를 올바르게 전달해야겠다는 것을 기준으로 삼고 낭월의 사견을 줄여야 한다는 생각도 많이 했는데 결과를 보니 역시 너무 소란을 피우지 않았는지 염려가 되어서이다. 물론 평소에 하고 싶었던 이야기들이기 때문에 나름대로 의미가 있는 것은 사실이라고 하겠지만 다른 선생님의 글에 대해서 설명을 붙이는 것이 새로 만드는 것보다 훨씬 어려운 작업이라는 것을 느끼게 된다.

이번 책에서는 『적천수』의 심장부라고 해도 좋을 내용이 풍성하게 포함되어 있는 부분을 다루게 된다. 그리고 말도 많고 탈도 많은 종격과 화격에 대한 부분에서는 현실적인 임상에 비중을 두고 낭월이 철초 선생의 주장에 대해서 다소 심하다고 생각될 정도로 의견을 드리면서도 철초 선생의 견해에 대해 정면으로 충돌한 것은 아닌가 싶어서 조심스럽기도 하지만, 이렇게밖에 할 수 없었던 것은 바로 벗님의 거의 90퍼센트 이상이 걸려들 수 있는 '외격병(外格病)—일명 적천수병'을 미연에 방지해 보려는 작업이라는 점을 헤아려 주시기만 바랄 뿐이다. 오늘의 최선을 다한 노력은 결국 내일의 밑거름이 될 것으로 믿고 그렇게 정진하고 있다.

　그런데『적천수강의』1권이 출판된 다음에 滴天髓라는 이름은 과연 무슨 뜻이냐는 문의가 많이 있었다. 그래서 책이름에 대한 해석도 해야 하는 것이구나 하는 생각이 들어서 여기 2권의 첫머리에서 한 말씀 드려 보도록 한다. 실로 이름에 무엇이 있는 것은 아닌 줄 알지만 그래도 자신이 공부하는 책의 이름이 무슨 뜻인지는 알아야 하지 않겠느냐는 질문에는 죄송한 생각이 들어서 의견을 말씀드리고 넘어가도록 한다.

　'滴天髓'의 뜻을 풀이하기가 참으로 어렵다는 것은 분명하다. 글자 그대로 대입을 해서 직감적으로 생각을 해보는 것이 좋겠다.

　滴―(물)방울적. 방울방울 작은 알갱이가 모여 있는 모양.
　天―하늘천. 자연이나 우주 등에 해당하는 의미.
　髓―골수수. 물질의 중심에서 사물의 핵심이 되는 것.

　이렇게 되면 대략 그 뜻이 나타난다고 하겠다. 이것을 잘 엮기만 하면 되겠기 때문이다. 그렇다면 어떻게 엮어 보실 참인가? 낭월은 이렇게 생각을 해봤다.

　'滴天髓'란, 자연의 이치가 방울방울 모여 있는 진리의 핵심이다. 아마도 이 정도의 의미로 이해하신다면 되지 않을까 싶다. 글자가 어려운 만큼 내용의 의미도 자못 심상치 않다고 해야 하겠다. 제목의 의미에 대해서는 이렇게 이해하시면 되겠다.

그리고 내용을 대략 살펴보면, 제8부에서는 「운세해석(運勢解釋)」이라는 이름으로 낭월의 임상 경험상 얻어진, 대운과 세운의 관계에 대해서 의견을 올려 봤다. 원문의 운세에 대한 부분을 이어서 설명을 드리는데, 이 대목은 늘 운세를 해석하는 부분의 설명에 대해서 배려를 적게 한다는 독자들의 견해를 적극 수용해서 별도의 책을 작성할 생각도 했지만, 마침 적절한 위치를 발견하고 여기에서 이해를 도와 드리기로 했다. 그래서 첨가되는 내용임을 헤아려 주시고 운의 대입에 자신이 없는 경우에는 이 부분을 살펴보는 것도 도움이 되시리라고 본다.

『적천수강의』2권에 대해서는 이 정도의 소개 말씀을 드리고 줄인다. 이미 1권에서 머리말을 썼기 때문에 여기에서는 시작하는 말씀을 드리지 않아도 되겠다는 생각을 했으면서도 또 책을 집어 드신 벗님이 왠지 앞장을 넘겼을 때 심심하실 것도 같아서 그냥 넘어가지 못하고 간단한 내용에 내한 의견을 첨가해 보는 것이거니와 모쪼록 이 자그마한 노력의 결실이 벗님의 자평명리학의 연구가 더욱 깊어지는 길에 채찍질이 되기만을 간절히 바란다. 그럼 다시 공부를 계속하시기 바라면서……

庚辰年 7월
계룡산 甘露寺에서 朗月 두손 모음

일러두기

1 이『적천수강의』에 이용된 주된 자료는 유백온(劉伯溫) 선생이 지은『적천수(滴天髓)』이다. 그리고 이『적천수』를 탁월한 안목으로 해석한 임철초(任鐵樵) 선생의 강의『적천수징의(滴天髓徵義)』를 바탕으로 삼았다.

2 보조 자료로는『적천수천미(滴天髓闡微)』를 활용했다.『징의』에 나오지 않은 내용이라고 생각되거나 서낙오(徐樂吾) 선생의 추가 말씀이라고 판단되는 것을 확인하는 용도로 주로 이용했다.

3『적천수징의』에 증주(增註)한 분이 서낙오 선생인데, 선생의 설명 부분 중 더러 필요 없는 부분도 발견된다. 그러므로 서낙오 선생의 삽입이라고 제시한 부분은 참고로 살펴보는 정도에서 그쳐도 좋을 것이다.

4『적천수』의 원문(原文)은 맨 앞에 싣고 한글로 음을 달았으며, 【滴天髓】라고 표시하였다.『적천수징의』원문도 이어서 싣고,【滴天髓徵義】로 제시하였으며, 역시 한글로 음을 달아서 바로 읽을 수 있도록 했다. 또, 번역은『적천수원문』은 ➊표를 사용하고,『적천수징의』는 ➤표를 각각 사용하여 제시하였다.

5 【徐樂吾 增註】로 표시가 되어 있는 것은, 철초 선생의 설명에 낙오 선생이 추가로 부연 설명하신 곳이다. 이것도 구분할 필요가 있을 것으로 생각되어 눈에 띄는 대로 표시를 하여 누구의 의견인지를 살피도록 하였고, 그 번역은 ➡표를 사용하였다.

6 【강의】라고 되어 있는 부분은 낭월이 생각하고 있는 점에 대한 개인적인 의견이다. 원문의 내용에 따라서 추가로 설명이 필요한 부분은 길게 설명할 것이고, 중복된 부분은 간략히 할 것이며, 또한 이 시대의 현실적인 상황과 논리적인 측면에서 일부 적합하지 않은 이론은 사견(私見)을 추가하도록 하겠다.

7 사주 명식은 『징의』에 나오는 원문에 속하지만 별도로 【滴天髓徵義】라는 표시는 하지 않았다.

8 차례는 책의 편집이 약간 부자연스럽다고 봐서, 원문의 형식은 그대로 두고 강의에서는 별도로 수정하였다.

9 사주 명식에서 연주는 맨 오른쪽에 위치한다.

10 내용 중에 '殺'이라는 말이 나오는데, 이것은 신살과 구분해서 편관의 별명으로 사용되고 있다는 점을 참고하기 바란다.

11 『적천수』나 『적천수징의』 등은 모두 오래 전 저술된 책들로 요즈음에는 잘 사용하지 않는 한자가 자주 등장한다. 『적천수강의』 2권부터는 이러한 한자들 중에서, 현재 사용되는 글자 가운데 같은 뜻의 글자가 있고 크게 무리가 없다고 생각되는 다음의 글자는 컴퓨터에서 지원되는 같은 글자로 바꾸어 게재하였다. 벗님들의 양해를 바란다.
① 冲→沖 ② 淫→濕 ③ 並→竝 ④ 豐→豊 ⑤ 幇→幫

책머리에 5
일러두기 8

제5부 종화순역

제1장 종상(從象) 17
제2장 화상(化象) 40
제3장 가종(假從) 57
제4장 가화(假化) 72
제5장 순국(順局) 86
제6장 반국(反局) 104

제6부 체용정신

제1장 체용(體用) 169
제2장 정신(精神) 181
제3장 월령(月令) 191
제4장 생시(生時) 203
제5장 쇠왕(衰旺) 218
제6장 중화(中和) 253
제7장 원류(源流) 263
제8장 통관(通關) 277
제9장 청탁(淸濁) 288
제10장 진가(眞假) 305
제11장 은원(恩怨) 323
제12장 한신(閑神) 332
제13장 기반(羈絆) 338

제7부 사주총론

제1장 한난(寒暖) 351
제2장 조습(燥濕) 366
제3장 재덕(才德) 376
제4장 분울(奮鬱) 385
제5장 은현(隱顯) 396
제6장 진태(震兌) 403
제7장 감리(坎離) 412
제8장 강과(强寡) 422
제9장 순역(順逆) 440
제10장 운세(運勢) 448

제8부 운세해석

제1장 대운(大運) 479
제2장 세운(歲運) 486
제3장 월운(月運) 490
제4장 일운(日運) 493
제5장 시운(時運) 495
제6장 연주운(年柱運) 496
제7장 월주운(月柱運) 498
제8장 일주운(日柱運) 501
제9장 시주운(時柱運) 502
제10장 용신운(用神運) 504
제11장 기신운(忌神運) 518
제12장 한신운(閑神運) 524
제13장 개운(開運) 530
제14장 인과(因果) 539
제15장 변수(變數) 542
제16장 결론(結論) 567

2권을 마치며 569

차례 1권

강의를 시작하기에 앞서
1. 『적천수』 저자 유백온 선생에 대해서
2. 『적천수징의』 저자 임철초 선생에 대해서
3. 『적천수징의』를 편집한 서낙오 선생에 대해서
4. 『적천수』 관련 책과 저자들

제1부 적천수 원문
원문
부연 설명

제2부 통신송
제1장 천지(天地)
제2장 인도(人道)
제3장 이기(理氣)
제4장 배합(配合)

제3부 간지총론
제1장 논천간(論天干)
제2장 논지지(論地支)
제3장 간지총론(干支總論)

제4부 형상격국
제1장 형상(形象)
제2장 방국(方局)
제3장 팔격(八格)
제4장 관살(官殺)
제5장 상관(傷官)

차례 3권

제9부 육친
- 제1장 부처(夫妻)
- 제2장 자녀(子女)
- 제3장 부모(父母)
- 제4장 형제(兄弟)

제10부 부귀빈천
- 제1장 부(富)
- 제2장 귀(貴)
- 제3장 빈(貧)
- 제4장 천(賤)
- 제5장 길(吉)
- 제6장 흉(凶)
- 제7장 수(壽)
- 제8장 요(夭)

제11부 성정질병
- 제1장 성정(性情)
- 제2장 질병(疾病)

제12부 출신지위
- 제1장 출신(出身)
- 제2장 지위(地位)

제13부 여명소아
- 제1장 여명(女命)
- 제2장 소아(小兒)

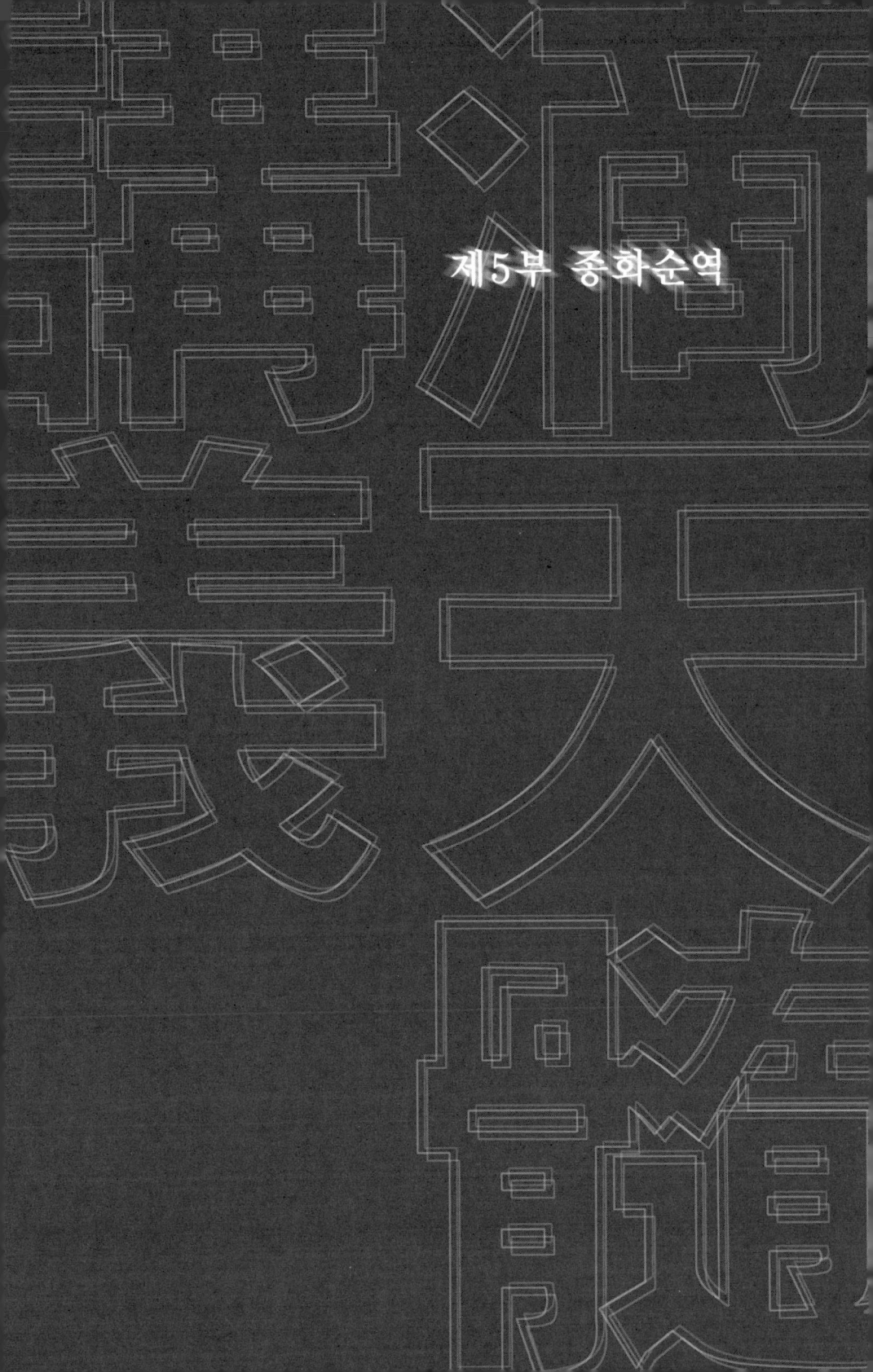

제5부 종화순역

제1장 종상(從象)

【滴天髓】

從得眞者只論從. 從神又有吉和凶.
종득진자지론종. 종신우유길화흉.

▶ 종을 얻어 참된 자는 다만 종으로만 논하는데 종을 하는 것에도 또한 좋고 나쁜 것이 있나.

【滴天髓徵義】

從象不一. 非專論財官而已也. 日主孤立無氣. 四柱無生扶之意. 滿局官星. 謂之從官. 滿局財星. 謂之從財. 如日主是金. 財神是木. 生於春令. 又有水生. 謂之太過. 喜火以行之. 生於夏令. 火旺洩氣. 喜水以生之. 生於冬令. 水多木泛. 喜土以培之. 火以暖之. 則吉. 反是則凶. 所謂從神又有吉和凶也. 尚有從旺, 從強, 從氣, 從勢, 之理. 比從財官更爲重要. 宜審察焉.

종상불일. 비전론재관이이야. 일주고립무기. 사주무생부지의. 만국관성. 위지종관. 만국재성. 위지종재. 여일주시금. 재신시목. 생어춘령. 우유수생. 위지태과. 희화이행지. 생어하령. 화왕설기. 희수이생지. 생어동령. 수다목범. 희토이배지. 화이난지. 즉길. 반시즉흉. 소위종신우유길화흉야. 상유종왕, 종강, 종기, 종세, 지리. 비종재관갱위중요. 의심찰언.

◆종을 하는 형상은 한 가지가 아니다. 종재나 종관살만 말하는 것도 아니다. 日主가 외롭게 서서 기운이 없고 사주에는 생부의 기운도 없는 상태에서 사주에 官殺이 가득하다면 종관이 되는 것이고, 재성이 사주에 가득하다면 다시 종재가 되는 것이다. 만약 일주가 金이 된다면 재성은 木이다. 그리고 寅卯월에 태어나서 다시 水가 생조까지 해준다면 태과하다고 말하게 되거니와 이때에는 火의 운으로 가는 것이 반갑게 된다.

　여름에 태어났으면서 불이 왕하여 목의 기운을 설기한다면 수의 생조를 기뻐하게 되는 것이고, 겨울에 태어났다면 물이 많아서 목은 떠버리게 되는 것이므로 이때에는 토의 배양을 기뻐하는 것이고 다시 화의 온기도 좋아한다. 이렇게 된다면 길하다고 하겠다. 그리고 이에 위배된다면 흉하게 되니 이른바 '종을 하는 것에도 길흉이 있다.' 고 하는 것이다. 그리고 종왕도 있고, 종강도 있고, 종기도 있고, 종세의 이치도 있는데, 종재관에 비해서 다시 중요하게 된다. 그러니까 마땅히 깊이 생각하고 살피는 것이 좋다고 하겠다.

　　從旺. 四柱皆比劫. 無官煞之制. 有印綬之生. 旺之極者. 從其旺神也. 要行比劫印綬則吉. 如局中印輕. 行傷食亦佳. 官煞運謂之犯旺. 凶禍立至. 遇財星, 羣劫爭財. 九死一生.

종왕. 사주개비겁. 무관살지제. 유인수지생. 왕지극자. 종기왕신야. 요행비겁인수즉길. 여국중인경. 행상식역가. 관살운위지범왕. 흉화립지. 우재성, 군겁쟁재. 구사일생.

◆종왕은 사주가 모두 비겁인데 관살의 제어가 없고 인수의 생이 있으면 왕하기가 극에 달한 셈이니 그 왕한 글자의 오행을 따른다. 이런 경우에 운은 인성이나 비겁으로 가는 것이 길하다. 사주 내에 인성이 약하면 식상의 운도 또한 좋다. 관살의 운은 왕신을 범하니 흉함이 그 자리에서 발생하며 재성의 운을 만나면 군겁쟁재가 발생하니 열에 아홉은 망한다고 하겠다.

從强. 四柱印綬重重. 比劫疊疊. 日主又當令. 絶無一毫財星官殺之氣. 謂二人同心. 强之極矣. 可順而不可逆也. 則純行比劫運, 則吉. 印綬運, 亦佳. 食傷運, 有印綬沖剋, 必凶. 財官運, 爲觸怒吐神. 大凶.
종강. 사주인수중중. 비겁첩첩. 일주우당령. 절무일호재성관살지기. 위이인동심. 강지극의. 가순이불가역야. 즉순행비겁운, 즉길. 인수운, 역가. 식상운, 유인수충극, 필흉. 재관운, 위촉노왕신. 대흉.

◆종강은 사주에 인수가 가득하고 비겁도 겹쳐서 있는 경우며, 일주는 또 당령을 한 상황에서 재성이나 관살의 기운은 눈곱만큼도 없을 경우에는 두 사람의 마음이 하나가 되었다고 해서 강하기가 극에 달했으니 또한 흐름을 따르는 것이 옳다. 그래서 비겁의 운으로 흐르는 것은 길하고 인성의 운도 좋다. 식상의 운은 인수에게 극을 받으

니 반드시 흉하고 재관의 운은 왕신을 건드려서 노하게 하니 크게 흉하다.

아마도 낙오 선생의 추가인 듯

按從旺從強與獨象及兩神成象格中之相成格相似.
안종왕종강여독상급량신성상격중지상성격상사.

➡ 종왕과 종강을 살펴보니 독상과 같거나, 양신성상격 중의 상성격과 많이 닮아 있다.

從氣. 不論財官印綬食傷之類. 如氣勢在木火. 要行木火運. 氣勢在金水. 要行金水運. 反此則凶.〔徐樂吾曰〕按卽從財官從兒格.
종기. 불론재관인수식상지류. 여기세재목화. 요행목화운. 기세재금수. 요행금수운. 반차즉흉.〔서낙오왈〕안즉종재관종아격.

➡ 종기는 재성, 관성, 인수, 식상 등을 논하지 않고, 그 기세가 木火에 있다면 운은 목화의 운을 좋아하고, 기세가 金水에 있다면 운도 금수로 가는 것을 요하는데, 이에 반하면 흉하다.〔서낙오 선생 말씀〕살펴보면 종재나 종관살 종아격이다.

從勢. 日主無根. 四柱財官食傷竝旺. 不分強弱. 又無劫印生扶. 日主又不能從一神而去. 惟有和解之可也. 視其財官食傷之

中. 何者獨旺. 則從旺者之勢. 如三者均停. 不分强弱. 須行財運 以和之. 引通食傷之氣. 助其財官之勢. 則吉. 行官煞運次之. 行 食傷運又次之. 如行比劫印綬. 必凶無疑.

　종세. 일주무근. 사주재관식상병왕. 불분강약. 우무겁인생부. 일주우불능종일신이거. 유유화해지가야. 시기재관식상지중. 하자독왕. 즉종왕자지세. 여삼자균정. 불분강약. 수행재운이화지. 인통식상지기. 조기재관지세. 즉길. 행관살운차지. 행식상운우차지. 여행비겁인수. 필흉무의.

➡ 종세는 일주가 뿌리가 없고 사주에 재관식상이 모두 왕해서 어느 것이 강하고 약한지는 구분하기 어렵고, 또 인성이나 비겁의 생부도 없지만 일주는 어느 한 글자를 따라서 종하기도 불가능하다. 오로지 사주에서 화해를 시켜 줘야만 가능한 것이다. 그래서 재관식상 중에서 어느 글자가 특히 강한지를 보고 그를 따라서 종하게 되는 것이다. 그리고 셋이 모두 공평하게 강해서 강약을 구분하기가 어려울 경우에는 모름지기 재성의 운을 만나야 식상의 기운을 유통시키고 관살의 세력을 도와 주니 가장 좋고, 관살의 운은 그 다음이다. 그리고 식상의 운은 또 좀 떨어진다. 만약 비겁이나 인성의 운으로 간다면 그 흉함을 의심할 것이 없다.

【 강의 】

　이제부터는 말도 많고 탈도 많은 『적천수』의 종격병이 발생할 가능성이 있는 지뢰밭을 통과해야 한다. 물론 낭월이 지뢰가 있는 곳에는 일일이 표를 달아서 위험하지 않도록 하겠지만 그래도 혹 모르므로 신경을 바짝 곤두세우고 진행하시기 바란다. 여기에서 혼란을 일으키면 적어도 6개월 이상 길면 몇 년의 고생을 해야 할지도 모르겠기 때문이다. 무수히 많은 선배님들이 혼란을 겪게 되는 것은 바로 이 從化에 해당하는 장에서이다. 미리 갖춰야 할 장비로는 '웬만하면 正格 방패'면 충분하다. 정격으로 보고 생각을 하면 되므로 내용에 대해서는 의미를 부여하지만 실제로 등장하는 사주에 대해서는 가볍게 살피면서 현실적으로 이해를 하시면 되겠다. 미리 이렇게 말씀을 드렸는데도 엉뚱하게 종화병(從化病)이 발생한다면 이제는 낭월의 책임이 아니라는 말씀을 드릴 참이다.

　설명을 보면 日主를 金으로 놓고 사계절에 대입을 하는 장면이 나온다. 물론 종격이라고 하는 의미에서 본다면 별문제는 없겠지만 내용에서는 문제가 상당히 있음도 본다. 즉 겨울에 木의 입장에서 물이 너무 많으면 목이 떠버리게 되므로 土가 필요하다는 내용이 그렇다. 토를 쓰면 재성이 되어 버리는데 무슨 망발이냐고 해야 할 모양이다. 그리고 너무 한 가지의 방향으로 생각하신 결과라고 보아 이해는 되지만 그래도 가능하면 겨울의 목으로 종하는 상황에서 토가 필요하다는 것은 자칫 종격으로 몰아가는 분위기의 시작임을 인식하는 것이 좋겠다.

　그리고 종의 상황을 네 가지로 구분하셨는데, 일리가 있는 말씀이라고 하겠다. 우선 종왕격과 종강격으로 나눈 것은 인성이 많은가 비겁이 많은가의 차이라고 하면 되겠다. 그리고 보다 중요한 것은 인성이 많으면 식상의 운을 못 쓰고 비겁이 많으면 관살의 운을 못 쓴다는 것을 생각하면 좋겠다. 즉 종강격에서도 인성이 많지 않으면 식상의 운이 유통을 시키므로 좋다고 하겠는데, 인성이 많아 버리면 식상은 인성에게 질려 버리니까 식상은 어렵다는 것이다. 다시 비겁이 많으면 관살이 왔을 경우에 비겁들이 화를 내므로 인성이 많이 있는 상황에서 관살의 운도 무난한 것에 비한다면 역시 차이가 크다고 하겠다. 그래서 언뜻 생각해 보면 비슷할 것으로 보이지만 그 속을 보면 역시 생극제화의 이치로써 대입을 하면 아무런 어려움이 없다는 것을 발견하게 되고, 그외에 다른 어려움은 없다고 하겠다.

그리고 종기격은 일반적으로 말하는 신약무근해서 종하는 형상을 뜻하는 것으로 보면 되겠다. 즉 종아격(또는 종식상격)이나 종재격 또는 종살격(종관격) 등을 두고 하시는 말씀인 모양이다. 어찌 보면 종격다운 종이라고 하겠다. 그리고 이렇게 신약하고 무력한 상황에서 종기격이 되었다고 치고 그중에서도 왕성한 세력이 무엇인가를 구분하게 되는데, 종기격은 한 가지가 많이 강력할 경우에 그 기운을 따르면 되므로 별문제가 없다. 그런데 식상이나 재관이 서로 균능하게 세력을 이루고 있다면 과연 어느 성분을 따라가야 할 것이냐는 점이 발생하게 된다. 그 경우에 비교적 강한 세력을 따른다는 말로 이해하면 되겠고, 이미 본문의 내용에서 충분히 이해가 되리라고 보겠다. 그러나저러나 이제부터는 철초 선생과 많이 싸우게 생겼다.

丙	乙	丙	戊
戌	未	辰	戌

甲	癸	壬	辛	庚	己	戊	丁
子	亥	戌	酉	申	未	午	巳

乙未生於季春. 蟠根在未. 餘氣在辰. 似乎財多身弱. 但四柱皆財. 其勢必從. 春土氣虛. 得丙火以實. 且火乃木之秀氣. 土乃火之秀氣. 三者爲全. 無金以洩之. 無水以靡之. 更喜運走南方火地. 秀氣流行. 所以第發丹墀. 鴻筆走三千之績. 名題雁塔. 鰲頭冠五百之仙.

을미생어계춘. 반근재미. 여기재진. 사호재다신약. 단사주개재. 기세필종. 춘토기허. 득병화이실. 차화내목지수기. 토내화지수기. 삼자위전. 무금이설지. 무수이미지. 갱희운주남방화지. 수기류행. 소이제발단지. 홍필주삼천지적. 명제안탑. 오두관오백지선.

➡ 을미가 辰月에 태어나 뿌리는 未土에 두고 있고 여기는 辰土에 두고 있는 상황이다. 언뜻 봐서는 재다신약인 것처럼 보인다. 다만 사주가 모두 재성이라 그 세력은 반드시 종을 하게 되었는데, 봄의 土는 그 기운이 허해서 丙火를 얻어야만 견실해진다. 또 병화는 木의 기운이 빼어나는 성분이기도 하고 토는 다시 화의 빼어난 기운이기도 하니 이 셋이 완전하고 金으로 설기하는 것이 없고 물의 더럽힘도 없는 상황인데, 다시 반갑게도 운이 남방의 火로 가게 되어서 빼어난 기운이 흘러 다닌다. 그래서 붉은 언덕에서 발하고 글은 삼천 종에 도달했으며 이름을 안탑에 올리고 5백 명의 신선 중에서 우두머리가 되었다.

【 강의 】

뭔가 멋진 일을 하신 모양이다. 단지(丹墀)는 귀한 땅을 말하는 것으로 봐서 대궐의 부근에서 살았던 모양이고, 5백 신선의 우두머리가 되었다는 말은 도가에서 이름을 날렸다는 뜻인 듯싶다. 그런데 여기에서 다시 용신에 대해서 의문을 제기하게 된다. 을목이 반근을 내렸다고 하면서도 종재를 한다는 말은 또 무슨 말인지 모르겠다. 언뜻 봐서 재다신약인 것처럼 보이는 것이 아니라 자세히 봐도 재다신약의 상황으로 보이니 참으로 철초 선생이 하지 말라는 말대로만 보고 있는 낭월인 모양이다. 그렇거나 말거나 실제로 이 사주를 지금 만났다면 일단 身弱用印格으로 보지 않을 수가 없다는 말씀을 드린다. 그렇게 해서 살펴 놓고서도 수운에서 발복이 되지 않았다고 한다면 비로소 종재격으로 봐도 늦지 않을 것이다.

그런데 실제로 초중운에서 火土金의 운을 잘 보낸 것으로 봐서는 일단 종재격으로 인정을 해야 할 것으로 보인다. 그리고 후에 신선이 된 것은 아마도 운이 나빠서 세상과 등진 것으로 이해해도 말이 되겠다. 그러면 되었지 무슨 말이 많으냐고 하실지도 모르겠는데, 실은 이지적으로는 그렇다고 해도 현실적으로는 웬만하면 버티고 종을 하지 않는다는 것을 생각하라는 말씀을 드리게 된다. 아마도 앞으로 나오는 대부분의 사주에 대해서 이렇게 토를 달아야 할 가능성이 많을 것 같다. 이 점 미리 참고하라고 당부드린다. 그렇지 않고서는 여지없이 적천수병(웬만하면 종을 하는 것으로 보게 되는 것)이 발생하게 된다는 것을 알아 두기 바란다.

```
戊   庚   壬   壬
寅   寅   寅   寅
庚 己 戊 丁 丙 乙 甲 癸
戌 酉 申 未 午 巳 辰 卯
```

庚金生於孟春. 四支皆寅. 戊土雖生猶死. 喜其兩壬透於年月.
引通庚金. 生扶嫩木. 而從財也. 亦是秀氣流行. 更喜運走東南.
生化不悖. 木亦得其敷榮. 所以早登甲第. 仕至黃堂.

경금생어맹춘. 사지개인. 무토수생유사. 희기량임투어년월.
인통경금. 생부눈목. 이종재야. 역시수기류행. 갱희운주동남.
생화불패. 목역득기부영. 소이조등갑제. 사지황당.

➡ 경금이 초봄에 태어났고 지지는 전부 寅木이다. 戊土는 비록 있으나 죽은 것과 같고 반가운 것은 임수가 둘이 연월간에 나와 있는 것이다. 경금의 기운을 유통시키고 어린 나무를 생조하게 되니 종재격이다. 또한 빼어난 기운이 흘러 다니게 된다. 다시 반갑게도 운이 東南으로 흐르니 생하고 화하는 것이 어그러지지 않았다. 木이 다시 그 번성함을 얻으니 일찍이 수석으로 급제를 하고 벼슬이 황당에 이르렀다.

【 강의 】

설명으로 봐서는 별문제가 없어 보이므로 그대로 따른다고 해도 무방할 것이다. 다만 역시 문제는 庚寅은 경금이나 인목이 모두 왕

하다고 하는 말이 원문에 보이니 아무래도 종을 하기가 어렵지 않겠
느냐는 것이다. 그래서 여기에서도 일단 정격으로 놓고 신약용인격
으로 시간의 戊土를 용신으로 삼을 수도 있다는 가능성에 대해서 생
각을 해보고 넘어가는 것이 좋겠다. 다만 남방운에서 발했다고 하니
더 이상 다른 말씀은 드리지 않겠지만 요즘 사주라고 한다면 토금의
운에서 발하게 될지도 모른다는 참고의 말씀을 드린다.

```
乙   壬   庚   丙
巳   午   寅   寅

戊 丁 丙 乙 甲 癸 壬 辛
戌 酉 申 未 午 巳 辰 卯
```

　壬水生於孟春. 木當令. 而火逢生. 一點庚金臨絶. 丙火力能煅
之. 從財格眞. 水生木. 木生火. 秀氣流行. 登科發甲. 仕至侍郎.
　凡從財格, 必要食傷吐秀. 不但功名顯達. 而且一生無大起倒
凶災. 蓋從財最忌比劫運. 若柱中有食傷. 則能化比劫, 而生財.
所以爲妙. 若無食傷吐秀. 書香難就. 一逢比劫. 無生化之情. 必
有起倒刑傷也.
　임수생어맹춘. 목당령. 이화봉생. 일점경금림절. 병화력능단
지. 종재격진. 수생목. 목생화. 수기류행. 등과발갑. 사지시랑.
　범종재격, 필요식상토수. 부단공명현달. 이차일생무대기도
흉재. 개종재최기비겁운. 약주중유식상. 즉능화비겁, 이생재.
소이위묘. 약무식상토수. 서향난취. 일봉비겁. 무생화지정. 필
유기도형상야.

➜ 임수가 초봄에 나서 木이 당령하고 火는 생을 만났으며 일점의 경금은 절지에 임했으니 병화의 힘으로 단련하게 되어 종재격이 진실하다. 水生木하고 木生火하는 구조로 수기가 유행하니 등과하여 발하게 되어서 벼슬이 시랑에 이르렀다.

　대저 종재격은 반드시 식상의 흐름이 있으면 벼슬하고 이름을 얻을 뿐만 아니라 또 일생 동안 큰 기복이 없기도 하다. 대개 종재격에서 가장 꺼리는 것은 비겁의 운인데, 만약 주중에서 식상이 있다면 즉 비겁을 유통시키게 되어 재를 생조한다. 그래서 묘하게 되는데, 만약 식상의 수기를 유통시키는 것이 없다면 공부를 지속하기가 어려울 것이고 한번 비겁을 만난다면 생화의 정이 없으므로 반드시 큰 고통이 일어날 것이다.

【 강의 】

　앞의 세 사주는 종재격으로서 식상을 끼고 있어서 매우 좋은 구조라고 말씀한다. 물론 설명에는 하자가 없다고 하겠지만 이 마지막 사주의 경우에도 비록 용신이 병이 들었다고는 하지만 그냥 신약용인격으로 의지하는 경우를 많이 발견하게 되면서 『적천수』에서 철초 선생이 감명하신 사주에 대해서 종격으로 본 일부의 사주들은 다시 검토를 해봐야 할지도 모르겠다. 그래서 잘 살펴서 판단해야 하겠다는 말씀을 드리게 된다.

```
丙  庚  壬  丁
戌  午  寅  卯
甲 乙 丙 丁 戊 己 庚 辛
午 未 申 酉 戌 亥 子 丑
```

庚生寅月. 支全火局. 財生煞旺. 絶無一點生扶之意. 月干壬水. 丁壬合而化木. 又從火勢. 皆從煞黨. 從象斯眞. 中鄕榜. 挑知縣. 酉運丁艱. 丙運, 仕版連登. 申運, 註誤落職.

경생인월. 지전화국. 재생살왕. 절무일점생부지의. 월간임수. 정임합이화목. 우종화세. 개종살당. 종상사진. 중향방. 도지현. 유운정간. 병운, 사판련등. 신운, 괘오락직.

➡ 경금이 寅月에 생했는데 지지가 화국이고 재성이 관살을 도와 주니 왕한네 일점의 생부하려는 뜻이 보이지 않는다. 月干의 壬水는 정임합으로 木이 되었고, 또 화세를 따르니 모두 살을 따라서 한 덩어리가 되었다. 종상이 참되다고 하겠는데, 향방에 합격하고 지현으로 뛰어올랐으며 酉金대운에는 부모의 상(喪)을 당했다. 丙火운에는 벼슬길이 또 상승하고 申金운에는 허물을 범하여 관직에서 물러났다.

【 강의 】

일단 구체적으로 운의 대입을 하시는 바람에 달리 의문은 없겠다. 그리고 실로 인오술의 작용이 만만치 않아서 이 정도라면 종살격으로서 타당하다고 보겠다. 즉 요즘에 만나는 사주라고 하더라도 종살격으로 볼 수가 있겠다는 말씀이다. 틀림없다고 보겠다.

```
乙    乙    辛    辛
酉    酉    丑    巳
癸 甲 乙 丙 丁 戊 己 庚
巳 午 未 申 酉 戌 亥 子
```

乙木生於季冬. 支全金局. 干透兩辛. 從煞斯眞. 戊戌運連登甲第. 置身翰苑. 丁酉, 丙申. 火截脚而金得地. 仕版連登. 乙未運, 沖破金局. 木得蟠根. 不祿.

을목생어계동. 지전금국. 간투량신. 종살사진. 무술운련등갑제. 치신한원. 정유, 병신. 화절각이금득지. 사판련등. 을미운, 충파금국. 목득반근. 불록.

➡ 을목이 丑月에 났고 지지에는 금국이 된 상황에서 천간에는 辛金이 둘이나 투출되었으니 종살격이 틀림없다. 戊戌운에서 벼슬이 수석으로 진급되어 몸이 한원에 머물렀는데, 丁酉대운과 丙申대운에서는 火가 절각이 되고 금이 득지를 하여 벼슬은 연속해서 상승했다. 乙未운이 되자 금국을 깨고 목이 뿌리를 얻는 바람에 죽었다.

【 강의 】

역시 일리가 있다고 하겠다. 을목의 생기운이 완전히 끊어져서 종살의 구조로서 하자가 없는 상황이다. 그렇게 보아도 문제가 없겠다.

| 乙 甲 乙 癸 |
| 亥 寅 卯 卯 |
| 丁 戊 己 庚 辛 壬 癸 甲 |
| 未 申 酉 戌 亥 子 丑 寅 |

甲木生於仲春. 支逢兩卯之旺. 寅之祿. 亥之生. 干有乙之助. 癸之印. 旺之極矣. 從其旺神. 初行甲運. 早采芹香. 癸丑, 北方濕土. 亦作水論. 登科發甲. 壬子, 印星照臨. 辛亥, 金不通根. 支逢生旺. 仕至黃堂. 一交庚戌. 土金竝旺. 觸其旺神. 故不能免咎也.

갑목생어중춘. 지봉량묘지왕. 인지록. 해지생. 간유을지조. 계지인. 왕시극의. 종기왕신. 초행갑운. 소채근향. 계축, 북방습토. 역작수론. 등과발갑. 임자, 인성조림. 신해, 금불통근. 지봉생왕. 사지황당. 일교경술. 토금병왕. 촉기왕신. 고불능면구야.

➡ 갑목이 卯月에 나서 지지에 묘를 둘이나 만났으니 왕이 극에 달했다. 인목은 녹이고 해수는 또 생지이며 천간에는 을목이 돕고 있고 계수의 인성도 있으니 왕함이 극에 달하여 그 왕신에 종하게 된다. 처음에 甲木운에서 일찍이 잘 보냈고 癸丑대운은 북방의 습토이니 또한 수로 논해도 된다. 등과하여 수석이 되었고 壬子는 인성이 비추고 辛亥는 금이 통근을 하지 못하고 오히려 亥水에 갑목이 생조를 받으니 벼슬이 황당에 이르렀는데, 한번 庚戌대운으로 바뀌자 土金

이 함께 왕해지니 그 왕신을 건드려서 노하게 하여 재앙을 면할 수가 없었다.

【강의】

이 사주의 경우 日支의 寅木 속의 丙火를 쓰면 되지 않겠느냐고 한다면 아무래도 사주의 강력한 힘을 의식하지 못해서라고 해야겠다. 당연히 종왕격에 인성을 끼고 있는 사주로 볼 수 있다. 아마도 관살의 운이 와도 넘어갈 수가 있는 것은 인성의 도움으로 인해서라고 하겠다. 실제로 신해대운에서 辛金의 부담되는 운을 잘 넘길 수가 있었던 것은 역시 천간에 계수가 있었기 때문이다. 없었다면 아마도 상당히 고통을 겪게 되지 않았을까 싶다. 이런 말씀을 드릴 수 있다는 점에서 강의라고 하는 명분이 서는 것 같다. 이렇게 운을 대입할 경우에 천간의 대운에서는 원국의 천간에 있는 글자들과 반응을 일으킨다는 것을 설명드릴 수가 있어서 다행이라고 생각된다. 부디 벗님의 대운 해석에 약간의 이해를 돕는 말씀이 되기를 바란다.

```
甲 丙 甲 丙
午 午 午 午

壬 辛 庚 己 戊 丁 丙 乙
寅 丑 子 亥 戌 酉 申 未
```

丙生仲夏. 四柱皆刃. 天干竝透甲丙. 强旺極矣. 可順而不可逆也. 初運乙未. 早遊泮水. 丙運, 登科. 申運, 大病危險. 丁運, 發甲. 酉運, 丁艱. 戊戌己運. 仕途平坦. 亥運, 犯其旺神. 死於軍前.

　병생중하. 사주개인. 천간병투갑병. 강왕극의. 가순이불가역야. 초운을미. 조유반수. 병운, 등과. 신운, 대병위험. 정운, 발갑. 유운, 정간. 무술기운. 사도평탄. 해운, 범기왕신. 사어군전.

➡ 오월의 병화가 사주에 모두 午火이다. 천간에는 甲丙이 나란히 투출되었고, 강함이 극에 이르렀다. 화세를 따르는 것이 좋겠고, 거역을 할 수는 없겠다. 초운 乙未에서는 일찍이 반수에서 놀았고 丙운에 등과했으며 申운에는 큰 병으로 위험했는데, 丁운에 다시 크게 발하고 酉운에는 부모의 상을 당했고, 戊戌己의 土운에는 벼슬길이 평탄했는데 亥운에 왕신을 범해서 군에서 죽었다.

【 강의 】

어지간히 세부적으로 설명을 하시는 것을 보면 아마도 가까이에서 관찰한 사람인 듯싶다. 친척인지도 모를 일이다. 철초 선생보다 열네 살이 적은 사람이다. 물론 운의 흐름은 충분히 이해가 되는 대목이다. 그리고 해수에서 죽었다는 것은 앞의 사주에서 천간 辛金의 운을 잘 넘긴 것과 비교가 된다. 즉 여기에서는 지지에 목이 없었기 때문에 해수가 그대로 왕신을 건드리는데 유통시킬 목이 지지에 없었던 것이다. 천간의 甲木은 실제로 별 도움이 되지 못하는 것이 분명하다고 하겠다. 만약 천간에 있는 두 개의 갑목 중에서 하나라도 지지에 있었다면 해수대운에서도 죽지는 않았을 수 있겠다는 생각이 든다. 그래서 종격에도 각자 하는 역할이 다르다는 것을 생각할 수가 있겠다.

```
丁　庚　癸　癸
亥　申　亥　酉

乙 丙 丁 戊 己 庚 辛 壬
卯 辰 巳 午 未 申 酉 戌
```

庚金生於孟冬. 水勢當權. 金逢祿旺. 時干丁火無根. 局中氣勢金水. 亦從金水而論. 丁反爲病. 初交壬運. 去其丁火. 其樂自如. 戌運入泮. 而喪服重重. 因戌土之制水也. 辛酉, 庚申. 登科發甲. 出仕琴堂. 己未, 運轉南方. 火土齊來. 詿誤落職. 戊午, 更多破耗而亡.

경금생어맹동. 수세당권. 금봉록왕. 시간정화무근. 국중기세금수. 역종금수이론. 정반위병. 초교임운. 거기정화. 기락자여. 술운입반. 이상복중중. 인술토지제수야. 신유. 경신. 등과발갑. 출사금당. 기미, 운전남방. 화토제래. 괘오락직. 무오, 갱다파모이망.

➜경금이 亥月에 생했는데 수세는 당령을 했고 금은 녹왕을 만났으며 시간의 丁火는 뿌리가 없으니 국중에는 金水의 세력이므로 또한 금수로 논하자. 정화는 도리어 병이다. 처음에 壬水운에서 정화를 제거하므로 그 즐거움이 마음과 같았으며, 戌土운에서는 반수에서 놀았는데 상복이 겹쳤다. 술토의 곤한 것은 수를 제어한 까닭이다.

辛酉와 庚申에는 등과하여 수석 급제를 했으며 벼슬이 금당에 이르렀고, 己未에는 남방으로 운이 바뀌면서 火土가 함께 오면서 일을 그르쳐서 지위에서 떨어졌으며, 戊午대운에는 다시 깨어짐이 많아서 죽었다.

【강의】

만약 정화가 대신 己土라도 되었다면 그냥 신약용인격이 되었을 것이다. 그렇지 못한 것은 인성이 없어서라고 하겠는데 그래도 일지의 申金이 있으니 신약용겁격이 될 수는 없는지 의심을 해봐야겠다. 辛酉와 庚申에서 잘 보냈다고 하는 것은 뭘 의미할까? 종을 했다고 하기보다는 겁재의 용신을 만나서라고 하는 것이 오히려 자연스럽지 않을까 하는 생각이 든다. 벗님의 생각은 어떠실까? 남방운에서 곤란하고 무오대운에 죽었다고 하는 것은 역시 사주에 토가 없음으로 말미암아 발생하는 것으로 보고 신약용겁격으로 이해해 보고 싶은 명식이다. 참고하기 바란다.

甲	癸	壬	丙
寅	巳	辰	戌

庚	己	戊	丁	丙	乙	甲	癸
子	亥	戌	酉	申	未	午	巳

癸水生於季春. 柱中財官傷三者竝旺. 印星伏而無氣. 日主休囚無根. 惟官星當令. 須從官星之勢. 所喜坐下財星. 引通傷官之

氣. 至甲午運. 會成火局生官. 雲程直上. 乙未出仕. 申酉運有丙丁蓋頭. 仕途平坦. 戊戌運, 仕至觀察. 至亥運. 幇身, 沖去巳火. 不祿. 所謂弱之極者. 不可益也.

계수생어계춘. 주중재관상삼자병왕. 인성복이무기. 일주휴수무근. 유관성당령. 수종관성지세. 소희좌하재성. 인통상관지기. 지갑오운. 회성화국생관. 운정직상. 을미출사. 신유운유병정개두. 사도평탄. 무술운, 사지관찰. 지해운. 방신, 충거사화. 불록. 소위약지극자. 불가익야.

▶계수가 진월에 났고 사주에는 재관과 상관까지 셋이 아울러 왕하다. 인성은 숨어서 기운도 없고 일주는 허약해서 뿌리가 없는데, 오직 관성이 월령을 잡아서 모름지기 관성의 세력을 따른다고 하겠다. 반가운 것은 앉은자리에 재성이 있는 것이고 상관의 기운을 유통시킨다. 甲午대운에서 화국이 되어 관을 생하므로 벼슬길에 바로 올라가서 乙未대운에 벼슬을 높이 하고 申酉운에는 丙丁火가 덮여 있어서 벼슬길이 평탄했는데, 戊戌운에는 벼슬이 관찰사에 이르렀다. 亥운이 되자 일주를 돕고 巳火를 충하여 죽었는데, 이른바 약해서 극에 달한 사주라면 도와 줘서는 이익이 없다고 하는 말이 된다.

【 강의 】

아무리 그렇다고는 해도 壬辰의 겁재가 있는데 재성이 많은 상황에서 종살을 한다는 것은 좀 이해가 되지 않는 상황이다. 그래도 木火土운에서는 발하고 金水운에서 고전을 했다고 하니 달리 토를 달 필요는 없겠다. 다만 주의할 점은 일단 현재에서는 이러한 사주를 본다면 신약용겁격은 되지 않는지 대입을 해보기 바란다.

```
丙   丙   乙   癸
申   申   丑   酉

丁 戊 己 庚 辛 壬 癸 甲
巳 午 未 申 酉 戌 亥 子
```

丙火生丑臨申. 衰弱無烟. 酉丑拱金. 月干乙木凋枯無根. 官星坐財. 傷逢財化. 以成金水之勢. 癸亥運中. 入泮登科. 辛酉, 庚申. 去印生官. 由縣令而遷州牧. 宦囊豊厚. 己未, 南方燥土. 傷官助劫. 不祿.

병화생축림신. 쇠약무연. 유축공금. 월간을목조고무근. 관성좌재. 상봉재화. 이성금수지세. 계해운중. 입반등과. 신유, 경신. 거인생관. 유현령이천주목. 환낭풍후. 기미, 남방조토. 상관조겁. 불록.

➡ 丙火가 丑月의 申日에 태어났다. 쇠약하고 불기운이 없는데, 酉丑은 다시 합이 되니 月干의 乙木은 이미 시들고 뿌리가 없다. 관성은 재에 앉아 있고, 상관은 재성이 화한다. 그래서 金水의 세력이 형성되었다. 癸亥운에는 반수에 들어서 등과를 했고, 辛酉와 庚申에는 인성을 제거하고 관성을 생조하니 현령으로 시작해서 주목으로 옮겼으며 벼슬길이 풍부했다. 己未는 남방이며 조토이니 관을 상하고 겁재를 도와서 죽었다.

【 강의 】

역시 의문이 남는 사주이다. 乙木이 비록 뿌리가 없다고 하더라도 이 정도면 버티는 것이 보통이라 하겠고, 시간의 병화까지 있는데 버리고 종을 한다는 것은 실제 상황에서는 거의 불가능한 대입이라는 것을 알아 두기 바란다. 다만 이 사주의 경우에는 어쩔 수 없이 인정을 해야겠는데, 金운에 발했다는 것은 木火를 용신으로 삼아서는 불가능하기 때문이다. 그래서 믿지 않을 수는 없지만 주의해서 살펴보자는 말씀을 드린다.

- 『적천수』의 종격병에 대해서

이렇게 종하는 사주의 구조를 살펴봤지만 절반 이상은 종으로 보지 않아야 할 것이라는 조심스런 의견을 제시하게 된다. 그래서 『적천수』식으로 사주를 해석하다가는 늘 낭패를 당하는 것이다. 그러니까 벗님께서도 내용은 이해하시되 실제 상황에서는 고려를 해서 분별 대입하라는 말씀을 드린다. 그렇게 하지 않아서 스스로 종격병에 걸리는 것에 대해서는 낭월의 책임이 아니라고 발뺌을 할 작정이기 때문이다. 실제로 『적천수』에 주옥 같은 내용이 있음에도 불구하고 약간의 의심을 하는 것은 바로 이 종격과 화격에 대한 내용들로 인해서이다. 실제로 이 터널을 헤매다 보면 일단 싫어지는 것은 당연할 것이다. 그리고 낭월이 강의를 하겠다고 달려든 것도 이러한 부분만 수정한다면 어디 크게 나무랄 곳이 없는 내용인데다 다른 곳에서는 전혀 볼 수 없는 자평명리의 심오한 현기(玄機)를 느끼기에 충분하다고 생각해서이다.

비록 나중에 가서 원래의 뜻을 왜곡시켰다고 비난받을망정 임상의 경험상으로 얻어진 것에 대해서 언급을 드리는 것이다. 이유는 단 하나 벗님의 명리 공부에 혼란이 없기를 바라는 것뿐이다. 잘 살피시기 바란다.

제2장 화상(化象)

【滴天髓】

化得眞者只論化. 化神還有幾般話.
화득진자지론화. 화신환유기반화.

➡ 화를 얻어 참되면 다만 화격으로 논하는데 화함에도 도리어 몇 가지의 이야기가 있네.

【滴天髓徵義】(본문이 길어서 나누어 설명함)

　合化之原. 見於內經素問. 黃帝問五運之始. 岐伯引太史冊文曰. 始於戊己之分. 戊己者. 奎壁角軫, 天地之門戶也. 天文在戌亥之間, 奎壁之分. 地戶在辰巳之間, 角軫之分. 凡陰陽皆始於辰. 五運起於角軫者. 亦始於辰也.

　甲己之歲, 戊己黅天之氣, 經於角軫, 故爲土運.
　乙庚之歲, 庚辛素天之氣, 經於角軫, 爲金運.

丙辛歲, 壬癸玄天之氣, 經於角軫, 爲水運.
丁壬歲, 甲乙蒼天之氣, 經於角軫, 爲木運.
戊癸歲, 丙丁丹天之氣, 經於角軫, 爲火運. 此化氣之原也.

합화지원. 견어내경소문. 황제문오운지시. 기백인태사책문왈. 시어무기지분. 무기자. 규벽각진, 천지지문호야. 천문재술해지간, 규벽지분. 지호재진사지간, 각진지분. 범음양개시어진. 오운기어각진자. 역시어진야.

갑기지세, 무기금천지기, 경어각진, 고위토운.

을경지세, 경신소천지기, 경어각진, 위금운.

병신세, 임계현천지기, 경어각진, 위수운.

정임세, 갑을창천지기, 경어각진, 위목운.

무계세, 병정단천지기, 경어각진, 위화운. 차화기지원야.

▶合化의 원리는 『황제내경(黃帝內經)』의 「소문」편에 보이는데, 황제가 五運의 시작을 태사 기백에게 물었다. 책을 인용해서 말하기를 그 시작은 戊己로 나눠지는데, 戊己라고 하는 것은 규벽과 각진이며 天地의 문호가 되는 것이다. 천문은 戌亥의 사이에 있고, 규벽으로 나누고, 지호는 辰巳의 사이에 있으면서 각진으로 구분한다. 대저 음양은 모두 辰에서 시작된다. 오운이 각진에서 일어난다고 하는 것은 또한 진을 두고 하는 말이다.

　甲己년에는 戊己의 금천의 누런 기운이 각진을 경과하므로 土運이라고 하게 되고,

　乙庚년에는 庚辛의 소천의 하얀 기운이 각진을 지나므로 金運이 되는 것이며,

丙辛년에는 壬癸의 현천의 검은 기운이 각진을 지나므로 水運이 되는 것이고,

丁壬년에는 甲乙의 창천의 푸른 기운이 각진을 지나므로 木運이 되는 것이며,

戊癸년에는 丙丁의 단천의 붉은 기운이 각진을 지나므로 火運이 되는 것이다. 이것이 化氣의 근원이 되는 것이다.

又洛書以五居中. 一得五爲六, 故甲與己合. 二得五爲七, 故乙與庚合. 三得五爲八, 故丙與辛合. 四得五爲九, 故丁與壬合. 五得五爲十, 故戊與癸合. 合則化. 化亦必得五土而後成.

五土者, 辰也. 洛書九宮, 五爲土居中. 故合必得辰而後化. 且十干之合, 至五辰之位, 化氣之元神發露. 故甲己起甲子, 至五位逢戊辰而化土. 乙庚起丙子, 至五位逢庚辰而化金. 丙辛起戊子, 至五位逢壬辰而化水. 丁壬起庚子, 至五位逢甲辰而化木. 戊癸起壬子, 至五位逢丙辰而化火. 此合化之眞源. 卽上文陰陽始辰, 五運起角軫之義也. 近人只知逢龍而化. 妄生穿鑿. 至爲可笑.
(參閱命理尋源)

化象作用. 亦須究其衰旺. 審其虛實. 察其喜忌. 則吉凶有驗. 否泰了然. 非可專取生旺, 執一而論也. 如化神旺而有餘. 宜洩化神之神爲用. 化神衰而不足. 宜生助化神之神爲用. 如甲己化土. 生於未戌月. 土燥而旺. 干透丙丁, 支藏巳午, 謂之有餘. 再行火土之運, 則太過而不吉也. 須從其意向. 柱中有水, 要行金運. 柱中有金, 要行水運. 無金無水, 土勢太旺, 必要金以洩之. 火土過燥, 要帶水之金運以潤之.

生於丑辰月. 土濕爲弱. 火雖有而虛. 水(氣)本無而實. 或干支

雜以金水, 謂之不足. 亦須從其意向. 柱中有金, 要行火運. 柱中有水, 要行土運. 金水竝見, 過於虛濕, 要帶火之土運以實之. 助起化神爲吉也. 至於爭合妒合之說. 乃謬論也. 旣合而化. 如貞婦配義夫. 從一而終. 不生二心. 見戊己是彼之同類. 遇甲乙是我之本氣. 有相讓之誼. 合而不化. 勉强之意. 必非佳耦. 見戊己多而起爭妒之風. 遇甲乙衆而更强弱之性. 甲己之合如此. 餘可類推.

우락서이오거중. 일득오위륙, 고갑여기합. 이득오위칠, 고을여경합. 삼득오위팔, 고병여신합. 사득오위구, 고정여임합. 오득오위십, 고무여계합. 합즉화. 화역필득오토이후성.

오토자, 진야. 낙서구궁, 오위토거중. 고합필득진이후화. 차십간지합, 지오진지위, 화기지원신발로. 고갑기기갑자, 지오위봉무진이화토. 을경기병자, 지오위봉경진이화금. 병신기무자, 지오위봉임진이화수. 정임기경자, 지오위봉갑진이화목. 무계기임자, 지오위봉병진이화화. 차합화지진원. 즉상문음양시진, 오운기각신시의야. 근인시시봉룡이화. 방생천착. 지위가소. (참열명리심원)

화상작용. 역수구기쇠왕. 심기허실. 찰기희기. 즉길흉유험. 부태료연. 비가전취생왕, 집일이론야. 여화신왕이유여. 의설화신지신위용. 화신쇠이부족. 의생조화신지신위용. 여갑기화토. 생어미술월. 토조이왕. 간투병정, 지장사오, 위지유여. 재행화토지운, 즉태과이불길야. 수종기의향. 주중유수, 요행금운. 주중유금, 요행수운. 무금무수, 토세태왕, 필요금이설지. 화토과조, 요대수지금운이윤지.

생어축진월. 토습위약. 화수유이허. 수(기)본무이실. 혹간지잡이금수, 위지부족. 역수종기의향. 주중유금, 요행화운. 주중유수. 요행토운. 금수병견. 과어허습. 요대화지토운이실지. 조기화신위길야. 지어쟁합투합지설. 내류론야. 기합이화. 여정부배의부. 종일이종. 불생이심. 견무기시피지동류. 우갑을시아지본기. 유상량지의. 합이불화. 면강지의. 필비가우. 견무기다이기쟁투지풍. 우갑을중이갱강약지성. 갑기지합여차. 여가류추.

▶또 낙서에는 5가 중앙에 있고 1을 얻어서 6이 되니 甲己가 합하고, 2가 5를 얻음으로써 7이 되니 乙庚이 합이 되고, 3은 5를 얻어서 8이 되니 丙辛이 합이 되며, 4는 5를 얻어서 9가 되니 丁壬이 합이 되고, 5가 5를 얻으면 10이 되어 戊癸가 합이 되니 合을 한즉 化하게 되고 화한즉 반드시 5土가 있은 다음에 이뤄지는 것이다.

여기에서 말하는 5土도 바로 辰土를 말하는 것이다. 낙서의 9궁에는 5가 土로 중앙에 있으니 합을 하려면 반드시 辰土를 얻어야 하고 그후에 화하게 되는 것이다. 또 十干의 합은 다섯째의 辰土의 위치에 이르러서 化氣의 원신이 나타나게 되니 甲己년에는 甲子로부터 다섯번째(月이)가 戊辰이 되니 土로 화하는 것이며, 乙庚년에는 丙子로 시작해서 다섯번째는 庚辰이 되니 金으로 화하는 것이며, 丙辛년에는 戊子로 시작해서 다섯번째는 壬辰이 되니 水로 화하는 것이며, 丁壬년에는 庚子로 시작해서 다섯번째는 甲辰이 되니 木으로 화하는 것이며, 戊癸년에는 壬子로 시작해서 다섯번째는 丙辰이 되니 火로 화하는 것이다. 이것이 合化의 진정한 근원이다. 즉 위의 글에서 음양이 진에서 나왔다는 말은 五運이 각진에서 일어난다는 의미인 것이다. 요즘 사람들이 다만 용을 만나면 화한다고 해서 망령되이 엉뚱한 생각을 하니 참으로 웃기는 이야기이다. (『명리심원』을 참고할 것)

化象의 작용은 또한 연구해 보면 그 쇠하고 왕함을 살피고 그 허함과 실함을 살피고 그 희용신과 기구신을 살피는 것이니, 즉 길흉이 잘 맞게 되는 것이니 좋고 나쁜 것이 명확하게 되는 것이다. 오로지 생왕만을 취하는 것은 한 가지에만 집착을 하는 것이다. 만약 化神이 왕하고 넉넉하다면 마땅히 화신을 화하는 식상이 용신이 되는 것이고, 화신이 쇠하고 부족하다면 마땅히 화신을 생조하는 글자가 용신이 되는 것이다. 예를 들어서 甲己化土가 되고 未戌월에 태어났다면 토가 조열하고 왕한데 천간에 丙丁火가 있고 지지에는 巳午火가 있다면 넉넉하다고 말하는데, 다시 火土의 운으로 간다면 즉 너무 과하여 길하지 않게 된다. 모름지기 그 의향을 따라서 사주에서 물이 있으면 금운을 요하고 주중에 금이 있으면 수운으로 가는 것을 요한다. 금도 없고 수도 없으며 토의 세력이 태왕하다면 반드시 금으로 설하는 것을 요한다. 火土는 너무 조열하므로 물을 낀 금의 운으로 흘러서 윤택하게 하는 것이 좋은 것이다.

　만약 (甲己合이 있고) 丑辰월에 태어났다면 토가 습하고 약하다. 火는 비록 있어도 허하고 수(기)는 본래 없지만 실한 상황이다. 혹 간지에 金水가 섞여 있다면 부족한 것이 된다. 또한 모름지기 그 의향을 따라야 하는데, 주중에 금이 있다면 화운으로 가기를 요하고 주중에 수가 있다면 토운으로 가기를 요한다. 금수가 같이 보인다면 너무 허습하니 불을 끼고 있는 토운으로 가야 실하게 된다. 그래서 화신을 도와서 일어나게 하여 길하게 된다. 그리고 싸우는 합(爭合)이나 질투하는 합(妬合)의 이야기는 잘못된 논리이다. 이미 합하고 化했으면 마치 정조가 있는 여인이 남편과 짝을 한 것과 마찬가지인데 한번 따라가서는 삶을 마칠 때까지 다른 마음이 생기지 않을 것이다.

戊己의 토를 본다면 같은 성분이고 甲乙을 만난다면 이것은 본래 나의 기운이다. 서로 사양하는 마음이 있을 것이다. (그러나 만약에) 合을 했으나 化를 하지 않았다면 강제로 끌고 가는 뜻이 있으니 반드시 아름다운 짝이 아니다. 이때 戊己가 많이 보이면 쟁투의 바람이 일어나는데 甲乙이 많음을 만나면 다시 강약의 성질에 따르는데 甲己의 합이 이와 같으므로 나머지도 미뤄서 추론하면 되겠다.

【강의】

이 부분의 내용은 다소 차이가 있음을 본다. 『적천수천미』에서 표시하고 있는 것과 약간 다른데 그 차이를 비교해 보면 앞부분에서 일부가 다른 것이 나타나서 다소 혼란스럽다. 낙오 선생이 앞에다가 변경을 했을 리는 없다고 보고, 참고로 『적천수천미』에 있는 내용에서 앞부분의 서로 다른 부분을 생각해 보게 되는데, 본문은 생략하고 일부 차이가 나는 대목만 의역으로 풀어서 언급하도록 하겠다.

滴天髓闡微 化象

任氏曰. 合化之原. 昔黃帝祀天于圜邱. 天降十干. 爰命大撓作十二支以配之. 故曰干曰天干. 其所由合. 卽天一地二天三地四天五地六天七地八天九地十之義. 依數推之. 則甲一乙二丙三丁四戊五己六庚七辛八壬九癸十也. 如洛書而五居中. 一得五爲六.……(이하는 같음)

임씨왈. 합화지원. 석황제사천우환구. 천강십간. 원명대요작십이지이배지. 고일간왈천간. 기소유합. 즉천일지이천삼지사천오지육천칠지팔천구지십지의. 의수추지. 즉갑일을이병삼정 사무오기육경칠신팔임구계십야. 여락서이오거중. 일득오위 육.⋯⋯(이하는 같음)

➡ 임철초가 말하기를 합화의 근원은 옛날 황제가 환구라는 곳에서 하늘에 기도를 했더니 하늘에서 十干이 내려왔다. 그래서 대요씨에게 명해서 十二地支를 배합하라고 했으니 그래서 日干을 天干이라고 하게 되었고, 이로써 합이 시작되었으니 즉 천1 지2 천3 지4 천5 지6 천7 지8 천9 지10이 된 것이다. 수(數)에 의지해서 추리를 한즉 갑1 을2 병3 정4 무5 기6 경7 신8 임9 계10이다. 그리고 낙서에서는 5가 중앙에 있으면서 1이 5를 얻어서 육이 되니⋯⋯(이하로는 같음)

이렇게 된다. 그러니까 앞부분이 훨씬 간단하게 되어 있는데,『적천수징의』에서는 다소 난해한 글자들로 모여 있다. 어디에서 엉켰는지는 모르셌지만 일난 보이니까 다 석어 두기로 한다. 그리고 내용을 보면 합화의 역사는 참으로 오래 되었다는 말이 나타나는 것으로 봐야겠다. 또한 중간에도 약간 차이가 나는 부분이 있기는 하지만 특별한 내용은 아니므로 생략하도록 하겠다.

『적천수』의 강의를 보실 정도면 이미 그 구조에 대해서는 충분히 이해하리라고 생각된다. 甲己合化土 등등의 내용이기 때문이다. 그리고 합화의 시초가 참으로 오래 되었다는 이야기가 되겠고, 실제로 정리하고 없애기를 억수로 좋아하는(?) 낭월도 천간의 오합에는 어떻게 손을 써볼 여지가 없다. 그대로 인정하지 않을 수가 없다는 뜻이다. 논리적으로나 현실적으로 부합이 되는 논리이기 때문이다. 특히 성격에 대해서 논하는 것으로는 일간이 합이 되는 성분이 가장 먼저 나타나는 것을 보면 참으로 대단한 현상이라는 생각이 절로 든다.

그런데 문제는 합을 하였다고 해서 화를 하는 것은 아니라는 것이다. 공부를 하시는 벗님들이 늘 혼란스러워하는 것 중에 하나로서 합을 하면 바로 화하는 것으로 생각하면 큰 실수를 하게 된다. 이것은 참으로 조심스러운 부분인데 너무 쉽게 생각하다가는 뒤통수를 한 대 맞는 기분이 들지 않을까 싶다. 그래도 그렇게 해서 실력이 쌓이는 것이러니, 시행착오도 공부라고는 하면서도 늘 안쓰러운 마음이 든다. 항상 조심하시기 바란다. 합을 하는 것은 중간에 이물질이 끼여들지만 않으면 가능하지만 화를 하는 것은 참으로 여간해서 잘 되지 않음을 느끼게 된다. 실전에서 느끼는 소감이다.

아울러서 쟁합이나 투합에 대해서도 언급이 있으신데, 합해서 화가 되었다면 필요 없는 말이고 또 합만 하고 화하지 않은 경우라면 쟁합과 투합이 존재한다고 이해하라는 뜻으로 보면 되겠다. 본문의 내용이 길게 설명되어 있지만 合化論이 오래 되었다는 원류에 대해서 설명하시느라고 지면을 할애해서 실제로 어려운 부분은 이 정도면 이해가 되리라고 본다. 사주를 보도록 하자. 물론 여기에서도 합은 되겠지만 화가 되지는 않는다고 떼를 쓸 명식이 있을 것이라는 점을 미리 말씀드린다.

```
己 甲 甲 乙
巳 辰 申 丑
丙 丁 戊 己 庚 辛 壬 癸
子 丑 寅 卯 辰 巳 午 未
```

年月兩干之甲乙. 得當令之申金, 丑內之辛金, 制定. 不起爭妒之風. 時干己土臨旺與日主親切而合. 合神眞實. 乃謂眞化. 但秋金當令. 洩氣不足. 至午運助起化神. 中鄕榜. 辛巳, 金火土並旺. 登黃甲. 宴瓊林. 入翰苑. 仕至黃堂. 庚辰合乙. 制化比劫. 仕至藩臬.

연월량간지갑을. 득당령지신금, 축내지신금, 제정. 불기쟁투지풍. 시간기토림왕여일주친절이합. 합신진실. 내위진화. 단추금당령. 설기부족. 지오운조기화신. 중향방. 신사, 금화토병왕. 등황갑. 연경림. 입한원. 사지황당. 경진합을. 제화비겁. 사지번얼.

◆연월의 甲乙이 申金의 당령을 얻었고, 丑土 속에는 신금이 또 제어하니 쟁투의 바람이 불지 않는다. 時干의 己土는 왕에 임하고 일주와 친절하게 합이 되었으니 합하는 신이 진실하다. 다만 가을에 금이 당령해서 설기되어 부족하니 午火운에서 化神을 도와서 향방에 합격하고 辛巳에는 金火土가 모두 왕하여 황갑에 올랐으며 경림에서 잔치를 열었고 한림에 들었고 벼슬이 황당에 이르렀다. 庚辰대운에는 乙木과 합을 하고 비겁을 제어해서 벼슬이 번얼에까지 도달했다.

【 강의 】

역시 철초 선생은 살아온 현실에 비중을 뒀다고 본다. 이 정도의 상황이라면 종을 할 정도로 약하지도 않았고, 천간에 갑을목이 있는 상황에서는 더구나 土로 化하는 것이 어렵다고 봐야 하지 않을까 싶다. 여하튼 사주로 봐서는 아무래도 인성이 필요한 것으로 해석해야 마땅할 것 같지만 살아온 상황이 더 중요하므로 철초 선생의 의견에 따르기로 한다. 그렇지만 다른 사주를 만나게 된다면 과연 같이 化土를 한 것으로 보기 이전에 일단 신약용겁격으로 봐야 하겠다는 생각이 든다. 참고하기 바란다.

```
己 甲 壬 戊
巳 辰 戌 辰
庚 己 戊 丁 丙 乙 甲 癸
午 巳 辰 卯 寅 丑 子 亥
```

甲木生於季秋. 土旺乘權. 剋去壬水. 又無比劫. 合神更眞. 化氣有餘. 惜運走東北水木之地. 功名仕路. 不及前造. 至丑運丁酉年. 暗會金局. 洩化神而吐秀. 登科. 戊戌年. 發甲. 仕至州牧.
갑목생어계추. 토왕승권. 극거임수. 우무비겁. 합신갱진. 화기유여. 석운주동북수목지지. 공명사로. 불급전조. 지축운정유년. 암회금국. 설화신이토수. 등과. 무술년. 발갑. 사지주목.

▶甲木이 戌月에 나서 왕한 土가 월령을 잡았고, 壬水를 극한다. 또

비겁도 없으니 갑기합이 다시 진실하다. 화토하는 기운이 넉넉한데 아깝게도 운이 東北의 水木으로 진행하니 벼슬길의 공명이 앞의 사주에 미치지 못한다. 丑土대운이 되어 丁酉년에 金局이 되어서 화신을 설하여 수기를 토하니 등과하고 戊戌년에 수석 합격하여 벼슬이 주목에 이르렀다.

【 강의 】

여하튼 철초 선생 말씀으로는 化土格이라고 하더라도 일단 재다신약으로 보고 月干의 壬水를 용신으로 삼아야 할 모양이다. 그리고 수운에서는 토가 워낙 강해서 힘을 발휘하지 못했다고 보고 을축대운부터 동방의 목운에서 토를 제어하고 주목까지 되었다고 보는 것이 좋겠다. 그렇지 않고서야 화토격의 목운에서 벼슬이 올라가기 어렵지 않겠느냐는 생각이 든다. 다만 철초 선생은 그러한 일이 丑土대운에서 정유년과 무술년에 모두 이뤄졌다고 생각한 데서 화토격으로 보신 듯싶다. 물론 실제적인 상황을 놓고 해석한 것에는 이견이 없다.

甲	壬	丁	己
辰	午	卯	卯

己	庚	辛	壬	癸	甲	乙	丙
未	申	酉	戌	亥	子	丑	寅

壬水生於仲春. 化象斯眞. 最喜甲木元神透露. 化氣有餘. 餘則

宜洩. 斯化神吐秀. 喜其坐下午. 午生辰土. 秀氣流行. 少年科甲. 翰苑名高. 惜乎中運水旺之地. 未能顯秩. 終於縣宰.

　　임수생어중춘. 화상사진. 최희갑목원신투로. 화기유여. 여즉의설. 사화신토수. 희기좌하오. 오생진토. 수기류행. 소년과갑. 한원명고. 석호중운수왕지지. 미능현질. 종어현재.

➡임수가 卯月에 났으니 화하는 형상이 진실하다. 가장 반가운 것은 갑목의 원신이 투출한 것이니 화기가 넉넉하여 마땅히 (火로) 설하게 된다. 화신의 수기를 설하는데, 앉은자리에 오화가 있는 것이 반갑고 오화는 다시 진토를 생하니 빼어난 기운이 흐르게 된다. 소년으로 벼슬해서 한원에 이름이 높았는데 아깝게도 중간의 운이 水가 왕한 땅이라 그 능력을 다 발휘하지 못하고 현재의 벼슬로 마치게 되었다.

【강의】

　이 사주에는 전혀 다른 이견이 없다. 적어도 이 정도는 되어야 확실하게 정임합목으로 화했다고 하겠다. 임수의 뿌리가 전혀 없기 때문이다. 이 상황에서의 辰土 속의 癸水는 고려할 상황이 아닌 것으로 보는 것은 甲木이 위에서 누르고 있기 때문이다. 계수는 갑목으로 흡수되어서 없어졌다고 봐도 되겠다. 그리고 형상은 從兒生財格으로 봐도 되는 구조이다.

癸	壬	丁	己
卯	午	卯	卯

己	庚	辛	壬	癸	甲	乙	丙
未	申	酉	戌	亥	子	丑	寅

此與前造只換一卯字. 化象更眞. 化神更有餘. 嫌其時干癸水. 比劫爭財. 年干己土. 遠隔無根. 不能去其癸水. 午火未能流行. 此癸水眞乃奪摽之客也. 雖中鄕榜. 不能出仕.

차여전조지환일묘자. 화상갱진. 화신갱유여. 혐기시간계수. 비겁쟁재. 연간기토. 원격무근. 불능거기계수. 오화미능류행. 차계수진내탈표지객야. 수중향방. 불능출사.

➡ 이 사주는 앞의 사주와 비교해서 卯자만 바뀌었다. 역시 화하는 구조이다. 화신도 넉넉하다고 하겠는데, 다만 아쉬운 것은 時干에 癸水가 있어서 비겁이 쟁재를 한다는 것이다. 연간의 기토는 멀리 있고 또 무근하다. 그래서 계수를 제거하기가 불가능하다. 오화는 흐름을 탈 수가 없으니 이 계수는 참으로 자객이라고 할 만하다. 비록 향방에는 합격했으나 벼슬에는 나가지 못했다.

【 강의 】

글쎄…… 운의 상황으로는 정임화목격이 확실해 보이기는 한데, 일단 시간의 계수가 있는 상황이므로 다시 고려해 봐야 한다는 말씀을 드리고 넘어가도록 한다.

```
 壬   癸   戊   丙
 戌   巳   戌   戌
丙 乙 甲 癸 壬 辛 庚 己
午 巳 辰 卯 寅 丑 子 亥
```

癸水生於季秋. 丙火透而通根. 化火斯眞. 嫌其時透壬水, 剋丙. 只中鄕榜. 直至卯運. 壬水絶地. 大挑知縣. 歷三任而不升. 亦壬水奪財之故也.

계수생어계추. 병화투이통근. 화화사진. 혐기시투임수, 극병. 지중향방. 직지묘운. 임수절지. 대도지현. 역삼임이불승. 역임수탈재지고야.

➡ 계수가 戌月에 나서 丙火는 천간에 투출하고 또 통근도 했다. 무계합화가 잘 되었다. 싫은 것은 시간의 임수인데 병화를 극하니 다만 향방에 합격은 했으나 묘운이 되면서 임수가 절지에 임하여 지현으로 크게 뛰었다. 그리고 세 번이나 임기를 채우면서도 더 오르지를 못한 것은 또한 임수가 재성을 빼앗고 있는 까닭이다.

【 강의 】

일리는 있는 말씀인데, 어찌 보면 종살격의 구조가 된다고 볼 수도 있다. 관살이 많으면 상대적으로 신약한 정도가 심해지는 것으로 보고 약간의 겁재는 무력하여 종살을 하는 구조라고 이해할 수도 있겠다.

• 『적천수』의 화격병에 대해서

화격의 구조에 대해서 살펴봤는데, 대체로 화격이라는 의미는 이해가 되지만 실제로 임상을 하면서 이러한 사주들을 만난다면 중간에 설명을 드렸듯이 일단은 정격으로 놓고 身弱用印格 등으로 대입을 시켜 봐야 하는 것이 기본이다. 혹 보기에 따라서 낭월이 화격의 의미를 잘 모르고 모두 정격으로 보려고 한다는 비난을 받을지도 모르겠다. 그렇지만 그러한 점도 감수하면서 이렇게 말씀드리는 것은 여하튼『적천수징의』에서는 그렇게 말씀을 했더라도 현실적으로는 정격으로 봐야겠더라는 이유에서이다. 이것은 경험에 의해서 드리는 말씀이다.

앞서 종격의 말미에서도 언급했지만 종격과 화격의 내용에 대해서는 의미만 접수하고 구체적인 실제 상황에 대해서는 그냥 그렇게도 보는가 보다 하는 정도의 가벼운 마음으로 넘기시는 것이 현명하다. 이로써 벗님은 종화격의 병에 걸리지 않을 것이고, 낭월 또한 자신의 몫을 다할 수가 있겠다. 그러나 실로 그보다 중요한 것은 이렇게 수정할 부분이라고 생각이 되는 것을 고침으로써 앞으로『적천수징의』에 대한 철초 선생의 통찰력은 더욱 살아나지 않을까 싶은 욕심도 포함된다.

어느 학자님은 종화격은 전혀 고려치 말라고까지 하시는데, 그러한 관찰 역시 이렇게『적천수징의』의 설명에 의지해서 공부한 나머지 얼마나 혼란스러우면 그랬겠느냐는 생각이 들어서 이해가 된다. 다만 역시 명심할 것은 드물기는 하지만 분명히 종화격이 존재한다는 것이다. 이 점을 놓치면 소의 뿔을 고치려다가 소를 죽이는 우를 범하게 된다는 것을 생각지 않을 수 없다. 이제 다음으로 나오는 假從이나 假化의 상황에 대해서는 어떻게 대응해야 할 것인지 이미 판단이 선다고 할 수가 있겠다. 眞從과 眞化에 대해서도 이 정도의 관찰을 해야 한다면 가종이나 가화에 대해서는 더 이상 고려할 필요가 없다고 해야 할 참이기 때문이다. 이러한 현상은 어쩌면 시대적 상황에서 나타난 변화의 현상이라고 이해해야 할지도 모르겠다. 여하튼 모르는 것은 모르는 것이고 이 시대의 현상은 현상이므로 이러한 말씀을 드리고 넘어간다.

제3장 가종(假從)

【滴天髓】

> 眞從之象有幾人. 假從亦可發其身.
> 진 종 지 상 유 기 인. 가 종 역 가 발 기 신.

◉ 진종의 형상이 몇이나 되겠는가. 가종도 또한 공명을 얻을 수가 있다.

【滴天髓徵義】

假從者. 日元根淺力薄. 局中雖有劫印. 亦自顧不暇. 其象不一. 非專論財官. 與眞從大同小異. 四柱財官. 得時當令. 日主虛弱無氣. 雖有比劫印綬. 而柱中食神生才. 才仍破印. 或有官星制劫. 則日主無從依靠. 只得依財官之勢. 財之勢旺則從財. 官之勢旺則從官. 從財, 行食傷財旺之地. 從官, 行財官之鄕. 亦能興發. 看其意向. 配其行運爲是. 假從之象. 只要行運安頓. 假行眞運. 亦可取富貴. 何謂眞運. 如從財, 有比劫分爭. 行官殺運必貴. 行食傷運必富. 有印綬暗生. 要行財運. 有官殺洩財之氣. 要行食傷運.

如從官殺有比劫幇身. 逢官運而名高. 有食傷破官. 行財運而祿重. 有印綬洩官. 要財運以破印. 謂假行眞運. 不貴亦富. 反此者凶. 或趨勢忘義. 心術不端耳. 若能歲運不悖. 抑假扶眞. 縱使身出寒微. 亦能崛起家聲. 所爲必正矣. 此乃源濁流清之象. 宜深究之.

가종자. 일원근천력박. 국중수유겁인. 역자고불가. 기상불일. 비전론재관. 여진종대동소이. 사주재관. 득시당령. 일주허약무기. 수유비겁인수. 이주중식신생재. 재잉파인. 혹유관성제겁. 즉일주무종의고. 지득의재관지세. 재지세왕즉종재. 관지세왕즉종관. 종재, 행식상재왕지지. 종관, 행재관지향. 역능흥발. 간기의향. 배기행운위시. 가종지상. 지요행운안돈. 가행진운. 역가취부귀. 하위진운. 여종재, 유비겁분쟁. 행관살운필귀. 행식상운필부. 유인수암생. 요행재운. 유관살설재지기. 요행식상운.

여종관살유비겁방신. 봉관운이명고. 유식상파관. 행재운이록중. 유인수설관. 요재운이파인. 위가행진운. 불귀역부. 반차자흉. 혹추세망의. 심술부단이. 약능세운불패. 억가부진. 종사신출한미. 역능굴기가성. 소위필정의. 차내원탁류청지상. 의심구지.

➡ 가종이란 일주의 힘이 매우 약한 상황에서 국중에는 비록 비겁이나 인성이 있다고 해도 또한 자신을 돌볼 겨를도 없는 상황이니 그 모습은 한두 가지가 아니다. 다만 재관에 대해서만 말하는 것이 아

니고 종상의 의미와 대동소이하다. 사주에 재관이 월령을 잡고 일주는 허약해서 기운이 없을 경우에 비록 인겁이 있어도 사주 내에 식신이 재를 생하여 재성이 다시 인성을 깨어 버리거나, 혹은 관성이 있어서 비겁을 극한다면 즉 일주는 의지하고 기댈 곳이 없어 다만 재관의 세력을 의지하게 되니, 재의 세력이 강하면 재를 따라 종하고, 관의 세력이 왕하면 관을 따라 종한다. 종재가 되면 식상이 왕한 운으로 가야 하고, 종관이 되면 재관의 운으로 가게 된다면 또한 능히 성공한다. 그 의향을 봐서 운을 배합하는 것이 옳다. 가종의 형상은 다만 운에서 도움을 줘야 하는데 운이 좋한 구조와 부합이 된다면 부귀를 얻을 수가 있다. 어떤 것이 좋은 운이냐고 한다면 가령 종재를 했는데 비겁이 분쟁을 한다면 관살의 운으로 가면서 반드시 귀하게 되고, 식상의 운으로 가면 반드시 재물을 얻게 된다. 또 인수가 일주를 약하게나마 생조하고 있다면 재운으로 가는 것을 요하고, 관살이 있어서 재의 기운을 설한다면 식상의 운으로 가는 것을 요하게 된다.

또 관살로 종한 경우에 비겁이 돕고 있다면 관운에서 명예가 높아지고, 식상이 있어서 관성을 극한다면 재성의 운에서 재물이 불어나게 된다. 인수가 있어서 관성을 설하는데 재운에서 인성을 깨어 주는 형상이 된다면 원래는 가종인데 운이 참됨에도 귀하지 않으면 또한 부자가 될 것이고 이에 반대가 된다면 흉하게 되니 혹 세력을 좇아서 의리를 저버리거나 마음을 쓰는 것이 종잡을 수가 없게 된다. 만약 능히 운에서 어기지 않고 가짜를 누르고 진짜를 돕는다면 비록 출신은 볼품이 없더라도 또한 능히 가세를 일으켜 세울 것이니 반드시 바르게 된다. 이것은 원래는 탁했는데 흘러가면서 맑아진 형상이라고 말하는데, 마땅히 깊이 연구를 해봐야 한다.

【 강의 】

원문에서는 '要行食傷運' 하고서 한 칸을 띄었는데, 의미는 모르겠다. 문단을 바꾸는 정도였던 모양이고 『적천수천미』에도 그대로 있는 내용이므로 철초 선생의 강의라고 봐서 무리가 없겠다. 그래서 낙오 선생께 성의를 보이는 마음으로 원문의 그 부분에서 줄을 바꿨다.

가종의 의미에 대해서는 충분히 이해되리라 본다. 일단 종을 한다는 것으로는 아무런 이상이 없다고 보면 된다. 다만 종을 하기는 하는데 뭔가 걸리는 것이 있다는 의미로서, 예컨대 재혼을 하면서 전남편의 소생을 데리고 가는 기분 정도를 느끼면 되지 않을까 싶다. 가는 것은 가는 것이고 딸린 것은 딸린 것이라는 이야기다. 그래서 데려가는 아들이 새아버지를 잘 따라 주면 진종과 비교해서 아무런 문제가 없는데, 혹 성질이 더러워서 새아버지에게 고분고분하지 않으면 어머니의 마음이 천갈래 만갈래로 찢어질 것이니 이로써 발생하는 갈등을 가종에서 느낀다면 충분할 것이다.

그외에는 모두 진종과 같다고 보면 되겠다. 사실 이러한 가종의 상태가 되면 현실적으로는 그대로 정격으로 대입되는 것이 거의 전부라고 해야 할 지경이다. 요즘의 상황으로 본다면 자식이 있으면 그냥 그 아이를 키우면서 재혼을 하지 않고 있는 것으로 봐도 되겠다. 뭐 하러 눈치보면서 살겠느냐는 생각으로 이해해도 될 것 같다. 실제로 임상을 해보면 가종이라는 것을 발견하기는 매우 어렵지 않은가 싶다. 이렇게 이해하면서 임상을 한다면 크게 벗어나지 않을 것으로 생각된다. 이러한 점에 대해서 미리 이해를 하고 사주를 봐 주시기 바란다.

```
癸 己 乙 癸
酉 亥 卯 巳
丁 戊 己 庚 辛 壬 癸 甲
未 申 酉 戌 亥 子 丑 寅
```

春土虛脫. 殺勢當權. 財遇旺支. 喜其巳亥逢沖. 格成從殺. 第卯酉沖殺. 巳酉半會金局. 不作眞從而論. 所以出身寒微. 妙在中隔亥水. 謂源濁流淸. 故能崛起家聲. 出類拔萃. 早遊泮水. 壬子運中. 連登科甲. 以中書而履黃堂. 擢觀察. 辛亥運, 金虛水實. 相生不悖. 仕途平坦. 將來庚戌土金竝旺. 水木兩傷. 恐不免意外風波耳.

춘토허탈. 살세당권. 재우왕지. 희기사해봉충. 격성종살. 제묘유충살. 사유반회금국. 부작진종이론. 소이출신한미. 묘재중격해수. 위원탁류청. 고능굴기가성. 출류발췌. 조유반수. 임자운중. 연등과갑. 이중서이리황당. 탁관찰. 신해운, 금허수실. 상생불패. 사도평탄. 장래경술토금병왕. 수목량상. 공불면의외풍파이.

◆봄의 土가 허탈한데 살의 세력은 월령을 잡았고 재성은 왕지를 만났으니 巳亥충이 반갑다. 격은 從殺格이 되었는데, 다음으로 卯酉충이 되어서 살을 충하는데 巳酉의 반합으로 금국이 되었다. 그래서 진종이라고 말하지는 못하며, 가난한 집안에서 출생하였으나 묘하게도 亥水가 중간에서 막고 있으니 원래는 탁하지만 흐르면서 맑아지는 형상이라, 어려운 집안을 일으켜 세우고 무리에서 휜칠하게 뛰

어났으며 일찍이 반수에서 놀고 壬子운에는 과거에도 연달아 합격했다. 그리하여 중서 벼슬을 거쳐서 황당을 밟았고 관찰사에 뽑혔으며 辛亥운에는 금은 허하고 수는 실해서 상생이 어그러지지 않았으니 벼슬길이 평탄했는데, 앞으로 오는 庚戌운에는 土金이 모두 왕하니 水木이 손상을 받게 되어서 아마도 의외의 풍파를 면하지 못할 것 같다.

【 강의 】

　이 사주는 신해대운쯤에서 상담을 하셨던 모양이다. 그렇다면 철초 선생과 동갑이라고 보아 40대 무렵에 감정을 한 자료로 생각된다. 왜냐하면 앞으로 다가올 경술대운을 놓고서 안타까운 마음을 표하고 있기 때문이다. 즉 앞으로 오는 경술대운이라는 의미는 경술대운에 곤란을 겪었다는 뜻과는 차이가 있다. 그렇다면 철초 선생은 명리 공부를 40이 넘어서 하신 모양인데 아마도 초기에 상담을 한 사람인지도 모르겠다.
　여하튼 살아온 상황에 대해서 잘 알고 계신데, 수운에서 발했다고 하는 부분에는 달리 할말이 없고, 너무나 무근한 상황에서 일점의 기토는 종을 하지 않을 수가 없다는 상황은 미루어 짐작이 된다. 다만 설명 중에서 卯酉충이니 巳亥충이니 하는 말은 모두 장식용으로서 실제로는 무효이며 巳酉합 또한 의미가 없는 말이 된다. 금생수하고 수생목으로 흘러서 종살격이 된 것으로 이해하면 되겠다. 이 정도의 사주라면 오히려 가종의 항목에 있을 필요가 없을 것이라는 생각도 든다.

壬	丙	壬	丁
辰	申	寅	丑

甲	乙	丙	丁	戊	己	庚	辛
午	未	申	酉	戌	亥	子	丑

丙火生於初春. 火虛木嫩. 嫩木逢金. 緊貼相冲. 連根拔盡. 申金又得辰土生扶. 殺勢愈旺. 格成從殺. 用財更妙. 年支丑土. 生金晦火. 故身出官家. 早登科甲. 運走西北金水. 仕至觀察. 雖逢土運. 仍得金以化之. 所以無險阻也.

병화생어초춘. 화허목눈. 눈목봉금. 긴첩상충. 연근발진. 신금우득진토생부. 살세유왕. 격성종살. 용재갱묘. 연지축토. 생금회화. 고신출관가. 조등과갑. 운주서북금수. 사지관찰. 수봉토운. 잉득금이화지. 소이무험조야.

➡ 병화가 寅月에 나서 불은 허하고 목은 어리다. 어린 나무가 금을 만나 寅申충이 발생했으니 뿌리가 뽑혔다. 申金은 또 辰土의 생조를 얻어서 살의 세력은 더욱 왕하여 종살격이 이뤄졌고 재를 쓸 수가 있다는 것이 다시 묘하다. 연지의 丑土는 금을 생하고 불을 어둡게 한다. 그래서 관가에서 태어나 일찍 과거에 급제하고 운이 서북의 金水지지로 흐르면서 관찰사에 이르렀는데, 비록 토운을 만났어도 오히려 금이 있어서 화하였으므로 험난한 일이 없었다.

【 강의 】

설명은 이해가 되는데, 그래도 조심스러운 것은 뿌리가 있으므로 신약용인격으로 봐야 할 필요가 있다는 점이다. 다만 운의 대입에서 그랬다고 하므로 이해할 수는 있다.

```
癸   戊   己   乙
亥   辰   卯   卯
辛 壬 癸 甲 乙 丙 丁 戊
未 申 酉 戌 亥 子 丑 寅
```

戊土生於仲春. 木正當權. 坐下辰土. 蓄水養木. 四柱絶無金氣. 又得亥時. 水旺生木. 又無火以生化之. 格取從官. 非身衰論也. 雖非科甲出身. 運走丙子, 乙亥. 連登仕版. 位至封疆. 至癸酉運. 落職而亡.

무토생어중춘. 목정당권. 좌하진토. 축수양목. 사주절무금기. 우득해시. 수왕생목. 우무화이생화지. 격취종관. 비신쇠론야. 수비과갑출신. 운주병자, 을해. 연등사판. 위지봉강. 지계유운. 낙직이망.

➡무토가 卯月에 나서 목이 당권을 하고 앉은자리는 진토이니 물을 저장하여 목을 기른다. 사주에 금기라고는 전혀 없는 상태에서 亥時를 만나 수가 왕하여 목을 생하는데 또 불의 도움도 없으니 종관격을 취하는 것이지 신약으로 논하지 않는다. 비록 과갑 출신은 못 되

었지만 丙子와 乙亥의 운을 가면서 벼슬이 올라서 봉강에 도달했는데, 癸酉운을 만나면서 낙직하고 죽었다.

【 강의 】

워낙 토가 허한 모양을 하고 있으니 종살격으로 봐도 되겠다. 그래도 현실적으로는 비견이 있으므로 신약용겁격인지 살피라는 말씀은 드리겠지만, 여기에서의 토는 생동감이 전혀 없어서 종을 해도 되는 형상이다. 戊戌일만 되었더라도 좀 버텨 보는 건데 이 상황으로는 어떻게 해보라고 하기가 곤란하겠다.

```
癸  戊  己  乙
亥  辰  卯  亥

辛 壬 癸 甲 乙 丙 丁 戊
未 申 酉 戌 亥 子 丑 寅
```

此與前造只換年支一亥字. 前造乙木坐祿. 故可登仕版. 此造官煞混雜. 幸亥卯會合. 雖不貴而富. 丙子運. 極其蹭蹬. 前造兩子不刑一卯. 此則子卯相刑也. 乙亥運, 漸入佳境. 甲戌運, 富甲一省. 癸酉運, 己土剋癸. 卯酉再沖. 從格被破. 難免於禍. 前造兩卯. 尚不能免. 何況流年又逢癸酉. 緊沖月令乎.

차여전조지환년지일해자. 전조을목좌록. 고가등사판. 차조관살혼잡. 행해묘회합. 수불귀이부. 병자운, 극기층등. 전조량자부형일묘. 차즉자묘상형야. 을해운, 점입가경. 갑술운, 부갑

일성. 계유운, 기토극계. 묘유재충. 종격피파. 난면어화. 전조량묘. 상불능면. 하황류년우봉계유. 긴충월령호.

➧ 이 사주는 앞의 사주에 비해서 年支의 亥水만 바뀌었다. 앞의 사주는 乙木이 卯木에 앉아 있어서 벼슬을 했는데, 이 사주는 관살이 혼잡하였으나 다행히 亥卯의 합으로 비록 귀하지는 않아도 부자의 사주는 된다. 丙子운에는 미끄러짐이 극에 달했는데, 앞의 사주에서는 두 자수가 하나의 묘목과 형을 하지 않았으나 이 사주는 자묘의 형이 발생했기 때문이다. 乙亥운에는 점차로 좋은 경지에 들어갔고, 甲戌운에는 한 성의 갑부가 되었으며, 癸酉운에는 己土가 계수를 극하고 卯酉가 다시 충을 하여 종격이 깨어졌으니 재앙을 면하기가 어려웠다. 앞의 사주는 卯가 둘이라서 오히려 면하기가 어려웠다면 어찌 하물며 癸酉운에서 월령을 치는 것이겠는가.

【강의】

설명의 내용이 왠지 어수선하다 싶어서 『적천수천미』를 살펴보니 이 사주는 없는 것이 확인된다. 그렇다면 혹 낙오 선생이 삽입한 것은 아닐까? 무슨 子卯형이 나오고 관살혼잡은 또 무슨 말인지 모르겠다. 을목이나 묘목은 있어도 갑목이나 인목이 보이지 않으니 말이다. 철초 선생은 이러한 말씀을 하실 성향이 아니기 때문에 다시 살피게 된다. 그래서 아무래도 낙오 선생이 슬쩍 끼워 넣은 사주가 아닌가 하는 의심이 든다. 그렇거나 말거나 해석을 해보면 종살격이 된 상태에서 금운에 끝이 난 것으로 해석하면 되겠는데, '極其蹭蹬'의 글은 좀 어색해서 해석이 어렵다. 편안하게 수정을 해보면 極의 글자를 나타날 現자 정도로 바꾸는 것이 더 좋지 않을까 싶다. 실은 이 글자 때문에 『적천수천미』를 확인하게 된 것이니 어쩌면 범인은 어딘가에 증거를 남긴다는 말을 해야 할지도 모르겠다.

```
乙   壬   辛   己
巳   午   未   卯

癸 甲 乙 丙 丁 戊 己 庚
亥 子 丑 寅 卯 辰 巳 午
```

壬水生於季夏. 支類南方. 財從官勢. 乙卯之傷官. 亦從財而不壞官. 局中官星當令. 格取從官. 月干辛金. 透而無根, 故爲假從. 生員出身. 丁卯, 丙寅運. 生助財官. 剋盡辛金, 仕至封疆.
임수생어계하. 지류남방. 재종관세. 을묘지상관. 역종재이불괴관. 국중관성당령. 격취종관. 월간신금. 투이무근, 고위가종. 생원출신. 정묘, 병인운. 생조재관. 극진신금, 사지봉강.

▶임수가 未月에 났는데, 지지는 巳午未의 남방이다. 재는 관의 세력을 따르고 乙卯의 상관은 또한 재를 따르니 관을 극하지 않는다. 국에서 관성이 당령을 하여 격은 종관격인데, 월간의 辛金은 투출이 되었어도 뿌리가 없으니 가종이 되었다. 생원 출신으로 丁卯와 丙寅의 운에서 재관을 도와 辛金을 극해서 다하니 벼슬이 봉강에 이르렀다.

【강의】

이 사주도 『적천수천미』에는 보이지 않는 자료이다. 다만 내용으로 봐서는 철초 선생의 설명이라고 해도 큰 문제가 없겠다. 왜냐면 『적천수천미』에서도 사주를 빠뜨릴 수 있다는 점을 감안해야 하기 때문이다. 여하튼 객관적으로 이해하기 위해서는 이런 저런 가능성에 대해서도 생각해 보게 된다. 가종으로 볼 수는 있겠지만 월간의 신금이 자꾸 신경이 쓰인다. 이 점을 고려하고 진행하면 되겠다.

```
庚   辛   壬   丁
寅   亥   寅   卯

戊 己 庚 辛 壬 癸 甲 乙
午 未 申 酉 戌 亥 子 丑
```

辛金生於孟春. 天干壬丁庚辛. 陰陽相剋. 且金絶火生. 地支寅木當令. 日時寅亥化木. 格取從殺. 運走水地. 生木助火. 一無凶處. 連登甲榜. 由縣宰至郡守. 生三子. 皆秀發.

신금생어맹춘. 천간임정경신. 음양상극. 차금절화생. 지지인목당령. 일시인해화목. 격취종살. 운주수지. 생목조화. 일무흉처. 연등갑방. 유현재지군수. 생삼자. 개수발.

▶신금이 寅月에 났는데 천간은 임정과 경신으로 음양이 서로 극하고 있다. 또 금은 절하고 화는 생하는데 지지에 寅木이 당령이라 일시에서 寅亥합으로 격은 종살격이 된다. 운이 水地에서 木을 생하고

火를 도와서 하나도 나쁜 곳이 없으니 연이어 수석으로 합격하고 현재로 시작해서 군수에 이르렀으며 아들 셋을 두었는데 모두 크게 발했다.

【 강의 】

이러한 사주를 놓고 어떻게 손을 써야 할지 난감하다. 사주와 내용이 서로 다를 경우에는 무엇을 고쳐야 할지를 모르겠다. 그리고 『적천수천미』를 보면 月柱가 丙寅으로 되어 있다. 그런데 丁卯년에는 丙寅월이 될 수가 없다는 것이 또한 문제이다. 그러니까 『적천수천미』도 완전하지 않다는 것을 생각지 않을 수 없다. 본문의 내용에서 丙丁庚辛에 충실하려다 보니 사주에 문제가 있고 해서 아마도 낙오 선생이 사주를 바로잡고 풀이는 그대로 둔 것이 아닌가 싶다. 여하튼 사주에 따르자면 丙丁庚辛은 壬丁庚辛이 되어서 서로 극한다는 말을 세거해야 하겠다. 그렇다면 종살격이 되나/보나는 오히려 정임합으로 해서 종재격으로 흐르는 구조라고 이해하게 된다. 운의 흐름을 보면 목화에서 발하게 되었으므로 종재로 봐도 아무런 문제가 없다고 하겠는데, 역시 시간의 경금에 대해서는 일단 염두에 둬야 한다는 말씀도 빼지 않고 넘어간다. 주의하기 바란다.

丁	己	乙	癸
卯	未	卯	亥

丁	戊	己	庚	辛	壬	癸	甲
未	申	酉	戌	亥	子	丑	寅

己土生於仲春. 春木當令會局. 時干丁火. 被年上癸水剋去. 未土又會木局. 不得不從殺矣. 科甲出身. 仕至觀察.
기토생어중춘. 춘목당령회국. 시간정화. 피년상계수극거. 미토우회목국. 부득불종살의. 과갑출신. 사지관찰.

➡ 기토가 卯月에 나서 봄의 나무가 당령도 되면서 목국의 형태가 되었다. 시간의 정화는 연간의 계수에게 극으로 제거되었고 未土는 다시 목국으로 변했으니 종을 하지 않을 수가 없는 상황이다. 과거로 시작해서 벼슬은 관찰에 이르렀다.

【 강의 】

내용이야 간단해서 좋은데, 역시 문제가 있다. 연간의 계수가 과연 시간의 정화를 극할 수가 있느냐는 것이다. 아무래도 억지로 말을 만들어 보려고 애쓴 흔적이라고 해야 할 모양이다. 그래도 북방의 수운에서 발했다는 것을 보고 종살로 봐야 한다는 것은 충분히 이해가 되는데, 이 사주에서는 절대로라고 해도 좋을 정도로 살중용인격이다.

혹 辰時에 태어난 사주라고 한다면 비견의 힘이 워낙 약하고 관살의 세력이 강해서 그대로 종살을 할 수가 있겠다는 정도이다. 철초선생도 이 정도의 상황은 충분히 파악하셨을 텐데 종격으로 이끌고 가기 위해서 이러한 억지(!)를 쓰실 수밖에 없는 것이 스스로 따분하지 않았을까 하는 생각이 든다.

이렇게 해서 가종에 해당하는 사주를 살펴보았다. 그중에는 종이 되는 구조도 있고, 그렇지 않은 구조도 있다. 그리고 뒷부분의 어수선함도 좀 마음에 걸린다. 그래도 종격이 있는 것은 사실이라는 정도의 판단을 하고 넘어가면 큰 오류에 빠지지는 않을 것이다.

제4장 가화(假化)

【滴天髓】

假化之人亦多貴. 異姓孤兒能出類.
가 화 지 인 역 다 귀. 이 성 고 아 능 출 류.

◐ 가화가 된 사람도 또한 귀할 수가 있다. 성이 다른 고아도 세상에서 이름을 얻을 수가 있듯이.

【滴天髓徵義】

　假化之局. 其象不一. 有合神眞, 而日主孤弱者. 有化神有餘, 而日帶根苗者. 有合神不眞, 而日主無根者. 有化神不足, 而日主無氣者. 有旣合化神, 而日主得劫印生扶者. 有旣合化神, 而閑神來傷化氣者. 故假化比眞化尤難. 更宜細究.
　庶得假化之機. 如甲己之合. 生於丑戌月. 合神雖眞. 而日主孤弱無助. 不能不化. 但秋冬氣翕而寒. 又有金氣暗洩. 歲運必須逢火. 去其寒濕之氣. 則中氣和暖矣. 生於辰未之月. 化神雖有餘.

而辰乃木之餘氣. 未是通根身庫. 木未嘗無根. 但春夏氣闢而暖. 又有水木藏根. 歲運必須土金之地. 去其木之根苗. 則無分爭矣.

如乙庚之合. 日主是木. 生於夏令. 合神雖不眞. 而日主洩氣無根. 土燥又不能生金. 歲運必須帶水之土. 則能洩火養金矣. 生於冬令. 金逢洩氣而不足. 木不納水而無氣. 縱有土而凍. 不能生金止水. 歲運必須帶火之土. 則解凍而氣和. 金得生而不寒矣.

如丁壬之合. 日主是丁. 生於春令. 壬水無根. 必從丁合. 不知木旺自能生火. 則丁火反不從壬化木. 或有比劫之助. 歲運必須逢水. 則火受制而木得成矣.

如丙辛之合. 日主是火. 生於冬令. 重重金水. 旣合且化. 嫌其柱中有土. 暗來損我化神. 濕土雖不能止水. 而水究竟混雜不清. 歲運必須逢金土. 則氣流行而生水. 化神自眞矣. 如是配合. 以假成眞. 亦能名利雙全. 光前裕後也. 總之格象非眞. 未免幼遭孤苦. 早見蹭蹬. 否則. 其人執傲遲疑. 倘歲運不能抑假扶眞. 一生作事迍邅. 名利無成也.

가화지국. 기상불일. 유합신진, 이일주고약자. 유화신유여, 이일대근묘자. 유합신부진, 이일주무근자. 유화신부족, 이일주무기자. 유기합화신, 이일주득겁인생부자. 유기합화신, 이한신래상화기자. 고가화비진화우난. 갱의세구.

서득가화지기. 여갑기지합. 생어축술월. 합신수진. 이일주고약무조. 불능불화. 단추동기흡이한. 우유금기암설. 세운필수봉화. 거기한습지기. 즉중기화난의. 생어진미지월. 화신수유여. 이진내목지여기. 미시통근신고. 목미상무근. 단춘하기벽이난. 우유수목장근. 세운필수토금지지. 거기목지근묘. 즉무분쟁의.

여을경지합. 일주시목. 생어하령. 합신수부진. 이일주설기무근. 토조우불능생금. 세운필수대수지토. 즉능설화양금의. 생어동령. 금봉설기이부족. 목불납수이무기. 종유토이동. 불능생금지수. 세운필수대화지토. 즉해동이기화. 금득생이불한의.

여정임지합. 일주시정. 생어춘령. 임수무근. 필종정합. 부지목왕자능생화. 즉정화반부종임화목. 혹유비겁지조. 세운필수봉수. 즉화수제이목득성의.

여병신지합. 일주시화. 생어동령. 중중금수. 기합차화. 혐기주중유토. 암래손아화신. 습토수불능지수. 이수구경혼잡불청. 세운필수봉금토. 즉기류행이생수. 화신자진의. 여시배합. 이가성진. 역능명리쌍전. 광전유후야. 총지격상비진. 미면유조고고. 조견층등. 부즉. 기인집오지의. 당세운불능억가부진. 일생작사둔전. 명리무성야.

➡ 가화의 형국도 그 모양이 한 가지가 아니다. 합신은 잘 되었지만 일주가 외롭고 약한 경우가 있고, 화신은 넉넉하지만 日干이 뿌리나 싹을 갖고 있는 경우도 있고, 합신은 잘 되지 않았는데 일주는 뿌리가 없는 경우도 있고, 화신은 부족한데 일주는 기가 없는 경우도 있고, 이미 합을 해서 화하였는데 일주가 비겁이나 인성의 도움을 받고 있는 경우도 있고, 이미 합을 해서 화신이 되었는데 한신이 와서 화기를 손상시키는 경우도 있다. 그러므로 가화격의 경우에는 진화격에 비해서 더욱 어려우니 마땅히 자세히 연구한다면 그 가화의 기틀을 얻게 될 것이다.

예를 들어서 甲己합에 丑戌월에 태어났다고 하면 합신은 비록 참되다고 하겠으나 일주가 너무 외롭고 약해서 도움이 없으니 化하기가 불가능하다. 다만 가을과 겨울의 기운은 닫히면서 차가우며 또 금이 있어서 기운이 설기되므로 세운에서는 반드시 화를 만나야 그 한습한 기운을 제거하니 즉 중화의 따스한 기운이 된다.

辰未월에 태어났다면 化神은 비록 넉넉하다고 하겠으나 辰土는 목의 여기가 되기도 하고 未 또한 목의 고지로서 통근이 되니 목의 입장에서는 여하튼 뿌리가 있는 셈이다. 다만 봄이나 여름에는 기운이 열리는 계절이고 따뜻하기도 하며 또 水木의 뿌리가 암장되어 있어서 세운에서는 반드시 土金의 지지가 와야 그 목의 뿌리나 싹을 제거하니 즉 분쟁이 없는 것이다.

또 예를 들어서 乙庚합에 일주가 乙木일 경우에 여름에 태어난다면 합신은 비록 진실하지 않지만 일주의 기운은 설기되고 또 뿌리도 없는데 토는 건조하여 금을 생조하기도 불가능하므로 세운에서는 반드시 수를 낀 토가 와야 하는 것이니 즉 능히 화를 설하고 금을 생조하기 때문이다. 그리고 겨울에 났다고 하면 금이 설기하는 계절을 만났으니 기운이 부족하다. 목은 수를 흡수하지 않으니 또 기운도 없다. 비록 토가 있이도 얼었으니 금을 생하고 물을 멈추기가 불가능하니 세운에서는 반드시 화를 거느린 토가 와야 하는데, 그러면 추위도 해소하고 기운은 화평해지니 금은 생조를 얻고 또 차갑지 않게 된다.

또 丁壬합으로 된 상태에서 일간이 丁火라면 봄에 났을 경우에는 임수가 무근해서 반드시 정화를 따라서 종을 하겠는데, 이미 목이 왕한 계절이어서 화를 생하니 정화는 도리어 임수를 따라 종을 할 마음이 없다는 것을 모르겠는가 말이다. 혹 비겁이 돕고 있다면 운에서는 반드시 수를 만나야 할 것이니 즉 화는 제어를 받아서 化木이 이뤄지게 된다.

또 丙辛합의 경우에 일간이 丙火이고 겨울에 났을 경우에 金水의 기운이 중중하다면 이미 합되는 것은 물론이고 또 化를 할 것이다. 이미 합하고 화하는데 만약 사주에 토가 보인다면 사주의 化神인 수를 손상하게 된다. 습토가 되어서 비록 수를 멈추지는 못하지만 연구를 해보면 결국은 혼잡이 되어서 맑지 못한 상황이 발생하니 운에서는 金土를 만나야 기가 흘러서 수를 생하게 된다. 그러면 化神이 다시 스스로 진실하게 되는 것이다.

만약 배합이 되어서 거짓된 것〔假化〕이 진실한 것〔眞化〕으로 된다면 또한 능히 이름과 명예를 얻을 것이니, 앞에서 빛나고 뒤까지 이어질 것이다. 한마디로 격의 모양이 진실하지 않으면 고아의 고통을 면키 어려울 것이니 일찍이 마음대로 되지 않음을 보게 되는데, 혹 그렇지 않으면 그 사람이 오만하고 고집스럽거나 의심을 하는 사람이다. 그러므로 혹시 운에서도 가짜를 눌러 주고 진짜를 도와 주지 않는다면 일생 동안 하는 일이 험한 산을 오르는 것과 같을 것이니 이름과 이익을 이룰 수가 없는 것이다.

【 강의 】

이해를 돕느라고 일일이 예를 들어 가면서 말씀해 주시니 고마울 뿐이다. 그리고 化格의 상황을 보면서 느끼는 것은 합이 되더라도 서로 입장에 따라서 化하는 방향이 다르다고 하겠다. 간단히 표시만 해본다면 다음과 같이 이해할 수가 있다.

甲己합의 경우에 甲木은 化를 잘하고 己土는 하지 않는다.
乙庚합의 경우에 乙木은 化를 잘하고 庚金은 하지 않는다.
丙辛합의 경우에 丙火도 化를 잘하고 辛金도 잘한다.

丁壬합의 경우에 壬水는 化를 잘하고 丁火는 하지 않는다.
戊癸합의 경우에 癸水는 化를 잘하고 戊土는 하지 않는다.

즉 일간의 성질에 따라서 화를 하기도 하고 하지 않기도 한다는 것을 알 수 있다. 그런데 실제로 사주를 보면서 느끼는 것은 化氣格이 되기 위해서는 그 조건이 여간 까다롭지 않아서 미근이라도 있으면 화를 하지 않고 그대로 버티는 경우를 많이 보면서 역시 화격에 대해서도 웬만하면 정격으로 봐야 하는데 하물며 가화격에 대해서는 전혀 고려할 필요가 없다는 생각이 든다. 혹 가화격이 의심스러운 대목을 만나면 일단 정격으로 대입해서 명확하게 확인한 다음에 도저히 정격으로는 이해가 되지 않을 경우에 한해서 가화격이 되었는가를 확인하는 것이 좋겠다.

己	甲	甲	己
巳	子	戌	卯

丙	丁	戊	己	庚	辛	壬	癸
寅	卯	辰	巳	午	未	申	酉

天干兩甲逢兩己. 各自配合. 地支卯戌合. 雖不能化火生土. 却無爭妒之意. 雖是假化. 却有情而不悖. 未運破其子水. 中鄕榜. 庚午, 己巳. 生助化神. 出仕琴堂.
천간량갑봉량기. 각자배합. 지지묘술합. 수불능화화생토. 각무쟁투지의. 수시가화. 각유정이불패. 미운파기자수. 중향방. 경오, 기사. 생조화신. 출사금당.

➡ 천간의 두 갑목이 두 개의 기토를 만났고 지지에는 卯戌합이다. 비록 火로 화해서 土를 생하기는 불가능하겠지만 도리어 쟁투의 뜻이 없으니 비록 이것이 가화라고는 해도 오히려 유정하여 일그러지지 않았다. 未土대운에서 그 子水를 깨어 버리니 향방에 합격하고 庚午와 己巳에는 化神을 생조하니 벼슬이 금당에 이르게 되었다.

【 강의 】

당연한 말씀이지만 卯戌합은 효과가 없는 것이라는 점을 생각하는 것이 좋겠다. 그리고 이 사주는 『적천수징의』를 보면서 맨 처음 이해가 가지 않았던 사주이다. 이러한 사주가 화격이라면 갑목이 기토를 보면 무조건 화를 하게 될 것이라는 생각을 하지 않을 수 없을 것이고, 그렇게 되면 화격병에 걸리는 것은 시간 문제이다. 그런데 문제는 火土의 운에서 재미가 있었다는 점이다. 그래서 다시 곰곰이 생각해 보니 이 사주가 약하지 않아서 정격으로 식신생재격이 되었을 수도 있을 것 같다. 그리고 말이 되는 것이 앞에서 진퇴의 기운을 설명하면서 술월의 갑목이 화를 쓰는 경우가 있었는데, 그 사주를 잊어버렸다면 다시 보기 바란다.

壬	甲	庚	丁
申	辰	戌	亥

바로 위의 사주이다. 분명히 화가 용신이라고 했는데, 그렇다면 이 사주에서도 화를 용신으로 하기에 충분하지 않겠느냐는 반론을

펴도 되겠다. 그래서 웬만하면 정격으로 용신을 찾으라는 말씀을 드리게 된다. 낭월이 많은 시행착오를 거치면서 얻은 지식이므로 참고해도 나쁘지 않으리라고 본다.

己	甲	丙	甲
巳	申	子	子

甲	癸	壬	辛	庚	己	戊	丁
申	未	午	巳	辰	卯	寅	丑

甲木生於仲冬. 印綬當權. 本是殺印相生. 無如坐下絶地. 虛極不受水生. 見己土貪合. 合神雖眞而失令. 必賴丙火之生. 解其寒凝之氣. 嫌其旺水秉令. 則火亦虛脫. 不能生扶化神. 假而不淸. 因之人品不端. 至庚辰運. 甲午年. 剋木生土. 中鄕榜而不仕.

갑목생어중동. 인수당권. 본시살인상생. 무여좌하절지. 허극불수수생. 견기토탐합. 합신수진이실령. 필뢰병화지생. 해기한응지기. 혐기왕수병령. 즉화역허탈. 불능생부화신. 가이불청. 인지인품부단. 지경진운. 갑오년. 극목생토. 중향방이불사.

➡ 자월 갑목이 인수가 월령을 잡았다. 본래 살인상생격의 구조이다. 그런데 앉은자리가 절지이니 허하기가 극에 달하고 水의 생을 받지 못하는 형상인데, 己土를 만나서 합을 탐하니 합신이 비록 진실하기는 하지만 또 실령을 했으니 반드시 월간의 丙火의 생조를 의지해서 추위와 얼어붙은 것을 녹인다. 싫은 것은 왕수가 월령을 잡고 있는 것인데, 그래서 火도 허탈하여 화신을 생부하지 못하는 것이다. 가

화격이면서도 맑지도 못하다. 그로 인해서 인품이 단정하지 못했는데, 庚辰운이 되면서 甲午년에 목을 극하고 토를 생하니 향방에 합격하고 벼슬에는 임하지 못했던 것이다.

【 강의 】

앞의 사주와 마찬가지로 이 사주 역시 조후로 월간의 병화를 용신으로 삼아야 하는 형상이다. 이러한 사주조차 化土格으로 논한다면 공부하는 사람이 매우 혼란에 빠지게 되는 것은 당연하다. 실제로 『적천수』의 최대 허물이라고 하겠다. 그래서 이제 다시 바로잡아야 한다는 생각으로 낭월은 이렇게 강한 사주에서 다시 火土가 희용신으로 되고 남방운에서 발하게 된다는 의견을 드린다. 분명히 해야 할 것은 절대로 화토격이 아니라는 점이다.

```
己 甲 丁 甲
巳 戌 丑 寅
乙 甲 癸 壬 辛 庚 己 戊
酉 申 未 午 巳 辰 卯 寅
```

甲木生於丑月. 己土通根臨旺. 年之祿比. 見丁火有相生之誼. 無爭妒之勢. 雖是假化. 却有情而不悖. 至庚辰運. 科甲連登. 辛巳, 壬午. 南方火地. 生助化神. 仕至黃堂.

갑목생어축월. 기토통근림왕. 연지록비. 견정화유상생지의. 무쟁투지세. 수시가화. 각유정이불패. 지경진운. 과갑련등. 신사, 임오. 남방화지. 생조화신. 사지황당.

▶ 갑목이 丑月에 생해서 己土는 통근하고 왕지에 임하고 있다. 年支의 비견은 丁火를 보고 생화하는 것이니 쟁투의 세력이 없다. 비록 가화라고는 하지만 도리어 유정하여 일그러지지 않았다. 庚辰운이 되면서 과거에 합격하여 벼슬이 연속으로 올라가고, 辛巳와 壬午의 남방 화운에서 화신을 생조하여 벼슬이 황당에 도달했다.

【 강의 】

구태여 남방운에서 발했다고 하니 화토격이 됐는가 싶기는 하지만, 그래도 겨울의 나무는 달리 물의 도움이 필요하지 않는다는 생각을 한다면 역시 조후로 火를 용신으로 삼는다고 해도 될 것 같다. 그러나 앞의 사주들에 비한다면 확실히 많이 약한 것은 사실이므로 갑목의 상황이 매우 불리하다는 점을 인정하고 化土를 잘하는 특성도 고려해서 그대로 봐도 되는 것으로 하자. 역시 이러한 사주를 만난다면 그대로 보기보다는 일단 신약용겁격으로 보고 확인을 하고 나서 비로소 화토격으로 논해야 하는 것은 당연한 일이다.

戊	癸	辛	甲
午	亥	未	寅

己	戊	丁	丙	乙	甲	癸	壬
卯	寅	丑	子	亥	戌	酉	申

癸水生於季夏. 木火竝旺. 月干辛金無氣. 不能生水. 日主雖臨旺地. 仍受火土兩逼. 時干戊土. 合神眞而且旺. 日主不能不從合矣. 初運壬申, 癸酉. 金水竝旺. 孤苦不堪. 至甲戌運. 支會火局. 出外大得際遇. 乙亥, 水逢木洩. 支得會局. 名成異路. 財帛豊盈. 一交丙子, 火不通根. 詿誤落職. 至壬子年不祿.

계수생어계하. 목화병왕. 월간신금무기. 불능생수. 일주수림왕지. 잉수화토량핍. 시간무토. 합신진이차왕. 일주불능부종합의. 초운임신, 계유. 금수병왕. 고고불감. 지갑술운. 지회화국. 출외대득제우. 을해, 수봉목설. 지득회국. 명성이로. 재백풍영. 일교병자, 화불통근. 괘오락직. 지임자년불록.

→ 계수가 未月에 나서 木火가 함께 왕하다. 월간의 신금은 무기하니 수를 생하기도 불가능하다. 일주는 비록 왕지에 임했다고 하지만 오히려 화토의 공격을 받고 時干의 戊土를 보니 합신이 잘 되어 있으면서 또 왕하기도 하여 일주는 합해서 종하지 않을 수가 없겠다. 초운에서 壬申, 癸酉의 金水가 왕성한 운이니 고통이 이루 말할 수 없을 정도로 극심했는데, 甲戌운이 되면서 지지에 화국이 되어 밖으로 나가 큰 인연을 만났고, 乙亥운에는 수를 목이 설하고 또 지지에 목국을 이뤄서 이름이 이로에서 높았고 재물도 넉넉했는데, 丙子운으로 바뀌면서 火는 통근을 하지 못하여 일을 잘못해서 직위에서 물러났고 壬子년에 죽었다.

【 강의 】

살아온 환경을 대입한다면 그대로 인정하지 않을 수가 없겠다. 여기에서 억지를 써본다면 혹시 時柱가 잘못되지 않았는지도 좀 생각해 보자는 것이다. 원국의 상황에서는 도저히 火土格이 되기 어려운 상황이기 때문이다. 그래서 혹 午時가 아니고 申時였다면 어떻게 될 것인가를 생각해 보자. 이런 식으로 시를 뜯어고치는 것이 위험한 줄은 알지만, 예전의 상황에서 이렇게 오류가 발생할 수도 있다고 본다면 뭔가 합당한 이치를 대입할 수 있지 않을까 하여 생각의 방향을 바꿔 보는 것이다. 대운의 상황이 너무나 정확하게 金水의 운을 꺼리고 있기 때문에 좀더 합리적으로 연구해 보자고 하는 일이다. 아무리 봐도 화화격은 어렵다는 생각이 들어서이다. 그래도 이 사주가 틀림없다면 계수는 자칫하면 化를 잘한다는 것으로 답변을 삼고 넘어가야 하겠다.

```
辛 壬 丁 甲
亥 辰 卯 辰
乙 甲 癸 壬 辛 庚 己 戊
亥 戌 酉 申 未 午 巳 辰
```

壬水生於仲春. 時逢祿印. 而化神當令. 又年干元神透出. 時干辛金, 無根臨絶. 丁火合神. 足以剋之. 辛金不能生水. 則亥水非壬之祿旺. 乃甲之長生. 日干不得不從合而化矣. 運走南方火地. 采芹食廩. 戰勝棘闈. 至壬申, 癸酉, 金水破局. 不但不能出仕. 且刑傷破耗. 蓋化局被傷. 爲禍最重也.

임수생어중춘. 시봉록인. 이화신당령. 우년간원신투출. 시간신금, 무근림절. 정화합신. 족이극지. 신금불능생수. 즉해수비

임지록왕. 내갑지장생. 일간부득불종합이화의. 운주남방화지. 채근식름. 전승극위. 지임신, 계유, 금수파국. 부단불능출사. 차형상파모. 개화국피상. 위화최중야.

➤ 壬水가 卯月에 나서 시에는 비견과 인성을 만났으나 月支에 化神인 木이 있으며 또 연간에는 목의 원신이 투출되었고 시간의 辛金은 절지에서 무근하다. 정화의 合神은 신금을 극하기에 충분하니 신금은 다시 수를 생하기가 불가능하다. 그래서 해수는 임수의 녹왕지가 아니고 갑목의 장생지가 된다. 일간은 부득이 합으로 종하여 화한다. 운이 남방의 火地로 달릴 적에 잘먹고 잘살았으며 무과 시험에서도 장원을 거둬서 전승을 했다. 壬申운과 癸酉운이 되자 金水로 인해서 파국이 되었는데, 벼슬길에 나가지 못했을 뿐만 아니라 온갖 고통을 받았으니 대개의 化局이 손상을 받으면 그 재앙이 가장 크다고 하겠다.

【 강의 】

다소 억지스러운 의미가 포함되어 있음이 발견된다. 월간의 정화가 시간의 신금을 극하는 것도 그리 명확하지 않다고 하겠다. 그리고 임진은 통근이 확실한데, 다시 해시에서 신금의 인성까지 만난 상황이라면 크게 약하지 않다고 할 수도 있다는 것을 생각해 보자는 것이다. 그렇다면 목화로 흐름을 탈 수가 있다는 말이 되고 그대로 대운의 대입에서는 아무런 문제가 되지 않는다는 것이다. 이 정도의 뿌리를 두고서 종한다는 것이 아무리 종을 잘하는 임수라고 하더라도 납득이 가지 않아서 달리 생각해 보라고 드리는 말씀이다. 여하튼 이 정도의 의견이라면 낭월의 뜻은 충분히 전달되었을 것으로 보겠다.

按此等假化格局最多. 若作身弱用印, 則誤矣.
안차등가화격국최다. 약작신약용인, 즉오의.

➯이러한 종류의 격국이 가장 많으니, 만약 신약해서 인성을 용하는 것으로 본다면 오류를 범하게 된다.

【강의】

이런 말씀을 접하면 참 미안하고 송구해서 쥐구멍이라도 찾고 싶은 마음이다. 그래서 낭월도 여하튼 철초 선생의 뜻에 따르려고 많은 고심을 했는데, 결국은 오류를 범할 때 범하더라도 일단 지금으로시는 징격으로 놓고 다시 생각해 본 다음에 도저히 답이 나오지 않으면 비로소 철초 선생께 항복을 해도 늦지 않을 것이라는 마음으로 결정을 했다. 그러니까 『적천수』를 탓하지 말고 철초 선생의 연구열에서 바라다본 상황을 다시 고려하는 것으로 해법을 찾아 주시라는 말씀을 거듭 당부드린다. 이러한 사주들의 해석을 놓고서『적천수』를 매도하는 선배님도 계신 것으로 아는데, 이 또한 빈대 잡으려다가 집을 태우는 꼴이 발생할 가능성이 매우 높을 것이라는 말씀을 드리고 싶다. 功은 공이고 過는 과인데 이것을 구분하지 못하고 묶어서 매도하는 것은 안타까운 마음을 먼저 들게 한다. 부디 이러한 옥석을 구분하지 못하는 안목을 버리고 올바른 관찰력을 길러 주시기 바라는 마음으로 이 장을 줄인다.

제5장 순국(順局)

【滴天髓】

一出門來只見兒. 吾兒成氣構門閭. 從兒不管身强弱.
일 출 문 래 지 견 아. 오 아 성 기 구 문 려. 종 아 불 관 신 강 약.
只要吾兒又遇兒.
지 요 오 아 우 우 아.

◯ 문을 한번 나가니 다만 아이만 보이네
  내 아이가 문 앞에 바글바글하구나
  아이를 따르면 신강신약은 논하지 않네
  다만 내 아이가 또 아이를 만나기만 바랄 뿐

【滴天髓徵義】

順者, 我生之也. 只見兒者. 食傷多也. 構門閭者. 月建逢食傷也. 月爲門戶. 必要食傷在提綱也. 不論身强弱者. 四柱雖有比劫. 仍去生助食傷也. 吾兒又得兒者. 必要局中有財. 以成生育之意也. 如己身碌碌庸庸. 無作無爲. 得子孫昌盛. 振起家聲. 又要運行財地. 兒又生孫. 可享兒孫之福矣. 故爲順局.

從兒與從財官不同也. 然食傷生財. 轉成生育. 秀氣流行. 名利皆遂. 故以食傷爲子. 財卽是孫. 孫不能剋祖. 可以安享榮華. 如見官星. 謂孫又生兒. 則曾祖必受其傷. 故見官殺必爲己害. 如見印綬. 是我之父. 父能生我. 我自有爲. 焉能容子. 子必遭殃. 無生育之意. 其禍立至. 是以從兒格最忌印運. 次忌官運. 官能洩財. 又能剋日主. 而食傷又與官星不和. 忘生育之意. 起爭戰之風. 不傷人丁, 則散財矣.

순자, 아생지야. 지견아자. 식상다야. 구문려자. 월건봉식상야. 월위문호. 필요식상재제강야. 불론신강약자. 사주수유비겁. 잉거생조식상야. 오아우득아자. 필요국중유재. 이성생육지의야. 여기신록록용용. 무작무위. 득자손창성. 진기가성. 우요운행재지. 아우생손. 가향아손지복의. 고위순국.

종아여송재관부동야. 연식상생재. 전성생육. 수기류행. 명리개수. 고이식상위자. 재즉시손. 손불능극조. 가이안향영화. 여견관성. 위손우생아. 즉증조필수기상. 고견관살필위기해. 여견인수. 시아지부. 부능생아. 아자유위. 언능용자. 자필조앙. 무생육지의. 기화립지. 시이종아격최기인운. 차기관운. 관능설재. 우능극일주. 이식상우여관성불화. 망생육지의. 기쟁전지풍. 불상인정, 즉산재의.

➡ 순이란 내가 생한다는 의미이다. 다만 아이를 본다는 것은 식상이 많음을 말한다. 구문려라는 것은 월간에서 식상을 만남을 말한다. 월은 문호이니 반드시 식상이 월지의 제강에 있어야 한다. 신강약을

논하지 않는 것은 사주에 비록 비겁이 있더라도 오히려 식상을 생조하기 때문이다. 내 아이가 또 아이를 얻는다는 것은 반드시 국중에 재성이 있어야 함을 말하는데, 생육의 의미가 있다. 예를 들면 자신은 별 볼일 없이 고생스럽게 살아가면서 아무것도 하는 일이 없다고 하더라도 자식을 얻어서 손자가 창성하고 집안의 명성을 떨치게 되는 것과 같다고 하겠다. 또 운에서는 재운으로 가야 하는데, 아이가 또 손자를 낳는 이치이니 가히 자손의 복을 누릴 만하다고 하겠다. 그래서 순국이라고 말하는 것이다.

  종아격은 종재나 종관살과 같지 않음이 있다. 그리고 식상은 재를 생하니 전전하면서 생육이 이뤄지는 것이라 빼어난 기운이 흐르게 되어 명리가 다 따른다. 그래서 식상을 자식으로 보고 재성을 손자로 보는 것이다. 손자는 할아버지를 극하기가 불가능하니 가히 집안의 행복과 영화를 누릴 수 있겠는데, 만약 관성을 보면 손자가 또 아이를 낳은 것이니 즉 증조부는 반드시 극을 받게 되는 셈이다. 그래서 관살을 보면 반드시 자신의 몸에 해가 미친다고 한다. 만약 인수를 본다면 이것은 나의 부친이니 아버지가 능히 나를 생함으로써 내가 있는 것이니 어찌 능히 자식을 용납하겠는가? 그러니 자식이 반드시 재앙을 만날 것이고 생육의 뜻이 없으니 그 화를 바로 보게 된다. 이것이 종아격에서 가장 꺼리는 인성의 운이 된다. 다음으로는 관운을 꺼린다. 관성은 능히 재성을 설하며 또한 일간을 극하는 성분이니 식상과 관살이 서로 불화하고 다시 생육의 뜻을 잊게 되면서 전쟁의 바람이 일어나니 사람이 상하지 않으면 재물이 흩어지는 것이다.

【 강의 】

　이번 항목의 '순국'이라는 것은 종아격을 두고 하는 말이다. 그리고 종아격은 식상생재의 상황과 매우 유사하다고 하겠고, 운의 희기도 그대로 일치하는 것으로 미루어 달리 볼 필요는 없겠다. 다만 차이라면 일주의 힘이 있고 없고인데, 식상이나 재성의 운에서는 좋은 상황이 같겠지만 인겁의 운에서는 그 불리한 상황이 크게 나빠질 것으로 보면 되겠다. 이것은 오행의 균형이 잡혀 있지 않고 치우친 탓이다.

　상황 설정을 하면서 증조부가 나오고 하는데 그렇게까지 할 필요는 없겠다. 그리고 은근슬쩍 식상이 자식이라는 말씀을 비치기도 한다. 이 부분에 대해서는 뒤에 육친의 장에서 구체적으로 설명을 드리도록 하겠다. 중요한 것은 종아를 하면 인성의 운은 절대적으로 꺼리게 되지만 비겁의 운은 무난하다고 말하는데, 식상생재격의 경우에는 비겁의 운도 나쁘나고 하셨다. 그리고 실제로는 상관용겁격이 있는 점을 고려해 본다면, 식상이 많고 다른 성분이 없는 상태에서 인성이 없을 경우 그대로 비겁을 용신으로 삼아야 한다면 이것은 종아불론신강약이라는 말을 허무하게 만든다. 다시 말해 종아에서는 비겁이 있는 것은 문제가 아니라고 했지만 실제로는 그렇지가 않아서 비겁을 용신으로 삼아야 할 경우도 있음을 참고하는 것이 좋겠다. 즉 이 경우에도 역시 종아격을 외격으로 보기 전에 일단 정격으로서 신약용겁격으로 봐야 한다는 가능성을 의미한다.

```
丙 癸 壬 丁
辰 卯 寅 卯
甲 乙 丙 丁 戊 己 庚 辛
午 未 申 酉 戌 亥 子 丑
```

癸水生於孟春. 支全寅卯辰. 東方一氣. 格成水木從兒. 以時干 丙火爲用. 所謂兒又生兒. 只嫌壬水爲病. 喜丁火合壬化木. 反生 丙火. 轉成生育之意. 所以早登科甲. 置身翰苑. 仕至封疆. 申運, 木火絶地. 不祿.

계수생어맹춘. 지전인묘진. 동방일기. 격성수목종아. 이시간 병화위용. 소위아우생아. 지혐임수위병. 희정화합임화목. 반생 병화. 전성생육지의. 소이조등과갑. 치신한원. 사지봉강. 신운, 목화절지. 불록.

➡ 계수가 초봄에 났고 지지에는 인묘진이 깔렸다. 동방의 일기이므로 격은 수목으로 종아격이 성립된다. 시간의 丙火를 용신으로 삼으니 이른바 아우생아격이 되었다. 다만 싫은 점은 壬水의 병이다. 다행히 정화가 임수와 합해서 목으로 화하니 도리어 병화를 생조하여 생육의 뜻이 이뤄진다. 그래서 일찍이 등과하여 한원에 머물렀으며 벼슬은 봉강에 이르렀다. 申운에서 木火가 절지를 만나 죽었다.

【 강의 】

종아생재격이라고 하겠다. 여기에서 종아격이 성립되는 것은 정임합으로 임수가 없어지기 때문이다. 그런데 또한 반론의 가능성도 품고 있다고 하겠다. 왜냐하면 운세가 북서로 수금의 운을 타고 있었다는 것이다. 종아격에서 인성을 만나면 불리하다고 했는데, 어려서 일찍이 등과했다는 말은 금운에서 발했다는 말이 되는 까닭이다. 그래서 역시 신약용겁격으로 생각해 보는 것도 포기하지 말아야 하겠다는 말씀을 드리고 넘어간다.

丙	癸	癸	丁
辰	卯	卯	巳
乙 丙 丁 戊 己 庚 辛 壬
未 申 酉 戌 亥 子 丑 寅

癸水生於仲春. 木旺乘權. 四柱無金. 亦水木從兒格也. 寅運, 支類東方. 甲戌年入泮. 丙子年鄕榜. 其个及前造者. 月干癸水爭財. 無制合之美也. 喜其比肩無勢. 仕路定可亨通.

계수생어중춘. 목왕승권. 사주무금. 역수목종아격야. 인운, 지류동방. 갑술년입반. 병자년향방. 기불급전조자. 월간계수쟁재. 무제합지미야. 희기비견무세. 사로정가형통.

➜ 癸水가 卯月에 나서 목이 월령에 왕지를 잡았는데 사주에 금이 없다. 그러니 또한 수목으로 종아를 하는 격이다. 寅木운에서 동방이 되면서 甲戌년에 반수에 들어가서 공부하고 丙子년에는 향방에 합격하였으나 앞의 사주에 미치지 못한 것은 月干의 癸水가 쟁재를 하는데 제하거나 합하는 아름다움이 없기 때문이다. 다행히도 비견이 세

력이 없어서 벼슬길은 형통하였다.

【강의】

원문에는 '喜其財星無勢'라고 되어 있는데, 이 말은 뭔가 잘못된 것이 명백하다. 그래서 합당하게 맞춰 보니 '喜其劫財星無勢'라고 하면 되겠는데, 실은 월간에 있는 것이 겁재가 아니고 비견이다. 그래서 다시 '喜其比肩無勢'로 고친다. 이러한 과정을 거쳐서 고친 것과 큰 차이는 없지만 정확하게 할 수가 있는 것은 그렇게 하는 것이 좋아서 고치게 됨을 참고하면 되겠다.

내용에 큰 문제는 없겠지만 역시 신약용겁격이 될지도 모르므로 다시 확인해 보고 나서 여전히 종아격으로 보인다면 비로소 외격으로 보는 것이 좋겠다.

```
戊   丙   丁   己
戌   戌   丑   未
己 庚 辛 壬 癸 甲 乙 丙
巳 午 未 申 酉 戌 亥 子
```

丙火生於季冬. 滿局皆土. 格成火土從兒. 丑中辛財爲用. 爲一箇元機暗裏存也. 所嫌者丁火蓋頭. 通根未戌. 忌神深重. 未能顯秩. 妙在中運走癸酉, 壬申. 喜用齊來. 宦途順遂.
병화생어계동. 만국개토. 격성화토종아. 축중신재위용. 위일개원기암리존야. 소혐자정화개두. 통근미술. 기신심중. 미능현질. 묘재중운주계유, 임신. 희용제래. 환도순수.

➡ 丙火가 丑月에 생하고 사주에 모두 土이니 격은 火土의 종아격이 되었다. 丑土 속에는 辛金이 있어서 용신으로 삼으니 이를 일러 하나의 근원된 기운이 그 속에 존재한다는 것이다. 싫어하는 바는 정화가 개두되어 있는 것인데 未土와 戌土에 통근이 되어 있으니 기신의 뿌리가 깊다고 하겠다. 묘하게도 중반의 운이 癸酉와 壬申으로 흐르면서 희용신이 함께 와서 벼슬길이 순탄했다.

【 강의 】

丙戌은 충분히 뿌리가 된다고 봐야 할 것이다. 정화는 축월이라 무력하다고 하더라도 다시 時支의 戌土도 있으니 역시 뿌리가 상당하다. 이러한 사주를 보면서 종아를 하면 비견은 신경 쓰지 않는다는 말을 하는데, 그래서 실제로는 송아격이라고 하겠지만 현실은 그렇지를 않아서 이 사주는 火木의 운에서 발달하게 될 암시도 있다는 것을 생각지 않을 수가 없다. 자꾸 이렇게 말씀드리는 것이 죄송하지만, 많은 임상을 통해서 대부분 인겁의 운을 기다린다는 것을 확인하게 되어 드리는 말씀임을 잘 헤아려 주어야 하겠다. 그렇다면 壬申과 癸酉에서 발했다고 한 것을 보면 철초 선생의 의사는 충분히 반영된다.

```
戊  丙  辛  己
戌  戌  未  未
癸 甲 乙 丙 丁 戊 己 庚
亥 子 丑 寅 卯 辰 巳 午
```

丙火生於季夏. 滿局皆土. 格取從兒. 所謂從兒又見兒也. 大象觀之. 勝於前造. 其功名富貴, 反不及者. 何也. 前造金雖不現. 而丑內蓄藏. 三冬濕土. 能晦火養金. 此辛金顯露. 而九夏鎔金. 根氣不固. 未戌丁火當權. 所謂凶物深藏也. 兼之運走東南木火之地. 雖中鄉榜. 一教終身.

병화생어계하. 만국개토. 격취종아. 소위종아우견아야. 대상관지. 승어전조. 기공명부귀, 반불급자. 하야. 전조금수불현. 이축내축장. 삼동습토. 능회화양금. 차신금현로. 이구하용금. 근기불고. 미술정화당권. 소위흉물심장야. 겸지운주동남목화지지. 수중향방. 일교종신.

▶ 丙火가 未月에 나서 사주에 전체로 土이니 격은 종아격이다. 이른바 종아격에 또 아이를 봤다고 하겠다. 대체적으로 상황을 보니 앞의 사주보다 뛰어남에도 그 공명과 부귀는 도리어 미치지 못했는데 왜인가? 앞의 사주는 금이 비록 나타나지 않았지만 丑土 속에 감춰져 있었고 겨울의 습한 토이니 능히 불을 흡수하고 금을 기르는데, 이 사주는 辛金이 천간에 나왔고 또 열기가 대단하여 금이 녹으니 뿌리의 기운이 허하고 未戌丁의 火가 월령을 잡았으니 이른바 흉물이 깊이 감춰졌다고 하는 것이다. 겸해서 운도 東南의 木火지지로 흐

르니 비록 향방에는 합격했으나 훈장 노릇으로 일생을 마쳤다.

【 강의 】

역시 본문에 오자가 있었다. '三冬溫土'라고 되어 있는데 말이 되지 않아서 '三冬濕土'로 수정했으니 참고하기 바란다. 기왕에 종아격이라고 한다면 상황이 충분히 이해가 된다. 다만 사주의 구조 때문이기도 하겠지만 운의 마땅하지 않음이 더 부담이었을 것이다. 즉 사주가 그리 좋지 않아도 운이 좋다면 자신의 능력을 발휘하는 것을 많이 보면서 사주의 문제도 운이 좋으면 해소가 되는 것으로 이해하게 된다. 물론 철초 선생도 말씀하셨듯이 운도 나쁜데다가 원국의 상황까지 불리해서 발복을 하지 못했던 모양이다. 이 정도의 열기라면 오히려 丙火가 약하지 않다고 봐서 식신생재로 볼 수도 있겠다는 억지(?)를 써보고 싶은 생각도 없지 않다.

```
丙  甲  丁  丁
寅  午  未  巳
己 庚 辛 壬 癸 甲 乙 丙
亥 子 丑 寅 卯 辰 巳 午
```

甲午生於季夏. 支類南方巳午未寅. 干透兩丁一丙. 火勢乘權. 終成木火從兒格. 嫌其火太燥烈. 以致功名減色. 巳運拔貢. 甲辰濕土晦火. 壬運激火之烈. 助寅爭財. 不祿.

갑오생어계하. 지류남방사오미인. 간투량정일병. 화세승권.

종성목화종아격. 혐기화태조열. 이치공명감색. 사운발공. 갑진 습토회화. 임운격화지렬. 조인쟁재. 불록.

▶갑오일주가 여름의 未月에 태어났는데, 지지에는 남방의 巳午未에 寅木도 있고 천간에는 두 丁火에 丙火까지 투출되어 있다. 화의 세력이 권세를 타고 있으니 마침내 목이 화를 따라가는 종아격이 되었는데, 화의 세력이 지나치게 조열한 것이 싫다고 하겠다. 이로 인해서 공명도 모양이 없었는데, 巳火대운에서 발공이 되었으나 甲辰대운은 습토가 화를 어둡게 했지만, 壬水대운에는 화의 맹렬함을 자극시키고 인목의 쟁재를 도와서 녹이 끊어졌던 것이다.

【 강의 】

이 정도의 상황이라면 종아격이라고 해야겠는데, 본문 중에서 甲辰대운은 습토가 화를 어둡게 하여 뭐가 어떻게 되었다는 말이 없어서 미흡하지만 잘 되었다고 이해하면 무리가 없겠다. 문제는 이어지는 壬水대운인데, 이렇게 조열한 사주에서는 원하는 습기가 들어온다고 해도 寅木의 발광이나 도울 뿐이고 그렇지 않아도 격렬한 열기를 자극시키는 정도의 역할밖에 못한다는 점은 예리한 판단이라고 본다. 다만 인목이 재를 극한다는 것은 의미가 없는 말이기 때문에 신경 쓰지 않아도 되겠다. 종아격에서는 절대로 인성의 운이 오지 않아야 한다는 정도로 이해를 한다.

```
丙  甲  丁  甲
寅  午  丑  午
乙甲癸壬辛庚己戊
酉申未午巳辰卯寅
```

甲木生於季冬. 火虛而幸通根有焰. 格取從兒. 木雖進氣. 又逢祿比幫身. 所謂從兒不論身强弱也. 前造過於燥烈. 此則濕土逢燥. 地潤天和. 生育不悖. 聯登甲第. 仕至侍郞.

갑목생어계동. 화허이행통근유염. 격취종아. 목수진기. 우봉록비방신. 소위종아불론신강약야. 전조과어조열. 차즉습토봉조. 지윤천화. 생육불패. 연등갑제. 사지시랑.

➡ 甲木이 丑月에 났다. 불은 허한데 다행히 통근을 해서 불기가 있으니 격은 종아격이다. 목은 비록 진기이고 또 비견을 만나서 일간을 돕고 있지만 이른바 종아불론신강약인 것이다. 앞의 사주에서는 지나치게 더웠지만 이 경우에는 습토가 건조함을 만나서 땅은 촉촉하고 하늘은 화평하니 생육이 일그러지지 않았기에 계속해서 수석으로 진급하여 벼슬이 시랑에 올랐다.

【 강의 】

寅木이나 丑土를 甲木의 뿌리라고 보기에는 주변의 열기가 마땅치 않다. 내용에 그대로 부합된다고 하겠다. 달리 종아가 아니라고 할 이유가 없어 보이는 상황이다.

壬	戊	辛	辛
子	申	丑	丑

癸	甲	乙	丙	丁	戊	己	庚
巳	午	未	申	酉	戌	亥	子

戊土生於季冬. 辛金竝透通根. 坐下申金. 壬水旺而逢生地. 純粹可觀. 早遊泮水. 至亥運, 類聚北方. 高攀秋桂. 交戊戌, 通根燥土. 奪去壬水. 至丙寅年, 沖去申金壬水之根. 體用兩傷. 不祿.

무토생어계동. 신금병투통근. 좌하신금. 임수왕이봉생지. 순수가관. 조유반수. 지해운, 유취북방. 고반추계. 교무술, 통근조토. 탈거임수. 지병인년, 충거신금임수지근. 체용량상. 불록.

▶戊土가 丑月에 나서 辛金이 둘이나 투출되고 또 통근했으며 앉은 자리에는 申金이니 임수는 다시 생지를 만났다. 순수하여 볼 만한데, 일찍이 반수에서 놀고 亥水대운이 되면서 해자축의 북방합이 되면서 과거에 급제했다. 戊戌대운으로 바뀌면서 건조한 토에 뿌리를 내리니 임수는 무토가 빼앗는다. 丙寅세운에서 임수의 뿌리인 申金을 충해서 체와 용이 모두 상하니 죽었다.

【강의】

이 상황에서도 역시 흐름을 보면 무토가 의지할 곳이 보이지 않아서 종아를 할 수가 있는 형상이라고 하겠다. 그리고 혹 인신충으로 인해서 신금이 깨어지는 것으로 오해할지도 모르겠는데, 이것은 아니라는 이야기이다. 오히려 寅木이 깨어지는 상황이라고 해야 하기 때문이다. 다만 丙寅년이어서 혹 申金과 싸움이 되는 모양이다. 대운도 물론 戊土이니 그럴 만하다고 하겠다. 중요한 것은 토의 뿌리가 들어오면 종을 한 사주에서는 흉한 결과가 빚어진다는 것을 이해한다면 충분하다.

```
辛  戊  庚  庚
酉  申  辰  子

戊 丁 丙 乙 甲 癸 壬 辛
子 亥 戌 酉 申 未 午 巳
```

此造戊土生於季春. 局中層疊庚辛. 格取從兒. 喜其支會財局. 生育有情. 與前大同小異. 此因中年運走土金. 生助財星. 所以甲第連登. 仕至郡守. 前造之不祿不仕. 實運之背也.

차조무토생어계춘. 국중층첩경신. 격취종아. 희기지회재국. 생육유정. 여전대동소이. 차인중년운주토금. 생조재성. 소이갑제련등. 사지군수. 전조지불록불사. 실운지배야.

➤이 사주는 戊土가 辰月에 났는데, 사주 속에는 庚辛금이 층층을 이루고 있다. 격은 종아격인데, 반가운 것은 신자진의 수국이 되는 것이다. 생하고 기르는 것이 유정하니 앞의 사주와는 대동소이하다고 하겠는데, 이 사주는 중년의 운이 土金으로 가게 되어서 재성을 생조하여 벼슬이 군수에 이르렀다. 이에 반해 앞의 사주는 벼슬에 나가 보지도 못하고 죽었으니 실은 운이 돕지 않았던 것이다.

【 강의 】

종아격이 분명하다. 그리고 외격 중에서도 가끔 종아격이 발생하는 것을 경험한다. 내용을 그대로 믿게 된다. 그리고 역시 되고 말고는 운에 달렸다는 것을 다시 강조하게 된다.

```
  壬   辛   辛   壬
  辰   亥   亥   寅

己 戊 丁 丙 乙 甲 癸 壬
未 午 巳 辰 卯 寅 丑 子
```

辛金生於孟冬. 壬水當權. 財逢生旺. 金水兩涵. 格取從兒. 讀書一目數行. 至甲寅運. 登科發甲. 乙卯運, 由署郞出守黃堂. 丙辰, 官印齊來. 又逢丙戌年, 沖動印綬. 破其傷官. 不祿.
 신금생어맹동. 임수당권. 재봉생왕. 금수량함. 격취종아. 독서일목수행. 지갑인운. 등과발갑. 을묘운, 유서랑출수황당. 병진, 관인제래. 우봉병술년, 충동인수. 파기상관. 불록.

➡신금이 亥月에 나서 임수가 당령했다. 재성은 생왕을 만나고 금수가 함께 넉넉하니 격은 종아이다. 책을 읽으면 한눈에 몇 줄을 해독할 정도로 총명했는데, 甲寅대운에서 수석으로 등과하고 乙卯대운에서는 서랑 출신으로 황당을 지켰다. 丙辰대운에서 관성과 인성이 함께 들어오며 또 丙戌년을 만나게 되니 인수가 충동이 되어서 그 상관을 깨어 버리니 죽었다.

【 강의 】

서랑은 순경 등의 경찰직을 말하는 듯싶고, 황당을 지켰다는 말은 황실 경호를 맡은 것인지 아니면 황당 벼슬을 한 것인지 명확하지는 않으나 여하튼 잘 나가다가 운이 약해서 중간에 발전을 멈추게 된 것이 아쉽다고 하겠다. 내용이 이해가 된다. 그런데 사주의 구조를 보면 어째서 학자의 길을 가지 않고 무관으로 갔는지에 대해서는 다소 아리송한데, 아마도 상관의 작용 때문이 아닌가 싶다. 구조로 보면 종아격은 대체로 학자의 길이 흐름에 맞는다고 생각되어서 한번 언급해 봤다.

```
辛  辛  辛  壬
卯  卯  亥  子

己 戊 丁 丙 乙 甲 癸 壬
未 午 巳 辰 卯 寅 丑 子
```

辛金生於孟冬. 水勢當權. 雖天干三透辛金. 而地支臨絶. 格取從兒. 讀書過目成誦. 早年入泮. 甲寅拔貢. 出仕縣宰. 乙卯運, 仕路順遂. 丙辰, 詿誤. 至戌年, 旺土剋水, 而歿.

凡從兒格, 行運不背逢財者. 未有不富貴者也. 且秀氣流行. 人必聰明出類. 學問精醇.

신금생어맹동. 수세당권. 수천간삼투신금. 이지지림절. 격취종아. 독서과목성송. 조년입반. 갑인발공. 출사현재. 을묘운, 사로순수. 병진, 괘오. 지술년, 왕토극수, 이몰.

범종아격, 행운불배봉재자. 미유불부귀자야. 차수기류행. 인필총명출류. 학문정순.

▶신금이 亥月에 나서 수세가 월령을 잡았는데, 비록 천간에 辛金이 셋이나 나와 있지만 地支가 모두 절지이니 격은 좋아이다. 책을 읽으면 글이 눈앞을 지나가자마자 바로 외워 버렸다. 어려서 반수에 들어 甲寅대운에 벼슬에 뽑히고 현재로 나아갔는데, 乙卯대운에는 그대로 진행이 되다가 丙辰대운에서 잘못을 저질렀는데, 戌년이 되면서 왕성한 토가 수를 극하니 죽었다.

대체로 종아격을 이루고 운도 어기지 않고 재운을 만난다면 부귀를 얻지 못한 사람을 보지 못했고, 또 빼어난 기운이 흐름을 타게 되어 사람은 반드시 총명해서 주변의 사람보다 뛰어나고 학문도 진국이라고 하겠다.

【 강의 】

식상의 기운이 상당히 발달해 있으면 총명하다는 것은 크게 틀리지 않은 이치이다. 甲寅대운에서 벼슬에 뽑혔다는 말은 특채로 선발된 것이 아닌가 싶다.

시험을 봤다는 말이 생략된 것을 보면 과연 총명한 상황에서 운도 좋았다고 하겠다. 물론 시험을 봤더라도 합격했을 것이다. 다만 운이 밀어 주지 못해서 잘못을 범하고 형벌을 받았던 것 같다. 그리고 한 가지 생각해 볼 것은 비겁이 이 정도이고 재성을 극하는 상황이라면 정격으로 버틸 가능성이 꽤 많다는 점이다. 운의 상황으로 봐서는 수목운에서 발했다고 하니 달리 할말은 없지만 그래도 참고하라는 뜻에서 말씀드린다.
 이렇게 뭔가 걸리는 것이 있다면 우선 정격으로 고려하는 것이 좋겠다.

제6장 반국(反局)

【滴天髓】

君賴臣生理最微.
군뢰신생리최미.

▶ 임금이 신하의 생을 의지하는 이치는 가장 미묘하다.

【滴天髓徵義】

　君賴臣生者. 印綬太旺之意也. 此就日主而論. 如日主是木爲君. 局中之土爲臣. 四柱重逢壬癸亥子. 水勢泛濫. 木氣反虛. 不但不能生木. 且木亦不能納受其水. 木必浮泛矣. 必須用土止水. 則木可託根. 而水方能生木. 木亦能受其水矣. 破其印而就財. 犯上之意. 故名爲反局也. 雖就日主而言. 四柱亦同此論. 如水是官星. 木是印綬. 水太旺亦能浮木. 須見土則木能洩水. 以成反生之妙. 所以理最微也. 火土金水. 皆同此論.
　군뢰신생자. 인수태왕지의야. 차취일주이론. 여일주시목위군. 국중지토위신. 사주중봉임계해자. 수세범람. 목기반허. 부단불능생목. 차목역불능납수기수. 목필부범의. 필수용토지수. 즉목가탁근. 이수방능생목. 목역능수기수의. 파기인이취재. 범상지의. 고명위반국야. 수취일주이언. 사주역동차론. 여수시관성. 목시인수. 수태왕역능부목. 수견토즉목능설수. 이성반생지묘. 소이리최미야. 화토금수. 개동차론.

➜ 임금이 신하의 생을 의지한다는 것은 인수가 태왕하다는 뜻이다. 이것을 일주의 입장에서 논한다면, 만약 일주가 목이면서 군이 된다면 국중에 있는 토는 신하가 되는 것이다. 사주에 壬癸亥子의 수를 많이 본다면 수의 세력이 범람하게 되고, 그래서 목은 도리어 기가 허하게 된다. 그러니 다만 목을 생하기가 불가능할 뿐만 아니라 또 목 역시 그 수를 받아들이지 못하게 되니 둥둥 떠버리는 것이다. 그러므로 반드시 토를 용신으로 삼아야 하는데, 그렇게 되어야 목의 뿌리를 잡아 주어서 비로소 수도 목을 생조하는 것이고, 목도 그 수를 받아들이는 것이니 그 인성을 재성이 깨어 버리는 구조이므로 위를 범한다는 뜻이 포함된다. 그래서 이름이 반국인 것이다. 비록 일주를 기준해서 이야기했지만 사주 또한 이러한 이치로 논하면 된다. 가령 수를 관성이라고 한다면 목은 인수가 될 것이고, 수가 너무 왕성하면 또한 목이 떠버리니 모름지기 토를 봐야 목이 수를 설하게 되니 반국의 이치의 오묘함이 발생한다. 그래서 이치가 가장 미묘하다고 하는 것이다. 또한 화토금수도 모두 이와 같이 동일하게 논하면 되겠다.

【강의】

본문에서는 '抑且木亦不能納受其水'로 되어 있는데, 아무리 살펴 봐도 抑자는 없는 것이 옳지 않을까 싶다. 이 글자를 넣어서는 말이 어렵게 되므로 없어서 편하다면 생략하는 편이 좋겠다고 판단하여 삭제했다.『적천수천미』에도 이 글자는 들어 있다. 그 이전에 끼여 들었던 글자가 아닌가 싶다.

내용을 보면 印重用財格의 구조를 설명하는 것이다. 인성이 너무 많아서 목이 생조를 받지 못하므로 재성이 수를 극해서 목도 자리를 잡는다고 보면 되겠다. 그리고 혹 오해의 소지가 있을 수도 있겠는 데, 수가 많아서 목이 약하다는 말은 물질적인 차원에서는 이해가 되지 않는 내용이다. 다만 정신을 논한다면 당연히 옳은 말이다. 그 렇다면 水多木浮의 상황은 물질적으로 목이 약하다는 말은 틀렸고 정신적으로 목이 약하다고 해야 맞을 것이다. 그러니까 목이 수가 많아서 약하다는 것은 정신을 두고 한 말이므로 강약으로 이해하는 것은 잘못되었다는 것이다. 金多水濁이나 木多火熄이나 다 같은 의 미로 이해하면 충분히 수용이 되는 것이다.

이 점을 다시 부연 설명한다면 마마보이를 약하다고 보는 것은 신 약하다는 의미가 아니라 정신이 약하다는 의미이다. 정신이 약하기 때문에 사업을 하도록 해서 강하게 만들어 주는 것이 棄印就財格 또 는 인중용재격 등의 구조가 된다고 이해하면 충분하겠다.

戊	甲	壬	壬
辰	寅	子	辰

庚	己	戊	丁	丙	乙	甲	癸
申	未	午	巳	辰	卯	寅	丑

甲木生於仲冬. 雖日坐祿支. 不致浮泛. 而水勢太旺. 辰土雖能蓄水. 喜其戊土透露. 辰乃木餘氣. 足以止水託根. 謂君賴臣生也. 所以早登科甲. 翰苑名高. 一路火土之運. 祿位未可量也.

갑목생어중동. 수일좌록지. 불치부범. 이수세태왕. 진토수능축수. 희기무토투로. 진내목여기. 족이지수탁근. 위군뢰신생야. 소이조등과갑. 한원명고. 일로화토지운. 녹위미가량야.

➡ 甲木이 子月에 나서 비록 앉은자리는 녹이니 떠버리지는 않겠으니 수의 세력이 너무 왕해시 辰土가 비록 물을 머금는다고는 하지만 반가운 것은 戊土가 천간에 나온 것이다. 진은 목의 여기이므로 족히 물을 멈추고 뿌리를 내릴 만하다. 이른바 임금이 신하를 의지하고 있는 형상이다. 그래서 일찍이 등과하고 한원에서 이름을 날렸는데, 운이 火土로 계속 흐르고 있으니 그 지위는 어디까지 갈지 모르겠다.

【 강의 】

인중용재격이다. 時支에 午火라도 있었더라면 더 좋았겠다는 아쉬움이 남는다. 다행히도 운이 도우니 발전을 하겠는데, 앞으로의 운을 설명하신 것으로 봐서 이 사람의 나이가 정사대운 정도에서 감명한 것이 아닐까 하는 생각이 든다. 즉 내용 가운데 앞으로 '운이 火土로 계속 흐르고 있다'는 말에서 이해가 되고, 철초 선생보다 한 살 많은 사람이므로 당연하였을 것이다.

여기에서 생각해 볼 점은 용신이 깨어지면 곤란한 것은 사회 생활을 하는 도중에서 그 의미가 더 커지는 것이 아니겠느냐는 것이다. 다시 말해 공부를 하는 과정에서는 용신이 손상을 받아도 큰 문제가 없는데 그 이유는 부모의 운이 작용하고 있기 때문이라고 낭월은 이해하고 있다. 그래서 20세 전의 운세는 참고용으로만 하고 구체적인 구분은 하지 않는 편이고 30세 이후의 상황은 그대로 운의 작용에 따라서 나타나는 것으로 확인되고 있다. 이 점을 참고하면 이해에 도움이 되리라고 생각된다.

```
戊   甲   壬   壬
辰   子   子   戌

庚 己 戊 丁 丙 乙 甲 癸
申 未 午 巳 辰 卯 寅 丑
```

甲木生於仲冬. 前造坐寅而實. 此則生子而虛. 然喜年支帶火之土. 較辰土力量遠勝. 蓋戊土之根固. 足以補日主之虛. 行運亦同. 功名亦同. 仕至尙書.

갑목생어중동. 전조좌인이실. 차즉생자이허. 연희년지대화지토. 교진토력량원승. 개무토지근고. 족이보일주지허. 행운역동. 공명역동. 사지상서.

➜ 갑목이 子月에 났는데 앞의 사주는 寅木이 있어서 견실했으나 이 사주는 자수가 있으니 허하다. 그러나 반갑게도 연지에 불을 낀 土가 있는데, 辰土와 그 힘을 비교해 본다면 훨씬 좋다고 하겠다. 대개 무토의 뿌리로서는 더욱 견고한데, 그래서 일주의 허함을 보호하기에 족하다고 하겠다. 운 또한 같으니 공명도 같았다. 벼슬은 상서에 도달했다.

【 강의 】

이 사주는 이미 나이가 많아서 죽음까지도 지켜봤을 것으로 생각된다. 철초 선생보다 30년 이상의 연장이기 때문이다. 내용적으로도 납득이 되는 것으로 미루어 무리가 없겠다. 다들 운이 살려 준 사주라고 봐도 되겠다.

己	辛	戊	己
亥	酉	辰	巳

庚	辛	壬	癸	甲	乙	丙	丁
申	酉	戌	亥	子	丑	寅	卯

辛生辰月. 土雖重疊. 春土究屬氣闢, 而鬆. 土有餘氣. 亥中甲木逢生. 辰酉轉展相生. 反助木之根源. 遙沖巳火. 使其不生戊己之土. 亦君賴臣生也. 其不就書香者. 木之元神不透. 然喜生化不悖. 又運走東北之地. 故能武職超羣.
신생진월. 토수중첩. 춘토구속기벽, 이송. 토유여기. 해중갑

목봉생. 진유전전상생. 반조목지근원. 요충사화. 사기불생무기지토. 역군뢰신생야. 기불취서향자. 목지원신불투. 연희생화불패. 우운주동북지지. 고능무직초군.

▶신금이 진월에 나서 토는 비록 중첩되어 있지만 봄의 토라서 연구를 해보면 기가 열려 있는 상태이니 헝클어져 있다고 하겠다. 토의 기운이 넉넉하니 해중의 갑목도 생조를 만났다. 辰酉로 인해서 흘러흘러 상생도 되어서 도리어 목의 근원을 돕는다. 멀리 巳火를 바라다보고 충을 하는데, 그로 인해서 戊己土를 생조하지 않는 셈도 된다. 또한 군뢰신생의 구조이다. 그가 공부를 하지 못한 것은 목의 원신이 투출되지 않음에 있다. 그러나 반가운 것은 생화의 구조가 일그러지지 않았으며 또 운이 東北의 땅으로 흘러서 능히 무직에서 남보다 뛰어날 수가 있었다.

【 강의 】

말이야 이렇게 하셨지만 구조의 상황은 상관격이라고 해야 옳을 듯하다. 이러한 경우에는 철초 선생의 억지가 슬슬 보이는데, 아마도 사주에 정관이 약해서서(癸巳, 戊午, 丙午, 壬辰이다) 때로는 속이 뻔히 보이는 억지를 쓰시지 않는가 싶은 생각도 들어 혼자 빙그레 웃는다. 이 사주는 엄밀히 말하면 군뢰신생이 아니라 오히려 傷官無財格이라고 해야 할 듯싶다. 속지 마시라고 한 말씀 드렸다. 그리고 巳亥충으로 인해서 火生土가 되지 않는다는 것도 억지이다. 아무래도 약주를 한잔 하신 듯……

```
庚 己 丁 戊
午 卯 巳 午
乙甲癸壬辛庚己戊
丑子亥戌酉申未午
```

己土生於孟夏. 局中印星當令. 火旺土焦. 又能焚木. 至庚子年. 春闈奏捷. 帶金之水. 足以制火之烈. 潤土之燥也. 其不能顯秩. 仕路蹭蹬者. 局中無水之故也.

기토생어맹하. 국중인성당령. 화왕토초. 우능분목. 지경자년. 춘위주첩. 대금지수. 족이제화지열. 윤토지조야. 기불능현질. 사로층등자. 국중무수지고야.

▶기토가 巳月에 생하여 사주에 인수가 당령하고 왕하니 토는 갈라 터질 시경이나. 또 목도 불태우게 되니 庚子년에서 무과에 급제했던 것은 금을 낀 수이기 때문이다. 그래서 화의 맹렬함을 제어하고 토의 건조함을 적실 수가 있었다. 그래도 크게 발전할 수가 없었던 것은 사주에 수가 없었기 때문이다.

【 강의 】

일리가 있는 말씀이다. 역시 상관격이다. 인성이 과다한 상황에서 상관을 쓰려면 반드시 재성이 도움을 줘야 하는데 그렇지를 못해서 유감이다. 앞의 사주와 같이 이 사주도 군뢰신생으로는 어울리지 않는다고 이해하면 되겠다.

【滴天髓】

兒能生母洩天機.
아 능 생 모 설 천 기.

🡆 아이가 어머니를 능히 생하니 천기를 누설한다.

【滴天髓徵義】

兒能生母之理. 須分時候而論也. 如木生冬令. 寒而且凋. 逢金水必凍. 不特金能剋木. 而水亦能剋木也. 必須火以剋金. 解水之凍. 木得陽和而發生矣. 火遭水剋. 生於春初冬盡. 木嫩火虛. 非但火忌水. 而木亦忌水. 必須土來止水. 培木之精神. 則火得生而木亦榮矣. 土遇木傷. 生於春末冬初. 木堅土虛. 縱有火不能生濕土. 必須用金伐木. 則火有焰而土得生矣. 金逢火煉. 生於春末夏初. 木旺火盛. 必須水來剋火. 又能滋木潤土. 而金得生矣. 水因土塞. 生於秋冬. 金多水弱. 土入坤方而能塞水. 必須木以疏土. 則水勢通達而無阻隔矣. 成母子相依之情. 爲兒能生母也. 若木生夏秋. 火生秋冬. 金生冬春. 水生春夏. 乃休囚之位. 自無餘氣. 焉能用生我之神. 以制剋我之神哉. 雖就日主而論. 四柱之神. 皆同此論.

아능생모지리. 수분시후이론야. 여목생동령. 한이차조. 봉금수필동. 불특금능극목. 이수역능극목야. 필수화이극금. 해수지동. 목득양화이발생의. 화조수극. 생어춘초동진. 목눈화허. 비단화기수. 이목역기수. 필수토래지수. 배목지정신. 즉화득생이

목역영의. 토우목상. 생어춘말동초. 목견토허. 종유화불능생습토. 필수용금벌목. 즉화유염이토득생의. 금봉화련. 생어춘말하초. 목왕화성. 필수수래극화. 우능자목윤토. 이금득생의. 수인토새. 생어추동. 금다수약. 토입곤방이능새수. 필수목이소토. 즉수세통달이무조격의. 성모자상의지정. 위아능생모야. 약목생하추. 화생추동. 금생동춘. 수생춘하. 내휴수지위. 자무여기. 언능용생아지신. 이제극아지신재. 수취일주이론. 사주지신. 개동차론.

▶ 아이가 어머니를 생하는 이치는 모름지기 조후를 살펴서 논하게 된다.

1) 木의 입장에서 자식이 필요한 경우

가령 목이 겨울에 나서 춥고 또 시들어 있다면 金水를 만나면 반드시 얼어 버리니 금이 목을 극할 뿐만 아니라 수 또한 능히 목을 극하게 되는 것이다. 반드시 불로써 금을 극하고 물의 냉동을 해소해야 하니 목은 양화의 기를 얻어서 발생할 수가 있는 것이다.

2) 火의 입장에서 자식이 필요한 경우

또 이른봄에 태어난다면 아직은 겨울이 다하지 않았으니 목은 어리고 화는 허하여 화만 수를 꺼리는 것이 아니라 목 또한 수를 꺼리니 반드시 토가 와서 물을 막아 주고 목의 정신을 배양해야 한다. 즉 화도 생조를 얻고 목도 영화를 누리게 되는 것이다.

3) 土의 입장에서 자식이 필요한 경우

토는 목을 보면 상하는데, 봄의 끝이나 겨울의 시작 무렵인 辰月이나 亥月에는 목은 견고하고 토는 허하다. 비록 화가 있어도 습토를 생하기는 불가능하니 반드시 금을 써서 목을 쳐버려야 하는데, 그러면 화는 불꽃이 있고, 토는 생조를 얻게 되는 것이다.

4) 金의 입장에서 자식이 필요한 경우

또 금이 화의 단련을 만났을 경우인데, 봄의 끝이나 여름의 시작이 되는 辰巳月에서 목이 왕하고 화가 왕성하면 반드시 수가 와서 화를 극해 줘야 목을 생조하고 토는 촉촉해지니 금이 생을 얻게 되는 것이다.

5) 水의 입장에서 자식이 필요한 경우

수는 토로 인해서 막히게 되는데, 가을이나 겨울에 나서 금이 많으면 수가 약해지는데 토가 곤방에 들면 능히 물을 막는다. 이때에는 반드시 목으로 토를 헤쳐 주어야 한다. 그러면 수의 세력이 통달함에 걸림이 없는 것이다.

이렇게 해서 모자가 서로 의지하는 정이 생기는데, 그래서 아능생모라고 하는 것이다. 만약 목이 여름이나 가을에 생하거나 불이 가을이나 겨울에 생하거나 금이 겨울이나 봄에 생하거나 수가 봄이나 여름에 생하면 모두 휴수가 되는 위치이니 스스로 남는 기운이 없는데 어찌 능히 내가 생하는 것을 용신으로 삼을 수가 있겠으며 나를 극하는 것인들 용신으로 쓰겠는가. 비록 일주로써 설명을 했지만 사주의 신도 모두 함께 논하면 된다.

【 강의 】

말인즉 옳다고 하겠다. 설명을 하면서 이해를 돕기 위해서 구분을 지어 보았다. 의미는 충분히 이해했으리라 보겠고, 그래서 반국이라는 이유도 알 만하다. 이 정도의 내용에는 특별한 설명이 필요 없다고 하겠다.

```
庚 甲 丙 甲
午 申 寅 申

甲 癸 壬 辛 庚 己 戊 丁
戌 酉 申 未 午 巳 辰 卯
```

春初木嫩. 兩申雙沖寅祿. 又時透庚金. 木嫩金堅. 全賴丙火逢生臨旺. 尤妙五行無水. 謂兒能救母. 使庚申之金. 不傷甲木. 至巳運, 丙火祿地. 中鄕榜. 庚午運, 發甲. 辛未運, 仕縣令. 總嫌庚金蓋頭. 不能升遷. 壬申運, 不但仕路蹉跎. 亦恐不祿.

춘초목눈. 양신쌍충인록. 우시투경금. 목눈금견. 전뢰병화봉생림왕. 우묘오행무수. 위아능구모. 사경신지금. 불상갑목. 지사운, 병화록지. 중향방. 경오운, 발갑. 신미운, 사현령. 총혐경금개두. 불능승천. 임신운, 부단사로층등. 역공불록.

▶이른봄에 목은 어린데 두 개의 申金이 寅木을 충하고 또 시에는 경금도 투출하니 목은 어리고 금은 견고하다. 그래서 오로지 丙火가 왕지에 임해서 생조를 해주는 것에 의지를 하게 되는데, 더욱 묘한

것은 오행에서 水가 없는 것이다. 아이가 능히 어머니를 구하게 되니 庚申의 금으로 하여금 목을 상하지 못하게 하는데, 巳火운이 되면서 병화가 녹지가 되어 향방에 합격하고 庚午운에서는 수석으로 뽑혔으며 辛未대운에는 현령에 올랐으나, 한마디로 싫은 것은 경금이 개두되어 있는 장면이어서 크게 올라가기는 어려웠다. 壬申대운에서는 벼슬길이 막혔을 뿐만 아니라 또한 수명도 다하지 않을까 두렵다.

【 강의 】

사주의 모양이 좀 그렇다. 충돌로 인해서 한가롭기는 틀렸다고 해야 하겠다. 우선 보기에는 신약한 구조로 나타나고 있는데, 병화의 도움을 받지 않고서는 풀어 갈 방법이 없다는 말씀에서 참으로 자연을 바로 이해하고 있다는 생각을 절로 하게 된다. 이러한 구조는 '신약한 食神制殺格'이라고 하겠다. 약한 것은 사실이기 때문이다. 그리고 地支로는 水가 와도 좋지 않았을까 싶은데, 천간의 수가 들어와서 식신을 극하는 장면에서 용신이 손상을 받으므로 인성의 운을 꺼리게 되었다고 하겠다. 하지만 지지에서는 인성이 와도 좋았을 것이다. 왜냐하면 지지에는 寅申충이 너무 참혹해서 수가 들어와도 목이 살아났을 것으로 생각되기 때문이다. 수운이 없었던 점이 임상에서 아쉽게 되었다. 신약한 식신제살격에서의 인성의 운은 상황에 따라서 가능하기도 하고 곤란하기도 하다는 것을 이해하면 되겠다.

丙	乙	丙	甲
戌	酉	子	申

甲	癸	壬	辛	庚	己	戊	丁
申	未	午	巳	辰	卯	寅	丑

乙木生於仲冬. 雖逢相位. 究竟冬凋不茂. 又支類西方. 財殺肆逞. 喜其丙火竝透. 則金不寒, 水不凍. 寒木向陽. 兒能救母. 爲人性情慷慨. 雖在經營. 規模出俗. 刱業十餘萬. 其不利於書香者. 由戌土生殺壞印之故也.

을목생어중동. 수봉상위. 구경동조불무. 우지류서방. 재살사령. 희기병화병투. 즉금불한, 수부동. 한목향양. 아능구모. 위인성정강개. 수재경영. 규모출속. 창업십여만. 기불리어서향자. 유술토생살괴인지고야.

➥ 을목이 子月에 나서 비록 相에 해당하지만 연구를 해보면 결국은 겨울이라서 시들어 무성하지 않음을 알겠다. 또 지지에는 사방으로 모여 있으니 재성과 살이 함께 날뛴다. 반가운 것은 丙火가 두 개나 천간에 나온 것인데, 즉 금은 차갑지 않고 수는 얼지 않으니 겨울 나무가 볕을 향하여 아능구모가 되었다. 사람됨이 성품은 올곧고 비록 사업을 했지만 규모는 세속적이지 않았으며 창업해서 십억 이상을 벌었는데, 공부를 하지 못했던 것은 戌土가 살을 생하고 인성을 극하기 때문이었을 것이다.

【 강의 】

　　이 사주 역시 다소 신약한 구조이다. 다만 을목은 웬만하면 식상으로 관살을 제어하고 싶은 마음이 많은 것으로 보여서 앞의 상황보다는 이해가 쉽다고 하겠는데, 실제로 이런 사주를 만나면 우선 인성이 필요하지 않은가를 먼저 살피는 것이 좋겠다. 왜냐하면 이미 사주에서 조후가 이뤄졌기 때문에 다시 화를 용신으로 삼을 필요가 있겠느냐는 생각이 들어서이다. 戌土가 인성을 극해서 공부를 못했을 것이라고 했는데, 실제로는 土生金으로 흘러서 수에 기운이 모이므로 이치에 합당한 설명이라고 하기는 곤란하겠다. 오히려 초운에 재성이 보여서 공부를 하지 않고 사업의 방향으로 진행했다고 하는 것이 좋겠고, 심리적으로 본다면 상관이 겹쳐 있는 까닭에 스스로 잘난 맛이 있어서 공부에는 등한히 했을 수도 있겠다고 보는 것이 어떨까 싶다. 그릇이 작지 않았다는 설명은 일지에 편관이 있으므로 봉사하는 마음도 상당했을 것이라고 이해해 보자. 앞의 사주와 더불어 이 사주도 일단 인성의 작용에 대해서 신중하게 살펴보는 것이 좋겠는데, 기본적으로는 신약용인격의 구조를 하고 있다는 점도 생각해 보자.

甲	壬	乙	丙
辰	辰	未	辰
癸	壬	辛	庚	己	戊	丁	丙
卯	寅	丑	子	亥	戌	酉	申

壬水生於季夏休囚之地. 喜其三逢辰支. 通根身庫. 辰土能蓄水養木. 甲乙竝透. 通根制土. 兒能救母. 微嫌丙火洩木生土. 功名不過一衿. 妙在中晚運走東北水木之地. 捐納出仕. 仕至藩臬.

임수생어계하휴수지지. 희기삼봉진지. 통근신고. 진토능축수양목. 갑을병투. 통근제토. 아능구모. 미혐병화설목생토. 공명불과일금. 묘재중만운주동북수목지지. 연납출사. 사지번얼.

➡ 임수가 未月에 태어나 월지를 얻지 못했다. 반가운 것은 辰土를 셋이나 만난 것인데 자신의 고지에 통근을 하니 진토는 능히 물을 저장하고 목을 길러 준다. 甲乙木이 나란히 투출해서 통근도 하고 土도 제어하니 아이가 어머니를 구했다. 약간 싫은 것은 丙火가 목을 설해서 토를 생하는 것인데, 공명은 겨우 말단에 머물렀으나 묘하게도 중운과 말운이 동북의 水木운으로 가는 바람에 돈을 내고 벼슬에 나아가서 번얼에까지 이르렀다.

【 강의 】

예나 지금이나 여전히 돈을 내고 벼슬을 하는 사람은 있었던 모양이다. 지금도 돈을 내고 하는 벼슬에는 국회 의원에서의 전국구가 있겠는데, 예전에도 그렇게 출사를 해서는 많은 벼슬을 누렸던 것 같다. 이 사람의 경우도 식신제살이라고는 하지만 실은 신약용인격에 더 가깝다고 하겠다. 인성이 없어서 겁재를 의지하는 것으로도 보이는데, 운이 金水의 상황인 庚子나 辛丑의 호운을 타고 발전했던 모양이다. 만약 목이 용신이었다면 庚辛금의 운이 보이는 과정에서 온전할 수가 있었겠는가를 생각해 보면 용신은 인성에 있었다는 것을 짐작케 된다. 낭월이 『적천수』를 보시는 벗님들에게 염려스러운 것은 바로 이러한 점을 그냥 지나치지 않을까 하는 것이다. 그러니까 일단 신약하면 인성의 동태를 살펴야 하는 것임을 생각해 두기 바란다.

```
辛   己   乙   癸
未   卯   卯   卯
丁 戊 己 庚 辛 壬 癸 甲
未 申 酉 戌 亥 子 丑 寅
```

己土生於仲春. 四殺當令. 日元虛脫極矣. 還喜濕土能生木. 不愁木盛. 若戊土必損傷矣. 更妙未土通根有餘. 足以用辛金制殺. 兒能生母. 至癸酉年, 辛金得祿. 中鄕榜. 庚戌, 出仕縣令. 所嫌者, 年干癸水. 生木洩金. 仕路不顯. 宦囊如洗. 爲官淸介. 人品端方.

기토생어중춘. 사살당령. 일원허탈극의. 환희습토능생목. 불수목성. 약무토필손상의. 갱묘미토통근유여. 족이용신금제살. 아능생모. 지계유년, 신금득록. 중향방. 경술, 출사현령. 소혐자, 연간계수. 생목설금. 사로불현. 환낭여세. 위관청개. 인품단방.

▶기토가 卯月에 나서 네 개의 살이 월령을 잡았으니 일주는 허탈이 극에 달했다. 그런데 도리어 반가운 것은 습토가 되어서 능히 목을 생한다는 점이다. 그리고 목이 왕성한 것은 두렵지 않다는 己土이기

때문이다. 만약 戊土였다면 반드시 손상을 받았을 것이다. 다시 묘한 것은 未土에 통근을 해서 넉넉하다는 점인데, 족히 辛金을 용신으로 삼아서 살을 제하니 또한 아능구모이다. 癸酉년이 되면서 신금이 녹을 얻어 향방에 합격하고 庚戌대운에는 현령에 나갔는데, 싫은 것은 연간의 癸水가 목을 생하고 금을 설하는 것이니, 그래서 벼슬이 너무 맑았다. 관은 비록 볼품이 없었지만 청하게 살았고, 인품은 우아했다.

【 강의 】

癸酉대운도 아니고 癸酉년에 뭔가 한자리했다는 말에 대해서는 대운을 무시한 이유를 물어 봐야겠다. 계유년은 31세가 되는데, 대운은 북방운이라 언뜻 납득이 가지 않는다. 게다가 금이 용신이라고 하면서 庚戌대운이나 己酉, 戊申 대운 등을 그대로 보냈다는 것 또한 이해힐 수 없는 부분이나. 이러한 토금의 30년 운을 누고서 뭔가 재상이라도 한자리하지 못했다고 한다면 철초 선생의 입장에서도 설명이 난감하지 않았을까 싶다. 그래서 은근슬쩍 연간의 癸水로 핑계를 돌리는 것도 느껴지는데, 철초 선생의 성품에 죽어도 모르겠다는 말은 하지 않으실 것 같아서 이해하도록 해야겠다. 그렇다면 이유는 무엇일까? 신약용인격에 火운을 만나지 못해서 일생 크게 발하지 못했다고 생각되고, 계유년에 한자리라도 한 것은 '글쎄요……'라고 하고 싶다. 이해가 되지 않아서이다. 그리고 때로는 그런 이해를 하지 못할 수도 있을 것이다. 사주가 잘못되었을지도 모르겠다. 이렇게 하나도 맞지 않는 대입은 없겠기 때문이다. 그래서 때로는 사주가 의심스러울 경우도 있다. 바로 이 사주가 그렇다.

이상 몇 사주의 신약한 상황에서의 신약한 식신제살격 즉 아능구모를 살펴봤는데, 전반적으로 난해한 대입이라고 생각된다. 반국이라는 것은 이해하기가 만만치 않다고 봐야 하겠는데, 아능구모에서도 하나의 장르를 완성해 보려고 노력은 하셨지만 그렇게 산뜻한 맛은 없지 않나 싶다. 실제 임상에서는 별로 큰 부분을 차지하지 못하고 대체로 신약용인격으로 귀결되는 것을 많이 보게 된다는 점 참고하기 바란다. 이 부분은 자평이론의 한 숙제라고 생각된다.

【滴天髓】

母慈滅子關頭異.
모 자 멸 자 관 두 이.

◐ 어머니가 자애로우면 아들을 멸하는 것도 머리에 따라 다르다.

【滴天髓徵義】

母慈滅子之理. 與君賴臣生之意相似也. 細究之. 均是印旺. 其關頭異者. 君賴臣生局中. 印綬雖旺. 柱中財星有氣. 可以用財破印也. 母慈滅子. 縱有財星而無氣. 未可以財星破印. 只得順母之性, 助其子也. 歲運仍行比劫之地. 庶母慈而子安. 一見財星食傷之類. 逆母之性. 無生育之意. 災咎必不免矣.

모자멸자지리. 여군뢰신생지의상사야. 세구지. 균시인왕. 기관두이자. 군뢰신생국중. 인수수왕. 주중재성유기. 가이용재파인야. 모자멸자. 종유재성이무기. 미가이재성파인. 지득순모지성, 조기자야. 세운잉행비겁지지. 서모자이자안. 일견재성식상지류. 역모지성. 무생육지의. 재구필불면의.

➔ 어머니가 자애로우면 아들을 멸하게 되는 이치는 임금이 신하의 생조를 기다리는 것과 비슷하다. 자세히 살펴보면 모두 인성이 왕하다는 것이고, 그 머리에 따라서 관련이 있다고 하는 것은 군뢰신생국에서 인성이 비록 왕하지만 사주에서 재성이 유기하면 재성을 용해서 인성을 파할 수가 있다는 것이다. 모자멸자에서는 비록 재성이

있어도 무기할 경우이니 재성으로 인성을 파기할 수가 없는 상황이다. 그래서 다만 어머니의 마음에 순종하는 수밖에 없고, 어머니도 그 자식을 돌보는 것이다. 만약 운에서 비겁의 운으로 가는 것은 어머니도 자애롭고 아들도 편안하겠는데, 한번 재성이나 식상의 운을 만나게 된다면 어머니의 성격을 거슬러서 생육의 마음이 없으니 재앙을 면할 길이 없는 것이다.

【강의】

모자멸자의 의미는 인성이 태왕해서 종강격이 되었다는 의미와 같다. 원문에 충분히 설명이 되었는데, 기인취재격이 되지 못하고 종강격의 형태를 따르는 것이 또한 외격이 되는 것이다. 그래서 인성의 운이나 비겁의 운은 무난하다고 하는데, 너무 편중되어서 부담이 되는 구조라고 하겠다. 내용은 이해가 되겠다.

甲	丁	甲	癸
辰	卯	寅	卯

丙	丁	戊	己	庚	辛	壬	癸
午	未	申	酉	戌	亥	子	丑

此造俗所謂殺印相生. 身强殺淺. 金水運, 命理雙收. 不知癸水之氣. 盡歸甲木. 地支寅卯辰全. 木多火熄. 母慈滅子. 初運癸丑壬子. 生木剋火. 刑傷破耗. 辛亥, 庚戌, 己酉, 戊申. 土生金旺. 觸犯木之旺神. 顚沛異常. 無存身之地. 是以六旬之前. 一事無

成. 丁未運助起日元. 順母之性. 得際遇. 娶妾連生兩子. 及丙午二十年. 發財數萬. 壽至九旬外.

　차조속소위살인상생. 신강살천. 금수운, 명리쌍수. 부지계수지기. 진귀갑목. 지지인묘진전. 목다화식. 모자멸자. 초운계축임자. 생목극화. 형상파모. 신해, 경술, 기유, 무신. 토생금왕. 촉범목지왕신. 전패이상. 무존신지지. 시이륙순지전. 일사무성. 정미운조기일원. 순모지성. 득제우. 취첩련생량자. 급병오이십년. 발재수만. 수지구순외.

➡ 이 사주는 일반적으로 살인상생격이라고 말한다. 신강하고 살은 약하니 금수의 운에서 명리를 모두 얻을 것이라고 하는데, 이것은 계수의 기운이 이미 갑목에게 다 흘러 든 것을 모르고 하는 소리이다. 지지에 寅卯辰이 완전하니 '목다화식'으로서 모자멸자의 구조가 되는 것이다. 초운에는 癸丑, 壬子의 운에서 목을 생하고 화를 극하니 고통이 무척 심했고, 辛亥, 庚戌, 己酉, 戊申의 토생금의 운에서는 목의 왕신을 건드려서 엎어지고 거꾸러짐이 보통이 아니었으니 자신의 한 몸을 둘 곳이 없었던 것이다. 그러니 60 이전에는 한 가지도 되는 일이 없었는데, 丁未운에서 일간을 도와 일어나서는 어머니의 마음에 따랐으니 좋은 인연을 만나서 첩에게 장가도 들고 연달아 아들 둘을 얻었으며 丙午대운까지 20년간 돈도 수억을 벌었고 수명은 90을 넘겼다.

【 강의 】

　이러한 설명을 보면 사람의 사는 것이 참 끈질기다는 생각을 하게 된다. 보통은 60이라고 하면 이미 세상에서 더 살아갈 의미가 없다고 하겠는데, 그때부터 이 사람의 삶은 시작되었다고 해야 할 터이니 참 인생은 요지경인 모양이다. 그러나저러나 운의 대입은 어떻게 된 것인가? 초장의 수운은 그럭저럭 넘어갔다고 하겠지만 금운까지 넘긴 것은 종강격에서는 이해가 가지 않는 대목이다. 아마도 중상과 사망을 구분할 방법이 없어서 그렇지 이때에 죽은 사주도 더러 있지 않을까 싶은 생각이 든다. 그렇다면 유전 인자에서 이 사람은 특별히 끈질긴 성분을 부여받았는지도 모를 일이다. 아니면 조상의 덕으로 생명만은 부지했거나……. 이렇게 어려운 운에서 죽었다고 해도 물론 말이 되겠기에 하는 말씀이다. 이러한 점도 참고하기 바란다. 죽지 않으면 운은 이어지는 것이고 죽으면 그것으로 그만이라고 해야지 '죽지 않고 살았다'는 점에 큰 의미를 부여할 것은 아니지 않겠는가. 여하튼 토금운에서 고생을 많이 한 것을 보면 일단 기인취재격이 아닌 것은 확실한 모양이다.

戊	辛	丙	戊
戌	丑	辰	戌
甲 癸 壬 辛 庚 己 戊 丁
子 亥 戌 酉 申 未 午 巳

辛金生於季春. 四柱皆土. 丙火官星. 元神洩盡. 土重金埋. 母多滅子. 初運火土. 刑喪破敗. 蕩焉無存. 一交庚申. 助起日元. 順母之性. 大得際遇. 及辛酉, 拱合辰丑. 捐納出仕. 壬戌運, 土又得地. 詿誤落職.

신금생어계춘. 사주개토. 병화관성. 원신설진. 토중금매. 모다멸자. 초운화토. 형상파패. 탕언무존. 일교경신. 조기일원. 순모지성. 대득제우. 급신유. 공합진축. 연납출사. 임술운, 토우득지. 괘오락직.

▶신금이 辰月에 나서 사주에는 모두 토이니 丙火 관성은 원신이 기운이 다 빠졌다. 토는 많아서 금이 묻히니 모다멸자이다. 초운에서 火土는 고통이 무척 심했고 다 망해서 남은 것이 없었다. 그러다가 한번 庚申대운으로 바뀌면서 일간을 도와서 어머니의 뜻에 따르니 큰 인연을 만났고, 이어지는 辛酉대운까지 辰丑과 합이 되는 바람에 돈을 내고 벼슬을 했는데, 壬戌운에서 토가 또 득지를 하니 잘못을 저질러서 관직에서 물러났다.

【 강의 】

　　역시 종강격이라는 말씀인데, 요즘의 감각으로는 그냥 정관을 용신으로 삼고 재운을 기다리는 형상이 아닌가 싶다. 그렇게 되면 운에서는 목운을 만나야 하는데, 살아가는 과정에서는 지독하게도 목의 운이 없다. 이런 상황에서 뭘 하겠느냐고 할 수가 있겠다. 다만 庚申대운이나 辛酉대운이 좋았다고 하는 데에는 달리 할말이 없어서 종강격에는 비겁의 운이 와야 발하게 된다는 것으로 결론을 내려야 할 모양이다. 그렇다면 또 일지의 癸水를 용신으로 삼고 식신격이라고 하면 어떨까 싶다. 그래도 금운에서 크게 발달할 가능성이 약하다고 봐서 역시 자연스럽지 않다. 그래서 母慈滅子의 구조라고 이해해야 하겠다.

```
戊  辛  戊  丙
戌  丑  戌  戌
丙乙甲癸壬辛庚己
午巳辰卯寅丑子亥
```

此與前只換一戌字. 因初運己亥庚子辛丑金水. 潤土養金. 出身富貴. 辛運加捐. 一交壬運. 水木齊來. 犯母之性. 此以土重逢木必危. 強爲出仕. 犯事落職.

차여전지환일술자. 인초운기해경자신축금수. 윤토양금. 출신부귀. 신운가연. 일교임운. 수목제래. 범모지성. 차이토중봉목필위. 강위출사. 범사락직.

➡ 이 사주는 앞의 사주에서 戌자만 바뀌었는데, 이로 인해서 초운에는 己亥, 庚子, 辛丑의 金水운에서 토를 적셔 주고 금을 길러 주니 부귀한 가정에서 태어났고 辛金대운에는 돈을 내고 벼슬을 했으며 壬水대운으로 바뀌면서 水木이 함께 오니 어머니의 성격을 건드리게 되었고, 이 사주는 토가 많은데 목을 만나니 반드시 위태롭게 되는데, 강제로 벼슬길에 나갔다가 일을 범하여 낙직했다.

【 강의 】

원문의 '此以土重逢木必危' 부분은 책에서는 '彼以土重逢木必佳'로 되어 있는데, 내용을 설명해 보면 '저는 토가 많은데 목을 만나 반드시 아름다웠으나' 라고 해야 할 터이다. 그런데 '저'라고 하는 것은 아마도 앞의 사주를 일컬을 테고 그 사주에서 금을 만나 좋았 던 것은 사실이지만 이 사람은 강제로 벼슬길에 나가서 일을 범했다 는 말과 서로 연결이 되지 않아서 무슨 말인지 의미가 뚜렷하지 않 다. 그래서 위와 같이 바꾸면 '이는 토가 많은데 목을 만났으니 반드 시 위태롭다'로 해석되고, 이렇게 되면 사주의 구조와 틀림이 없다 고 하겠다. 그리고 『적천수천미』에는 '彼以土重逢木必危'로 되어 있 다. 『적천수천미』와 『적천수징의』의 차이점은 바로 危와 佳라는 글 자인데, 그렇다면 다시 彼를 此로 바꿔서 수정을 해야 의미가 살아 날 수 있으므로 이와 같이 고쳤음을 밝혀 드린다.

혹 달리 해석할 수가 있다면 逢金으로 바꾸어 '저 사주는 토가 많 은 상황에서 금을 만나 반드시 아름다웠지만 (이 사주는) 강제로 벼 슬길에 나갔다가 (木의 운을 만나는 바람에) 일을 범하여 낙직했다.' 로 뜯어고칠 수도 있겠다. 물론 가능성은 있지만 의미에서 큰 문제 는 아니므로 이렇게 이해할 수 있다는 정도로 넘어가도 되겠다.

강제로 벼슬길에 나갔다는 말을 보면 자신은 벼슬에 별로 생각이 없었는데 강제로 이끌려 나갔던 모양이다.

壬	甲	壬	壬
申	子	寅	子

庚	己	戊	丁	丙	乙	甲	癸
戌	酉	申	未	午	巳	辰	卯

此俗論木生孟春. 時殺獨淸. 許其名高祿重. 不知春初嫩木. 氣 又寒凝. 不能納水. 時支申金. 乃壬水生地. 又子申拱水. 乃母多

滅子. 惜運無木助. 逢火運, 與水戰. 猶恐名利無成也. 初行癸卯甲辰. 東方木地. 順母助子. 蔭庇大好. 一交乙巳. 運轉南方. 父母竝亡. 財散人離. 丙午, 水火交戰. 家業破盡而亡.

차속론목생맹춘. 시살독청. 허기명고록중. 부지춘초눈목. 기우한응. 불능납수. 시지신금. 내임수생지. 우자신공수. 내모다멸자. 석운무목조. 봉화운, 여수전. 유공명리무성야. 초행계묘갑진. 동방목지. 순모조자. 음비대호. 일교을사. 운전남방. 부모병망. 재산인리. 병오, 수화교전. 가업파진이망.

▶이 사주는 학자들이 말하기에 '목이 이른봄에 태어나 시에 살이 홀로 맑으니 이름이 높고 봉록도 많을 것으로 기대한다.'고 할 것이나, 이른봄에 목은 어리고 기운도 차가우며 엉켜 있으니 물을 흡수하기가 불가능하다는 것을 모르고 하는 말이다. 시지의 申金은 壬水의 생지이며 또 子申으로 合水도 되니 모다멸자이다. 아깝게도 운에 목의 도움이 없어서 화운을 만나 수와 싸우게 되니 오히려 명리를 이룰 수가 없다. 초운이 癸卯와 甲辰을 가니 동방의 목운이라 어머니의 마음에 부합되어 자식을 보살폈으니 부모의 덕이 넉넉했는데, 한번 乙巳대운으로 바뀌면서 운이 남방으로 바뀌자 부모가 함께 사망하고 재물도 흩어지고 사람도 떠나갔으며, 丙午대운에서는 水火가 서로 싸움을 하니 가업이 완전히 깨어지고 죽었다.

【 강의 】

금을 쓸 구조도 아니고 화를 쓸 수도 없는 상황이니 참 따분한 구조이다. 그냥 종강격으로 봐야 할 것 같다. 모다멸자에서는 일단 비겁의 운이 가장 좋다는 것은 명확해지는데, 인성의 운은 그저 그런 모양이다. 그리고 식상의 운에서는 인성이 식상을 그대로 두지 않는 듯하다. 혹 사주에서 일점의 식상만 나타났더라도 이러한 일은 없을 것이니 그야말로 아능구모와는 서로 반대가 되는 구조라고 해야 할 것이다. 자연의 이치에서는 아능구모가 더 좋은 배합이라고 할 수 있겠다. 물론 성패는 운에 있겠지만 운이 길게 이어지지 못하고 있는 것이 아쉽다.

【滴天髓】

> 夫健何爲又怕妻.
> 부건하위우파처.

◯ 남편이 건왕한데 아내를 두려워함은 무슨 까닭인가.

【滴天髓徵義】

木, 是夫也. 土, 是妻也. 木旺土多. 無金不怕. 一見庚申辛酉字. 土生金. 金剋木. 是爲夫健怕妻也. 歲運逢金. 亦同此論. 如甲寅乙卯日元. 是爲夫健. 四柱多土. 局內又有金. 或甲日寅月. 乙日卯月. 年時土多. 干透庚辛之金. 所謂夫健怕妻. 如木無氣而土重. 卽不見金. 夫衰妻旺. 亦是怕妻. 五行俱同此論. 其有水生土者, 制火之烈. 火生水者, 敵金之寒. 水生金者, 潤土之燥. 火生木者, 解水之凍. 火旺逢燥土而水竭. 火能剋水矣. 土燥遇金重而木折. 土能剋木矣. 金重見水泛而火熄. 金能剋火矣. 水旺得木盛而土滲. 水能剋土矣. 木衆逢火烈而金鎔. 木能剋金矣. 此皆五行顚倒之深機. 故謂反局. 學者宜細詳元妙之理. 命學之微奧. 其盡洩於此矣.

목, 시부야. 토, 시처야. 목왕토다. 무금불파. 일견경신신유자. 토생금. 금극목. 시위부건파처야. 세운봉금. 역동차론. 여갑인을묘일원. 시위부건. 사주다토. 국내우유금. 혹갑일인월. 을일묘월. 연시토다. 간투경신지금. 소위부건파처. 여목무기이토중. 즉불견금. 부쇠처왕. 역시파처. 오행구동차론. 기유수생토자, 제화지렬. 화생수자, 적금지한. 수생금자, 윤토지조. 화생목자, 해수지동. 화왕봉조토이수갈. 화능극수의. 토조우금중이목절, 토능극목의. 금중견수범이화식, 금능극화의. 수왕득목성이토삼, 수능극토의. 목중봉화렬이금용. 목능극금의. 차개오행전도지심기. 고위반국. 학자의세상원묘지리. 명학지미오. 기진설어차의.

▶ 목이 남편이라면 토는 처가 된다. 목이 왕하고 토가 많아도 금이 없을 경우에는 겁날 것이 없다. 그러다가 한번 庚申금이나 辛酉금을 만나면 토생금하여 금극목을 하게 되니 이것이 '남편이 건왕한데 처를 두려워하는 것'이 된다. 운에서 금을 만나도 또한 마찬가지로 논한다. 만약 甲寅일주나 乙卯일주가 되면 본래 주체가 강한데, 사주에 토가 많은 상황에서 다시 금을 보거나, 혹은 甲日柱가 寅月에 났거나 乙日柱가 卯月에 났는데 연과 시에 토가 많고 천간에 庚辛의 금이 투출하면 역시 부건파치가 된다. 만약 목이 너무 약하고 토는 왕성하다면 즉 금을 보지 않아도 남편은 쇠약하고 처는 왕하다고 하는데, 또한 처를 두려워하게 되는 것이니 오행이 모두 이와 같음을 논하면 되겠다.

수가 있어서 토를 생하는 것은 화의 조열함을 제어하는 것이고, 불이 수를 생하는 것은 금의 추위를 대적하기 때문이며, 수가 금을 생하는 것은 토의 건조함을 윤택하게 하는 것이고, 화가 목을 생하는 것은 수의 얼어붙는 것을 해소하기 위함이다. 왕한 화가 조열한 토를 만나면 물이 고갈되니 화도 능히 수를 극하는 것이며, 토가 건조한 상태에서 많은 금을 만나면 목이 꺾이니 토도 능히 목을 극하며, 금이 많은 상태에서 물이 넘치면 불은 꺼지므로 이때에는 금도 능히 화를 극하고, 수가 왕한 상태에서 왕성한 목을 얻으면 토에 배어들어서 수도 능히 토를 극하며, 목이 많은 상황에서 강한 화를 만나면 금이 녹게 되니 이때에는 목도 능히 금을 극하는 것이다.

이것이 모두 오행이 전도된 깊은 기틀인데, 그러므로 반국이라고 하는 것이니 공부하는 사람은 마땅히 상세하게 원래의 이치를 궁리하면 운명학의 깊은 이치가 여기에서 다 드러나는 것이다.

【강의】

약하지는 않지만 재성과 관살이 겹쳐 있을 경우에 한해서 처의 눈치를 보는 정도로 생각하면 되겠는데, 결과적으로 재다신약과 같은 것으로 이해해도 별 무리가 없다. 다만 약간의 풍기는 맛을 음미하라고 한 구절 들어 있는 것이 아닌가 싶다. 크게 보면 달리 볼 필요를 느끼지 못하겠고 꼭 그래야 할 필요도 없다. 그러니까 이러한 이야기는 없어도 그만인 것이다. 그렇게도 생각할 수 있겠구나 하면서 재다신약보다는 약간 나은 것 정도로 보면 되겠다. 반극(反剋)의 의미는 생각을 해볼 만하겠지만 거기다가 명리학의 깊은 이치를 알게 된다는 말씀은 이 대목과 별로 연결되지 않는 것으로 보인다. 허풍이 아닌가 싶다.

辛	甲	戊	己
未	寅	辰	亥

庚	辛	壬	癸	甲	乙	丙	丁
申	酉	戌	亥	子	丑	寅	卯

甲寅日元. 生於季春. 四柱土多. 時透辛金. 土生金. 金剋木. 謂夫健怕妻. 初運木火. 去其土金. 早遊泮水. 連登科甲. 甲子, 癸亥. 印旺逢生. 日元足以任其財官. 仕路超騰.

갑인일원. 생어계춘. 사주토다. 시투신금. 토생금. 금극목. 위부건파처. 초운목화. 거기토금. 조유반수. 연등과갑. 갑자, 계해. 인왕봉생. 일원족이임기재관. 사로초등.

➜ 갑인일주가 辰月에 났는데, 사주에는 토가 많고 시간에 辛金이 투출되었으니 土生金해서 金剋木을 한다. 그래서 부건파처가 되었다. 초운이 木火라서 土金을 제거하고 일찍이 반수에서 놀았으며 등과하여 벼슬이 연이어 올라갔는데, 甲子와 癸亥에는 인수가 왕하면서 생조를 만나니 일주는 족히 재관을 마음대로 다뤄서 벼슬길이 뛰어났다.

【 강의 】

신약용겁격이라고 하겠다. 인성의 운과 비겁의 운에서 발하게 되었다. 이런 내용을 안다고 해서 무슨 깊은 오묘한 이치를 깨닫겠는가만 여하튼 신약하다는 것만 바로 이해하고 있으면 되겠다.

辛	甲	戊	己
未	子	辰	巳

庚	辛	壬	癸	甲	乙	丙	丁
申	酉	戌	亥	子	丑	寅	卯

甲木生於季春. 木有餘氣. 坐下印綬. 中和之象. 財星重疊當令. 時透官星. 土旺生金. 夫健怕妻. 初運木火. 去其土金. 早年入泮. 科甲連登. 仕路不能顯秩者. 只因土之病也. 前造有亥. 又坐祿支. 更健於此. 此則子未相穿, 壞印. 彼則寅能制土護印也.

갑목생어계춘. 목유여기. 좌하인수. 중화지상. 재성중첩당령. 시투관성. 토왕생금. 부건파처. 초운목화. 거기토금. 조년입반. 과갑련등. 사로불능현질자. 지인토지병야. 전조유해. 우좌록지. 갱건어차. 차즉자미상천, 괴인. 피즉인능제토호인야.

▶갑목이 辰月에 나서 목의 여기가 있고 앉은자리에 인성이니 중화의 형상이다. 재성은 월지를 잡고 중첩되어 있는데 시간에 관성이 투출되어 토가 왕하고 금을 생하니 부건파처이다. 초운 木火에서는 土金을 제거하고 반수에 들었으며 과거에 급제하여 벼슬이 연속해서 올라갔는데, 벼슬이 크게 발전하지 못한 것은 다만 토가 병이 되었기 때문이다. 앞의 사주에서는 亥水가 있고 앉은자리에는 비견이 있으니 이보다 더 힘이 있었는데, 이 사주는 子未로 상천이 되어서 인성이 깨어졌고 앞의 사주는 다시 토를 제어하고 인성을 보호했기 때문이다.

【 강의 】

재성이 많아서 신약하다면 비견이 최고지만 비견이 없어서 인성을 의지하게 되는데, 인성이 재성에게 깨어져서 크게 발전하지 못했다는 의미는 그대로 이해가 되는 대목이다. 즉 재가 많을 적에는 비견을 쓸 수가 있는가를 먼저 봐야겠고, 그 다음에 비로소 인성이 비겁을 돕는 것이 좋다고 하겠다. 아니면 인성이 있어서 용신이 되었

더라도 비견이 협조를 해줘야 하는데 그렇지 못한 까닭이라고 이해
하면 되겠다.

```
庚  丁  辛  乙
戌  巳  巳  亥

癸 甲 乙 丙 丁 戊 己 庚
酉 戌 亥 子 丑 寅 卯 辰
```

丁巳日元. 生於孟夏. 月時兩透庚辛. 地支又逢生助. 巳亥逢沖. 去火存金. 夫健怕妻. 喜其運走東方木地. 助印扶身. 大魁天下. 宦海無破. 子運, 兩巳受制. 不祿.
　정사일원. 생어맹하. 월시량투경신. 지지우봉생조. 사해봉충. 거화존금. 부건파처. 희기운주동방목지. 조인부신. 대괴천하. 환해무파. 자운, 양사수제. 불복.

➜ 정사일주가 巳月에 났고 월시에는 庚辛금이 투출했는데, 지지에 또 생조를 만나고 巳亥충도 있어서 화를 제거하고 금을 보존했으니 부건파처이다. 반가운 것은 운이 동방의 목지인데 인성이 일간을 도와 줘서 천하의 수령이 되었으며 벼슬길에 파란이 없었는데, 子水대운에 들어 양 巳火가 손상을 받아 죽었다.

【 강의 】

사주의 구조로 미루어서는 크게 약하지 않은 것으로도 볼 수 있겠

지만, 동방의 목운에서 발했다고 한다면 인성이 필요한 것은 사실이다. 그런데 戌時임을 고려한다면 크게 약하지 않은 것으로 보여서 혹 辛亥시는 아닌가 하는 의심도 해볼 만하겠다. 그렇게 되면 사해충이 겹으로 발생하여 신약한 것이 분명해지기 때문에 아무런 의심이 없겠기에 한번 비틀어서 생각을 해봤다.

癸	戊	甲	癸
丑	戌	子	亥

丙	丁	戊	己	庚	辛	壬	癸
辰	巳	午	未	申	酉	戌	亥

戊戌日元. 生於子月, 亥年. 月透甲木逢生. 水生木. 木剋土. 夫健怕妻. 最喜坐下戌之燥土. 中藏丁火印綬. 財雖旺, 不能破印. 所謂元機暗裏存也. 第嫌支類北方. 財勢太旺. 物極必反. 雖位至方伯. 宦資不豊.

무술일원. 생어자월. 해년. 월투갑목봉생. 수생목. 목극토. 부건파처. 최희좌하술지조토. 중장정화인수. 재수왕. 불능파인. 소위원기암리존야. 제혐지류북방. 재세태왕. 물극필반. 수위지방백. 환자불풍.

◆ 무술일주가 子月, 亥年에 났고 월간에 갑목이 생을 만났으니 水生木하고 木剋土를 하니 부건파처이다. 가장 반가운 것은 앉은자리에 술토의 조토를 얻은 것이다. 그 속에는 정화 인성이 들어 있으니 재가 비록 왕하다고는 하지만 인성을 깨기에는 불가능하다. 이른바

'하나의 원기가 그 속에 존재한다.'는 말이 되고, 다만 싫은 것은 지지에 북방의 형태가 모여 있는 것이다. 재의 세력이 너무 왕하니 물질이 극에 이르면 반드시 되돌아온다는 이치에 의해서 비록 지위는 방백이 되었으나 벼슬이 풍부하지 못했다.

【 강의 】

그래도 재성이 많은 상황에서 비견을 용신으로 쓸 수가 있어서 다행이다. 그리고 관살이 있으므로 인성도 힘이 되어 주면 더욱 좋다. 방백이 어느 정도나 되는 벼슬인지는 모르겠지만 운이 그래도 이렇게나마 흘러가 준 것이 다행이라고 해야 할 모양이다.

```
甲  戊  癸  癸
寅  午  亥  亥

乙 丙 丁 戊 己 庚 辛 壬
卯 辰 巳 午 未 申 酉 戌
```

戊午日元. 生於亥月亥年. 時逢甲寅. 殺旺. 財殺肆逞. 夫健怕妻. 惜乎印星顯露. 財星足以破印. 以致難就書香. 幸而寅拱午印. 剋處逢生. 以印化殺. 所以武職超羣.

무오일원. 생어해월해년. 시봉갑인. 살왕. 재살사령. 부건파처. 석호인성현로. 재성족이파인. 이치난취서향. 행이인공오인. 극처봉생. 이인화살. 소이무직초군.

➡무오일주가 亥月, 亥年에 났으며 시에는 甲寅을 봤으니 살이 왕하고 재살이 날뛰어 부건파처이다. 아깝게도 인성이 드러나서 재성에게 손상을 받고 있으니 이로 인해서 공부를 하기가 어려웠다. 다행히도 寅木이 午火를 보호하여 극처봉생이 되었으니 인성으로써 살을 화하게 된다. 그래서 무과에서 뛰어나게 되었다.

【강의】

실로 의지하는 오화가 해수에게 극을 받고 있는 모습이 안쓰럽다고 해야 하겠다. 무과에서라도 힘을 내었던 것은 운의 도움이었으리라고 생각된다. 다행이다.

夫健怕妻之理. 重在一健字. 如日主不健. 爲財多身弱. 終身困苦矣. 健而怕妻. 怕而不怕. 運遇生旺扶身之地. 自然出人頭地也.

부건파처지리. 중재일건자. 여일주불건. 위재다신약. 종신곤고의. 건이파처. 파이불파. 운우생왕부신지지. 자연출인두지야.

➡부건파처의 이치는 健이라는 한 글자가 중요하다. 그러니까 일주가 건왕하지 않다면 재다신약이 되어 버리기 때문이다. 그러면 죽을 때까지 고생을 할 것인데, 건왕하면서 처를 두려워하니 겁나기는 해도 무섭지 않다고 하겠다. 그러다가 운을 만나면 일간이 도움을 받아서 자연히 출세를 하게 될 것이다.

【 강의 】

부건파처의 이치는 몰라도 된다고 생각된다. 그대로 신왕재왕보다는 약하고 재다신약보다는 힘이 있는 상태라는 정도로 보면 되는데, 요컨대 이름 하나하나에 깃들여 있는 의미를 이해한다면 충분하다. 중요한 것은 인겁이 필요하다는 것이라고 하므로 그대로만 이해한다면 특별히 어려울 일은 없겠다.

【 滴天髓 】

> 君不可抗也. 貴乎損上以益下.
> 군 불 가 항 야. 귀 호 손 상 이 익 하.

◯ 임금에게는 대항할 수가 없나니, 귀함은 위를 덜어서 아래에 보태는 것이다.

【 滴天髓徵義 】

君不可抗者. 無犯上之理也. 損上者, 洩上也. 非剋制也. 上洩則下受益矣. 如以甲乙日主爲君. 滿局皆木. 內只有一二土氣. 君旺盛而臣衰極矣. 惟有順君之性. 火以行之. 火行則木洩. 土得生扶. 爲損上以益下. 則上不亢君. 下得安臣矣. 若以金衛之. 則抗君矣. 且木盛能令金自缺. 君仍不能抗. 反觸其怒. 而臣更洩氣. 不但無益而有害也. 豈能上安下全乎.

군불가항자. 무범상지리야. 손상자, 설상야. 비극제야. 상설즉하수익의. 여이갑을일주위군. 만국개목. 내지유일이토기. 군왕성이신쇠극의. 유유순군지성. 화이행지. 화행즉목설. 토득생부. 위손상이익하. 즉상불항군. 하득안신의. 약이금위지. 즉항군의. 차목성능령금자결. 군잉불능항. 반촉기노. 이신갱설기. 부단무익이유해야. 기능상안하전호.

➡ 군에게 대항할 수 없다는 것은 위를 범할 수 없는 이치를 말한다. 위를 손상시킨다는 말은 위를 설하라는 말이다. 극제하라는 뜻이 아

니다. 위를 설하여 아래가 혜택을 받으니 예를 들어 甲乙木日主가 군이 된다면 사주에 목이 가득할 경우를 생각해 본다. 주변에는 한두 개의 토만 있다고 한다면 군은 극히 왕성하고 신하인 재성은 극히 쇠약해지는 것이다. 이때에는 오직 군의 성질에 따르는 것이 옳은데, 화의 운으로 간다면 목의 기운을 설해서 토를 생조하게 되니 위를 덜어서 아래가 이롭다고 하는 것이다. 즉 위로 임금과 겨루지 않으면서 아래로 신하가 편안함을 얻는 것인데, 만약 금으로써 (목을 극하여 토를) 보호한다면 군에 대항하는 셈이 된다. 또 목이 왕성한 상황에서는 금도 부스러지는 입장이니 임금에게 대항할 수가 없는 것이다. 도리어 그 노함을 사게 될 것이니 신하가 다시 기를 설한다면 단지 이로움이 없을 뿐만 아니라 오히려 해롭기까지 하다. 어찌 능히 위도 편안하고 아래도 안전하겠는가.

【 강의 】

『적천수』에서 혼란스러운 내용 가운데 하나가 君이다. 의미가 두 가지로 나타나기 때문이다. 때로는 日干을 의미하고 때로는 관살을 의미하기 때문인데, 여기에서도 내용을 살펴보고 나서야 일간을 군으로 했다는 것을 알겠다. 식신생재나 상관생재의 구조에서 식상이 약하여 재성이 상당히 무력한 상황을 의미하는 것으로 이해하면 별 무리가 없겠다. 그러니까 식상도 왕하고 재성도 왕한 상황보다는 다소 불리한 구조라고 생각하면 된다. 앞에서 다룬 부건파처의 상황처럼 미세한 구분을 하는 것으로 이해가 되는데, 원국의 결함을 운에서 보충해 줌으로써 발복이 되는 것이라고 하겠다. 다만 운이 물러나면 오히려 재성이 부담을 느끼는 구조이기도 하다.

```
乙 甲 丙 甲
亥 戌 寅 戌
甲 癸 壬 辛 庚 己 戊 丁
戌 酉 申 未 午 巳 辰 卯
```

甲生於寅月. 又得亥之生. 比劫之助. 年日兩支之戌土虛弱. 謂君盛臣衰. 最喜月透丙火. 順君之性. 戌土得生拱之情. 則上安而下全. 己巳運, 火土竝旺. 科甲連登. 庚午, 辛未, 火得地. 金無根. 又有丙火回光. 庚辛不能抗君. 午未足以益臣. 仕至藩臬. 壬申沖寅剋丙. 逆君之性. 不祿.

갑생어인월. 우득해지생. 비겁지조. 연일량지지술토허약. 위군성신쇠. 최희월투병화. 순군지성. 술토득생공지정. 즉상안이하전. 기사운, 화토병왕. 과갑련등. 경오, 신미, 화득지. 금무근. 우유병화회광. 경신불능항군. 오미족이익신. 사지번얼. 임신충인극병. 역군지성. 불록.

▶갑목이 인월에 났고 또 亥水의 생조도 받으며 비견의 도움조차 있으니 年과 日支의 戌土는 허약한 상황이라 '군은 왕성하고 신하는 쇠약한 형상'이다. 가장 반가운 것은 月干에 丙火가 투출된 것이니 군의 성질을 따르게 된다. 술토는 생조의 정을 얻어 위는 편안하고 아래는 안전하다. 己巳대운에서 火土가 함께 왕성하니 과거에 급제하고 벼슬이 연이어 올라갔는데, 庚午와 辛未 대운에는 화가 득지하고 금이 무근하며 또 병화가 돌아서 극을 하게 되니 庚辛의 금이 군에게 저항하기가 불가능하다. 午未는 또 족히 신하를 도우니 벼슬이

번얼에 이르고, 壬申대운은 寅木을 충하고 丙火를 극하니 군의 성품을 거역해서 죽었다.

【 강의 】

이해가 되는 대목이다. 그대로 신왕재약의 상황에서 식상에게 주도권이 주어지는 구조이다. 운의 흐름이 일치하여 깔끔하게 정리가 된다고 하겠다.

```
乙  甲  甲  甲
亥  寅  戌  子

壬 辛 庚 己 戊 丁 丙 乙
午 巳 辰 卯 寅 丑 子 亥
```

甲寅日元. 生於季秋. 土旺用事. 不比春時虛土. 所以此一戌足以抵彼兩戌. 生於亥時. 又天干皆木. 君盛臣衰. 所嫌者局中無火以行之. 羣比爭財. 無以益臣. 則上不安而下難全矣. 初運, 北方水旺. 助君之勢. 刑喪破耗. 祖業不保. 丁丑運, 火土齊來. 稍成家業. 戊寅, 己卯. 土無根. 木臨旺. 疊遭回祿. 起倒異常. 刑妻剋子. 至卯而亡.

갑인일원. 생어계추. 토왕용사. 불비춘시허토. 소이차일술족이저피량술. 생어해시. 우천간개목. 군성신쇠. 소혐자국중무화이행지. 군비쟁재. 무이익신. 즉상불안이하난전의. 초운, 북방수왕. 조군지세. 형상파모. 조업불보. 정축운, 화토제래. 초성

가업. 무인, 기묘. 토무근. 목림왕. 첩조회록. 기도이상. 형처극자. 지묘이망.

▶ 甲寅일주가 戌月에 나서 토가 월령을 잡았다. 이것은 봄날의 허약한 토에 비할 바가 아니다. 그래서 戌土 하나가 앞 사주의 두 戌土와 견줄 만하겠고, 시는 亥時인데 또 천간은 모두 목이니 군은 왕성하고 신은 쇠약하다. 그리고 싫은 것은 사주에 火의 운이 없다는 것인데 군비쟁재의 형상으로서 신하에게 이로움이 없다고 하겠으니 위도 불안하고 아래도 안전하지 않은 것이다. 초운은 북방의 수운이니 군의 세력을 도와서 고통이 대단했으며 부모 유업도 지키지 못했는데, 丁丑운에서 火土가 함께 오면서 점차로 가업이 일어났다. 戊寅과 己卯는 토가 무근하고 목은 왕에 임하니 몇 차례의 화재를 만났으며 고통이 상상을 초월했는데 그로 인해서 처자식을 극하고 卯운에서 죽었다.

【 강의 】

이 사주는 앞의 사주에 미치지 못하는 형상으로 보인다. 앞에서는 그래도 병화가 있었는데, 여기에서는 그 식상이 암장되어 기운이 없다는 점이다. 철초 선생의 말씀도 그러한 듯싶다. 더구나 운도 없다 보니 마음대로 될 일이 없다는 것이다. 군겁쟁재의 형상에서는 식상의 운이 약이 될 참인데, 그 약을 얻지 못했으니 능력을 발휘하기가 어려웠을 것이라는 점은 충분히 이해가 된다.

【滴天髓】

臣不可過也. 貴乎損下以益上.
신 불 가 과 야. 귀 호 손 하 이 익 상.

◐ 신하가 지나치면 불가하니 귀함은 아래를 덜어서 위를 보태야 한다.

【滴天髓徵義】

臣不可過. 須化之以德也. 庶臣順而君安矣. 如甲乙日主. 滿局皆木. 內只一二金氣. 臣盛而君衰極矣. 若金運制臣. 是以衰勢而行威令. 必有抗上之意. 必須帶火之土運. 木見火而相生. 臣心順矣. 金逢土而得益. 君心安矣. 若水木竝旺. 不見火土. 當存君之子. 一路行水木之運. 小可安君. 若木火竝旺. 則宜順臣之心. 一路行火運. 亦可安君. 所謂臣順而性順. 君衰而仁慈. 亦上安而下全. 若純用土金以激之. 非安上全下之意也.

신불가과. 수화지이덕야. 서신순이군안의. 여갑을일주. 만국개목. 내지일이금기. 신성이군쇠극의. 약금운제신. 시이쇠세이행위령. 필유항상지의. 필수대화지토운. 목견화이상생. 신심순의. 금봉토이득익. 군심안의. 약수목병왕. 불견화토. 당존군지자. 일로행수목지운. 역가안군. 약목화병왕. 즉의순신지심. 일로행화운. 역가안군. 소위신순이성순. 군쇠이인자. 역상안이하전. 약순용토금이격지. 비안상전하지의야.

➡신하가 과하면 곤란하니 모름지기 덕으로 화해야 한다. 신하가 순응해야 임금이 편안하기 때문이다. 만약 甲乙木이 일주라면 사주에 목이 가득하다고 할 경우 그중에 한두 개의 금이 있다면 신하는 왕성하고 임금은 쇠약함이 극에 달한 상황이다. 만약 금의 운을 만난다면 신하를 제어하니 쇠약한 세력에서도 위엄이 있는 명령을 행할 수가 있으나, 반드시 위에 저항을 하는 뜻을 품게 된다. 그래서 불을 거느린 토의 운을 만나야 목은 화를 보고서 상생이 되어 신하의 마음이 편안해지는 것이다. 금이 토를 만나면 이롭게 되어서 군의 마음도 편안해진다.

만약 水木이 함께 왕성하고 火土는 보이지 않는다면 마땅히 군의 아들(인성)을 가만두게 되겠는데, 운이 水木의 운으로 간다면 여전히 임금의 마음은 편안할 것이다. 만약 木火가 함께 왕성한 경우라면 즉 신하의 마음을 따르는 것이 좋으니 운에서도 화의 운으로만 진행된다면 군의 마음도 편안할 수가 있는 것이다. 이른바 '신하를 따르니 성품이 유순하다.'는 말이 되겠다. 군이 쇠하면 인자해지는 것인데 또한 위도 편안하고 아래도 안전하다고 하겠다. 만약 순전한 토금으로 용신을 삼아서 격하게 한다면 위도 편안하지 못하고 아래도 안전하기 어려워진다는 의미이다.

【 강의 】

여기에서는 군이 관살이 되는 입장이다. 그래서 잘 가늠하지 않으면 혼란을 느끼기 쉬운데, 실제로 임상에서도 가끔 만날 수 있는 경우이다. 사주에서 잘 설명이 되겠지만 의미를 요약한다면 신왕한 상황에서 극하는 성분과 설하는 성분이 같이 있을 경우에는 관살을 버리고 식상을 용신으로 쓰는 것이 좋겠고, 또 인성이 있으면 관살의 작용이 인성으로 흐름을 타게 되어서 무력하여 반기를 들지 않는다는 정도로 이해하면 되겠다. 그리고 설명은 어려워도 사주를 보면 바로 이해할 수 있을 것이다.

```
庚 甲 甲 戊
午 寅 寅 寅
壬 辛 庚 己 戊 丁 丙 乙
戌 酉 申 未 午 巳 辰 卯
```

甲寅日元. 年日皆寅. 滿盤是木. 庚金無根. 臣盛君衰極矣. 喜其午時. 流通木性. 則戊土弱而無根. 臣心順矣. 又逢丙辰, 丁巳, 戊午, 己未. 帶土之火. 生化不悖. 臣順君安. 早登科甲. 仕至侍郎. 庚申運, 不能用臣. 不祿.

갑인일원. 연일개인. 만반시목. 경금무근. 신성군쇠극의. 희기오시. 유통목성. 즉무토약이무근. 신심순의. 우봉병진, 정사, 무오, 기미. 대토지화. 생화불패. 신순군안. 조등과갑. 사지시랑. 경신운, 불능용신. 불록.

▶ 갑인일주가 연일이 모두 寅이니 전체가 목의 세력이다. 庚金은 뿌리가 없으니 신하는 왕성하고 임금은 극히 쇠한 형상이다. 반가운 것은 午時가 되겠는데, 목의 성품이 흘러가게 된다. 즉 무토는 극히 약하고 뿌리도 없으니 신하의 마음을 따르게 된다. 또 丙辰, 丁巳, 戊午, 己未 등의 대운에서는 토를 거느린 불이 되어서 생화하여 일그

러지지 않는다. 신하의 마음은 온순하고 임금은 편안하다고 하겠다. 일찍이 과거에 올라 벼슬이 시랑에 이르렀으며 庚申운에서 신하를 쓸 수가 없어 죽었다.

【강의】

사주의 구조를 보면 식상과 관살이 겹친 상황에서 관살을 버리고 식상을 취하는 것으로 이해하면 간단하겠는데 설명은 상당히 복잡해 보인다. 관살을 버린다는 것이 당시로서는 얼마나 부담스러운 사건(!)이었는지를 헤아릴 만하다. 지금은 이러한 점에서 복잡하게 임금이니 신하니 할 필요도 없이 월령을 잡은 식상을 용신으로 삼으며, 관살이든 식상이든 힘있는 자가 용신의 역할을 수행한다고 이해하면 될 것이다.

```
辛  甲  乙  癸
未  寅  卯  卯

丁 戊 己 庚 辛 壬 癸 甲
未 申 酉 戌 亥 子 丑 寅
```

甲寅日元. 年月皆卯. 又透乙癸. 未乃南方燥土. 木之庫根. 非生金之地. 故辛金之君. 無能爲矣. 當存君之子. 以癸水爲用. 運逢甲寅, 癸丑. 遺緖豊盈. 壬子, 辛亥. 名利兩優. 一交庚戌. 土金竝旺. 不能容臣. 犯事落職. 破耗剋子而亡.

갑인일원. 연월개묘. 우투을계. 미내남방조토. 목지고근. 비생금지지. 고신금지군. 무능위의. 당존군지자. 이계수위용. 운봉갑인, 계축. 유서풍영. 임자, 신해. 명리량우. 일교경술. 토금병왕. 불능용신. 범사락직. 파모극자이망.

➡ 갑인일주가 연월지가 모두 卯이다. 또 乙木과 癸水가 투출하고 未土는 남방이기도 하고 목의 창고도 되어 금이 생할 곳이 아니다. 그래서 신금의 임금은 무능하게 되니 마땅히 군의 아들인 癸水를 용신으로 한다. 운에서 甲寅, 癸丑에는 부모의 유산이 넉넉했고 壬子와 辛亥 대운에는 명리가 뛰어났는데, 한번 庚戌대운으로 바뀌면서 土金이 함께 왕하여 신하를 용납하지 않으니 일을 범하고 지위에서 떨어졌으며 큰 손상을 당하고 아들을 극한 다음에 죽었다.

【 강의 】

이 사주의 이해에는 좀 의문이 남는다. 계수가 용신이라면 종강격의 형상으로서 역시 외격이라는 의미가 된다. 그러나 신금이 있고 메마르거나 말거나 뿌리를 未土에 두고 있으므로 연간의 계수를 용신으로 한다는 것이 좀 난해한 대입이라고 하겠다. 그렇다고 해서 午時가 아니냐고 떼를 써보기도 어렵다. 오시라면 午火가 용신이 되겠지만 庚戌대운에서 깨어진다는 것은 설명하기 어렵기 때문이다. 그래도 혹 庚金대운에서 깨어졌다고 한다면 약간의 말이 되기는 한다. 午火까지 가지 않은 상태이기 때문이라고 하면 되겠기에 가능한 이야기이다. 여하튼 이 상태로 놓고서 이해하기에는 납득이 가지 않으므로 이러한 사주를 만난다면 그대로 시간의 정관을 용신으로 하고 희신은 토로 정하겠는데, 혹 戌土대운에서 망했다면 木剋土의 쟁재가 일어나서인지도 모르겠다는 생각도 한번 해본다.

```
甲  戊  戊  戊
寅  午  午  午

丙 乙 甲 癸 壬 辛 庚 己
寅 丑 子 亥 戌 酉 申 未
```

此造三逢戊午. 時殺雖坐祿支. 局中無水. 火土燥烈. 臣盛君衰. 且寅午拱會. 木從火勢. 轉生日主. 君恩雖重. 而日主之意向反不以甲木爲念. 運走西方金地. 功名顯赫. 甚重私情. 不以君恩爲念也. 運逢水旺. 又不能存君之子. 詿誤落職.

차조삼봉무오. 시살수좌록지. 국중무수. 화토조열. 신성군쇠. 차인오공회. 목종화세. 전생일주. 군은수중. 이일주지의향 반불이갑목위념. 운주서방금지. 공명현혁. 심중사정. 불이군은위념야. 운봉수왕. 우불능존군지자. 괘오락직.

◆이 사주는 戊午를 셋이나 만나고 시의 살은 있어 녹지에 앉아 있지만 사주에 水가 없고 火土가 조열하니 신하는 왕하고 임금은 쇠약하다. 또 寅午가 합이 되면서 목은 불을 따라가니 흘러서 일주를 생조한다. 임금의 은혜가 비록 중하다고는 하지만 일주의 의향은 도리어 甲木을 생각하지 않는다는 것이다. 운이 서방의 金으로 달리면서 공명이 크게 빛났는데 너무 사사로운 정이 깊어서 임금의 은혜를 생각하지 않았기 때문이다. 운에서 왕한 수를 만나고 또 군의 아들도 그냥 두기가 불가능하니 일을 저질러서 관직에서 물러났다.

【 강의 】

  사주의 구조에 대한 설명은 이해가 가는데, 금운에서 발했다는 것은 종강격에서 식상의 운을 만나 병에 해당하는 목을 제거해서라고 한다면 말이 될지 모르겠다. 사실 인오의 합이 있는 상태에서 갑목을 의지해야 한다는 말을 하기는 어려운 상황이라고 생각되어서이다. 앞의 경우와는 간발의 차이기는 하지만 분명히 다르다. 그래서 종강격으로 인성을 용하는 형상이라고 하겠는데, 금운에서 발하는 것은 아마도 병을 제거한다는 의미로 이해해야 할까 싶다. 계축시만 되었어도 참 좋았겠다는 아쉬움이 남는다.

```
己  己  丙  甲
巳  酉  子  寅

甲 癸 壬 辛 庚 己 戊 丁
申 未 午 巳 辰 卯 寅 丑
```

  己酉日元. 生於仲冬. 甲寅官星坐祿. 子水財星當令. 財旺生官. 時逢印綬. 此爲君臣兩盛. 更妙月干丙火一透. 寒土向陽. 轉生日主. 君恩重矣. 早登科甲. 翰苑名高. 緣坐下酉金. 支得巳時之拱. 火生之. 金衛之. 水養之. 而日主之力量. 足以剋財. 故其爲官重財而忘君恩矣.

  기유일원. 생어중동. 갑인관성좌록. 자수재성당령. 재왕생관. 시봉인수. 차위군신량성. 갱묘월간병화일투. 한토향양. 전생일주. 군은중의. 조등과갑. 한원명고. 연좌하유금. 지득사시

지공. 화생지. 금위지. 수양지. 이일주지력량. 족이극재. 고기
위관중재이망군은의.

▶기유일주가 子月에 났고 갑인의 관성은 녹에 앉아 있으며 자수의
재성은 월지를 잡았으니 재가 왕하여 관을 생한다. 시에는 인수가
있으니 이를 일러서 '군과 신이 다 왕하다.'고 한다. 다시 묘하게도
월간에는 丙火가 하나 투간되어 차가운 토를 따스하게 해주며 흘러
서 일주를 생하니 임금의 은혜가 막중하다. 일찍이 과거에 올라 한
원에 이름이 높았는데, 앉은자리의 酉金을 인연해서 지지에 巳時를
얻어 서로 합이 되니 화를 생하고 금을 보호하며 수를 길러 주는 일
주의 역량이 족히 재성을 극하게 된다. 그래서 관이 중하고 재물이
많아지니 임금의 은혜를 망각하게 된다.

【강의】

참으로 껄끄러운 설명이다. 간단히 설명한다면 신약용인격이다.
극설이 교차되어서 월간의 인성을 의지하는 형상으로 보면 그만이
고 임금이나 신하는 등장시키지 않아도 될 것을 그랬다. 남방의 운
에서 발하게 되었을 것으로 보겠다. 그리고 이 사주가 반국에 속하
는 이유도 명확하지 않다. 앞의 경우는 그래도 반국에 대한 의미로
수긍이 가는데, 이 사주는 납득이 되지 않아서 괜히 자리를 채우려
고 들어 있는 것은 아닌가 하는 생각을 해본다.

【滴天髓】

知慈母恤孤之道. 始有瓜瓞無疆之慶.
지 자 모 휼 고 지 도. 시 유 과 질 무 강 지 경.

⬀ 자애로운 어머니가 아이를 가엾이 여기는 이치를 알게 되면 비로소 외의 줄기처럼 끝없이 이어지는 경사가 있으리라.

【滴天髓徵義】

母衆子孤. 不特子仗母勢. 而母之情亦依乎子. 故子母二者. 皆不宜損抑. 只得助其子勢. 則母慈而子益昌矣. 如日主甲乙木爲母. 內只有一二火氣. 其餘皆木. 是母多子病. 一不可見水. 見水子必傷. 二不可見金. 見金則觸母性. 母子不和. 子勢愈孤. 惟行帶火土之運. 則母性必慈. 其性向子. 子方能順母之意而生孫. 以成瓜瓞衍慶. 若行帶水之土運. 則母情有變. 反不容子矣.

모중자고. 불특자장모세. 이모지정역의호자. 고자모이자. 개불의손억. 지득조기자세. 즉모자이자익창의. 여일주갑을목위모. 내지유일이화기. 기여개목. 시모다자병. 일불가견수. 견수자필상. 이불가견금. 견금즉촉모성. 모자불화. 자세유고. 유행대화토지운. 즉모성필자. 기성향자. 자방능순모지의이생손. 이성과질연경. 약행대수지토운. 즉모정유변. 반불용자의.

➤ 어머니는 많고 아들은 외로우니 특히 자식이 어머니의 세력을 의지할 뿐만 아니라 어머니의 마음 역시 그 자식을 의지하게 된다. 그

래서 子母 둘은 다 손상되거나 억압되면 마땅치 않은 것이다. 다만 그 아들의 세력을 도와야 하는데, 그러면 어머니는 자애롭고 아들은 도움을 얻어서 융창하게 되는 것이니, 예를 들어 일주가 甲乙의 목을 어머니라고 할 적에 사주 안에 다만 한두 개의 화가 있고 그 나머지는 모두 목이라고 한다면 이는 어머니가 많아서 아들에게 병이 되는 것이다.

첫째는 수를 보는 것이 불가한데 수를 본다면 아들이 반드시 손상을 당한다. 둘째는 금을 보는 것도 불가한데 금을 보면 그 어머니의 성질을 건드리는 까닭이니 모자가 서로 불화하게 될 것이고, 그러면 아들의 세력은 더욱 외로워지니 오직 불을 낀 토의 운으로 간다면 어머니의 마음에 반드시 자비심이 생겨서 그 마음이 아들을 향할 것이니 아들도 바야흐로 어머니의 뜻을 따라서 손자를 생할 것이다. 그래서 오이가 줄기에서 계속 뻗어 나가면서 주렁주렁 열리듯 자손이 번창하는 경사를 맞이하게 될 것이다. 그러나 만약 수를 낀 토의 운으로 간다면 즉 어머니의 마음이 변해서 도리어 자식을 용납하지 않는다.

【 강의 】

여기에서 어머니는 일간이 될 수도, 인성이 될 수도 있다. 역시 특별히 고정되어 있는 의미는 아닌 것으로 봐야겠는데, 내용의 의미는 이해되지만 너무 어렵게 설명하지 않았나 싶다. 간단하게 말해서 인성이 과다하면 모다멸자(母多滅子) 또는 모자멸자(母慈滅子)의 형상이라고 하면 되고, 비겁이 많고 식상이 외롭다면 종왕격에 식상으로 흐른다고 이해하면 되겠다. 특별히 반국이라는 이름으로 어려운 설명을 해서 혼란을 가져올 수 있다는 생각이 든다. 사주를 보면서 이해해 보도록 하자.

```
己 乙 甲 戊
卯 卯 寅 午
壬辛庚己戊丁丙乙
戌酉申未午巳辰卯
```

乙卯日元. 生於寅月卯時. 滿盤皆木. 只有年支午火. 母旺子孤. 喜其無水. 寅午半會. 母之性慈而向子. 子亦能順母之意. 而生戊土之孫. 更喜運行火土. 所以少年早登龍虎榜. 身入鳳凰池. 仕至侍郎. 一交庚申. 觸母之性. 不祿.

을묘일원. 생어인월묘시. 만반개목. 지유년지오화. 모왕자고. 희기무수. 인오반회. 모지성자이향자. 자역능순모지의. 이생무토지손. 갱희운행화토. 소이소년조등룡호방. 신입봉황지. 사지시랑. 일교경신. 촉모지성. 불록.

➡ 을묘일주가 인월의 묘시에 나니 온 천지가 목이다. 다만 연지에 午火가 있으니 어머니는 왕하고 자식은 외롭다. 물이 없는 것이 기쁜데 寅午가 합이 되어 어머니의 마음이 자애로워서 아들을 향하고 아들 또한 능히 어머니의 의중을 따르게 된다. 그래서 戊土의 손자를 생하는데, 다시 반가운 것은 운이 火土인 것이다. 그래서 일찍이 소년으로 용호방에 올라서 봉황지에 들어갔으며 벼슬은 시랑에 올랐는데, 한번 庚申대운으로 바뀌자 어머니의 성질을 건드려서 죽었다.

【강의】

여기에서 보면 어머니는 일간이 된다. 그리고 사주에서 비겁이 왕성하므로 식상을 용신으로 삼으면 되는 구조인데, 이 경우에는 연지의 오화가 무토를 끼고 있으므로 식신생재의 구조로 보면 되겠다. 구태여 복잡하게 설명을 하지 않아도 이해할 수 있는 대목이다. 다만 금의 운이야 당연히 부담이 되는 대목이긴 하지만 달리 반국이라고 할 것도 없지 않은가 싶다. 오히려 순국에 가까운 형상이다. 식신생재로 흐름을 탄다면 순국이라고 하겠는데 종아격에 대해서 순국이라고 했으니 의미가 약간 다르기는 하겠지만 유사하기는 마찬가지이기 때문이다. 이 점을 참고하고 이해하면 되겠다.

乙	甲	丙	癸
亥	寅	辰	卯

戊	己	庚	辛	壬	癸	甲	乙
申	酉	戌	亥	子	丑	寅	卯

甲寅日元. 生於季春. 支類東方. 又生於亥時. 一點丙火虛露. 母衆子孤. 辰乃濕土. 晦火養木. 兼之癸水透干. 時逢亥旺. 母無慈愛恤孤之心. 反有滅子之意. 初運乙卯, 甲寅. 尙有生扶愛子之情. 其樂自如. 一交癸丑, 帶水之土. 母心必變. 子不能安. 破敗異常. 至壬子, 剋絶其子. 家破人離. 自縊而亡.

갑인일원. 생어계춘. 지류동방. 우생어해시. 일점병화허로. 모중자고. 진내습토. 회화양목. 겸지계수투간. 시봉해왕. 모무

자애훌고지심. 반유멸자지의. 초운을묘, 갑인. 상유생부애자지정. 기락자여. 일교계축, 대수지토. 모심필변. 자불능안. 파패이상. 지임자, 극절기자. 가파인리. 자액이망.

◆ 갑인일주가 辰月에 났고 지지에는 동방이 모였다. 또 해시에 생하니 일점의 병화는 무력하게 떠 있구나. 어머니는 중하고 아들은 외로운 모습이다. 진은 습토이니 불을 어둡게 하고 나무를 길러 준다. 더불어 계수가 투간되고 시에 해수의 왕지를 만났으니 어머니의 마음에는 외로운 자식을 가엾이 여기는 자애로움이 없다. 도리어 아들을 멸하려는 의도가 보인다. 처음에 乙卯와 甲寅 운에서는 오히려 아들을 도우려는 마음이 있으니 그 즐거움이 마음대로 잘 되었으나, 한번 癸丑대운으로 바뀌면서 수를 낀 토가 되니 어머니의 마음이 반드시 변하여 아들은 편안할 수가 없어 이상한 일을 당하여 깨어지고 망했는데, 壬子운이 되자 그 아들을 완전히 죽여 버리니 가세가 파하고 사람이 떠나가자 스스로 목을 매고 죽었다.

【 강의 】

참 딱한 노릇이다. 그의 삶에 대해서 드는 생각이다. 그리고 사주의 형상은 역시 식신생재의 구조라고 해야겠다. 다만 식상은 약하고 비겁이 강한 것으로 이해하면 되는데, 수운이 오더라도 지지로 오는 것은 무난하게 넘어가겠지만 천간으로 오는 壬水야 무슨 수로 막아내겠는가. 천간에 을목으로 막기에는 수의 세력이 너무 범람하는 형상이다. 그래서 식신격에 인성이 병이라고 이해하면 무난하다. 어머니의 마음이 변했다는 등의 설명은 혼란스럽기만 하고 이익이 없다고 하겠다. 그러나저러나 원문의 그 간단한 내용을 놓고서 철초 선생이 이렇게 상상력을 동원해서 시나리오를 만드신 것은 참 대단한 연출력이라고 해야 하겠다. 그리고 어쩌면 본문의 내용을 상당 부분 자의적으로 해석했을 수도 있겠다는 생각이 든다. 그런데 『적천수』 원주에 보면 대략의 의미가 설명되어 있어서 그것을 바탕으로 연출해 나간 것이므로 크게 벗어나지 않았다는 것을 알 수 있다. 원주에 대해서 관심이 있다면 『적천수천미』를 보라고 권한다.

【滴天髓】

> 知孝子奉親之方. 始克諧大順之風.
> 지 효 자 봉 친 지 방. 시 극 해 대 순 지 풍.

◐ 효자가 어머니를 받드는 방향으로 간다면 비로소 크게 순조로운 바람이 일어나 화목하게 된다.

【滴天髓徵義】

子衆母衰. 母之性依乎子. 須要安母之心. 亦不可逆子之性. 如甲乙日爲主. 滿局皆木. 中有一二水氣. 謂子衆母孤. 母之情依乎子. 必要安母之心. 一不可見土. 見土則子戀婦才而不顧母. 母不安矣. 二不可見金. 見金則母勢强, 而不容子. 子必逆矣. 惟行帶水之金運. 使金不剋木, 而生水. 則母情必依子. 子情逆順母矣. 以成大順之風. 若行帶土之金運. 婦性必悍. 母子皆不能安. 人事莫不皆然也. 此四章雖主木論. 火土金水亦如之.

자중모쇠. 모지성의호자. 수요안모지심. 역불가역자지성. 여갑을일위주. 만국개목. 중유일이수기. 위자중모고. 모지정의호자. 필요안모지심. 일불가견토. 견토즉자련부재이불고모. 모불안의. 이불가견금. 견금즉모세강, 이불용자. 자필역의. 유행대수지금운. 사금불극목, 이생수. 즉모정필의자. 자정역순모의. 이성대순지풍. 약행대토지금운. 부성필한. 모자개불능안. 인사막불개연야. 차사장수주목론. 화토금수역여지.

▶ 아들이 많아서 어머니가 외롭고 어머니는 아들을 의지하게 되니 모름지기 어머니의 마음을 편안하게 해드려야 한다. 또한 아들의 성질을 거역하는 것도 곤란하다. 만약 甲乙木을 위주로 해서 사주가 모두 목으로 되어 있고 그중에 한두 개의 수가 있을 경우 자식은 많아서 어머니가 외로운 형상인데 어머니의 마음은 반드시 자식을 의지하게 된다. 그러므로 필히 어머니 마음을 편안하게 해야 하는데, 첫째는 절대로 토를 보면 안 된다. 토를 보면 즉 아들이 아내와 재물을 그리워해서 어머니를 돌보지 않을 것이기 때문이다. 그렇게 되면 어머니는 불안해진다.

둘째는 금을 보는 것도 불가하다. 금을 보면 즉 어머니의 세력이 강화되고 그러면 아들을 용납하지 않으니 아들도 어머니를 거역하게 된다. 오직 물을 낀 금의 운으로 가야만 금이 목을 극하지 않을 것이고 수를 생조하니 즉 어머니의 뜻이 아들을 의지하고 아들 또한 어머니를 따른다. 그래서 크게 순조로운 바람이 분다고 하겠는데, 만약 토를 낀 금운으로 간다면 며느리의 성질이 반드시 포악해져서 모자를 모두 편안케 하기 어렵다. 사람의 일 역시 이와 같은 것이다. 이 네 부분의 글귀는 비록 목을 위주로 해서 논했지만 火土金水도 또한 같음을 참고하라.

【 강의 】

반국의 마지막 대목이다. 주로 君臣과 母子의 관계로 설명하고 있는데, 여기에서는 앞의 대목과 반대되는 상황으로서 일간이 강하고 인성이 약한 입장을 설명하는 대목이다. 즉 앞에서는 식상이 있어서 흐름을 탔는데 여기에서는 식상이 없어서 인성을 모시는 것으로 봐야 하겠다. 일종의 '종강격성 종왕격'이라고 해야 할지 모르겠다. 여하튼 올바르게만 이해하면 그만이다. 실제로 사주를 해석할 적에는 이러한 것을 생각할 필요 없이 그대로 용신을 찾아내면 되기 때문이다.

```
乙 甲 乙 癸
亥 寅 卯 亥
丁 戊 己 庚 辛 壬 癸 甲
未 申 酉 戌 亥 子 丑 寅
```

甲寅日元. 生於仲春. 卯亥, 寅亥, 拱合. 滿局皆木. 年干癸水無勢. 子旺母孤. 其情依乎木. 木之性亦依乎水. 謂母子情協. 初運甲寅, 癸丑. 蔭庇有餘. 早遊泮水. 壬子, 中鄕榜. 辛亥, 金水相生. 由縣令遷州牧. 庚戌, 土金竝旺. 母子不安. 詿誤落職而亡.

갑인일원. 생어중춘. 묘해, 인해, 공합. 만국개목. 연간계수무세. 자왕모고. 기정의호목. 목지성역의호수. 위모자정협. 초운갑인, 계축. 음비유여. 조유반수. 임자, 중향방. 신해, 금수상생. 유현령천주목. 경술. 토금병왕. 모자불안. 괘오락직이망.

→ 갑인일주가 卯月에 나고 卯亥와 寅亥로 합이 되니 사주에 모두 목이다. 연간의 계수는 세력이 없으니 자식은 왕하고 어머니는 외로워 그 정이 목을 의지하게 된다. 목의 성품도 수를 의지하게 되는데, 이를 일러서 '모자가 정으로 협력한다.'고 하겠다. 초운은 甲寅과 癸丑이라 부모의 유산이 넉넉했고 일찍이 반수에서 놀았으며, 壬子대운

에는 향방에 합격하고 辛亥운에는 金水가 서로 상생하니 현령에서 주목으로 승진했는데, 庚戌대운이 되자 토금이 함께 왕해서 모자가 불안하니 일을 저질러 지위에서 물러나고 죽었다.

【 강의 】

책에는 丁卯시로 표시되어 있으나 『적천수천미』에는 乙亥시로 나타나 있어서 비로소 이해가 된다. 정묘시라면 상관을 용신으로 삼는 구조라고 해야 하므로 『적천수징의』만 보던 상황에서는 대단히 혼란스러울 수가 있다. 처음에 『적천수징의』를 보면서 이 사주는 도저히 이해할 수가 없어서 표시를 해놓고 보고 또 보고를 반복했지만 여전히 납득이 가질 않았는데 『적천수천미』에서 乙亥시임을 확인하고서야 서로 비교해 가면서 공부해야겠구나 생각했던 게 기억난다.

어쨌거나 상황을 보면 종왕격의 구조가 거의 틀림없다. 다만 그냥 종왕격이 아니라 인성이 하나 붙어 있는 종왕격이라는 것이 약간 다른 점이랄 수 있다. 여기에서 아주 의미심장한 힌트를 얻는데, 종왕격에서 식상이 가능한 경우와 불가능한 경우를 이해하게 되는 것이다. 즉 종왕격에 인성이 있으면 식상이 불가능하고 대신 관살은 가능하다는 점이다. 원래가 종왕격에서 관살은 큰일나는 성분이지만 인성이 있음으로 해서 유통될 수도 있다는 것을 의미한다. 다만 종왕격에 식상이 있을 경우에는 인성의 운은 그런대로 넘어가지만 관살의 운은 곤란하다. 미묘한 차이지만 결과는 큰 차이가 있으므로 잘 이해해 두는 것이 좋겠다.

甲	甲	己	乙
子	寅	卯	亥

辛	壬	癸	甲	乙	丙	丁	戊
未	申	酉	戌	亥	子	丑	寅

甲寅日元. 生於仲春. 滿局皆木. 亥卯又拱. 時支子水衰極. 其情更依乎木. 日主戀己土之私情, 而不顧母. 丁丑運, 火土齊來. 反不容母. 刑傷破耗. 丙子, 火不通根. 平安無咎. 甲戌, 又逢土旺. 破耗異常. 乙亥, 癸酉. 生化不悖. 續絃生子. 重振門楣. 壬申, 晚景愈佳. 金水相生之故也.

갑인일원. 생어중춘. 만국개목. 해묘우공. 시지자수쇠극. 기정갱의호목. 일주련기토지사정, 이불고모. 정축운, 화토제래. 반불용모. 형상파모. 병자, 화불통근. 평안무구. 갑술, 우봉토왕. 파모이상. 을해, 계유. 생화불패. 속현생자. 중진문미. 임신, 만경유가. 금수상생지고야.

➡ 갑인일주가 卯月에 나서 전체가 목인데 亥卯는 또 합을 하고 시지의 子水는 쇠약함이 극에 달했다. 그 마음은 다시 목을 의지하게 되는데, 일주는 기토와 합을 그리워하는 사사로운 정으로 말미암아 어머니를 돌보지 않는다. 丁丑운에서 火土가 함께 오니 도리어 어머니를 용납하지 않아서 고통과 재난이 발생하고, 丙子운에는 불이 통근을 하지 못해서 편안하고 허물이 없었다. 甲戌은 또 왕토를 만났으니 고통이 많았고 乙亥나 癸酉의 운은 생화가 일그러지지 않았으니 자손이 생겨나고 가문을 빛냈는데, 壬申운의 늘그막의 경치가 더욱

좋았던 것은 金水가 서로 생조를 해준 때문이다.

【 강의 】

종왕격에 재성이 하나 있어서 군겁쟁재의 형상을 하고 있으니 탁한 재라고 하겠다. 다행히 을목이 제어하고 있으므로 그대로 종왕격이 성립된다. 운의 흐름이 무난해서 잘 풀린 모양이다. 지지의 금운에서 곤란을 겪지 않은 것은 바로 亥子의 수가 유통시켜 준 덕분이라는 것을 알게 된다. 그래서 기본적으로 喜用忌仇閑이 정해지는 것은 틀림없지만 운에서의 대입은 또 별도로 원국의 상황에 따라서 대입해야 한다는 것은 충분히 이해하고도 남을 일이다. 그런 의미에서 좋은 자료라고 하겠다.

지금까지 반국에 대한 상황을 살펴봤는데 괜히 어렵게 설명한 면이 없지 않지만 또한 미세한 차이점을 느낄 수가 있다면 도움이 될 것이다. 재삼 말하지만 종격이나 화격, 순국이나 반국의 경우에는 현실적으로 대입시킬 때 반드시 다시 확인해서 판단하는 것이 좋겠다. 액면 그대로 믿고서 대입시키다가는 왕왕 낭패를 당한다는 점을 잘 이해시켜 드리고 싶은 마음이 늘 있었다. 스스로 그러한 일을 겪으면서 느낀 나머지이기 때문이다. 그렇다면 차라리 잘라 내버리면 어떨까 생각도 했는데, 그럴 수는 없는 것이 내용적으로 봐서는 알아 두면 해롭지 않겠기 때문이다. 다만 선별해서 수용하는 것은 공부하는 벗님의 지혜에 맡기면 될 일이고 그렇게 이해하시는 데 낭월이 약간의 도움을 드릴 수 있다면 기꺼이 수고를 아끼지 않겠다는 마음으로 언급한다.

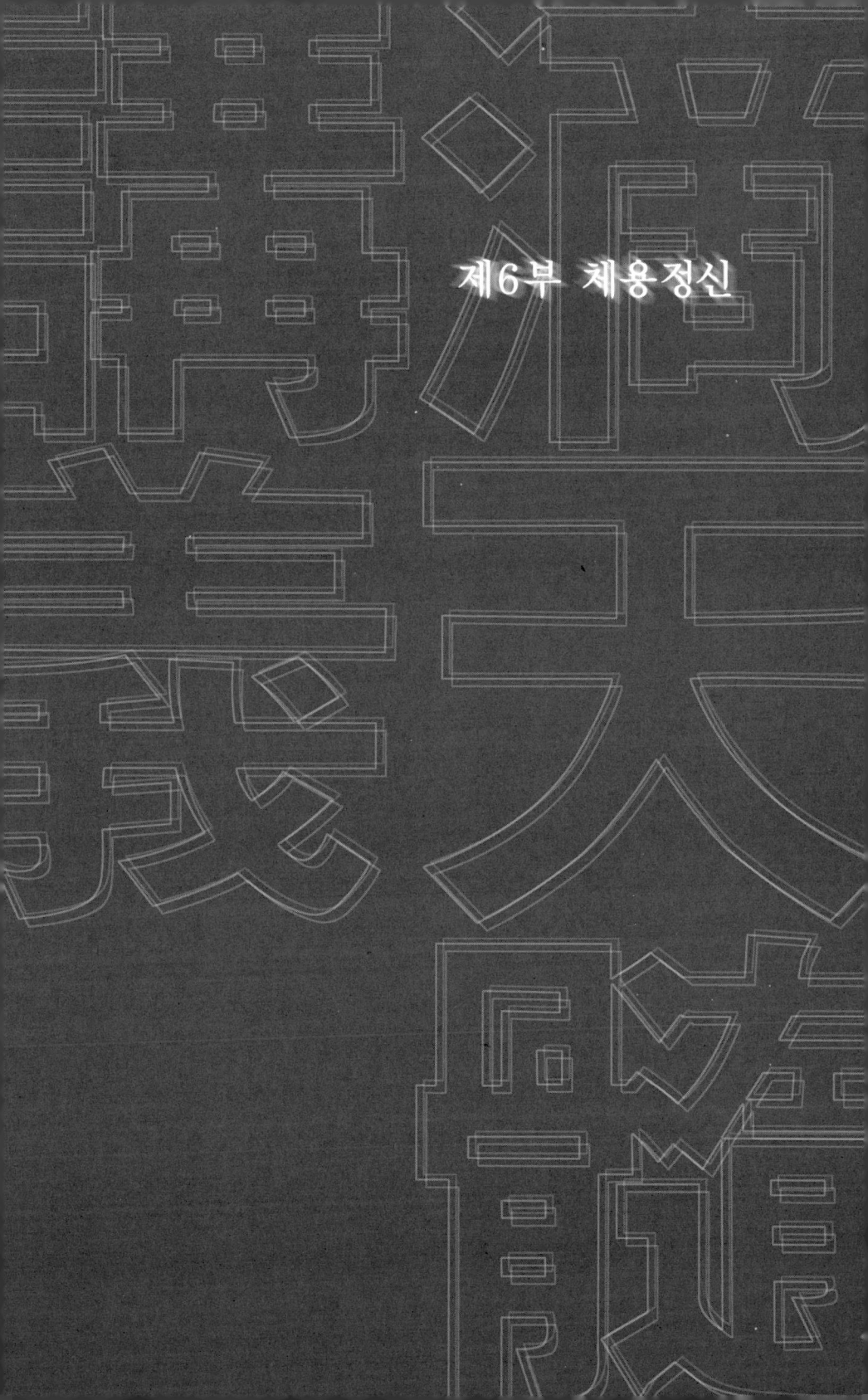

제6부 채용정신

제1장 체용(體用)

【滴天髓】

道有體用. 不可一端論也. 要在扶之抑之得其宜.
도 유 체 용. 불 가 일 단 론 야. 요 재 부 지 억 지 득 기 의.

◐도에는 체와 용이 있나니 한 가지만 논하는 것은 불가하다. 중요한 것은 抑과 扶의 사이에서 그 옳음을 얻는 것이다.

【滴天髓徵義】

體者, 形象氣局之謂也. 如無形象氣局. 卽以日主爲體. 用者, 用神也. 非體用之外, 別有用神也. 旺者抑之. 弱者扶之. 雖爲不易之法. 然有不易中之變易者. 惟在審察得其宜三字而已. 旺者抑之. 如不可抑. 又宜扶之. 弱者扶之. 如不可扶. 反宜抑之. 此命理之眞機. 五行顚倒之妙用也. 蓋旺極者抑之. 抑之反激而有害. 則宜從其强而扶之. 弱極者扶之. 扶之徒勞而無功. 則宜從其弱而抑之. 是不可以一端論也.

如日主旺. 提綱或官, 或財, 或食傷, 皆可爲用. 日主衰. 別尋四柱干支有幫身者爲用. 提綱是祿刃. 即以提綱爲體. 看其大勢. 以四柱干支食神財官. 尋其得所者用之.

如四柱干支財殺過旺. 日主旺中變弱. 須尋其幫身制化財殺者用之. 日主爲體者. 如日主旺. 印綬多. 必要財星爲用. 日主旺. 官殺輕. 亦以財星爲用. 日主旺. 官星輕. 印綬重. 亦以財星爲用.

日主旺. 比劫多. 而無財星. 以食傷爲用. 日主旺. 比劫多. 而財星輕. 亦以食傷爲用.

日主弱. 官殺旺. 則以印綬爲用. 日主弱. 食傷多. 亦以印綬爲用. 日主弱. 財星旺. 則以比劫爲用. 日主與官殺兩停者. 則以食傷爲用. 日主與財星均敵者. 則以比劫爲用. 此皆用神之的當者也.

如日主不能爲力. 合別干而化. 化之眞者. 即以化神爲體. 化神有餘. 則以洩化神之神爲用. 化神不足. 則以生助化神之神爲用.

局方曲直五格. 日主是元神. 即以格象爲體. 以生助氣象者爲用. 或以食傷爲用. 或以財星爲用. 只不宜官殺. 總宜視其格局之氣勢意向而用之. 毋執一也.

如無格無局. 四柱又無用神可取. 卽或取之. 或被閑神合住. 或被沖神損傷. 或被忌神劫占. 或被客神阻隔. 不但用神不能顧日主. 而日主亦不顧用神. 若得歲運破其合神. 合其沖神. 制其劫占. 通其阻隔. 此謂歲運安頓. 隨歲運取用. 亦不失爲吉也.

原註二三四五用神. 的非妙造. 此說大謬. 八字之中. 若去四五字爲用神. 則除日干外. 僅兩字不用. 斷無此理. 總之有用無用. 定有一個看落. 確乎不易也. 命中只有喜用兩字. 用神者, 日主所喜, 始終依賴之神也. 喜神者, 幫助用神之神也. 忌神者剋害用神之神也. 除用神, 喜神, 忌神外. 皆閑神客神也. 學者宜審察之.
大凡天干作用. 生則生. 剋則剋. 合則合. 沖則沖. 易於取材. 而
地支作用. 則有種種不同者. 故天干易見. 地支難推.

체자, 형상기국지위야. 여무형상기국. 즉이일주위체. 용자,
용신야. 비체용지외, 별유용신야. 왕자억지. 약자부지. 수위불
역지법. 연유불역중지변역자. 유재심찰득기의삼자이이. 왕자
억지. 여불가억. 우의부지. 약자부지. 여불가부. 반의억지. 차
명리지진기. 오행전도지묘용야. 개왕극자억지. 억지반격이유
해. 즉의종기강이부지. 약극자부지. 부지도로이무공. 즉의종기
약이억지. 시불가이일단론야.

여일주왕. 제강혹관, 혹재, 혹식상, 개가위용. 일주쇠. 별심
사주간지유방신자위용. 제강시록인. 즉이제강위체. 간기대세.
이사주간지식신재관. 심기득소자용지.

여사주간지재살과왕. 일주왕중변약. 수심기방신제화재살자
용지. 인주위체지. 여일주왕. 인수다. 필요재성위용. 일주왕.
관살경. 역이재성위용. 일주왕. 관성경. 인수중. 역이재성위용.

일주왕. 비겁다. 이무재성. 이식상위용. 일주왕. 비겁다. 이
재성경. 역이식상위용.

일주약. 관살왕. 즉이인수위용. 일주약. 식상다. 역이인수위
용. 일주약. 재성왕. 즉이비겁위용. 일주여관살량정자. 즉이식
상위용. 일주여재성균적자. 즉이비겁위용. 차개용신지적당자
야.

여일주불능위력. 합별간이화. 화지진자. 즉이화신위체. 화신
유여. 즉이설화신지신위용. 화신부족. 즉이생조화신지신위용.

국방곡직오격. 일주시원신. 즉이격상위체. 이생조기상자위

용. 혹이식상위용. 혹이재성위용. 지불의관살. 총의시기격국지기세의향이용지. 무집일야.

여무격무국. 사주우무용신가취. 즉혹취지. 혹피한신합주. 혹피충신손상. 혹피기신겁점. 혹피객신조격. 부단용신불능고일주. 이일주역불고용신. 약득세운파기합신. 합기충신. 제기겁점. 통기조격. 차위세운안돈. 수세운취용. 역불실위길야.

원주이삼사오용신. 적비묘조. 차설대류. 팔자지중. 약거사오자위용신. 즉제일간외. 근량자불용. 단무차리. 총지유용무용. 정유일개간락. 확호불역야. 명중지유희용량자. 용신자, 일주소희, 시종의뢰지신야. 희신자, 방조용신지신야. 기신자극해용신지신야. 제용신, 희신, 기신외. 개한신객신야. 학자의심찰지. 대범천간작용. 생즉생. 극즉극. 합즉합. 충즉충. 역어취재. 이지지작용. 즉유종종부동자. 고천간역견. 지지난추.

▶體란 형상격국을 이르는 말이다. 만약 형상이나 격국이 없다면 즉 일주가 체가 될 것이다. 用이란 용신을 말한다. 체와 용 외에 또 다른 용신이 있는 것이 아니다. 왕한 자는 눌러 주고 약한 자는 도와 준다는 것이 비록 바뀌지 않는 법이나, 바뀌지 않는 중에도 변하는 것이 있으니 오직 깊이 살펴야 할 것은 '得其宜' 세 글자일 뿐이다. 왕한 자를 눌러 주되 누르기가 불가하다면 또한 도와 주고, 약자는 도와 주되 돕기가 불가하다면 도리어 눌러 버려야 하는 것이니 이것이 명리학의 참된 기틀이며 오행이 뒤바뀌는 오묘한 사용법인 것이다. 대개 왕이 극에 달하면 눌러 줘야 하나 그렇게 하다가 도리어 반격의 피해를 입게 되니 즉 그 강함을 따라서 도와 주는 것이 옳은 것이고, 극히 약한 자는 도와 줘야 하지만 도와 줘봐야 별 소득이 없는

경우에는 그 약한 것을 극하는 것이 오히려 옳으니 이것이 한 가지로만 답을 구하면 불가하다는 것이다.

예를 들어 일주가 왕한데 월령에 관살이나 재성 혹은 식상이 있으면 다 용신으로 사용할 수 있다. 일주가 약한 경우에는 사주의 다른 간지에서 인성이나 비겁이 있으면 용신으로 삼을 수가 있다. 월지에 비견이나 겁재가 있다면 즉 그 자체가 체이므로 대세를 봐서 사주의 간지에 식신이나 재관이 있을 경우에는 그곳에서 용신을 얻게 되는 것이다.

만약 사주의 간지에 재성이나 관살이 태왕하다면 일주는 왕하다고 해도 약으로 변할 것이니 모름지기 일간을 돕고 재살을 누르고 화하는 성분인 인성이나 비겁이 용신이 되는 것이고, 일주가 체가 된다는 것은 일주가 왕하고 인성도 많을 때에는 반드시 재성을 용신으로 삼아야 하며, 일주가 왕하고 관살이 약하다면 또한 재성으로 용신을 삼아야 하는 것이다. 일주가 왕하고 관성이 약한데 인수도 중하면 또한 재성으로 용신을 삼는다.

일주가 왕하고 비겁도 많은데 재성이 없다면 식상으로 용신을 삼고, 일주가 왕하고 비겁이 많은데 재성이 약해도 또한 식상으로 용신을 삼는다.

일주가 약하고 관살이 왕하다면 즉 인수가 용신이고, 일주가 약하고 식상이 많다면 또한 인수가 용신이며, 일주가 약하고 재성이 왕하다면 비겁이 용신이 되고, 일주와 관살이 비슷하다면 즉 식상을 용신으로 삼고, 일주와 재성이 비슷하다면 즉 비겁으로 용신을 삼는데 이러한 것을 모두 용신이 적당하다고 한다.

만약 일주가 힘이 없는 상황에서 다른 간과 합하고 화가 잘 되었다면 화신이 체가 되는데, 화신이 넉넉하다면 즉 화신을 설하는 자가 용신이 되고, 화신이 부족하다면 즉 화신을 생조하는 글자가 용신이 된다.

국이나 방에 해당하는 다섯 격은 모두 일주가 원신이 되니 즉 격상이 체가 되는 것이고 기상을 생조하는 자가 용신이 되는 것이니, 혹 식상으로 용을 삼기도 하고 재성으로 용을 삼기도 한다. 다만 관살은 옳지 않으니 한마디로 그 격국의 기세와 의향을 봐서 용을 삼아야 마땅하니 한 가지로 집착하지 말라는 말이다.

만약 격도 국도 없는 사주라면 또 용신을 취할 수가 없는데, 혹 용신을 취한다고 해도 한신에게 합이 되었거나 충이 되어서 손상을 입거나 혹 기신에게 눌려 있거나 객신이 중간에 막고 있다면 용신이 일간을 돌아보기가 불가능할 뿐만 아니라 일주 역시 용신을 돌보지 않는다. 그러므로 만약 운에서 그 합신을 깨거나 그 충신을 합하거나 강제로 점거한 기신을 제거하거나 막고 있는 것을 통하게 하거나 하면 세운이 편안하게 해준다고 하니 운에 따라서 용신을 취할 수가 있으므로 또한 그 길함을 잃지 않는다.

원주에 보면 2, 3, 4, 5개의 용신이면 묘한 사주가 아니라는 말이 보이는데 이것은 크게 잘못된 말이다. 팔자에는 4, 5자의 용신이 되는 경우도 있는데, 일주를 제외하고 거의 두 글자 이상은 쓰지 않는다고 한다면 결단코 이런 이치는 없다고 하겠다. 한마디로 용이 있거나 없거나 하나의 용신을 정한다면 확정적이 되어서 변하지 않는 것이다. 명식에서 다만 희용신의 두 글자가 있는데, 용신은 일주의 희신이니 시작부터 끝까지 의지하는 글자이다. 희신은 용신을 돕는 글자이고, 기신은 용신을 극하는 글자이다. 용신과 희신과 기신을 제외하고는 다 한신이거나 객신인데, 공부하는 사람은 마땅히 깊이 살펴야 한다. 대저 천간에서 작용은 생하면 생이 되고 극하면 극이 되고 합하면 합이 되며 충하면 충이 되므로 재료를 취하기가 쉬운데, 지지의 작용은 즉 온갖 종류의 상황이 복잡하게 얽혀 있어서 한 가지로 같지 않으니 천간은 보기 쉬우나 지지는 추리하기가 어려운 것이다.

【 강의 】

의미심장한 대목이라고 해야 하겠다. 道에 대해서 언급되고 있는데, 도에는 體와 用이 있다는 말이 참으로 매력적이다. 그러니까 한 가지로 고집을 피우지 말고 늘 체와 용을 살펴야 한다는 의미를 강조하게 된다. 체와 용을 생각하다 보면 유연한 사고력을 기를 수가 있다. 여기에서 체는 형상격국이라고 했으니 그대로의 여덟 글자의 상황을 말하는 것임을 알겠다. 이 의미는 자못 혁신적이라는 말을 해야겠는데, 격국론이라고 하더라도 올바른 해석이 아니라는 점을 판단하지 않으면 중요한 대목을 놓치게 되는 것이다.

여기에서 중요한 것은 '형상(形象)'이라는 두 글자이다. 단지 격국이 아니고 형상격국이라는 말에서 느끼는 것은 전체적인 상황을 고려하라는 것이다. 그리고 철초 선생의 주장이 그대로 드러나고 있는데, 월지에만 비중을 두거나 한두 가지의 상황만 가지고 체로 삼는 것은 어림도 없는 대입임을 명확히 하는 내용이라고 봐야 하겠다. 강조하건대 반드시 전체적인 여덟 글자의 상황을 체로 놓고 보라는 이야기를 다시 살펴봐야 한다.

用은 다시 그중에서 중심이 되는 글자임을 말하고 이미 용신을 찾는다는 것 자체에서 體는 고려가 되고도 남는 일이라는 점은 두말할 필요가 없다. 즉 용신은 그냥 나오는 것이 아니라 이미 전체적인 형상을 통해서 발생하는 결과물이기 때문이다. 이러한 이치를 무시하고서 용신 한 글자에만 집착한다고 비웃음 띠는 무리가 있다면 참으로 어리석은 판단이라고 해야 할 모양이다. 내용에서도 보듯이 재성이 많은 형상이면 비겁이 용신이 된다는 말에서 재성은 체가 되고 비겁은 용이 되는 것이다. 그리고 인성이 많은 형상에서는 재성이 용신이 된다는 의미에서도 그대로 인성은 체가 되고 재성은 용이 되는 것임을 명백하게 나타내고 있다.

이렇게 체와 용을 서로 살펴서 용신을 정하면 운에서의 길흉화복이 그대로 적중되므로 이 방법을 취하고 다른 방법은 무시하라는 뜻으로 길게 설명한 의미를 이해하도록 한다.

또 용신의 정의는 일간이 필요로 하는 글자이고, 희신의 정의는 용신이 필요로 하는 글자라고 하는 것이다. 그래서 신약용인격에서 희신은 비겁으로 할 수도 있지만 관살로도 할 수가 있음을 헤아려야겠다. 여하튼 용신에 대해서는 사주의 전체 상황에서 억부의 개념을 대입한 다음에 균형을 이루는 것으로 잡도록 하고, 균형이 이미 무너진 상태에서는 그대로 두고 해석하자는 것도 빠뜨리지 않는 것은 오행전도론을 배제하지 않는다는 것을 인식하라는 가르침으로 헤아려야 하겠다. 또한 이렇게 해서 용신을 정하는 그 자체에 격국용신의 의미가 다 포함되어 있다는 것을 헤아려서 기억하면 되겠다.

그리고 용신이 여러 글자가 되면 재미없다는 『적천수』 원문의 주해에 대해서 말도 되지 않는 이야기라고 하는 것은 종격이 되면 용신이 6, 7자가 될 수도 있기 때문이다. 그래서 어림도 없는 이야기는 그 자리에서 철퇴를 맞아야 하는 것이다. 아무리 사소한 이야기라도 자칫 혼란의 여지가 있다면 명확히 짚어서 오해의 소지를 없애야 하는 것이 학자가 노력해야 할 부분이라고 생각한다. 용신이 여러 개가 되면 재미없다는 말을 하게 된 배경에는 용신과 희신 두 글자가 서로 잘 배합하고 있는 청아한 사주를 생각하면서 적으신 것이 아닌가 싶다. 그리고 철초 선생의 생각으로는 그러한 부분에 대해서는 이해가 되지만 외격의 분야에서는 통용되지 않는 말이라는 것을 설명함으로써 후학의 오해를 미연에 방지하겠다는 의도로 보이니, 이렇게 정제된 내용을 접할 수 있는 것이 우리에게는 복이고 다행이라고 해야겠다.

```
癸  丙  甲  丙
巳  午  午  寅

壬 辛 庚 己 戊 丁 丙 乙
寅 丑 子 亥 戌 酉 申 未
```

　　此火長夏令. 月支坐刃. 年支逢生. 時支得祿. 年月兩支. 又透甲丙. 烈火焚木. 旺之極矣. 一點癸水, 熬乾. 只得從其强勢. 運逢木火土. 財喜頻增. 申酉運中. 刑耗多端. 至亥運, 激火之烈. 家業破盡而亡. 所謂旺之極者. 抑之反激而有害也.

　　차화장하령. 월지좌인. 연지봉생. 시지득록. 연월량지. 우투갑병. 열화분목. 왕지극의. 일점계수, 오건. 지득종기강세. 운봉목화토. 재희빈증. 신유운중. 형모다단. 지해운, 격화지열. 가업파진이망. 소위왕지극자. 억지반격이유해야.

➡이 경우에는 불이 한여름에 태어나 월지와 일지가 양인이 되고 시지에는 비견을 얻었으며 연월의 지지가 합이 되고 또 천간에 甲木과

丙火가 투출되어 맹렬한 불이 목을 태우는 형상이니 왕함이 극에 달했다. 일점의 癸水는 바짝 말라서 다만 그 강세를 따를 수밖에 없는 형상이고 운에서 木火土를 만나게 되어 재물이 날로 늘어났는데, 申酉의 운에서는 고통이 여러 가지로 발생했으며 亥水대운에서는 화의 열기를 자극시켜 가업이 완전히 깨어지고 자신도 죽었으니 이른바 '극히 왕한 자는 누르게 되면 반격의 해가 발생한다.'고 하는 것이다.

【 강의 】

설명으로 미루어 그대로 종왕격으로 이해하면 되겠는데, 설명에서는 체용에 대한 내용과는 연결이 잘 되지 않는 듯싶다. 체는 화이고 용은 계수라야 하는데, 그 용이 무력해서 체를 용으로 삼았다는 의미로 판단하면 되기는 하겠다. 그런데 실제로 간지에 토가 보이지 않는 상황이기 때문에 무력하기는 해도 계수를 그냥 용신으로 봐야 할 것 같은 생각도 들지만, 살아온 과정으로 봐서는 달리 보기가 어렵겠다. 여하튼 실제로 사주를 만났을 경우에는 수가 용신이고 금이 희신이 아닌지 살펴보라고 권유하고 넘어간다.

丙	丙	庚	戊
申	申	申	寅
戊	丁	丙	乙	甲	癸	壬	辛
辰	卯	寅	丑	子	亥	戌	酉

丙火生於初秋. 秋金乘令. 三申沖去一寅. 丙火之根已拔. 比肩亦不能爲力. 年月兩干. 又透土金. 只得從其弱勢. 順財之性. 以比肩爲病. 故運至水旺之地. 制去比肩. 事業巍峩. 丙寅幇身. 刑喪破耗. 所謂弱之極者. 扶之徒勞無功. 反有害也. 此等格局頗多. 以俗論之. 前造必以金水爲用. 此造必以木火爲用. 以致吉凶顚倒. 反歸咎於命理之無憑. 故特書兩造爲證云.

병화생어초추. 추금승령. 삼신충거일인. 병화지근이발. 비견역불능위력. 연월량간. 우투토금. 지득종기약세. 순재지성. 이비견위병. 고운지수왕지지. 제거비견. 사업외아. 병인방신. 형상파모. 소위약지극자. 부지도로무공. 반유해야. 차등격국파다. 이속론지. 전조필이금수위용. 차조필이목화위용. 이치길흉전도. 반귀구어명리지무빙. 고특서량조위증운.

➡ 丙火가 신월에 나서 가을의 금이 당령을 했고, 신금이 셋이나 있어서 寅木 하나를 극하니 병화의 뿌리는 이미 뽑혔다. 비견 또한 힘이 되기가 불가능한데, 연월의 양 천간에는 또 토금이 투출되었으니 다만 그 약한 세력이 종을 하게 될 뿐이다. 재성의 성질을 따르니 비견이 병이다. 그러므로 운에서 수가 왕한 지지에서는 비견을 제거해서 사업이 우뚝했으나, 丙寅대운에는 일간을 돕는 바람에 고통이 말도 못하게 많았으니 이른바 '약이 극에 달한 경우에는 도와 줘도 공이 없고 도리어 해만 발생한다.'는 말에 부합된다. 이러한 격국은 자못 많은데, 세간에서 말하기를 '앞의 사주는 반드시 금수로 용신을 삼아야 하고, 이 사주는 반드시 목화로 용신을 삼아야 한다.' 고 할 것이니 길흉이 뒤바뀌어 도리어 명리학을 믿을 수가 없는 것이라고 탓할 것이므로 특별히 이 두 사주로써 증거를 보이는 것이다.

【 강의 】

그러게 말이다. 실제로 철초 선생의 생각대로라면 참으로 위험한 문제임은 틀림없다. 다만 낭월의 생각에는 속론에 대해서도 무시할 수만은 없다는 점이 갈등을 만들어 낸다. 즉 철초 선생의 뜻에는 동조를 하지만 현실적인 사주의 구조에서는 속론이 맞을 가능성도 있다는 점을 고려해야 하겠다는 것이다. 그래서 철초 선생의 말씀만 액면 그대로 수용한다면 외격병에서 벗어나는 데 상당한 시간이 걸린다는 것을 주의하라고 당부하고 싶다. 다만 실제로 살아온 과정을 대입하시는 자세는 그대로 본받도록 해야겠다. 즉 이 사주도 신약용겁격이 되는 구조라는 점을 말씀드리고 싶어서 근질근질한 낭월이라는 것만 언급하도록 한다.

제2장 정신(精神)

【滴天髓】

> 人有精神. 不可以一偏求也. 要在損之益之得其中.
> 인 유 정 신. 불 가 이 일 편 구 야. 요 재 손 지 익 지 득 기 중.

◐ 사람에게는 정신이 있나니 한쪽으로만 치우치면 불가하다. 중요한 점은 손상시키거나 도움을 줌으로써 그 중용을 얻는 것이다.

【滴天髓徵義】

精者, 生我之神也. 神者, 剋我之物也. 氣者本氣貫足也. 三者以精爲主. 精足則氣旺. 氣旺則神旺. 必得流通生化. 損益適中. 則精氣神三者皆備矣. 細究之, 不特日主用神體象有精神. 卽五行皆有也. 有餘則損之. 不足則益之. 雖爲一定之理. 然亦有一定中之不定也. 惟在審察得其中三字而已. 損者, 剋制也. 益者, 生扶也. 有餘損之過. 則宜洩之. 不足益之過. 則宜去之. 此損益之妙用. 蓋過於有餘. 損之反觸其怒. 則宜順其有餘而洩之. 過於不足. 益不受補. 則宜從其不足而去之. 是不可以一偏求也.

總之精太足, 宜益其氣. 氣太旺, 宜助其神. 神太洩, 宜滋其精. 則生化流通. 神淸氣壯矣. 如精太足, 反損其氣. 氣太旺, 反傷其神. 神太洩, 反抑其精. 則偏枯雜亂. 精索神枯矣. 所以水泛木浮, 木無精神. 木多火熾, 火無精神. 火炎土焦, 土無精神. 土重金埋, 金無精神. 金多水弱, 水無精神. 要當損益適中. 則精神自足. 譬如旺者宜洩. 洩神得氣, 爲精足. 此從裏發於表. 而神自足矣. 旺者宜剋. 剋神有力, 爲神足. 此由表達於裏, 而精自足矣. 如土生四季月. 四柱土多無木. 或干透庚辛. 或支藏申酉, 此謂爲裏發於表. 精足神定. 如土多無金. 或干透甲乙. 或支藏寅卯. 此謂表達於裏. 神足精安. 土論如此. 五行皆同. 宜細究之.

정자, 생아지신야. 신자, 극아지물야. 기자본기관족야. 삼자이정위주. 정족즉기왕. 기왕즉신왕. 필득류통생화. 손익적중. 즉정기신삼자개비의. 세구지, 불특일주용신체상유정신. 즉오행개유야. 유여즉손지. 부족즉익지. 수위일정지리. 연역유일정중지부정야. 유재심찰득기중삼자이이. 손자, 극제야. 익자, 생부야. 유여손지과. 즉의설지. 부족익지과. 즉의거지. 차손익지묘용. 개과어유여. 손지반촉기노. 즉의순기유여이설지. 과어부족. 익불수보. 즉의종기부족이거지. 시불가이일편구야.

총지정태족, 의익기기. 기태왕, 의조기신. 신태설, 의자기정. 즉생화류통. 신청기장의. 여정태족, 반손기기. 기태왕, 반상기신. 신태설, 반억기정. 즉편고잡란. 정삭신고의. 소이수범목부, 목무정신. 목다화치, 화무정신. 화염토초, 토무정신. 토중금매, 금무정신. 금다수약, 수무정신. 요당손익적중. 즉정신자족. 비여왕자의설. 설신득기, 위정족. 차종리발어표. 이신자족의. 왕자의극. 극신유력, 위신족. 차유표달어리, 이정자족의. 여토생사계월. 사주토다무목. 혹간투경신. 혹지장신유, 차위위리발어표. 정족신정. 여토다무금. 혹간투갑을. 혹지장인묘. 차위표달어리. 신족정안. 토론여차. 오행개동. 의세구지.

▶정이란 나를 생하는 성분이고, 신이란 나를 극하는 물질이며, 기란 본기가 넉넉하게 통하고 있음을 말한다. 셋 중에서 정이 위주가 되니 정이 넉넉하면 기가 왕성하고 기가 왕성하면 신이 왕성해지는 것이니 반드시 흘러 통하고 생하고 화하게 되어 손과 익의 적절한 배합이 이루어진다. 즉 정기신(精氣神)의 셋이 다 갖춰지는 것이다. 잘 연구하면 특히 일주나 용신이나 체상(體象)에만 정신이 있는 것이 아니라 오행에 전체적으로 다 있는 것이다. 그래서 남는 것은 덜어 내고 부족한 것은 도와 주니 비록 일정한 이치가 있지만, 정해진 가운데서도 한 가지로 정할 수가 없음도 있으니 오직 깊이 살피고 관찰해야 할 것은 '득기중(得其中)'의 세 글자이다.

덜어 낸다는 말〔損〕은 극제하는 것을 말하고, 보태 준다는 말〔益〕은 생부를 말한다. 넉넉하여 넘치는 것은 설기하는 것이 마땅한(것이 기본인)데, 부족함이 지나치면 오히려 그 부족함을 덜어 내는 것 또한 필요하고, 보태 주는 것이 너무나 지나치게 부족하다면 즉 제거해 버리는 것이 마땅하니 이것이 바로 損益의 오묘한 사용법이다.

대개 지나치게 남음이 많으면(너무 왕하면) 덜어 내다가는 도리어 노함을 사게 될 것이니 즉 그에 따라서 오히려 순응해야 하고, 너무 부족한 것은 도움을 줘도 도와 줌을 받지 못하니 오히려 그 부족함을 따라서 제거하는 것이니 이것이 바로 '한쪽으로만 구하지 말라.'는 말의 의미이다.

한마디로 정이 넘치면 그 기를 도와 줘야 하고, 기가 너무 왕성하면 그 신을 도와 주는 것이 마땅하고, 신이 설기가 심한 경우에는 그 정을 도와 줘야 마땅하니 즉 생화하고 유통하여 신이 청하고 기가 웅장한 것이다. 그런데 만약 정이 너무 넘친다면 기가 오히려 상하고, 기가 너무 왕하면 도리어 그 신이 상하며, 신이 너무 설기가 심하면 도리어 그 정이 억압을 받으니 즉 편고하고 잡란하니 정이 막히고 신이 마르게 된다. 그래서 물이 많아 목이 뜨는 경우에는〔水泛木浮〕 목의 정신이 없고, 목이 많아서 불이 치열해지면〔木多火熾〕 불의 정신이 없으며, 불이 거세어 토가 갈라 터지면〔火炎土焦〕 토의 정신이 없고, 토가 많아서 금이 묻히면〔土重金埋〕 금의 정신이 없으며, 금이 많아서 물이 약하면〔金多水弱〕 수의 정신이 없는 것이니 요컨대 마땅히 손익이 적절해야 한다는 것이다. 그래야 정신이 스스로 넉넉해지니 비유하면 왕한 자를 설해야 마땅하니 설한즉 신이 기를 얻게 되고, 정이 족해지는 것이고, 이것은 속을 좇아서 밖으로 표출되는 것이니 신이 스스로 족하게 되는 것이다. 왕한 자는 극을 해야 마땅한데 극을 하면 신이 유력해지니 신이 족하게 되고, 이것은 밖으로부터 속으로 들어가는 것이니 정이 스스로 족하게 되는 것이다.

예를 들어 토가 辰戌丑未월에 생하여 사주에 토가 많고 목이 없는데 혹 천간에 庚辛금이 투출되거나 지지에 申酉금이 있다면 이것은 속에서 밖으로 표현되는 것이며, 정이 족하고 신이 안정된 것이라고 할 수가 있겠다. 또 토는 많고 금이 없는데 천간에 甲乙의 목이 있거나 지지에 寅卯의 목이 있다면 이것은 겉으로 시작해서 속으로 들어가는 것이니, 신이 족하고 정이 안정된 것이라고 할 것이다. 토로써 이렇게 논하거니와 다른 오행도 모두 이와 같이 논하면 될 것이니 마땅히 잘 연구해야 할 것이다.

【강의】

　상당히 긴 내용이지만 나름대로 일관성이 있어서 이해하기에 큰 어려움은 없겠다. 상당히 고난도의 내용이랄 수 있는데 정기신에 대한 언급은 역시 이해해 두면 많은 점에서 도움이 되리라고 본다. 자고로 정기신은 동양의 정신에서 늘 거론되는 부분이기 때문에 이 기회에 좀더 설명을 덧붙여서 이해를 도와 보도록 하겠다.

　精—印星
　氣—比劫
　神—官殺과 食傷

　精足(印旺) → 氣足(比劫旺) → 神足(官殺과 食傷의 旺)
　精太足(印星極旺) → 氣傷(比劫 損傷)
　氣太足(比劫極旺) → 神傷(官殺과 食傷의 無力)
　神太足(官殺과 食傷의 極旺) → 精傷(印星의 損傷)

　이런 정도로 정리해 보면 이해에 도움이 될지 모르겠다. 그리고 더 어려운 것은 속에서 밖으로 나오고 밖에서 속으로 들어간다는 이야기인데, 이렇게 어려운 문법(?)을 구사하여 어떤 이해를 시키시려는 노력인지 명확하지는 않으나 뭔가 의미를 짐작할 수는 있을 듯싶다.

　신왕자〔氣旺〕가 식상으로 설하는 것〔神足〕 → 속에서 겉으로 나오니 정이 족하고 신이 안정된다.

신왕자가 관살로 용신을 삼는 것 → 겉에서 속으로 들어가는 것이니 신이 족하고 정이 안정된다.

이 두 마디의 의미는 너무 난해한 감이 들어서 잘 이해할 수 있기만 바랄 뿐이다. 식상은 속에서 밖으로 표현되는 성분이어서 이발어표(裏發於表)라고 하겠고, 관살은 밖에서 극제를 하는 작용을 생각해서 표발어리(表發於裏)한 것이라고 납득은 되는데, 이렇게 이해하는 것이 어떻게 활용될 것인지에 대해서는 낭월로서는 요령부득이다. 벗님의 명쾌한 이해를 바랄 뿐이라는 의미이다. 그외의 내용은 대체로 이해가 될 것으로 본다.

戊	丙	甲	癸
戌	寅	子	酉

丙	丁	戊	己	庚	辛	壬	癸
辰	巳	午	未	申	酉	戌	亥

此造以甲木爲精. 衰木得水滋, 而逢寅祿, 爲精足. 以戊土爲神. 坐戌通根. 寅戌拱之, 爲神旺. 官生印, 印生身, 坐下長生, 爲氣貫. 流通生化. 五行俱足. 左右上下. 情協不悖. 官來能攩. 劫來有官. 傷來有印. 東西南北之運. 皆可行也. 所以一生富貴福壽. 可謂美矣.

차조이갑목위정. 쇠목득수자, 이봉인록, 위정족. 이무토위신. 좌술통근. 인술공지, 위신왕. 관생인, 인생신, 좌하장생, 위기관. 유통생화. 오행구족. 좌우상하. 정협불패. 관래능당. 겁래유관. 상래유인. 동서남북지운. 개가행야. 소이일생부귀복수. 가위미의.

➡ 이 사주는 甲木이 정이 되는데 목이 쇠약하니 수의 적셔 줌을 얻었고, 인목의 비견을 만나서 정이 족하게 되었다. 무토는 신이 되는데, 술에 앉아서 통근이 되어 있다. 인술이 합을 하니 신도 왕하게 되어 관이 인을 생하고 인은 신을 생하며 앉은자리 아래에 장생을 만났으니 기도 관통되어 있어서 유통하여 생화하다. 오행이 모두 갖춰지면서 좌우와 상하가 정으로 단결되어 일그러짐이 없으니 관이 와도 감당이 되고, 겁재가 오면 관이 있고, 상관이 오면 인성이 있으니 동서남북의 운이 모두 갈 수가 있다. 그래서 일생 부귀와 복수가 모두 아름다웠던 것이다.

【 강의 】

어렵고 폼나게(?) 설명하신다고 했는데, 간단하게 말하면 금생수하고 수생목하고 목생화해서 화생토를 하게 되니 흐름을 타고 매우 좋은 구조라는 것이다. 오히려 쉽게 설명하는 것이 이해가 더 빠를 수도 있는데, 그래도 좀 멋을 부려 보신 셈이다. 이 구조는 연주상생으로 아름다운 구조인데 실제로 임상에서는 이러한 사주를 보기가 참 어렵더라는 생각이 든다.

庚	丙	乙	癸
寅	辰	卯	未

丁 戊 己 庚 辛 壬 癸 甲
未 申 酉 戌 亥 子 丑 寅

　　此造以大勢觀之, 官印相生. 偏才時遇, 五行不缺. 四柱純粹. 儼然貴格. 不知財官兩字休囚. 又遙隔不能相顧. 支全寅卯辰. 春土剋盡. 不能生金. 金臨絕地. 不能生水. 水之氣盡洩於木. 木之勢愈旺, 而火熾. 火熾則其斃. 氣斃則神枯. 行運北方. 又傷丙火之氣. 反助木之精. 卽逢金運. 所謂過於有餘. 損之反觸其怒. 以致終身碌碌. 名利無成也.

　　차조이대세관지, 관인상생. 편재시우, 오행불결. 사주순수. 엄연귀격. 부지재관량자휴수. 우요격불능상고. 지전인묘진. 춘토극진. 불능생금. 금림절지. 불능생수. 수지기진설어목. 목지세유왕, 이화치. 화치즉기폐. 기폐즉신고. 행운북방. 우상병화지기. 반조목지정. 즉봉금운. 소위과어유여. 손지반촉기노. 이치종신록록. 명리무성야.

➡ 이 사주는 대체로 본다면 관인이 서로 생조해 주고 편재는 시에 있으니 오행이 빠짐이 없다. 사주가 순수하니 엄연히 귀격이라고 하겠지만, 재관의 두 글자는 휴수가 되었고 또 멀리 쳐다보고만 있으니 서로 돌아다볼 수가 없으며 지지에는 모두 인묘진으로 봄의 토는 극을 받아서 죽을 지경이니 금을 생하는 것이 불가능함을 모르기 때문이다. 금이 절지에 임하니 수를 생하기도 불가능하고, 수의 기는

목에게 완전히 설기를 당했으며, 목의 세력은 더욱 왕성해지며 불은 또한 더욱 치열하다. 화가 치열하니 기가 넘어지고 기가 넘어지니 신도 메마른다. 운이 북방으로 가면서 병화의 기운도 상하고 도리어 목의 정을 도와 주니, 즉 금운을 만나서는 이른바 너무 기운이 넘치니 설하려고 하다가는 도리어 노함을 사게 되는 것이라 이로 인해서 일생토록 아무것도 하지 못하고 명리가 모두 이뤄지지 않았다.

【강의】

다시 설명을 해야 할까 보다. 묘월의 丙辰일주가 인성이 과다해서 정이 지나치게 왕성한 형상이다. 그렇게 되면 넘치는 것을 설해야 하는데, 목을 극하는 금이 시간이 있어 다행이라고 하려다 보니 庚寅이라 무슨 힘으로 목을 극하겠느냐는 아쉬움을 나타내고 있다. 다시 경금을 도울 토는 연지에도 있고 일지에도 있으나 실제로 금을 생하기에는 위치가 마땅치 않아서 꿈만 꿀 뿐이다. 결국 용신은 기인취재격으로 재성을 의지해야 하는데 수운을 만나면서 기운이 더 빠지고 목은 왕해지면서 뜻을 이루지 못한 것으로 이해하면 되겠다. 낭월의 설명이 좀더 도움이 될지 모르겠다.

己	丙	乙	戊
丑	辰	丑	戌

丁	戊	己	庚	辛	壬	癸	甲
巳	午	未	申	酉	戌	亥	子

此四柱皆土. 命主元神洩盡. 月干乙木凋枯. 所謂精氣枯索. 運
逢壬戌. 本主受傷. 年逢辛未. 緊剋乙木. 卒於九月. 患弱症而亡.
(按壬戌爲逆行運. 當是女命.)

차사주개토. 명주원신설진. 월간을목조고. 소위정기고색. 운
봉임술. 본주수상. 연봉신미. 긴극을목. 졸어구월. 환약증이망.
(안임술위역행운. 당시여명.)

➡ 이 사주는 다 토이니 일간의 火는 기운이 다 빠져 버렸다. 월간의
을목이 있으나 이미 시들었으니 이른바 '정과 기가 말라서 다했다.'
고 하는 구조이다. 운에서 壬戌을 만나면서 일간이 손상을 받겠고
세운에서 辛未가 되어 을목을 극하므로 그해 9월에 죽었는데, 병은
허약증이었다.
(임술을 살펴보면 운이 역행인 것으로 미루어 마땅히 여명임을 알겠
다.)

【 강의 】

　책에는 운을 순운으로 적었는데, 여명임을 보면 철초 선생도 실수
를 하셨거나 편집자가 착오를 일으켰던 모양이다. 여하튼 대가의 실
수는 후학에게 즐거움(?)을 안겨 준다. 여하튼 여명의 운으로 고쳐
서 적는다.
　사주의 설명에서는 용신이 무력한 상황에서 극을 받아 수명이 다
했다고 하면 되겠는데, 신이 너무 왕해서 정이 손상되고 기도 허하
게 되었다는 설명에는 그대로 공감이 간다. 충분히 이해했으리라고
본다.

제3장　월령(月令)

【滴天髓】

> 月令提綱之府. 譬之宅也. 人元爲用事之神. 宅之定向也.
> 월령제강지부. 비지택야. 인원위용사지신. 택지정향야.
> 不可以不卜.
> 불가이불복.

▶ 월령은 제강의 본부이니 비유한다면 집이라고 하겠다. 월령에 당령한 글자는 집의 방향을 정하는 것이니 점치지 않으면 불가하다.

【滴天髓徵義】

月令者, 命中之主要也. 氣象格局用神. 皆屬提綱司令. 天干又有引助之神. 譬如廣廈不移之象. 人元用事者. 卽此月此日之司令神也. 如宅中之向道. 不可不卜. 地理玄機云. 宇宙有大關會. 氣運爲主. 山川有眞性情. 氣勢爲先. 所以天氣動於上. 而人元應之. 地勢動於下. 而天氣從之. 由此論之. 人元司令. 雖助格輔用之首領. 然亦要天地相應爲妙. 故知地支人元, 必得天干引助. 天干爲用, 必要地支司令. 總之人元必須司令. 則能引吉制凶. 月令必須出現. 方能助格輔用.

如寅月之戊土. 巳月之庚金. 無司令出現. 可置勿論也. 譬如寅月生人. 戊土司令. 甲木雖未及時. 戊土雖則司令. 天干不透火土而透水木. 謂地衰門旺. 天干不透水木而透火土. 謂門旺地衰. 皆吉凶參半. 如丙火司令. 四柱無水. 寒木得火而繁榮. 相火得木而生助. 謂門地兩旺. 福力非常也. 如戊土司令. 木透干. 支藏水. 謂門地同衰. 禍生不測矣. 餘月依此而論.

월령자, 명중지주요야. 기상격국용신. 개속제강사령. 천간우유인조지신. 비여광하불이지상. 인원용사자. 즉차월차일지사령신야. 여택중지향도. 불가불복. 지리현기운. 우주유대관회. 기운위주. 산천유진성정. 기세위선. 소이천기동어상. 이인원응지. 지세동어하. 이천기종지. 유차론지. 인원사령. 수조격보용지수령. 연역요천지상응위묘. 고지지지인원, 필득천간인조. 천간위용, 필요지지사령. 총지인원필수사령. 즉능인길제흉. 월령필수출현. 방능조격보용.

여인월지무토. 사월지경금. 무사령출현. 가치물론야. 비여인월생인. 무토사령. 갑목수미급시. 무토수즉사령. 천간불투화토이투수목. 위지쇠문왕. 천간불투수목이투화토. 위문왕지쇠. 개길흉삼반. 여병화사령. 사주무수. 한목득화이번영. 상화득목이생조. 위문지량왕. 복력비상야. 여무토사령. 목투간. 지장수. 위문지동쇠. 화생불측의. 여월의차이론.

➜ 월령은 팔자 가운데에서 가장 중요한 곳이다. 기상이든 격국이든

용신이든 모두 월령의 사령에 속해 있다. 천간에서 인출이 되는 것을 도와 주기도 하는데, 비유한다면 넓은 곳간을 이동하는 형상이라고 할 수 있다. 지장간에 당령된 것은 즉 이 월 이 날의 사령된 신이 된다. 예를 들면 집에서 어디로 향하는 길이다. 그래서 점을 하지 않으면 안 된다고 하는데, 『지리현기』에 말하기를 "우주는 큰 인연으로 모여 있으니 그중에는 기운이 위주가 되고 산천에는 참된 성품이 있는데 기세가 우선하게 된다."고 했다. 그래서 천기는 위에서 동하니 사람이 응하고 땅의 세력은 아래에서 동하니 천기를 따르게 된다. 이로써 논해 보건대 지장간의 당령은 비록 격을 돕고 용신을 보좌하는 수령이라고는 하나 또한 천지가 서로 응함으로써 묘함이 되므로 지지의 인원은 반드시 천간의 인도함을 얻어야 함을 알아야 하겠다. 천간에서 용신이 될 적에는 반드시 지지에서 사령이 되기를 요하는데, 한마디로 지장간의 성분은 당령이 되어야 하며 그렇게 되면 길함을 이끌고 흉함을 제어하게 된다. 월령은 반드시 투출되어야 바야흐로 능히 격을 돕고 용신을 보좌할 수가 있는 것이다.

 예를 들어서 인월의 戊나 사월의 庚金이 당령을 하지도 못하고 투출도 되지 않았다면 내버려두고 논하지 않아도 된다. 비유하건대 인월에 태어난 사람이 무토가 사령했다고 할 적에 甲木은 아직 미치지 않았더라도 무토는 비록 사령을 했으나 천간에 火土가 투출되지 않았고 水木이 투출했다면, 이를 일러서 지지는 쇠하지만 문은 왕하다고 한다. 또 천간에 水木은 투출되지 않았고 火土가 투출되었다면 이를 일러서 문이 왕하고 지는 쇠하다고 하는데, 모두 길흉이 반반이라고 하면 되겠다. 만약 丙火가 사령하고 사주에 수는 없다면 차가운 나무가 화를 얻어서 번영하고 화는 상에 속하면서 목을 얻어서 생조가 되니, 이를 일러서 문과 지가 모두 왕하다고 하는데 복력이 적지 않을 것이다. 만약 무토가 사령하고 목이 천간에 투출했는데 지지에는 수가 있다면, 이를 일러서 문과 지지가 모두 쇠하니 재앙이 생함을 헤아리기 어려울 지경이라고 하겠으니 나머지 월지도 이에 의거해서 논하라.

【 강의 】

이 대목은 월령에 대한 이해를 돕도록 설명하신 부분인데 상당히 중요한 대목이라고 생각되어서 부연 설명을 한다. 명리학에서 월지는 세력의 본부라고 해서 일단 일간의 상황이 가장 먼저 대입되는 것이 월지일 정도로 비중이 큰 부분이다. 그러므로 월지에 대해서는 다른 지지와는 전혀 다른 상황으로 대입하면서 많은 의미를 부여하기도 하는데, 월령과 당령의 차이를 이해할 수 있어야 할 터이다. 그래서 그 차이를 알아보는 설명으로서 寅月의 상황을 놓고 다시 생각해 보도록 하자.

寅月—戊:7·丙:7·甲:16의 지장간으로서 立春시부터 驚蟄시까지의 영역을 담당한다. 여기에서 지지의 寅木을 地라 하고 당령한 성분을 門이라고 이해하고 보자.

時	日	月	年
○	○	○	○
○	○	寅	○

이것이 기본적인 그림이다. 다른 상황은 생각지 말고 단지 월지가 寅木이라는 것만 생각하고 시작한다. 내용의 설명 중에서 "비유하건 대 인월에 태어난 사람이 戊土가 사령했다고 할 적에 甲木은 아직 미치지 않았더라도 戊土는 비록 사령을 했으나 천간에 火土가 투출 되지 않았고 水木이 투출했다면, 이를 일러서 지지는 쇠하지만 문은 왕하다고 한다."의 부분을 놓고 다시 생각해 본다. 내용을 표로 설명 한다면 다음과 같다.

時	日	月	年
○	○	壬	甲
○	○	寅	○
		(戊)	

이 경우에는 지지는 쇠하고 문은 왕하다. 문이라고 하는 것은 당령을 말하므로 당령은 되었다는 뜻이다.

또한 "천간에 水木은 투출되지 않고 火土가 투출되었다면 이를 일러서 문이 왕하고 지는 쇠하다고 하는데"라고 설명되어 있는 부분은 아래의 표와 같이 풀어 볼 수 있다.

時	日	月	年
○	○	戊	丙
○	○	寅	○
		(戊)	

여기에서 목이 왕하다고 한 이유는 당령한 戊土가 생조를 얻고 있다는 의미이고, 대신에 지지의 寅木은 설기가 되므로 쇠하다는 말로 설명한 것이라고 보겠다. 즉 인목은 木生火하고 火生土를 해서 목의 기운이 약화되어 있음을 의미한다.

이렇게 되는 것은 어느 한쪽은 약하고 또 다른 한쪽은 왕하게 되므로 길흉이 반반이라고 설명했는데 이해가 되리라고 본다.

다음에 언급한 내용도 있으니 살펴보자. "만약 丙火가 사령하고 사주에 수는 없다면 차가운 나무가 화를 얻어서 번영하고 화는 상에 속하면서 목을 얻어서 생조가 되니, 이를 일러서 문과 지가 모두 왕하다고 하는데 복력이 적지 않을 것이다."라고 설명되어 있는 상황은 다음과 같은 표를 만들어서 이해해 본다.

時	日	月	年
○	○	丙	戊
○	○	寅 (丙)	○

이 경우에는 인목도 화를 얻어서 도움이 된다는 이야기인데, 따라서 서로 자신이 필요한 것을 얻었으므로 좋다는 의미를 부여한 것으로 보면 되겠다.

그리고 또 다른 경우도 있다. "만약 무토가 사령하고 목이 천간에 투출했는데 지지에는 수가 있다면, 이를 일러서 문과 지지가 모두 쇠하니 재앙이 생함을 헤아리기 어려울 지경이라고 하겠으니"에 대한 부분은 다음과 같은 상황으로 설명해 본다.

```
時    日    月    年
○    ○    甲    戊
○    子    寅    ○
          (戊)
```

이러한 배치라면 당령이 된 것이 아무런 도움이 되지 않음을 의미하는데, 이것은 실제로 당령이 되지 않은 것이나 마찬가지라는 의미도 되는 것이다. 그래서 당령에만 비중을 두는 논리에 대해서는 주변의 상황을 고려하지 않고 당령에만 집착하면 이러한 상황을 놓치게 되므로 명확하게 종합해서 판단하라는 의미로 설명하신 듯싶다.

• 당령에 따른 경우에 대해서

寅月의 경우를 그대로 두고서 몇 가지 상황에 대해서 고려해 보도록 하자. 늘 월지의 당령에 대해서 어떻게 해야 할 것인가의 문제로 고민하는 벗님이 많은 것으로 아는데, 이러한 정리가 약간의 참고사항이 될 것으로 생각된다.

1. 甲木이 당령일 경우

1) 천간에 甲木이 투출되어 있으면

목의 기운이 매우 강하다. 그대로 당령의 역할과 월지의 역할을 모두 감당하게 되므로 상당히 강력하게 작용한다.

2) 천간에 甲木은 없고 丙火가 있으면

병화는 생조를 많이 받음으로써 힘을 얻고 갑목도 당령이므로 상당한 힘을 얻고 있다고 해석한다. 다만 이때의 인목 속의 무토는 무력하므로 고려의 대상이 되지 못한다.

3) 천간에 甲木과 丙火가 없고 戊土만 있으면

이것은 투출이기는 하지만 실제로 당령이 아니므로 월령을 얻은 것은 아니다. 그래서 무력한 것으로 봐야 한다. 월지의 인목은 상당한 힘을 유지하고 있다.

4) 지장간에서 아무것도 나오지 않았다면

천간에 甲木, 丙火, 戊土가 전혀 보이지 않는 경우라면 그대로 인목에서 갑목이 당령을 한 것으로 보면 되겠다.

2. 丙火가 당령일 경우

1) 甲木이 투출되었고 丙火나 戊土는 없다면

병화가 당령이라고 해도 당령의 의미가 없다. 그대로 갑목의 뿌리로서 인목을 생각하면 된다.

2) 丙火가 투출되었고 甲木이나 戊土는 없다면

당령한 기운이 투출되었으며 월지로부터 생조를 받는 힘도 있으므로 상당히 강력한 화력이 되겠다. 이때의 인목 속의 무토도 어느 정도 숨을 쉬고 있다고 하겠다.

3) 戊土가 투출되었고 甲木이나 丙火는 없다면

갑목 당령에서 무토가 투출된 것에 비해서 특별히 더 나을 것이 없다고 봐야겠다.

4) 甲木과 丙火와 戊土가 전혀 없다면

그대로 인목의 작용만 고려하면 된다. 갑목 당령에 비해서 달리 생각할 필요가 없다고 본다.

3. 戊土가 당령일 경우

1) 甲木이 투출하고 丙火나 戊土는 없다면

무토의 당령은 아무런 의미가 없다. 그대로 갑목의 세력으로 보고 무토는 무력하기 짝이 없다고 보면 될 일이다.

2) 丙火가 투출하고 甲木이나 戊土는 없다면

무토는 생조를 받는 정도일 뿐이고 크게 활동하지는 못한다. 병화 당령에 병화 투출한 것과 같다고 본다.

3) 戊土가 투출되고 甲木과 丙火는 보이지 않으면

그렇다고 해서 특별히 무토가 왕하다고는 하기 어렵다. 다만 천간에 병화가 같이 투출되지 않았다면 별로 도움이 되지 않는다. 당령이 되어서 무토가 인목에 뿌리를 내렸다고 한다면 이치적으로는 말이 될 수도 있겠으나 현실적으로는 거의 기대하기 어렵다고 하겠다. 그래서 현실적으로 도움이 되지 않으면 무시하는 것이 좋겠다는 것으로 결론을 내린다.

이상으로 寅月의 여러 가지 상황을 생각해서 언급해 봤는데, 혹 적절치 않은 설명일지는 몰라도 그 의미를 파악해 준다면 충분하겠다. 여기에서 낭월이 드리고자 하는 말씀은 월령에 당령을 하고 투출이 되었다고 하더라도 상황에 따라서 힘이 있을 수도 없을 수도 있다는 점이다.

```
丙  戊  丙  甲
辰  寅  寅  戌
甲 癸 壬 辛 庚 己 戊 丁
戌 酉 申 未 午 巳 辰 卯
```

戊寅日元. 生於立春十五日後. 正當甲木司令. 地支兩寅緊剋辰戌之土. 天干甲木, 又制日干之戊. 似乎煞旺身衰. 然喜無金. 則日元之氣不洩. 更妙無水. 則丙火之印不壞. 尤羨貼身透丙. 化殺生身. 由甲榜而懸青綬. 從副尹以躋黃堂. 名利雙收也.

무인일원. 생어립춘십오일후. 정당갑목사령. 지지량인긴극진술지토. 천간갑목, 우제일간지무. 사호살왕신쇠. 연희무금. 즉일원지기불설. 갱묘무수. 즉병화지인불괴. 우선첩신투병. 화살생신. 유갑방이현청수. 종부윤이제황당. 명리쌍수야.

▶ 무인일주가 입춘이 지나고 15일 후에 태어났으니 바로 갑목이 사령한 시기이다. 지지에 인목이 둘이나 있어서 辰土를 제어하고 천간에서는 갑목이 또 일간의 戊土를 제어한다. 그래서 살이 왕하고 일주는 쇠약한 것 같다. 그러나 반가운 것은 금이 없다는 것이니 즉 일

주의 기운이 설기되지 않은 까닭이다. 다시 묘한 것은 수가 없는 것이니 즉 丙火의 인성이 극을 받아서 허물어지지 않음이다. 더욱 부러운 것은 병화가 투출되어 일간에 바짝 붙어 있는 것으로 살을 화해서 일간을 생하니, 이로 말미암아 수석으로 급제하고 현의 청수가 되었으며 부윤으로 시작해서 황당을 밟았으니 명리를 함께 거뒀던 것이다.

【 강의 】

간단한 설명이다. 갑목이 당령을 했으니 병화는 힘이 강한 것이 당연하고, 그 병화가 일간 가까이에 있으면서 수의 손상을 입지 않았으니 용신이 청하다고 하겠다. 더구나 시간에서도 병화가 협조를 해줘서 일간 무토는 별로 스트레스를 받지 않고 잘살았을 것으로 봐도 되겠다.

```
庚    戊    丙    甲
申    辰    寅    戌
甲 癸 壬 辛 庚 己 戊 丁
戌 酉 申 未 午 巳 辰 卯
```

戊辰日元. 生於立春後六日. 正戊土司令. 月透丙火. 生化有情. 日支坐辰. 通根身旺. 又得食神制殺. 俗論勝於前造. 不知嫩木寒土皆喜火. 況殺旣化. 不宜再制. 所嫌者申時. 不但日主洩氣. 而且丙火臨絶. 以致書香難遂. 一生起倒不寧. 刑喪不免也.

무진일원. 생어립춘후륙일. 정무토사령. 월투병화. 생화유정. 일지좌진. 통근신왕. 우득식신제살. 속론승어전조. 부지눈목한토개희화. 황살기화. 불의재제. 소혐자신시. 부단일주설기. 이차병화림절. 이치서향난수. 일생기도불녕. 형상불면야.

➡︎무진일주가 입춘이 지나고 6일 만에 태어났으니 바로 戊土가 사령이다. 월간에 丙火가 투출하여 생화가 유정한데, 일지에 辰土이니 신고에 통근해서 왕하고 또 식신이 살을 제하는 것도 얻었으니 흔히 하는 말로는 앞의 사주보다 더 좋다고 할 것이지만, 어린 나무와 차가운 토는 모두 불을 기뻐함을 모르기 때문이다. 하물며 살을 이미 화해서 다시 제하는 것은 마땅치 않고 申時에 태어난 것이 아쉽다. 다만 일주를 설기할 뿐만 아니라 병화도 절지에 임하니 이로 말미암아 공부를 하지 못했고 일생을 살면서 일어섰다 거꾸러졌다를 반복하여 편안할 날이 없었으며 온갖 고통을 면치 못했다.

【 강의 】

이 사주는 戊土가 사령이고 병화가 있는 것은 좋으나 무진에 경금의 설기까지 겹치는 것이 부담이라는 해석이 전적으로 옳다고 하겠다. 살인상생격으로 가는 흐름에서 식상을 본 것이 병이니 앞의 사주에 비해서 많이 떨어지는 것을 알 만하다. 그리고 당령의 입장에서도 병화는 목의 당령은 좋으나 무토의 당령은 감점의 요인일 뿐이라고 봐도 되겠다.

제4장 생시(生時)

【滴天髓】

生時歸宿之地. 譬之墓也. 人元爲用事之神.
생시귀숙지지. 비지묘야. 인원위용사지신.
墓之穴方也. 不可以不辨.
묘지혈방야. 불가이불변.

◐ 생시는 돌아가서 잠을 자는 땅이니 비유하면 묘지와 같다. 지장간에 어떤 글자가 용사를 하는가는 묘의 좌향과 같은 것이니 가리지 않으면 안 된다.

【滴天髓徵義】

子時前三刻三分. 壬水用事者. 亥中餘氣. 卽所謂夜子時是也. 如大雪十日前壬水用事之謂也. 後六刻七分. 方爲癸水用事. 餘時亦有前後用事. 須從司令一例而推. 如生時用事. 與月令人元用事相附. 是日主所喜者. 倍增其吉. 爲日主所忌者. 必增凶禍.

生時之美惡. 譬墳墓之結穴. 人元用事. 如墳墓之朝向. 不可以不辨. 故穴吉向凶. 必減其吉. 穴凶向吉. 必減其凶. 如丙日亥時. 亥中壬水乃丙之殺. 得甲木用事. 謂穴凶向吉. 辛日未時. 未中己土乃辛金之印. 得丁火用事. 謂血吉向凶. 理雖如此. 然時之不的當者十有四五. 夫時尚有不的. 又何能辨其生剋乎. 如果時的. 縱不究其人元. 亦可斷其規模矣. 譬如天然之龍. 天然之穴. 必有天然之向. 天然之向. 必有天然之水. 只要時不錯. 吉凶自驗. 其人元用事. 到底不比提綱司令之重也. 至於山川之異. 世德之殊. 因之發福有厚薄. 見禍有重輕. 而況人品端邪. 亦可轉移禍福. 此又非命理所得而拘也. 宜消息之.

자시전삼각삼분. 임수용사자. 해중여기. 즉소위야자시시야. 여대설십일전임수용사지위야. 후륙각칠분. 방위계수용사. 여시역유전후용사. 수종사령일례이추. 여생시용사. 여월령인원용사상부. 시일주소희자. 배증기길. 위일주소기자. 필증흉화. 생시지미악. 비분묘지결혈. 인원용사. 여분묘지조향. 불가이불변. 고혈길향흉. 필감기길. 혈흉향길. 필감기흉. 여병일해시. 해중임수내병지살. 득갑목용사. 위혈흉향길. 신일미시. 미중기토내신금지인. 득정화용사. 위혈길향흉. 이수여차. 연시지부적당자십유사오. 부시상유부적. 우하능변기생극호. 여과시적. 종불구기인원. 역가단기규모의. 비여천연지룡. 천연지혈. 필유천연지향. 천연지향. 필유천연지수. 지요시불착. 길흉자험. 기인원용사. 도저불비제강사령지중야. 지어산천지이. 세덕지수. 인지발복유후박. 견화유중경. 이황인품단사. 역가전이화복. 차우비명리소득이구야. 의소식지.

➦子時를 기준으로 본다면 앞 부분의 3각 3분은 壬水가 당령이 되는 것이니 亥時의 여기가 되기도 하는데 이를 일러서 夜子時라고 하는 것이다. 마치 대설이 들어오고 10일간은 壬水가 당령이 되는 것과 같은 것이다. (子時의) 뒤쪽으로 6각 7분은 바야흐로 계수가 일을 하는 것이니 나머지 시에 대해서도 이렇게 전후로 나눠서 당령이 있으므로 모름지기 사령한 것을 예로 삼아서 추리한다.

생시의 당령은 월령의 당령과 서로 부합이 되는데, 이것이 일주가 기뻐하는 것이라면 그 좋은 것이 배가 되고, 일주가 꺼리는 것이라면 그 재앙이 또한 배가 되는 것이다. 그러므로 생시의 좋고 나쁜 것은 비유를 한다면 무덤의 명당이라 하겠고, 시간의 당령은 마치 무덤의 좌향과 같다고 할 것이니 가리지 않으면 안 된다. 그래서 명당은 좋은데 향이 나쁘다면 그 길함이 줄어드는 것과 같고, 혈은 흉해도 향이 좋으면 반드시 그 흉함이 줄어드는 것과 같다. 만약 丙火가 亥時에 태어나면 해중의 壬水는 병화의 살이 되지만, 甲木은 용신이며 (시간의) 당령에 해당한다면 이를 일러서 '혈은 흉하지만 향이 길하다.'고 하는 것이다. 또 辛金일간이 未時에 났을 경우에도 미중의 己土는 신금의 인성이 되지만, 丁火가 (시간의) 당령에 해당한다면 이를 일러서 '혈은 좋은데 향이 흉하다.'고 하는 것이니 이치는 비록 이와 같으나 다만 시의 정확하지 못한 자가 열이면 4, 5명은 되니 대저 시가 오히려 정확하지 않은데 어떻게 능히 그 생극을 논하겠는가.

만약 시가 정확하다면 비록 시의 인원을 논하지 않더라도 또한 그 규모를 판단할 수가 있으니, 비유한다면 마치 천연의 용(산맥)은 천연의 혈(명당)을 만들고, 천연의 혈이 있다면 반드시 천연의 향(좌향)이 있을 것이고, 천연의 향이 있다면 반드시 천연의 수(주변의 골짜기)가 있을 것이니 시가 틀리지만 않으면 잘 맞는다. 그러나 그것이 인원용사(월령에 사령한 비중)에는 미치지 못한다. 내지는 산천이 다르고 세력도 다르니 그로 인해서 그 사람이 발복을 해도 두텁고 엷은 것이 있고 재앙을 만나도 무겁거나 가벼움이 있는데, 하물며 인품이 단정한지 사악한지에 따라서도 재앙과 복록이 따라다니게 되니 이와 같은 것은 명리로써 얻을 수가 없는 것을 (알아내려고) 집착하더라. 잘 알아야 하나니……

【강의】

참으로 속시원한 말씀이다. 이렇게 솔직한 말씀을 해주시니 낭월이 반하지 않을 수 없는 것이다. '非命理所得'이라는 한 말씀은 과연 팔자로써 모든 것을 해석할 수가 없다는 것을 인정해야만 명리학자로서의 마무리가 되지 않겠느냐는 생각을 하게 한다. 그래서 낭월이 추구하는 바가 틀리지 않았다는 것을 다시금 확인케 해준다. 솔직하고도 겸허한 말씀이라는 생각이 절로 든다.

시지의 당령에 대해서도 분류해 보라는 설명을 하면서도 실제로 당시 상황에서 출생 시가 정확하지 않은 사람이 열이면 다섯은 되었던 모양이다. 이것은 지금의 한국에 비해서 더욱 심했던 것으로 봐야겠는데 당시 상황이라면 당연한 일이었을 것이다. 문제는 앞으로는 출생의 시간이 갈수록 정확해진다는 것이다. 그렇다면 이 방법을 써봐야 할 것인가 하는 점에 대해서까지 대안이 마련되어 있음을 보고 참 대단하시다는 생각을 하는데, 실제로 월령의 비중에 비한다면 시의 당령은 아무것도 아니라는 것으로 산뜻하게 매듭지어 버린다.

신경 쓰지 말라는 말씀이다. 실제로 중요한 것은 소홀히 하고 중요하지도 않은 데에 마음을 쓰는 것도 시간 낭비이므로 낭월은 이러한 말씀을 믿고 시의 당령에 대해서는 전혀 신경을 쓰지 않고 있는데, 앞으로는 또 모르겠다.

여운을 남기는 것은 혹 시를 다시 나눠서 五柱로 만들 방법이 생길 가능성도 있겠다는 생각이 들어서이다. 그렇게 되면 또 다른 해석이 이루어져야 할 것이므로 일단 현재로서는 철초 선생 말씀대로 그대로 두고서 해석을 하는 것이 좋으리라고 본다. 다만 미세한 차이에 대해서는 생각해 볼 만하다는 가능성에 대한 언급이라고 이해하면 되겠다. 이즈음에서 한 말씀 추가로 해야 할 것이 있다.

- 월지의 당령에 따라 다른 지지의 당령을 정하는 문제

이 방법은 녹평 김상연 선생이 시도하신 것으로 알고 있다. 다른 책에서는 거의 보이지 않는 내용이기 때문이다. 선생의 저서 『명(命)』에 보면 월령이 중기라면 일지나 연지, 시지의 모든 글자를 중기로 놓고 해석하는 방식이다. 이 문제로 많은 독자들이 혼란을 겪곤 하는데, 다른 것은 몰라도 이것은 말이 되지 않음을 명확히 해야 하겠다. 낭월의 소견으로는 이치에 부합되지 않음으로 말미암아 학자들이 혼란을 겪는 것에 참으로 답답한 생각이 들어서 감히 건방지다는 말을 들을 각오를 하고 한 말씀 언급하지 않을 수가 없다.

- 이치에 합당하지 않은 이유

가령 양력 2000년 1월 11일 오전 10시 50분에 태어났다고 한다면 녹평 선생의 방식으로 사주를 작성하면 다음과 같이 될 것이다.

소한 후 5일 만에 출생한 경우에 해당하므로, 당령은 初氣의 癸水

에 해당한다.

時	日	月	年	
丁	戊	丁	己	
巳	辰	丑	卯	
(戊)	(乙)	(癸)	(甲)	當令

　이렇게 놓고 보면 월지의 당령은 지당한 부분이지만 그외의 상황은 일단 문제가 있음을 알 수 있다. 특히 시지를 놓고 생각해 보면 그 오류가 더욱 명확해진다. 철초 선생의 기준으로 본다면 오전 10시 50분은 巳時의 기준으로 본기에 당령한 후의 본기 사령에 해당하는 시간이다. 시를 나눠야 한다면 다시 표를 만들어서 생각해 보자.

初氣	9시 30분 ~ 10시경	巳中 戊土 司令
中氣	10시경 ~ 10시 30분경	巳中 庚金 司令
本氣	10시 30분경 ~ 11시 30분경	巳中 丙火 司令

• 巳火의 지장간은 7 : 7 : 16임을 기준으로 볼 경우

　위와 같이 본다면 이 사주의 출생 시간은 오전 10시 50분이므로 본기에 해당하고 본기의 사령은 丙火가 되어야 할 것이다.
　그리고 이것을 미루어 확대해석한다면 일지에 대해서도 다시 고려해 볼 수 있겠다. 즉 자시로부터 따져서 그 출생 시간까지의 시간을 예상한다면 가능하기 때문이다. 오전에 속한다고 보고 日支의 辰

土는 乙癸戊가 되고 비율은 9 : 3 : 18이 되니까 대략 따져서 巳時는 본기가 시작되는 시간이라고 할 수 있으므로 일지의 사령은 戊土가 되어야 이치에 합당할 것이다. 그리고 다시 정밀 계산을 해서 중기에 걸리는 시간이라고 한다면 癸水가 사령이 될지도 모르겠다. 이러한 부분은 구체적으로 계산기를 두드려 보실 벗님에게 맡긴다. 여하튼 중요한 것은 乙木은 아니라는 것이다. 그렇다면 이러한 점을 고려해서 다시 생각해 보면 연주에 대해서도 己卯년의 하반부에 속하므로 본기인 乙木이 당령을 해야 한다고 하면 말이 된다고 할 것이다. 이것을 처음의 표와 비교해 보도록 하자.

(1) 녹평식 당령표

時	日	月	年	
丁	戊	丁	己	
巳	辰	丑	卯	
(戊)	(乙)	(癸)	(甲)	當令

(2) 철초식(?) 당령표

時	日	月	年	
丁	戊	丁	己	
巳	辰	丑	卯	
(丙)	(戊)	(癸)	(乙)	當令

이와 같이 되어야 할 것이다. 이러한 해석이 그리 중요한 것은 아

니지만 기왕에 이해하려면 올바르게 해야 한다는 것을 말씀드리고 있는 것이다. 물론 녹평 선생의 저서로 인해서 많은 독자들이 명리학에 관심을 갖게 된 것은 큰 공으로 봐야 하고, 특히 『컴퓨터 만세력』은 낭월이 즐겨 애용하고 다른 벗님들에게도 기꺼이 권하는 좋은 책이지만 이 지장간의 표출에 대한 문제는 이런 기회를 빌려서 수정해야겠다는 생각을 하게 되었다. 철초 선생의 의견에 동조하면서 문득 생각이 나서 언급했다.

다시 본문의 이해로 돌아가자. 사람의 마음이 단정한지 사악한지에 대해서도 길흉의 차이는 발생한다고 언급하고, 또 복의 대소와 흉의 대소에 대해서도 역시 명리가의 안목으로 일일이 구분하기가 어렵다는 말씀에서 '죽음'과 '중상'의 차이를 읽기 어려운 낭월의 생각과 일치함을 생각해 본다. 아마도 이것이 명리학의 전체가 아닐까 하는 생각이 든다.

특히 저마다 가문의 산소가 다르고 그 풍수적인 의미가 각기 작용하는 것이 분명하다면 이러한 것을 인정하고 이해해야 한다는 철초 선생의 생각은 낭월의 생각과 많이 닮아 있다. 하긴 낭월이 철초 선생에게서 공부를 했으니 당연한 말이기도 하다. 다음의 대목은 서낙오 선생께서 부연 설명을 하기 위해서 첨부한 대목이다. 내용은 음미할 만하다.

【徐樂吾添附】

按人元用事. 逐月分配. 不知始於何時. 朱子曰. 陰陽進退. 當以一爻分三十分. 每日進退一分. 如陰剝, 每日剝三十分之一. 一月方剝得盡. 陽長, 每日長三十分之一. 亦一月方長得成. 故復之一陽. 不是頓然便生. 乃是從坤卦中積來. 從小雪後一日一分. 竟大雪共三十日. 生三十分. 然後成冬至之一陽. 姤之陰. 生於小滿. 積三十日然後成夏至之一陰. 故列子曰. 一氣不頓進. 又曰天道密移. 疇覺之哉. 觀月令司令圖. 逐月分配. 深得此意. 足見此圖相傳甚久. 京易十二月辟卦地支藏用. 卽同此圖. 足見其傳自周秦以前也. 玆錄杭辛齋氏易楔一節於下.

地支藏用. 分析陰陽. 最爲精密. 周天三百六十有五度四分度之一. 歷三百六十五日四分日之一而氣周. 卽六十卦三百六十爻之爻周. 坎離震兌. 分主二至二分. 共三百八十四爻. 陰陽錯綜. 盈虛消息. 無不合矣. 藏天干於地支者. 卽乾體坤用. 乾之用九. 用於坤六. 學者以術家言而忽之. 是猶悅琢玉之精美. 而賤斧鑿爲匠器. 十翼造化之筆. 固無斧鑿痕. 然不知斧鑿之用. 又安識良工之心苦哉. 又按太平御覽五行休旺論.

立春艮旺. 震相, 巽胎, 離沒, 坤死, 兌囚, 乾廢, 坎休.
立夏巽旺. 離相, 坤胎, 兌沒, 乾死, 坎囚, 艮廢, 震休.
立秋坤旺. 兌相, 乾胎, 坎沒, 艮死, 震囚, 巽廢, 離休.
立冬乾旺. 坎相, 艮胎, 震沒, 離囚, 坤廢, 兌休.

王充論衡同. 足見長生沐浴等十二名字. 其傳甚遠也.

안인원용사. 축월분배. 부지시어하시. 주자왈. 음양진퇴. 당이일효분삼십분. 매일진퇴일분. 여음박, 매일박삼십분지일. 일월방박득진. 양장, 매일장삼십분지일. 역일월방장득성. 고복지일양. 불시돈연변생. 내시종곤괘중적래. 종소설후일일일분. 경대설공삼십일. 생삼십분. 연후성동지지일양. 구지음. 생어소만. 적삼십일연후성하지지일음. 고열자왈. 일기부돈진. 우왈천

도밀이. 주각지재. 관월령사령도. 축월분배. 심득차의. 족견차도상전심구. 경역십이월벽괘지지장용. 즉동차도. 족견기전자주진이전야. 자록항신재씨역설일절어하.

　지지장용. 분석음양. 최위정밀. 주천삼백륙십유오도사분도지일. 역삼백륙십오일사분일지일이기주. 즉륙십괘삼백륙십효지효주. 감리진태. 분주이지이분. 공삼백팔십사효. 음양착종. 영허소식. 무불합의. 장천간어지지자. 즉건체곤용. 건지용구. 용어곤륙. 학자이술가언이홀지. 시유열탁옥지정미. 이천부착위장기. 십익조화지필. 고무부착흔. 연부지부착지용. 우안식량공지심고재. 우안태평어람오행휴왕론.

　입춘간왕. 진상, 손태, 이몰, 곤사, 태수, 건폐, 감휴.
　입하손왕. 이상, 곤태, 태몰, 건사, 감수, 간폐, 진휴.
　입추곤왕. 태상, 건태, 감몰, 간사, 진수, 손폐, 이휴.
　입동건왕. 감상, 간태, 진몰, 이수, 곤폐, 태휴.
　왕충론형동. 족견장생목욕등십이명자. 기전심원야.

➡ 인원용사에 대해서 살펴보면 월에 따라서 분배가 되는데 언제부터 시작이 되었는지는 알 수가 없다. 주자가 말하기를, 음양이 나아가고 물러남이 마땅히 일효를 30분으로 나눠서 매일 1분씩 진퇴를 하고, 음은 깎아지는데 매일 30분의 1씩 줄어들어서 한 달이 되면 다 없어진다. (그리고) 양은 늘어나는데 매일 30분의 1씩 늘어나서 또 한 한 달이 되면 다 늘어난다. 그래서 복괘에서 일양이 되는 것이니 이것은 한순간에 문득 그렇게 되는 것이 아니다. 이렇게 해서 곤괘까지 쌓여 가는데, 소설이 지난 후에 1일 1분이 되어서 마침내 대설이 되면 30일이 되어 30분이 생긴다. 그 다음에 동지가 이뤄지며 일

양이 되는데, 구괘의 음이 저 소만을 생하니 30일을 쌓은 연후에 하지의 일음이 생겨난다. 그러므로 열자가 말하기를 한 기운이 문득 생겨서 나아가는 것이 아니라고 하였고, 또 말하기를 천도가 비밀스레 이동을 하니 경계를 느끼지 못한다고 하였다. 월령의 사령도를 보면 월을 따라서 분배했는데 이 뜻을 깊이 헤아리라 하니 이 그림이 전해진 지는 참으로 오래 되었음을 족히 알겠다. 경역에는 12월이 벽괘로서 지지에 암장됨을 사용하는데, 즉 이 그림과 같음을 보니 주나라 진나라 이전부터 전래한 것임을 충분히 알겠다. 이에 항신재씨의 역설의 일절을 아래에 첨부한다.

지지의 장간을 쓰는 것은 음양의 분석이니 가장 정밀한 것이 된다. 365도 4분의 1도를 돌아서 365일 4분의 1에 한바퀴를 돌게 되니 즉 60괘의 360효의 효가 한바퀴를 도는 것이다. 감리진태〔春夏秋冬〕는 이지(동지와 하지)와 이분(춘분과 추분)으로 구분되는데, 모두 384효기 되고 음양이 서로 교차하면서 차고 비는 소식이 되는 것이니 부합되지 않음이 없다. 천간이 지지에 숨어 있는 것은 즉 체는 乾이고 용은 坤이 되는데, 건의 용은 9가 되고 곤의 용은 6이 된다. 그런데 학자들은 역술가의 말을 소홀히 생각하더라. 이는 마치 옥을 쪼아서 보기 좋게 만든 것만 좋아하고 도끼를 휘둘러서 그릇을 만드는 것은 천하다고 하는 것과 같은데, 십익의 조화로운 붓은 구태여 도끼의 자국이 남음이 없다. 그럼에도 도끼를 사용하는 것을 모르니 또 훌륭한 기술자의 마음 고생을 잘 알아야 한다. 또 『태평어람』의 오행휴왕론을 살펴보자.

입춘에는 간괘가 왕성하고 진괘는 상이 되고 손괘는 태가 되며 이괘는 몰이 되고 곤괘는 사가 되며 태괘는 수가 되며 건괘는 폐가 되고 감쾌는 휴가 되는 것이다.

입하에는 손괘가 왕이 되고 이괘는 상이 되고 곤괘는 태가 되며 태괘는 몰이 되고 건괘는 사가 되고 감괘는 수가 되고 간괘는 폐가 되며 진괘는 휴가 되는 것이다.

입추에는 곤괘가 왕이 되고 태괘는 상이 되며 건괘는 태가 되고 감괘는 몰이 되며 간괘는 사가 되고 진괘는 수가 되며 손괘는 폐가 되고 이괘는 휴가 되는 것이다.

입동에는 건괘가 왕이 되고 감괘는 상이 되며 간괘는 태가 되고 진괘는 몰이 되며 이괘는 수가 되고 곤괘는 폐가 되며 태괘는 휴가 되는 것이다.

왕충의 논형과 같은 내용이며 장생과 목욕 등의 12가지 명칭도 그 전래가 심히 오래 되었음을 알겠다.

【 강의 】

이 내용을 보면 서낙오 선생도 지장간의 연원에 대해서 얼마나 노력하셨는지 미루어 짐작이 되고도 남는다. 결국 추적에는 실패했지만 주나라 이전에 이미 사용되었다는 것을 확인한 것으로 만족해야 할 모양이다. 그리고 두 개의 도표도 함께 전하는데, 주자왈 하고서 이야기가 구분 없이 이어져서 어디까지가 주자의 말씀인지 잘 구분할 수가 없고, 바로 열자의 이야기가 이어지는 바람에 구분이 애매하기는 하지만 내용은 대략 이해가 된다. 그리고 도끼 자국이니 십익이니 하는 말에 대해서는 어떤 분위기가 느껴지기는 한데 아마도 유학자들을 향해서 하는 말씀이 아닌가 싶다. 오행을 연구하는 학자도 정밀하게 연구하는데 무시하고 깔보더라는 뜻인 것 같다. 여기에서 십익은 공자가 저술한 『주역』에 대한 내용이다.

그리고 마지막에서 언급한 십이운성도 심히 오래 되었다는 말씀까지 하고 매듭을 지었는데, 이것 역시 그런 것으로 생각된다. 다만 시간이 흘러가면서 필요가 없어진 내용은 미련 없이 버려야 한다는 말씀은 보이지 않는 것으로 봐서 철초 선생과 달리 낙오 선생은 십이운성을 버리기가 아까웠던 것은 아닐까 하는 생각도 든다. 이 정도의 내용을 살피고 넘어간다.

표1, 서낙오 선생이 제시한 인원용사도

巳 立夏午戊庚初動 庚九交丙及芒種 十六日	午 芒種十丙九己取 丁火陰柔迎小暑 十日	未 小暑九丁乙三周 己旺提綱又立秋	申 立秋七己兼三戊 三壬交庚至白露 十七日
辰 清明乙九三癸寅 戊旺提綱交立夏	人元用事 司令之圖		酉 白露庚金管一旬 辛金專氣迎寒露 二十日
卯 驚蟄十日甲木行 餘皆乙木是春明			戌 寒露辛九丁三逢 戊旺提綱又立冬 十八日
寅 立春戊七兼丙七 餘日甲木交驚蟄 十六日	丑 小寒九癸兼三辛 己旺提綱又立春 十八日	子 大雪壬水十日看 念天癸水逢小寒	亥 立冬戊七甲五日 壬水洋洋交大雪 十八日

표1의 내용을 보면 서낙오 선생이 만드신 것이 아니라 예전에 어디에선가 있는 것을 옮겨 왔다고 생각되는데, 표현이 근대식이 아니고 고대식인 것으로 보여서이다. 그때에도 이미 이러한 골격을 이루고 있었다는 것이 놀랍다. 이미 진나라나 주나라 이전부터 사용했던 것으로 추정하는 것을 보면 그 근원을 추적하기는 불가능하다는 생각이 든다. 그냥 활용만 할 뿐이라고 해야겠다. 다만 앞으로 더욱 진보된 과학이 이 부분의 비밀을 캐낼 수도 있을지 모르겠다는 기대를 해보지만 많은 시간이 지난 다음이 될 것이다.

표2. 항신재씨 역설일절의 표라는 도표(괘상 추가)

復子	壬五日三分半 癸二十日六分半	姤午	丙十日三分半 己九日三分 丁十三日三分半
臨丑	癸九日二分 辛三日一分 己十八日六分	遯未	丁九日三分 乙三日一分半 己十八日六分
泰寅	戊七日二分半 丙七日二分 半 甲十六日五分	否申	戊己共七日 壬七日三分半 庚十六日五分
大壯卯	甲十日三分半 乙二十日六分半	觀酉	庚十日三分半 辛二十日六分
夬辰	乙九日三分 癸三日一分半 戊十八日六分	剝戌	辛九日七分 丁三日一分 戊十八日六分
乾巳	庚七日二分半 戊七日二分 半 丙十六日五分	坤亥	戊七日二分半 甲三日二分 半 壬十六日五分

표2는 지장간의 표이기도 하지만 제목에 64괘의 명칭을 붙인 것이 특이한 점인데, 음이 생기고 양이 생기는 순서에 의해서 붙여진 괘라고 이해하면 되겠다. 이해를 돕기 위해서 괘상을 넣어 보았다. 매월 음효가 하나씩 늘어나거나 하나씩 줄어드는 것을 살필 수 있을 것이다. 이미 『주역』의 영역에서 지장간의 당령에 대한 개념이 발생했다는 것은 참 놀랍다는 생각이 든다.

제5장 쇠왕(衰旺)

【滴天髓】

> 能知衰旺之眞機. 其於三命之奧. 思過半矣.
> 능지 쇠 왕 지 진 기. 기 어 삼 명 지 오. 사 과 반 의.

◐ 쇠왕의 참 기틀을 능히 알아야 그 삼명의 깊은 이치를 알게 되니 깊이 생각을 해가야 한다.

【滴天髓徵義】

得時俱爲旺論. 失令便作衰看. 雖是至理. 亦死法也. 夫五行之氣. 流行於四時. 雖日干各有專令. 而其專令之中. 亦有竝存者在. 如春木司令. 甲乙雖旺. 而此時休囚之戊己. 亦未嘗絶於天地也. 冬水司令. 壬癸雖旺. 而此時休囚之丙丁. 亦未嘗絶於天地也. 特當時退避. 不敢爭先. 而其實春土何嘗不生萬物. 冬日何嘗不照萬方乎. 況八字雖以月令爲重. 而旺相休囚. 年日時中. 亦有損益之權. 故生月卽不値令. 亦能値年値日値時. 豈可執一而論.

有如春木雖强. 金太重而木亦危. 干庚辛而支申酉. 無火制而不當. 逢生而必夭. 是得時不旺也. 秋木雖弱. 木根深而木亦强. 干甲乙而支寅卯. 遇官透而能受. 逢水生而太過. 是失時不弱也. 是故日干不論月令休囚. 只要四柱有根. 便能受財官食神而當傷官七殺. 長生祿旺. 根之重者也. 墓庫餘氣. 根之輕者也. 天干得一比肩. 不知地支得一餘氣也.

墓庫者. 如甲乙逢未, 丙丁逢戌, 庚辛逢丑, 壬癸逢辰, 是也. 餘氣者. 如甲乙逢辰, 丙丁逢未, 庚辛逢戌, 壬癸逢丑, 是也. 得二比肩. 不如支中得一長生祿旺. 如甲乙逢亥, 寅, 卯, 之類是也. 蓋比肩如朋友之相扶. 通根如家室之可託. 干多不如根重. 理固然也. 今人不知此理. 見是春土, 夏水, 秋木, 冬火. 不問有根無根. 便謂之弱. 見是春木, 夏火, 秋金, 冬水. 不究剋重剋輕. 便謂之旺. 更有壬癸逢辰, 丙丁逢戌, 甲乙逢未, 庚辛逢丑, 之類. 不以爲通根身庫. 甚之求形冲以開之. 竟不思刑冲傷我本根之氣. 此種謬論. 必宜一切掃除也. 然此皆論衰旺之正而易者也. 更有顚倒之理存焉. 蓋太旺宜洩. 旺極宜生. 太衰宜剋. 衰極宜洩. 其理有十.

木太旺者似金. 喜火之煉也.(洩) 木旺極者似火. 喜水之剋也.(生)

火太旺者似水. 喜土之止也.(洩) 火旺極者似土. 喜木之剋也.(生)

土太旺者似木. 喜金之剋也.(洩) 土旺極者似金. 喜火之煉也.(生)

金太旺者似火. 喜水之濟也.(洩) 金旺極者似水. 喜土之止

也.(生)

水太旺者似土. 喜木之制也.(洩) 水旺極者似木. 喜金之剋也.(生)

木太衰者似水. 宜金以生之.(剋) 木衰極者似土. 宜火以生之.(洩)

火太衰者似木. 宜水以生之.(剋) 火衰極者似金. 宜土以生之.(洩)

土太衰者似火. 宜木以生之.(剋) 土衰極者似水. 宜金以生之.(洩)

金太衰者似土. 宜火以生之.(剋) 金衰極者似木. 宜水以生之.(洩)

水太衰者似金. 宜土以生之.(剋) 水衰極者似火. 宜木以生之.(洩)

此五行顚倒之眞機. 學者宜細詳元元之妙.

득시구위왕론. 실령편작쇠간. 수시지리. 역사법야. 부오행지기. 유행어사시. 수일간각유전령. 이기전령지중. 역유병존자재. 여춘목사령. 갑을수왕. 이차시휴수지무기. 역미상절어천지야. 동수사령. 임계수왕. 이차시휴수지병정. 역미상절어천지야. 특시당퇴피. 불감쟁선. 이기실춘토하상불생만물. 동일하상부조만방호. 황팔자수이월령위중. 이왕상휴수. 연일시중. 역유손익지권. 고생월즉불치령. 역능치년치일치시. 기가집일이론.

유여춘목수강. 금태중이목역위. 간경신이지신유. 무화제이부당. 봉생이필요. 시득시불왕야. 추목수약. 목근심이목역강. 간갑을이지인묘. 우관투이능수. 봉수생이태과. 시실시불약야. 시고일간불론월령휴수. 지요사주유근. 편능수재관식신이당상관칠살. 장생록왕. 근지중자야. 묘고여기. 근지경자야. 천간득일비견. 부지지지득일여기야.

묘고자. 여갑을봉미, 병정봉술, 경신봉축, 임계봉진, 시야. 여기자. 여갑을봉진, 병정봉미, 경신봉술, 임계봉축, 시야. 득이비견. 불여지중득일장생록왕. 여갑을봉해, 인, 묘, 지류시야. 개비견여붕우지상부. 통근여가실지가탁. 간다불여근중. 이고연야. 금인부지차리. 견시춘토, 하수, 추목, 동화. 불문유근무근. 편위지약. 견시춘목, 하화, 추금, 동수. 불구극중극경. 편위지왕. 갱유임계봉진, 병정봉술, 갑을봉미, 경신봉축, 지류. 불이위통근신고. 심지구형충이개지. 경부사형충상아본근지기. 차종류론. 필의일절소제야. 연차개론쇠왕지정이역자야. 갱유전도지리존언. 개태왕의설. 왕극의생. 태쇠의극. 쇠극의설. 기리유십.

목태왕자사금. 희화시련야.(설) 녹왕극자사화. 희수지극야.(생)

화태왕자사수. 희토지지야.(설) 화왕극자사토. 희목지극야.(생)

토태왕자사목. 희금지극야.(설) 토왕극자사금. 희화지련야.(생)

금태왕자사화. 희수지제야.(설) 금왕극자사수. 희토지지야.(생)

수태왕자사토. 희목지제야.(설) 수왕극자사목. 희금지극야.(생)

목태쇠자사수. 의금이생지.(극) 목쇠극자사토. 의화이생

지.(설)

　화태쇠자사목. 의수이생지.(극) 화쇠극자사금. 의토이생지.(설)

　토태쇠자사화. 의목이생지.(극) 토쇠극자사수. 의금이생지.(설)

　금태쇠자사토. 의화이생지.(극) 금쇠극자사목. 의수이생지.(설)

　수태쇠자사금. 의토이생지.(극) 수쇠극자사화. 의목이생지.(설)

　차오행전도지진기. 학자의세상원원지묘.

◆월령을 얻으면 모두 왕하다고 논하고 월령을 얻지 못하면 곧 쇠약하다고 보는데, 비록 지극한 이치이기는 하지만 또한 죽은 법이기도 하다. 대저 오행의 기운은 사계절을 타고 흐르는데 비록 일간이 각기 자신의 왕성한 계절이 있다고는 하지만 그 월령을 잡은 중에도 또한 있는 성분은 존재하게 마련이다. 만약 봄의 나무가 당령을 하면 甲乙木이 비록 왕하지만 이때의 휴수가 되는 戊己土도 천지간에 완전히 끊긴 것은 아니고, 겨울의 물이 사령을 하면 壬癸水는 비록 왕하지만 이때의 휴수에 해당하는 丙丁火도 천지에 완전히 끊어진 것은 아니다. 다만 특별한 계절을 당하여 마땅히 물러나 있을 따름이며 감히 앞을 다투지 못할 뿐인데, 사실은 봄의 토가 어찌 만물을 생조하지 못할 것이며 겨울의 태양이 어찌 만방을 비추지 못할 것인가. 하물며 팔자는 비록 월령으로서 왕상휴수사를 중요하게 여기는 것이 사실이지만, 年日時 중에도 또한 손상시키거나 도움을 주는 것이 있게 마련이다. 그러므로 태어난 달에 비록 도움이 되지 못하더

라도 연이나 일이나 시에 둘 수도 있는데, 어찌 가히 한 가지 이론에 집착해야 하겠는가.

　만약에 봄의 나무가 비록 강하다고 하더라도 금의 기운이 태중하다면 목 또한 위태로워질 것인데, 천간에 庚辛금이 있고 지지에는 申酉금이 있으면서 화의 제어함이 없다면 왕하다고 하기 어려우니 생조를 만나지 못한다면 반드시 요절을 할 것이니 이것은 월령을 얻었으면서도 왕하지 않은 것이다. 가을의 나무가 비록 약하다고는 하지만 목의 뿌리가 깊다면 목 또한 강하게 되는데, 천간에 甲乙과 지지에 寅卯가 있다면 관성을 만나도 능히 감당할 것이며 수를 만나면 오히려 너무 왕하게 될 것이니 이는 실령을 했지만 약하지 않은 경우이다. 그러므로 일간은 월령이 휴수임을 논하지 않고 다만 사주에 뿌리가 있는가를 논하게 되니 (뿌리만 있다면) 문득 재관이나 식상을 받아들이고 상관과 칠살도 감당이 되는 것이다. 장생과 녹왕은 뿌리가 깊은 것이고, 墓庫나 餘氣는 뿌리가 가벼운 것이다. 천간에 비견을 하나 얻은 것이 지지에서 여기를 하나 얻은 것만 못한 것이다.

　묘고란 甲乙木이 未土를 만나고 丙丁火가 戌土를 만나며 庚辛금이 丑土를 만나는 것이고 壬癸水가 辰土를 만나는 것을 말한다. 여기는 甲乙이 辰을 만나는 것이고 丙丁이 未를 만나는 것이며 庚辛이 戌土를 만나는 것이고 壬癸가 丑을 만나는 것이 이것이다. 비견 둘을 얻는 것이 지지에 장생이나 녹왕을 하나 얻는 것만 못하다고 하니, 만약 甲乙이 亥, 寅, 卯를 만나는 것 등이 이것이다. 대개 비견은 친구와 같이 서로 도와 주는 성분이고 통근을 하는 것은 집에다 뿌리를 둔 것과 같으므로 천간에 많은 것이 지지에 뿌리가 깊은 것만 못하니 이치가 그렇게 확연하다.

요즘 사람들은 이러한 이치를 모르고 봄의 토나 여름의 수나 가을의 목이나 겨울의 화를 보면 뿌리가 있거나 말거나 묻지도 않고 문득 약하다고 말해 버리고, 봄의 목이나 여름의 불이나 가을의 금이나 겨울의 수를 보고서는 극이 중한지 약한지는 연구해 보지도 않고 문득 왕하다고 말하며, 다시 임계가 진을 보거나 병정이 술을 보거나 갑을이 미를 보거나 경신이 축을 보면 身庫에 통근이 되지 않는다고 말하고 심지어는 刑沖으로 열어야 한다고 하니 마침내는 형충으로 나의 뿌리의 기운이 손상되는 것은 생각하지 않는다. 그러므로 이러한 온갖 잘못된 논리는 반드시 그대로 쓸어 버려야 마땅하다.
　그리고 이 모든 논리는 쇠왕의 바른 이치이니 이것이 易인 것이다. 다시 전도의 이치도 존재하는데 대개 크게 왕하면 설하는 것이 마땅하지만 왕함이 극에 달하면 생조가 마땅하고, 크게 쇠약하면 극을 해야 하지만 쇠함이 극에 달하면 마땅히 설해야 하는 것이니 그 이치에는 열 종류가 있다.

　木이 태왕하면 金과 같으니 火로 달궈 주는 것을 기뻐한다.(洩) 그러나 왕이 극에 달하면 火와 같으니 水로써 극을 해야 좋아한다.(生)
　火가 태왕하면 水와 같으니 土로 멈추게 하는 것을 기뻐한다.(洩) 그러나 왕이 극에 달하면 土와 같으니 木으로써 극을 해야 좋아한다.(生)
　土가 태왕하면 木과 같으니 金으로 극하게 됨을 기뻐한다.(洩) 그러나 왕이 극에 달하면 金과 같으니 불로써 단련을 하는 것을 좋아한다.(生)
　金이 태왕하면 火와 같으니 水로 기제를 이루는 것을 기뻐한다.(洩) 그러나 왕이 극에 달하면 水와 같으니 土로써 극을 해야 좋

아한다.(生)

水가 태왕하면 土와 같으니 木으로 극제함을 기뻐한다.(洩) 그러나 왕이 극에 달하면 木과 같으니 金으로 극을 해야 좋아한다.(生)

木이 많이 쇠약하면 水와 같으니 金으로 생조하는 것이 마땅하고(剋), 木이 쇠약함이 극에 달하면 土와 같으니 火로써 생해 줘야 마땅하다.(洩)

火가 많이 쇠약하면 木과 같으니 水로써 생조해 주는 것이 마땅하고(剋), 火가 쇠약함이 극에 달하면 金과 같으니 土로써 생해 줘야 마땅하다.(洩)

土가 많이 쇠약하면 火와 같으니 木으로써 생조해 줘야 마땅하고(剋), 土가 쇠약함이 극에 달하면 水와 같으니 金으로 생조를 해줘야 마땅하다.(洩)

金이 많이 쇠하면 土와 같으니 火로써 생해 줘야 마땅하고(剋), 金의 쇠약함이 극에 달하면 木과 같으니 水로써 생해 줘야 마땅하다.(洩)

水가 많이 쇠약하면 金과 같으니 土로써 생해 줘야 마땅하고(剋), 水가 쇠약함이 극에 달하면 火와 같으니 木으로써 생해 줘야 마땅하다.(洩)

이것이 오행의 전도된 참된 기틀이다. 배우는 자는 마땅히 상세하게 근원의 핵심에 대한 이치의 오묘함을 알아야 한다.

【 강의 】

'元元之妙' 이 한마디를 보면서 철초 선생이 오행의 이치에 얼마나 깊이 있는 통찰력을 갖고 있었는지를 떠올려 본다. 元은 원래 자연의 이치를 의미하는 뜻이 들어 있다. 그리고 여기에서 자연의 한 덩어리로 뭉쳐서 활동적으로 움직이는 오묘한 흐름을 그대로 손바닥처럼 들여다보지 않았을까를 생각하게 된다. 벗님이라고 해서 이러한 경지에 도달하지 말라는 법이 없다. 불교에서의 '禪의 境地'도 이 깨달음과 다르지 않을 것이다. 실로 석존(석가모니)께서도 깨달음으로 가는 방법은 무수히 많다고 했고, 또한 그렇게 많은 사람들이 자신의 방법을 따라서 깨달음으로 다가갔을 것이다. 그리고 철초 선생은 오행의 변화를 읽음으로써 깨달음으로 다가가게 되었다. 낭월도 꿈이기는 하지만 이 방법으로 깨달음에 다가가고 싶은 생각이 굴뚝 같다.

쇠왕의 진기를 파악한다면 삼명의 오묘한 이치를 터득하게 된다는 원문의 내용도 멋진 이야기이다. 한마디로 깊은 의미를 전달하는 사람이 실로 글을 잘 쓰는 사람임에 틀림없으나 어쩌랴, 철초 선생이나 낭월이나 요약하는 능력은 얻지 못한 모양이다. 길게 늘어놔야 제 맛이 나는 것 같으니 말이다.

쇠왕의 진기를 살피는 데에는 월지를 빼놓을 수가 없다. 그래서 월지에 대한 상황을 설명하게 되는데, 실은 이 내용의 핵심은 월지에 있는 것이 아니고 전체의 상황을 얼마나 잘 살피느냐에 있다는 것을 인식하지 않으면 헛공부를 한다고 하겠다. 역시 강경한 한 말씀이 무슨 이야기를 하고 싶은지 짐작케 한다. "이러한 온갖 잘못된 논리는 반드시 그대로 쓸어 버려야 마땅하다." 이 한마디에 담긴 내용에 공감이 가지 않는다면 아마도 철초 선생만큼 방황하지 않았다고 힘주어 말해도 되겠다. 낭월이 『적천수』 공부를 하면서 이 철초 선생의 의미를 이해하는 과정에서 참으로 속이 시원한 느낌을 받았고, 그 내용을 알고 나서는 『자평진전』은 볼 필요가 없다는 생각을 하게 되었다. 월지는 참고하는 정도로만 이해하면 충분하겠다는 생각을 하게 된 동기가 이 쇠왕의 장에서이다. 이 부분은 몇 번이고 되짚어서 읽어 보도록 권하고 싶은 내용이다. 그만큼 자평에서의 중요한 비중이 있는 월지나 쇠왕의 상황을 바로 이해하는 요점이 들어 있기 때문이다.

그런데 참으로 묘하고도 기막힌 일은 요즘의 학자들이 생각하는 것이 이미 철초 선생 당시에도 있었다는 것이다. 요즈음 자평학을 연구한다는 분들이 월령만 얻으면 무조건 주변 상황은 살피지도 않고 신왕하다고 판단해 버리는 현상에 대해서 참 안타까워하고 있는데, 이미 『적천수징의』 시절에도 이러한 점으로 철초 선생이 가슴 아파했었다는 것이 참으로 놀라울 뿐이다.

과연 앞으로 100년이 지난 다음에 명리학자가 이 글을 보면서 과연 2000년 초기에도 이러한 문제로 고민을 했는데 아직도 그대로구니 하는 생각을 하지 말라는 보장이 없겠다. 세월이 흘러가면 큰 변화가 생기려나 했는데 결국은 그게 그 흐름이 되어 가는 것을 보면서 인간이 살아가면서 생각하는 범위는 거기에서 거기라는 생각이 문득 든다. 참으로 깊이 생각해 봐야 할 부분이 아닌가 싶다. 이 글을 접하시는 벗님께서는 부디 철초 선생의 걱정을 덜어 드리기 바라는 마음 간절하다.

그리고 내용 중에서 10가지의 전도된 내용에 대해서는 너무 번잡스럽게 설명을 하려고 소란을 피웠다는 말씀을 드리고 싶다. 깊이 있게 전달하려는 마음이 앞서다 보니 욕심 때문에 복잡하게 설명이 되었다고 보고 단순화시켜서 이해하면 좋겠다. 앞으로 등장하는 사주에 대해서도 역시 간단하게 이해하도록 하여 이러한 내용으로 인해서 혼란스럽지 않기를 바란다.

戊	甲	丁	甲
辰	子	卯	辰

乙	甲	癸	壬	辛	庚	己	戊
亥	戌	酉	申	未	午	巳	辰

甲子日坐於卯月. 地支兩辰. 木之餘氣也. 又辰卯東方. 子辰拱水. 木太旺似金也. 以丁火爲用. 至巳運, 丁火臨旺. 名列宮牆. 庚辛兩運. 南方截脚之金. 雖有刑耗而無大患. 未運, 剋去子水. 食廩天儲. 午運. 子水冲剋. 秋闈失意. 壬申, 金水齊來. 刑妻剋子. 破耗多端. 癸運不祿.

갑자일좌어묘월. 지지량진. 목지여기야. 우진묘동방. 자진공수. 목태왕사금야. 이정화위용. 지사운, 정화림왕. 명렬궁장. 경신량운. 남방절각지금. 수유형모이무대환. 미운, 극거자수. 식름천저. 오운. 자수충극. 추위실의. 임신, 금수제래. 형처극자. 파모다단. 계운불록.

➡ 갑자일주가 묘월에 앉아 있다. 지지는 두 개의 진토이니 목의 여기가 된다. 또 진묘는 동방이 되고 자진은 수로 합하니 목은 태왕해서 금과 같으므로 정화를 용신으로 삼도록 한다. 巳火운에서 정화가 왕에 임하여 이름을 궁의 벽에 장식했는데, 庚辛운에서는 남방의 절각이 되는 금이라 비록 고통은 따랐으나 큰 근심은 아니었다. 未土운이 되자 子水를 극하여 창고를 넓혔고, 午火대운에는 자수와 충을

해서 시험에 낙방했으며, 壬申대운에는 金水가 함께 오는 바람에 처자식을 형극하고 고통이 온갖 종류로 발생하더니 癸水대운에서 죽었다.

【 강의 】

목이 태왕해서 금과 같다는 말은 필요 없는 설명이다. 그대로 목화통명으로 상관을 용신으로 삼는 것이라면 충분하겠다. 긴 설명은 생략하도록 한다.

```
乙    甲    乙    癸
亥    寅    卯    卯

丁 戊 己 庚 辛 壬 癸 甲
未 申 酉 戌 亥 子 丑 寅
```

此造四支皆木. 又逢水生. 六木兩水. 別無他氣. 木旺極者, 似火也. 以水爲用. 出身祖業本豊. 惟丑運刑傷. 壬子水勢乘旺. 辛亥, 金不通根. 支逢水旺. 此二十年經營獲利數萬. 一交庚戌. 土金竝旺. 破財而亡.

차조사지개목. 우봉수생. 육목량수. 별무타기. 목왕극자, 사화야. 이수위용. 출신조업본풍. 유축운형상. 임자수세승왕. 신해, 금불통근. 지봉수왕. 차이십년경영획리수만. 일교경술. 토금병왕. 파재이망.

➡ 이 사주는 네 개의 지지가 모두 목이다. 또 수의 생을 만났으며 여섯 개의 목에 두 물이 되니 다른 성분이 없으므로 목의 왕이 극에 달하여 불과 같다. 그래서 수가 용신이 된다. 출신은 조상의 유업이 많은 가문이었는데, 오직 丑土대운에는 형상이 많았으나 壬子대운에는 수의 세력을 타고 왕하며 辛亥대운은 금이 통근을 하지 못하고 지지에 왕성한 수를 만났으니 이 20년간 사업을 해서 수억의 돈을 벌었으나, 한번 庚戌대운으로 바뀌자 토금이 함께 왕하여 재물이 깨어지고 죽었다.

【 강의 】

복잡하게 설명하거나 간단하게 이해하거나 결론은 왕격에 인성이 포함되어 있는 구조이다. 수가 용신이고 목이 희신이 되는 상황으로 보면 되겠다.

辛	甲	甲	乙
未	申	申	丑

丙	丁	戊	己	庚	辛	壬	癸
子	丑	寅	卯	辰	巳	午	未

此造地支土金. 木無盤根之處. 時干辛金. 元神發透. 木太衰者, 似水也. 初運癸未, 壬午. 生木制金. 刑喪早見. 蔭庇難豊. 辛巳, 庚辰. 金逢生地. 自手成家. 發財數萬. 己卯運, 土無根. 木得地. 遭回祿, 破財. 至寅運而亡.

차조지지토금. 목무반근지처. 시간신금. 원신발투. 목태쇠자, 사수야. 초운계미, 임오. 생목제금. 형상조건. 음비난풍. 신사, 경진. 금봉생지. 자수성가. 발재수만. 기묘운, 토무근. 목득지. 조회록, 파재. 지인운이망.

➨이 사주는 지지에 土金이 왕하고 목은 뿌리를 내릴 곳이 없는데다가 다시 시간에는 辛金이 있으니 원신이 투출되었다. 목이 극히 쇠약하니 수와 같다고 하겠다. 초운에 癸未와 壬午 대운에서는 목을 생하고 금을 극하므로 고통이 많았고 부모의 은덕이 넉넉하지 못했는데, 辛巳와 庚辰 대운에서 금이 생지를 만나므로 자수성가해서 수억을 벌었다. 己卯운에서 토가 무근하고 목이 득지를 하니 화재를 만났고 재물이 깨어졌으며 寅木대운에서 죽었다.

【 강의 】

상황을 보면 종살격인데 실은 살중용겁격으로 그냥 인겁을 의지하는 형상이 아닌가 하는 의심이 들기도 한다. 운에서 대입이 이뤄졌지만 혹 정격은 아닌지 다시 생각해 볼 필요도 있다는 여운을 남기고 넘어간다.

丙	乙	己	己
戌	酉	巳	巳

辛	壬	癸	甲	乙	丙	丁	戊
酉	戌	亥	子	丑	寅	卯	辰

此造地支皆逢剋洩. 天干又透火土. 全無水氣. 木衰極者, 似土也. 初交戊辰丁. 藉豊盛之蔭庇. 美景良多. 卯運, 椿萱並謝. 丙運, 大逐經營之願. 獲利鉅萬. 寅運, 剋妻破財. 又遭回祿. 乙丑, 支全金局. 火土兩洩. 家業耗散. 甲子, 北方水地. 不祿宜矣.

차조지지개봉극설. 천간우투화토. 전무수기. 목쇠극자, 사토야. 초교무진정. 자풍성지음비. 미경량다. 묘운, 춘훤병사. 병운, 대수경영지원. 획리거만. 인운, 극처파재. 우조회록. 을축, 지전금국. 화토량설. 가업모산. 갑자, 북방수지. 불록의의.

▶이 사주는 지지에 모두 극설을 만나고 천간에는 또 火土가 투출되어 있으며 수의 기운이 전혀 없으니, 목의 쇠약함이 극에 달하면 토와 같다. 처음에 戊辰과 丁운에서 무성한 부모의 도움을 받았고 보기 좋은 경치가 많았는데, 卯운에서 부모가 돌아가시고 丙火대운에서는 크게 사업을 경영해서 수억을 벌었다가 寅운에는 처를 극하고 재물이 흩어졌다. 또 화재까지 만났는데, 乙丑운에서 지지에 金局이 되면서 火土가 함께 설기를 당하니 가업이 점차로 흩어졌으며, 甲子대운에는 북방의 수운이 되니 죽음이 마땅할 것이다.

【 강의 】

이 사주는 종아격으로 봐야 할 모양인데, 극설이 교차되는 경우에는 종아가 잘 되지 않는다는 점이 마음에 걸린다. 그래서 원국의 상황을 받아들이기는 하더라도 일단 이러한 경우도 있음을 염두에 두라는 말씀을 드린다.

```
甲   丙   壬   乙
午   戌   午   丑
甲乙丙丁戊己庚辛
戌亥子丑寅卯辰巳
```

丙戌日元. 月時兩刃. 壬水無根. 又逢木洩. 火太旺者, 似水也. 初運庚辰, 辛巳. 金逢生地. 孔懷無輔助之人. 親黨少知心之輩. 己卯, 得際遇. 戊寅, 全會火局. 及丁丑二十年. 發財數十萬. 至子運而亡.

병술일원. 월시량인. 임수무근. 우봉목설. 화태왕자, 사수야. 초운경진, 신사. 금봉생지. 공회무보조지인. 친당소지심지배. 기묘, 득제우. 무인, 전회화국. 급정축이십년. 발재수십만. 지자운이망.

➔ 丙戌일주가 월과 시에 두 겁재를 두고 壬水는 뿌리가 없으며 또 목의 설기까지 만났으니 화가 크게 왕한 자는 수와 같은 것이다. 초운에서 庚辰과 辛巳 대운은 금이 생지를 만나니 형제(공회)의 도움이 하나도 없었고, 친척 중에서도 자신의 마음을 알아주는 사람이 적었다. 己卯대운에서 좋은 인연을 만나 戊寅대운에서 화국이 되면서 丁丑대운까지의 20년 동안 수십억의 돈을 벌었고 子운에 가서 사망했다.

【강의】

아마도 염상격이 되는 구조라고 설명된 듯싶은데, 임수가 그대로 용신이 되어야 하는 상황이 될 수도 있음을 생각하라는 말씀만 드리고 줄여야겠다. 목운에서 발했다고 하니 달리 할말이 없어서이다.

```
    甲  丙  丁  戊
    午  寅  巳  寅

 乙 甲 癸 壬 辛 庚 己 戊
 丑 子 亥 戌 酉 申 未 午
```

丙火生孟夏. 地支兩坐長生而逢祿旺. 火旺極者, 似土也. 初運雖不逢木. 喜其南方火地. 遺緒豊盈. 讀書過目成誦. 一交庚運. 卽棄詩書. 好嬉游. 申運家破身亡. 此造若逢木運. 名利兩全也.

병화생맹하. 지지량좌장생이봉록왕. 화왕극자, 사토야. 초운수불봉목. 희기남방화지. 유서풍영. 독서과목성송. 일교경운. 즉기시서. 호희유. 신운가파신망. 차조약봉목운. 명리량전야.

➡ 丙火가 巳月에 나서 지지에는 장생이 둘이고 녹왕도 만났으니 화가 극에 달해서 토와 같다는 경우이다. 초운에서는 비록 목을 만나지 못했지만 남방의 화이니 다행이고 부모 유산이 많았으며 책을 읽으면 눈앞을 지나간 글은 다 외웠는데, 庚운이 되면서 즉시 글공부를 버리고 놀기만 좋아하더니 申운에서 가정이 깨어지고 자신도 죽었다. 만약 이 사주가 목운을 만났더라면 명리가 모두 완전했을 것이다.

【 강의 】

내용에서 '好嬉游'와 '申運家破身亡' 사이에 '揮金似土'라는 글귀가 있었는데 아무런 의미가 없어서 삭제했다. 이런 글이 끼여 있으면 혹시라도 무슨 의미가 있는가 싶어서 고민하느라 아까운 시간만 낭비할 소지가 많다. 아마도 편집 과정에서 실수로 잘못 들어간 글자인 듯싶다.

종왕격이라고 해야 할 모양인데, 일점의 습토가 없는 것이 아쉽다. 흐름으로 미루어 운이 도움이 되지 못했던 모양이다. 종강으로 봐도 되겠다.

```
辛  丁  丁  辛
丑  酉  酉  巳
己 庚 辛 壬 癸 甲 乙 丙
丑 寅 卯 辰 巳 午 未 申
```

丁火生於八月. 秋金秉令. 又全金局. 火太衰者, 似木也. 初運乙未, 甲午. 火木竝旺. 骨肉如同畫餠. 六親亦是浮雲. 一交癸巳. 干透水. 支拱金. 出外經營. 大得際遇. 壬辰運中發財十餘萬.

정화생어팔월. 추금병령. 우전금국. 화태쇠자, 사목야. 초운을미, 갑오. 화목병왕. 골육여동화병. 육친역시부운. 일교계사. 간투수. 지공금. 출외경영. 대득제우. 임진운중발재십여만.

➡ 丁火가 酉月에 나서 가을 금이 당령을 했고 또 금국이 되니 화가

크게 쇠하여 목과 같다고 하겠다. 초운의 乙未와 甲午의 火木이 함께 왕한 운에서는 골육이 모두 그림의 떡이었고, 육친은 뜬구름과 같았다. 한번 癸巳대운으로 바뀌면서 천간에 수가 투출되고 지지에 금이 되면서 밖에서 사업을 경영하다가 큰 인연을 만났으며, 壬辰대운에서는 재물을 수십억 벌어들였다.

【 강의 】

종재격이라는 말이 되는데 실은 득비리재격으로 봐야 할 것이라는 생각이 든다. 이 정도의 상황이라면 대체로 신약한 비견을 의지하고 목화의 운이 오기를 기다리는 경우를 많이 접하는 까닭이다. 이 경우에는 목화운에서 고통이 많았다고 하니 달리 의견을 내지 않아야 하겠다.

己	丙	壬	辛
亥	申	辰	亥
甲	乙	丙	丁	戊	己	庚	辛
申	酉	戌	亥	子	丑	寅	卯

此造財生殺. 殺攻身. 丙臨申位. 申辰拱水. 火衰極者. 似金也. 初運辛卯. 庚寅. 東方木地. 椿萱凋謝. 祖業無恒. 至己丑. 出外經營. 靑蚨襯輩. 白鏹隨興. 及戊子二十年. 春風吹柳. 紅綾易公子之裳. 杏露沾衣. 膏雨沐王孫之袖. 所謂有其運. 必得其福也.
　차조재생살. 살공신. 병림신위. 신진공수. 화쇠극자, 사금야.

초운신묘, 경인. 동방목지. 춘훤조사. 조업무항. 지기축, 출외
경영. 청부츤련. 백강수여. 급무자이십년. 춘풍취류. 홍릉역공
자지상. 행로첨의. 고우목왕손지수. 소위유기운, 필득기복야.

➡ 이 사주는 재가 살을 생하고 살은 일간을 공격한다. 丙火가 申金
에 임하고 신진은 합으로 수가 되니 화의 쇠약함이 극에 달하여 금
과 같다. 초운에서 辛卯와 庚寅의 동방 목지에서 부모가 돌아가시고
조업이 유지되지 못했다. 己丑운이 되면서 밖으로 나가서 크게 경영
을 하여 돈이 마구 붙어 다녔으며 가는 곳마다 재물이 쌓였다. 그리
고 戊子대운까지 20년은 봄바람에 버들가지가 흔들리듯 붉은 비단
에 수를 놓은 치마를 입은 공자처럼 호화로웠고, 옷에는 향수를 뿌
리고 기름비로 목욕을 하고, 왕손처럼 사치스러운 옷을 입었으니 이
른바 '그 운이 있으니 반드시 그 복을 받더라.'는 이야기다.

【 강의 】

종재생살이 된 모양이다. 사치의 극을 누리면서 행복하게 살았던
것 같은데 그렇게 넘치는 재물로 빈민 구호를 했다는 말이 없는 것
이 아쉽다. 여하튼 운이 좋았다고 해야 하겠다.

己	戊	戊	戊
未	申	午	辰

丙	乙	甲	癸	壬	辛	庚	己
寅	丑	子	亥	戌	酉	申	未

此造重重厚土. 生於夏令. 土太旺者, 似木也. 其用在金. 庚申運, 早采芹香. 辛酉運, 辛丑年. 飮鹿鳴. 宴瓊林. 雲程直上. 壬戌運, 刑喪挫折. 丙午年亡.

차조중중후토. 생어하령. 토태왕자, 사목야. 기용재금. 경신운, 조채근향. 신유운, 신축년. 음록명. 연경림. 운정직상. 임술운, 형상좌절. 병오년망.

▶ 이 사주는 겹겹이 토이다. 여름에 태어났는데 토가 너무 왕하니 목과 같은 경우이다. 그 용신은 금에 있는데, 庚申운에서 일찍이 잘 살았고 辛酉운에서 辛丑년은 사슴의 동산에서 잔치를 벌일 정도였으며 벼슬이 곧바로 상승했다가는 壬戌운이 되면서 고통과 좌절을 겪다가 丙午년에 죽었다.

【 강의 】

일지의 식신이 용신인 구조다. 식신은 있는데 재성이 없는 것이 아쉽다고 해야 하겠다.

己	己	丙	戊
巳	巳	辰	戌

甲	癸	壬	辛	庚	己	戊	丁
子	亥	戌	酉	申	未	午	巳

此造四柱火土. 全無剋洩. 土旺極者, 似金也. 初運南方, 遺業

豊盈. 午運入泮. 己未, 棘闈拔而不售. 一交庚申, 靑蚨化蝶. 家業漸消. 辛酉財若春後霜雪. 事業蕭條. 壬運, 剋丙不祿.

차조사주화토. 전무극설. 토왕극자, 사금야. 초운남방, 유업풍영. 오운입반. 기미, 극위발이불수. 일교경신, 청부화접. 가업점소. 신유재약춘후상설. 사업소조. 임운, 극병불록.

➡ 이 사주는 火土에 극설이 전혀 없으니 토의 왕이 극에 달해서 금과 같다고 하겠다. 초운의 남방에서는 유산이 넉넉했고, 午火대운에서 입반에 들었으며 己未에는 무과에 합격은 했으나 취직은 못했다. 한번 庚申운으로 바뀌면서 돈이 점점 줄어들어 가업이 사그라지더니 辛酉에는 재물이 마치 봄날의 서리와 같더라. 사업이 시들면서 壬水대운이 되니 병화를 극해서 죽었다.

【 강의 】

종강격의 구조로 설명되는 분위기이다. 물론 그럴 수밖에 없다고 해야겠다.

癸	戊	辛	壬
丑	子	亥	辰

己	戊	丁	丙	乙	甲	癸	壬
未	午	巳	辰	卯	寅	丑	子

此造支類北方. 水勢汪洋. 天干又透金水. 土太衰者, 似火也.

運至甲寅, 乙卯. 干支皆木. 名成利遂. 一交丙運. 刑妻剋子. 破耗多端. 至丁巳運, 歲運火土. 暗傷體用. 得風疾而亡.

 차조지류북방. 수세왕양. 천간우투금수. 토태쇠자, 사화야. 운지갑인, 을묘. 간지개목. 명성리수. 일교병운. 형처극자. 파모다단. 지정사운, 세운화토. 암상체용. 득풍질이망.

➡ 이 사주는 지지가 북방이고 수세가 넘실거린다. 천간에도 金水가 투출하고 토가 크게 쇠약하니 화와 같다고 하겠다. 운이 甲寅과 乙卯로 되면서 간지가 모두 목이니 이름을 얻고 이익이 따르더니 한번 丙火운으로 바뀌면서 처자를 형극하고 고통이 대단히 많았는데, 丁巳대운에서는 세운이 火土가 되면서 체와 용이 손상되어 중풍에 걸려 죽었다.

【 강의 】

 내용 중에 丁丑운으로 되어 있는 부분은 丁巳운의 잘못으로 바로잡는다. 내용에서는 누가 봐도 트집을 잡을 곳이 없는 종재격이다. 특히 상관이 있어서 더 아름답다고 해야 하겠다. 다만 운이 아쉬워서 길게 가지 못했는데, 아마도 이것은 종격의 숙명일 것이다.

壬	戊	甲	癸
子	子	子	酉

丙	丁	戊	己	庚	辛	壬	癸
辰	巳	午	未	申	酉	戌	亥

此造四柱皆水. 又得金生. 土衰極者, 似水也. 初逢癸亥. 平寧之境. 壬戌, 水無根. 土得地. 刑喪破耗. 家業消亡. 辛酉, 庚申, 二十年. 大得際遇. 自手發財數十萬. 己未運破耗頗鉅. 壽亦至未而亡.

차조사주개수. 우득금생. 토쇠극자, 사수야. 초봉계해. 평녕지경. 임술, 수무근. 토득지. 형상파모. 가업소망. 신유, 경신, 이십년. 대득제우. 자수발재수십만. 기미운파모파거. 수역지미이망.

◈이 사주는 사주가 다 물이고 또 금의 생도 만났으니 토가 쇠함이 극에 달하여 수와 같다. 초운에서 癸亥를 만나 평탄한 풍경이었는데, 壬戌이 되면서 수가 통근을 하지 못하고 토가 득지를 하면서 형상이 다단했고 가업이 시들어 망했는데, 辛酉와 庚申의 20년을 맞으면서 큰 인연을 만나 빈손으로 돈을 수십억 벌었으나 己未대운에서는 엄청난 손해가 있었는데 수명 또한 未운에서 죽었다.

【 강의 】

역시 종재생살의 구조로서 종재격으로 봐야겠다. 해석에도 무리가 없고, 운은 木金水의 운이 모두 좋다고 하겠다. 다만 인겁의 운만 꺼리는 형상이다.

```
庚 庚 己 壬
辰 子 酉 申
丁丙乙甲癸壬辛庚
巳辰卯寅丑子亥戌
```

此造秋金秉令. 木火全無. 金太旺者, 似火也. 亥運壬水坐祿. 早游泮水. 壬子運, 用神臨旺. 撞破烟樓. 高攀月桂. 癸丑, 合去壬水旺地, 囊內靑蚨成蝶舞. 枝上子規月下啼. 甲寅, 乙卯. 尙有制土衛水之功. 仕路淸高. 楓葉未應氈共冷. 梅開早覺筆先香.

차조추금병령. 목화전무. 금태왕자, 사화야. 해운임수좌록. 조유반수. 임자운, 용신림왕. 당파연루. 고반월계. 계축, 합거 임수왕지, 낭내청부성접무. 지상자규월하제. 갑인, 을묘. 상유 제토위수지공. 사로청고. 풍엽미응전공랭. 매개조각필선향.

➡ 이 사주는 가을의 금이 당령을 하고 木火는 전혀 없으니 금이 크게 왕하여 화와 같은 경우이다. 亥水운에서는 壬水가 통근하고 녹에 앉으니 일찍이 반수에서 놀았고, 壬子대운은 용신이 왕에 임하니 연루에 깃발을 날렸으며 월계수를 높이 꽂았으니 장원 급제라. 癸丑대운에서는 壬水의 왕지를 합거해서 주머니 속의 돈벌레가 나비로 변해서 날아갔으며 나뭇가지의 자규새는 아래를 보고 울더라. 甲寅과 乙卯는 오히려 토를 제어하고 수를 보호하는 공이 있어서 벼슬길이 청고했는데, 단풍나무가 아직 추워지기도 전에 홍취를 뿜내고 매화가 아직 그려지지도 않았는데 향기가 진동을 하더라.

【강의】

원문에 '木火金無' 라고 되어 있는 부분을 '木火全無' 로 고쳤다. 대충 짐작으로 봐도 내용상의 큰 오류는 없다. 사주의 구조는 상관격으로 이해하면 될 것으로 보이는 단순한 사주이다.

庚	庚	乙	庚
辰	戌	酉	申

癸	壬	辛	庚	己	戊	丁	丙
巳	辰	卯	寅	丑	子	亥	戌

此造支類西方. 又逢厚土. 金旺極者, 似水也. 初運火土. 祖業無恒. 至戊子運. 獲厚利. 納粟出仕. 己丑庚運. 名利皆遂. 一交寅運. 犯事落職. 名利兩失. 至卯不祿.

차조지류서방. 우봉후토. 금왕극자, 사수야. 초운화토. 조업무항. 지무자운. 획후리. 납속출사. 기축경운. 명리개수. 일교인운. 범사락직. 명리량실. 지묘불록.

➡ 이 사주는 지지에 서방이고 또 넉넉한 토도 만났으니 금이 극히 왕하여 수와 같다. 초운의 火土에는 조업이 유지되지 못했으나 戊子대운이 되면서 큰 이익을 얻었고 세금을 내고 벼슬에 나아가서 己丑 운과 庚대운에는 명리가 다 따랐는데, 한번 寅木대운으로 넘어가면서 일을 범하고 관직에서 물러났으며 卯운에는 죽었다.

【 강의 】

주로 돈을 내고 벼슬한 사람들은 운이 약해지면서 일을 범하고 낙직이 되는 경우가 많은 것을 보면 이것도 무슨 인연인가 하는 생각이 든다. 여하튼 사주의 구조는 종강격이다.

```
甲   辛   庚   己
午   卯   午   卯
壬 癸 甲 乙 丙 丁 戊 己
戌 亥 子 丑 寅 卯 辰 巳
```

辛金生於仲夏. 地支皆逢財殺. 金太衰者, 似土也. 初運己巳, 戊辰. 晦火生金. 求名多滯. 作事少成. 一交丁卯. 木火竝旺. 如枯苗得雨. 悖然而興. 鴻毛遇風. 飄然而起. 家業豊裕. 交丑, 生金洩火, 不祿.

신금생어중하. 지지개봉재살. 금태쇠자, 사토야. 초운기사, 무진. 회화생금. 구명다체. 작사소성. 일교정묘. 목화병왕. 여고묘득우. 패연이흥. 홍모우풍. 표연이기. 가업풍유. 교축, 생금설화, 불록.

➔신금이 午月에 나서 지지에 모두 재성과 관살이 넘치니 금이 크게 쇠약하여 토와 같다. 초운의 己巳와 戊辰에는 불을 어둡게 하고 금을 생조해서 이름을 구했으나 막힘이 많았고 하는 일도 약간만 이뤄졌다. 한번 丁卯대운으로 바뀌면서 木火가 함께 왕하여 마른 싹이 비를

맞은 격으로 돌연히 발복하여 나는 기러기가 바람을 만난 것처럼 갑자기 일어나서 가업이 풍성했는데, 丑운으로 바뀌면서 금을 생하고 화를 설하니 죽었다.

【 강의 】

구조로 봐서는 종재격으로 이해가 되는데, 그래도 역시 토금이 있으므로 일단은 정격으로 토금의 상황을 살펴보라는 말씀을 드리고 넘어간다.

```
丙  庚  丁  己
子  寅  卯  亥
己 庚 辛 壬 癸 甲 乙 丙
未 申 酉 戌 亥 子 丑 寅
```

此造木旺乘權. 又得水生. 四面皆逢財殺. 金衰極者, 似木也. 所以乙丑運中. 土金暗旺. 家業破盡. 至甲子運. 北方水旺. 財源通裕. 癸亥出仕. 名利兩全. 壬戌, 水臨絶地. 罷職而歸.

차조목왕승권. 우득수생. 사면개봉재살. 금쇠극자, 사목야. 소이을축운중. 토금암왕. 가업파진. 지갑자운. 북방수왕. 재원통유. 계해출사. 명리량전. 임술, 수림절지. 파직이귀.

➡ 이 사주는 목왕이 월령을 잡고 또 수의 생을 얻었으니 사면에 다 재살을 만나 금이 극히 쇠약하여 목과 같다. 그래서 乙丑대운에서

토금이 왕성해지니 가업이 깨어져서 완전히 망하고, 甲子대운에서 북방의 수가 왕해지니 재의 근원으로 통했다. 癸亥에 벼슬길로 나아가서 명리가 넉넉했는데, 壬戌대운에는 수가 절지에 임해서 파직되어 고향으로 돌아갔다.

【 강의 】

이 사주는 종재하는 구조라고 봐도 되겠다. 년간의 己土는 너무 무력해서 도움이 되지 못하는 구조로 보이기 때문이다.

```
辛    壬    辛    壬
丑    子    亥    寅

己 戊 丁 丙 乙 甲 癸 壬
未 午 巳 辰 卯 寅 丑 子
```

此造壬水生於孟冬. 支類北方. 干皆金水. 水太旺者, 似土也. 喜其寅木吐秀. 至甲寅運. 早遂青雲之志. 可謂才藻翩翩. 輝映杏壇桃李. 文思奕奕. 光騰藥籠參苓. 乙卯運, 宦途順利. 交丙而亡.

차조임수생어맹동. 지류북방. 간개금수. 수태왕자, 사토야. 희기인목토수. 지갑인운. 조수청운지지. 가위재조편편. 휘영행단도리. 문사혁혁. 광등약롱삼령. 을묘운, 환도순리. 교병이망.

▶이 사주는 임수가 亥月에 생하여 지지에도 북방이고 천간은 모두 金水이다. 수가 태왕하여 토와 같은데 寅木이 수기를 토하니 기쁘다.

甲寅운이 되면서 일찍이 청운의 뜻을 품었는데 가히 재주가 월등히 뛰어나고 휘영하게 비치기는 살구나무와 복숭아와 오얏 같았고 글의 깊이는 변화가 무궁했으며 빛이 나기는 약장의 인삼과 복령 같았다. 乙卯운에서 벼슬의 길이 순탄하여 이익이 많았는데, 丙火운으로 바뀌면서 죽었다.

【 강의 】

그냥 쉬운 글로 표현해도 될 텐데 괜히 어렵게 써서 낭월이 골탕을 먹는다. 편편이니 혁혁이니 하는 말은 실제로 그다지 쓰일 기회가 없는 용어들이다. 게으른 후학의 넋두리이다.

年支의 식신을 용신으로 삼는 구조이고, 식신을 쓴다면 재성이 희신인 것으로 봐도 되겠다. 사주의 구조에서 천간에 木이 하나도 없어서 丙火대운을 수용하지 못했던 것으로 보인다.

	庚	壬	癸	癸			
	子	子	亥	亥			
乙	丙	丁	戊	己	庚	辛	壬
卯	辰	巳	午	未	申	酉	戌

此造四柱皆水. 一無剋洩. 其勢沖奔. 不可過也. 初運壬戌. 支逢土旺. 早見刑喪. 辛酉, 庚申. 干支皆金. 所謂月印千江銀作浪. 門臨五福錦鋪花. 交己未, 妻子皆傷. 家業破盡. 戊午運, 貧乏不堪. 憂鬱而卒.

차조사주개수. 일무극설. 기세충분. 불가과야. 초운임술. 지봉토왕. 조견형상. 신유, 경신. 간지개금. 소위월인천강은작랑. 문림오복금포화. 교기미, 처자개상. 가업파진. 무오운, 빈핍불감. 우울이졸.

➥이 사주는 전체가 수이고 전혀 극설이 없어 그 세력이 넘치니 지나치면 불가하다. 초운에서 壬戌은 지지에 토왕을 만나서 일찍이 고통을 받았고, 辛酉와 庚申에는 간지가 모두 금이니 이른바 달이 천강에 비치니 은물결이 수면에 일렁이고, 문전에 오복이 임하니 비단에 꽃으로 수를 놓았다고 하겠다. 己未대운으로 바뀌면서 처자가 다 상하고 가업이 완전히 망했으며, 戊午운에서는 가난함이 너무 심해서 견디기가 어려웠다가 우울증으로 죽었다.

【 강의 】

넘치는 수의 기운을 설기하는 목이 하나도 없음이 못내 아쉽다. 종왕격으로 봐야 하겠고, 운에서 목이 와주지 못하고 도리어 토화가 오는 바람에 망쳤다고 해도 과언이 아니다.

癸	壬	乙	丙
卯	午	未	辰

癸	壬	辛	庚	己	戊	丁	丙
卯	寅	丑	子	亥	戌	酉	申

此火土當權. 又逢木助. 五行無金. 水太衰者, 似金也. 初交丙申丁酉. 蓋頭是火. 使申酉不能生水. 財喜竝旺. 戊戌運中. 家業饒裕. 己亥, 土無根. 還喜支會木局. 雖有破耗, 而無大患. 一交庚子. 家破人亡.

차화토당권. 우봉목조. 오행무금. 수태쇠자, 사금야. 초교병신정유. 개두시화. 사신유불능생수. 재희병왕. 무술운중. 가업요유. 기해, 토무근. 환희지회목국. 수유파모, 이무대환. 일교경자. 가파인망.

➡ 이 경우에는 火土가 월령을 잡고 또 목의 도움도 만났는데 오행에서 금이 없으니 수가 크게 쇠약하여 금과 같다고 하겠다. 초운에 丙申과 丁酉에서 개두된 불이 있어서 申酉는 수를 생조하기가 불가능했으니 재물과 즐거움이 함께 따랐다. 戊戌운에서는 가업이 넉넉했는데, 己亥운은 토가 뿌리가 없고 도리어 지지에 목국이 된 것이 기쁘다. 비록 파모는 있었으나 큰 근심은 아니었는데, 한번 庚子운으로 바뀌자 집이 망하고 사람이 죽었다.

【 강의 】

일리가 있는 설명이라고 동의를 하면서도 여전히 시간의 癸水에 신경이 쓰인다. 그래서 한 번만 더 확인을 해보고 넘어가라는 말씀을 드린다.

丙	壬	戊	癸
午	寅	午	卯

庚	辛	壬	癸	甲	乙	丙	丁
戌	亥	子	丑	寅	卯	辰	巳

此造丙火當權. 戊癸從化. 熇乾壬水. 水衰極者, 似火也. 初運逢火. 從其火旺. 豊衣足食. 乙卯, 甲寅. 名利雙全. 癸丑, 爭官奪財. 破耗而亡.

차조병화당권. 무계종화. 픽건임수. 수쇠극자, 사화야. 초운봉화. 종기화왕. 풍의족식. 을묘, 갑인. 명리쌍전. 계축, 쟁관탈재. 파모이망.

➡ 이 사주는 병화가 월령을 잡고 戊癸도 합화가 되었으니 壬水는 바짝바짝 말라 버려서 수가 극히 쇠약한 것은 화와 같다. 초운에서 화를 만났는데 그 화의 왕함을 따라서 의식이 풍요로웠고, 乙卯와 甲寅은 명리가 쌍전했다. 癸丑운에는 관성과 쟁탈을 벌이고 재물을 쟁탈하니 다 흩어지고 죽었다.

【강의】

이 사주는 종아생재격으로 봐서 의문이 없겠다. 연간의 계수가 이미 무계합으로 화해 버리는 상황이기 때문이다. 운이 짧은 것이 아쉽다.

以上二十造. 五行極旺極衰. 不得中和之氣. 原註云旺中有衰者存. 衰中有旺者存. 卽太旺宜洩, 太衰宜剋之理也. 旺之極者不可損. 衰之極者不可益. 卽旺極宜生, 弱極宜洩之理也. 特選此爲證. 又按太旺宜洩, 旺極宜生者. 卽從强從旺也. (參觀獨象方局從象.) 太衰宜剋, 衰極宜洩者. 卽從財官從兒也. (參觀從氣從勢.) 所云似木, 似火, 似土. 乃譬喩之詞. 學者宜會其意. 不可執着也.

이상이십조. 오행극왕극쇠. 부득중화지기. 원주운왕중유쇠자존. 쇠중유왕자존. 즉태왕의설, 태쇠의극지리야. 왕지극자불가손. 쇠지극자불가익. 즉왕극의생, 약극의설지리야. 특선차위증. 우안태왕의설, 왕극의생자. 즉종강종왕야. (참관독상방국종상.) 태쇠의극, 쇠극의설자. 즉종재관종아야. (참관종기종세.) 소운사목, 사화, 사토. 내비유지사. 학자의회기의. 불가집착야.

➡ 이상 20개의 사주는 오행이 극히 왕하거나 극히 쇠한 경우인데 중화의 기운을 얻지 못한 상황들이다. 원주에는 '왕한 가운데에도 쇠함이 있고, 쇠한 가운데에도 왕함이 있으니 즉 태왕한 것은 설하는 것이 마땅하고 태쇠한 것은 극하는 것이 마땅하다.' 는 이치이다. 왕하여 극에 달하면 손상을 하기에는 불가능하고, 쇠함의 극에 달한 경우에는 도와 줘봐야 이익이 없으니 즉 왕이 극에 달한 자는 생을 해줘야 하고, 쇠가 극에 달한 자는 설해야 마땅한 이치이다. 그리하여 특히 여기에 증거로서 뽑은 사주이다. 또 살피건대 태왕하면 설해야 마땅하고 왕이 극하면 생해야 한다는 것은 從强이거나 從旺을 말하는 것이다. (독상과 방국과 종상을 참고해 보라.) 태쇠하면 극을 해야 하고 쇠가 극에 달하면 설해야 한다는 것은 즉 從財觀이나 從兒를 두고 하는 말이다. (종기와 종세를 참고해 보라.) 말하는 중에 목

과 같으니 화와 같으니 토와 같으니 하는 것은 비유적으로 하는 말이니 학자는 마땅히 그 뜻을 알면 되겠고 집착을 할 것은 아니다.

【 강의 】

이 부분은 결산을 하는 셈인데 철초 선생과 낙오 선생의 의견이 섞여 있는 듯싶다. 내용은 충분히 이해가 되므로 부연 설명을 하지 않아도 되겠다.

그러나저러나 이 대목에서는 좀 지루한 감이 든다. 두세 개 정도로 마무리해도 될 것을 20개나 모아 놓으시는 바람에 그렇게 되었지만 공부하는 입장에서는 하나라도 더 봐야 하므로 사양할 처지가 아니니 오히려 고맙다고 해야 할 모양이다. 인내심으로 잘 참아 주어서 다행이다. 이제 이보다 더 지루한 내용은 나오지 않을 터이므로 다시 심기일전해서 새로운 마음으로 공부에 임하도록 하자.

제6장 중화(中和)

【滴天髓】

旣識中和之正理. 而於五行之妙. 有能全焉.
기 식 중 화 지 정 리. 이 어 오 행 지 묘. 유 능 전 언.

◐ 이미 중화의 바른 이치를 알았다면 오행의 오묘함을 능히 깨달았으리라.

【滴天髓徵義】

中和者, 命中之正理也. 旣得中和之正氣. 又何患名利之不遂耶. 夫一世優游無抑鬱而暢遂者. 少險阻而迪吉者. 爲人孝友而無驕諂者. 居必耿介而不苟且者. 皆得中和之正氣也. 至若身弱而旺地取富貴, 身旺而弱地取富貴者. 必四柱有所缺陷. 或財輕劫重. 或官衰傷旺. 或煞强制弱. 或制强殺弱. 此種雖不得中和之理. 其氣却亦純正. 爲人恩怨分明. 惟柱中有所缺陷. 或運又乖違. 因而妻子財祿. 各有不足. 如財輕劫重妻不足. 制强殺弱子不足. 官衰傷旺名不足. 殺强制弱財不足. 其人或志高氣傲. 雖貧無諂. 後至歲運補其不足. 去其有餘. 仍得中和之理. 定然起發於後. 有等見富貴而生諂容. 遇貧窮而作驕態. 必四柱偏氣古怪. 五行不得其正. 故心事奸貪. 作事僥倖也. 若所謂有病有藥. 吉凶易驗. 無病無藥. 禍福難知. 此論仍失之偏. 大凡有病者, 顯而易取. 無病者, 隱而難推. 然總以中和爲主. 猶如人之無病. 則四肢健旺. 營衛調和. 行止自由. 諸多安適. 設使有病則憂多樂少. 擧動艱難. 如遇良藥則可. 若無良藥醫之. 豈不爲終身之患乎.

중화자, 명중지정리야. 기득중화지정기. 우하환명리지불수야. 부일세우유무억울이창수자. 소험조이적길자. 위인효우이무교첨자. 거필경개이불구차자. 개득중화지정기야. 지약신약이왕지취부귀, 신왕이약지취부귀자. 필사주유소결함. 혹재경겁중. 혹관쇠상왕. 혹살강제약. 혹제강살약. 차종수부득중화지리. 기기각역순정. 위인은원분명. 유주중유소결함. 혹운우괴위. 인이처자재록. 각유부족. 여재경겁중처부족. 제강살약자부족. 관쇠상왕명부족. 살강제약재부족. 기인혹지고기오. 수빈무함. 후지세운보기부족. 거기유여. 잉득중화지리. 정연기발어후. 유등견부귀이생첨용. 우빈궁이작교태. 필사주편기고괴. 오행부득기정. 고심사간탐. 작사요행야. 약소위유병유약. 길흉역험. 무병무약. 화복난지. 차론잉실지편. 대범유병자, 현이역취. 무병자, 은이난추. 연총이중화위주. 유여인지무병. 즉사지건왕. 영위조화. 행지자유. 제다안적. 설사유병즉우다락소. 거동간난. 여우량약즉가. 약무량약의지. 기불위종신지환호.

◆ 중화라는 것은 팔자의 바른 이치를 말한다. 이미 중화의 바른 기

운을 얻은 사주라면 또 명예와 부귀가 따르지 않을 것을 왜 고민하겠는가. 대저 한평생을 살면서 넉넉하게 노닐고 억울한 것이 없이 발전해 나가는 자와, 험난한 장애가 적고 길한 방향으로 진행하는 자와, 사람됨이 부모에게 효성스럽고 형제간에 우애가 있으며 교만하거나 아첨하지 않는 자와, 살아가면서 그 마음이 밝고 당당해서 구차하지 않은 자는 모두 다 중화의 바른 기운을 얻은 것이다.

그리고 만약 신약한데 왕성한 운에서 부귀를 취하거나 신왕한데 약한(극설의) 운에서 부귀를 취하는 것은 사주에서의 결함이 있어서이다. 즉 재가 약하고 겁재가 많았거나, 관이 쇠약한데 상관이 왕했거나, 살이 강하고 제어가 약했거나, 제어는 강하고 살이 약했거나 하는 이런 온갖 종류는 비록 중화의 바른 이치를 얻지는 못했지만 그 기운이 도리어 순정하고 위인이 은혜와 원수를 분명히 하니, 오직 사주 가운데에서 결함이 있거나 운에서 일그러지고 어겼거나 한 것이니 이로 말미암아 처자나 재물과 벼슬이 각각 부족함이 있을 것이다.

만약 재가 약하고 겁재가 많으면 처가 부족할 것이고, 제어가 강하고 살이 약하다면 자식이 부족할 것이며, 관이 쇠약하고 상관이 왕하다면 명예가 부족하고, 살이 강한데 제어가 약하면 재물이 부족하니, 그 사람이 혹 뜻은 높고 기상이 웅장하니 비록 가난하더라도 아첨을 하지 않다가 후에 운에서 그 부족함을 보충해 주거나 그 넘치는 것을 제거해 준다면 비로소 중화의 이치를 얻으니 반드시 뒤에 일어나서 발전하게 된다.

몇몇 종류의 부귀를 보면 아첨하는 얼굴로 바꾸고 가난하고 곤궁한 사람을 만나면 교만한 자태를 뽐내는 자는 반드시 사주가 치우친 기운이 되어 괴이할 것이며 오행이 그 바름을 얻지 못한 것이다. 그러므로 마음이 하는 일은 간사하고 탐욕스러우며 하는 일은 늘 요행이나 바라게 된다.

만약 병이 있어 약이 있으면 길흉이 쉽게 나타나고, 병도 없고 약도 없는 사주라면 좋고 나쁜 것을 알기 어렵다고 하는 말은 오히려 중화를 잃고 치우쳤다고 하겠다. 대저 병이 있다는 것은 용신을 취하기가 쉽다는 말이고, 병이 없다는 것은 숨어 있어서 추리하기가 어렵다는 말이다. 그러나 한마디로 한다면 중화가 위주가 되어야 하니, 만일 어떤 사람이 병이 없다면 사지가 건강할 것이고 하는 일도 조화를 얻어서 가고 오고 멈추는 것이 자유로울 것이니 늘 편안함이 많을 것이다. 만일 병이 있다고 한다면 근심이 많고 즐거움이 적을 것이며 거동에도 어려움이 따를 것인데, 좋은 약을 얻는다면 그래도 다행이지만 좋은 약이나 훌륭한 의사를 만나지 못한다면 어찌 죽을 때까지 근심이 되지 않겠는가?

【 강의 】

이 대목에서는 원문과 철초 선생 말씀에 약간 차이가 있음을 느낀다. 원문에서는 공부하는 사람이 중화의 소식을 이해했다면 이제 공부는 다된 것이라는 졸업장처럼 느껴지는 내용인 데 비해서 철초 선생은 역시 철저하게 사주로 연결시켜서 사주가 중화를 이뤘는지 아닌지를 알아야 한다는 말씀을 하시는데 아무런 불만이 없다. 지당하신 말씀이고 그대로 이치에 합당하다.

내용이 논리적이어서 특별히 토를 달 만한 곳도 보이지 않거니와 거기다가 마지막 구절에서 병약용신에 대해서는 따끔한 일침을 가하는 장면이 나와 심섬하지 않다고 해야겠다. 진소암(陳素庵) 선생이 주장하는 '병이 없고 약이 없으면 좋은 사주가 아니다.' 는 식의 오해가 있을 만한 내용에 대해서 꼬집고 있는 것으로 이해가 되는데, 당연한 말씀이다. 병이 없고 약이 없는 것이 더 좋은 자연의 법칙임에도 불구하고 너무 병에만 연연했다는 생각이 들기 때문인데, 이러한 점에서 혼란을 겪을까 봐 염려하신 철초 선생께서 그냥 지나치지 못하고 이미 중화를 잃어버린 병약의 논리에 너무 매일 필요가 없다는 말씀으로 불을 끈다고 하겠다.

역시 자평의 이치는 중화에 있으며 이 중화의 이치를 바로 이해하는 것이 도를 이해하는 것과 같지 않겠느냐는 생각이 든다. 이 중화야말로 자평의 핵심 논리라고 하겠다.

　넘치면 덜어 주고
　적은 것은 보태 주고
　강한 것은 눌러 주고
　약한 것은 보호하라

바로 이것이 중화의 참된 이치이다. 그러므로 이 이치에서 벗어난 이야기는 모두 쓸어서 쓰레기통으로 가져 가야겠다. 아직도 이러한 중화의 깊은 이치를 얻지 못하고 겉으로만 맴돌고 있는 수많은 명리학의 동호인들이 하루빨리 이 소식을 얻을 수 있기를 기원한다.

```
癸  癸  甲  辛
亥  卯  午  巳
丙 丁 戊 己 庚 辛 壬 癸
戌 亥 子 丑 寅 卯 辰 巳
```

癸卯日元. 生於亥時. 日主之氣已貫. 喜其無土. 財旺自能生官. 更妙巳亥遙沖. 去火存金. 印星得用. 木火受制. 體用不傷. 中和純粹. 爲人, 知識深沈. 器重荊山璞玉. 才華卓越. 光浮鑑水珠璣. 庚運, 助辛制甲. 自應台曜高躔. 郎映紫薇之彩. 鼎居左列. 輝騰廊廟之光. 微嫌亥卯拱木. 木旺金衰. 未免嗣息艱難也.

계묘일원. 생어해시. 일주지기이관. 희기무토. 재왕자능생관. 갱묘사해요충. 거화존금. 인성득용. 목화수제. 체용불상. 중화순수. 위인, 지식심침. 기중형산박옥. 재화탁월. 광부감수주기. 경운, 조신제갑. 자응태요고전. 낭영자미지채. 정거좌렬. 휘등랑묘지광. 미혐해묘공목. 목왕금쇠. 미면사식간난야.

▶ 癸卯일주가 亥時에 났다. 일주의 기운은 이미 통해 있으니 토가 없는 것이 반갑다. 재가 왕하니 스스로 관을 생하기 때문이다. 다시 묘한 것은 巳亥의 충이 서로 바라보고 있어서 불을 제어하고 금을 보호하는 것이다. 인성이 용신을 얻으니 木火는 제어를 받아서 체와 용이 상하지 않는 모습에서 중화를 얻었다고 하겠다. 사람됨과 지식이 매우 깊고 그릇은 형산의 박옥처럼 품위가 있었으며 재주는 탁월하여 감수의 빛나는 구슬과 같았는데, 庚운에서 신금을 돕고 갑목을 제어하여 스스로 높은 지위에 올랐으며 밝은 빛이 찬란한 색채로 비

춰 줬다. 벼슬은 우의정이 되었고 조정에서도 특별히 이름을 날렸다. 약간 싫은 것은 해묘의 합목이 되는 것인데 목이 왕하면 금이 쇠하게 되니 자식을 얻기가 어려움은 면치 못했던 것이다.

【강의】

중화라기보다는 약간 신약한 상황이 되었다고 해야 옳을 터인데 중화라고 하신 것을 보면 철초 선생이 좋은 감정을 갖고 있던 사람인 모양이다. 그리고 이쯤 읽었다면 巳亥충은 괜히 해본 말씀이라는 것도 짐작했으리라고 본다. 水生木하고 木生火하는 상황이므로 巳亥충이란 말은 합당하지 않아서이다. 용신이 너무 약한데 운이 도움을 주어 약점을 보완했다는 것으로 이해하면 되겠다.

戊	癸	丙	己
午	未	子	酉

戊	己	庚	辛	壬	癸	甲	乙
辰	巳	午	未	申	酉	戌	亥

癸日子月. 似乎旺相. 不知財殺太重. 旺中變弱. 局中無木. 混濁不淸. 陰內陽外之象. 月透財星. 其心意必欲愛之. 時逢官殺. 其心志必欲合之. 所以權謀異衆. 才略過人. 出身本微. 心術不端. 癸酉, 得逢際遇. 由佐貳至觀察. 奢華逢迎. 無出其右. 至未運, 不能免禍. 所謂欲不除似蛾撲燈. 焚身乃止也.
계일자월. 사호왕상. 부지재살태중. 왕중변약. 국중무목. 혼

탁불청. 음내양외지상. 월투재성. 기심의필욕애지. 시봉관살. 기심지필욕합지. 소이권모이중. 재략과인. 출신본미. 심술부단. 계유, 득봉제우. 유좌이지관찰. 사화봉영. 무출기우. 지미운, 불능면화. 소위욕불제사아박등. 분신내지야.

➡ 癸水가 子月에 났으니 왕상한 것처럼 보인다면 재살이 태중함을 모르고 있는 것이다. 왕한 가운데 약한 것으로 변했으니 사주에 木이 없어서이다. 혼탁하고 청하지 못하니 속은 음험하고 밖으로는 양명한 형상이라고 하겠다. 월간에 재성이 투출하였으니 그 마음에 반드시 사랑하고자 할 것이고, 시에는 관성이 가까이 있으니 그 마음에 반드시 합을 하고자 할 것이다. 이른바 권력을 도모함이 보통 사람과 달랐으며 재주와 계략은 사람을 압도했다. 출신은 본래 미미했는데, 마음의 재간이 한두 가지가 아니었던 것이다. 癸酉대운에서는 좋은 인연을 만났고 이로 말미암아 좌이의 벼슬을 하다가 관찰사로 나아갔는데, 사치하고 호사스러움을 너무 좋아해서 그와 견줄 사람이 없을 정도였다. 未운이 되자 재앙을 면하지 못했는데, 불을 보고 탐해서 달려드는 나방이 자신의 몸을 태울 줄은 모르더라는 말과 같이 그렇게 몸을 태우고 삶을 마쳤다.

【 강의 】

철초 선생은 사치에 대해서는 특별히 거부감을 갖고 계신 것 같다. 이러한 대목에서는 꼭 한 말씀 추가하고 넘어가시니 말이다. 실로 인생을 살아가는 것이 하루 밥 세 그릇이라고 한다면 고량진미로 호사스럽게 낭비하는 것은 생각 있는 학자의 눈에는 모두 빚을 지는 것으로 보일 만하겠다. 이 사람도 그렇게 전생에 해보지 못한 것을 원도 한도 없이 마음껏 해보고는 장렬하게(?) 죽어 간 것이니 구태여 탓할 필요가 없다는 것은 낭월의 생각이다.

戊	戊	庚	庚
午	辰	辰	申

戊	丁	丙	乙	甲	癸	壬	辛
子	亥	戌	酉	申	未	午	巳

　　戊土生於季春午時. 似乎旺相. 第春時虛土. 非比六九月之實也. 且兩辰蓄水爲濕. 足以洩火生金. 干透兩庚. 支會申辰. 日主過洩. 用神必在午. 喜水木不見. 日主印綬不傷. 精神旺足. 純粹中和. 一生宦海無破. 三十餘年太平宰相. 直至子運, 會水局, 不祿. 壽已八旬矣.

　　무토생어계춘오시. 사호왕상. 제춘시허토. 비비륙구월지실야. 차량진축수위습. 족이설화생금. 간투량경. 지회신진. 일주과설. 용신필재오. 희수목불견. 일주인수불상. 정신왕족. 순수중화. 일생환해무파. 삼십여년태평재상. 직지자운, 회수국, 불록. 수이팔순의.

▶戊土가 辰月의 午時에 났으니 戊土가 왕성한 것으로 보인다. 다음으로 봄의 토가 허약하니 6월이나 9월의 토에 비할 바가 아니라는 것을 생각해야 한다. 또 진토는 물을 머금고 습하게 되었으니 족히 화를 설하고 금을 생하겠다. 천간에 투출한 두 개의 경금과 지지의

申辰합은 일주의 기운을 지나치게 설기한다. 용신은 반드시 午火에 있는데, 水木이 보이지 않음이 기쁘다. 일주와 인성이 손상을 받지 않으니 정신이 넉넉하고 순수하여 중화를 이뤘다. 일생 벼슬의 바다에서 파란이 없었으며 30여 년 동안 태평 시대의 재상을 했는데, 子水운이 되면서 수국이 되는 바람에 죽었으니 수명은 팔순이었다.

【 강의 】

이 사주는 참으로 청하다는 생각이 든다. 청탁에 대해 이해하려면 이러한 사주에서 그 감을 잡으면 충분히 접근할 수 있겠다. 다만 철초 선생은 신약하다고 보았는데, 실제로는 그리 약해 보이는 사주가 아니라 중화를 이루고 있는 사주라고 해야 하지 않을까 하는 것도 역시 낭월의 생각이다. 그런데 실은 서낙오 선생도 『적천수보주(滴天髓補註)』에서 이 사주를 놓고 신왕해서 식신으로 용신을 해야 한다고 설명하였다. 그래서 학자들 사이에 생각의 차이가 있겠구나 싶다. 다만 철초 선생이 신약하다고 본 것은 子水대운에서 삶을 마감했기 때문인데, 그래도 의문이 남는 것은 금수의 운에서 크게 발하여 30년을 재상으로 살았다면 아무래도 식신이 생재를 한 까닭으로 설명해야 하지 않을까 하는 것이다. 그래서 자수대운에 죽은 것은 이미 천수가 다되어서 그렇다고 하고 싶다. 이렇게 너무 실제적인 상황에 비중을 두다 보면 혹 잘 본 용신에 대해서도 변경해야 할 일이 생길 수도 있고, 실은 내용 중에서 외격으로 간 상당수의 사주들이 이러한 원인으로 그렇게 설명되지 않았을까 하는 생각이 든다.

여하튼 이제 『적천수징의』로 따져서는 3권이 다 넘어갔다. 절반이 된 셈이다. 앞으로도 벗님의 여전한 분발을 기대해 본다.

제7장 원류(源流)

【滴天髓】

何處起根源. 流到何方住. 機括此中求. 知來亦知去.
하 처 기 근 원. 유 도 하 방 주. 기 괄 차 중 구. 지 래 역 지 거.

◐ 어느 곳에서 근원의 뿌리가 되어
  어느 곳에서 흘러서 멈추는가
  이 속에서 기틀을 구한다면
  오는 것도 가는 것도 알게 된다네

【滴天髓徵義】

  源頭者, 四柱中之旺神也. 不論財官印綬食傷比劫之類. 皆可爲源頭也. 總要流通生化. 收局得美爲佳. 或起於比劫. 止於財官, 爲喜. 或起於財官. 止於比劫爲忌. 如山川之發脈來龍. 認氣於大父母, 看尊星. 認氣於眞子息, 看主星. 認氣於方交媾, 看胎伏星. 認氣於胎育, 看胎息星. 認氣於化煞爲權, 看解星. 認氣於絶處逢生, 看恩星. 認源之氣以勢. 認流之氣以情. 故源頭流住之地. 卽山川結穴之所也. 不可以不究. 源頭阻節之氣. 卽來龍破損隔絶之意也. 不可以不察. 看其源頭流止之處何地. 以知其誰興誰替. 看其阻節之神何神. 以論其何吉何凶.

如源頭起於年月是食神. 住於月時是財官. 則上叨祖父之蔭. 下享兒孫之福. 或起於年月是財官. 住於日時是傷劫. 則破敗祖業. 刑妻剋子. 如起於日時是財官. 住於年月是食印. 則上與祖父爭光. 下與子孫立業. 或起於日時是財官. 住於年月是傷劫. 則祖業難享. 自刱維新. 流住年是官印者. 知其祖上清高. 是傷劫者, 知其祖上寒微. 流住月是財官者. 知其父母創業. 是傷劫者, 知其父母破敗. 流住日時是財官食印者. 必自手成家. 或妻賢子貴. 流住日時是傷劫梟神者. 必妻陋子劣. 或因妻招禍. 破家受辱. 然又要看日主之喜忌斷之. 無不驗也.

如源頭流住之地. 有阻節隔絶之神, 是偏正印綬. 必爲長輩之禍. 柱中又有財星相制. 必得妻賢之助. 如有比劫之化. 或得兄弟相扶. 如阻節是比劫. 必遭兄弟之累, 或不和. 柱中有官星相制. 必得賢貴之解. 如有食傷之化. 或得子姪之助. 如阻節是財星. 必遭妻妾之禍. 柱中有比劫相制. 必得兄弟之助. 或兄弟愛敬. 如有官星之化. 或得賢貴提攜. 如阻節是食傷. 必受子孫之累. 柱中有印綬相制. 必叨長輩之福. 或親長提拔. 有財星之化. 必得美妻. 或中饋多能. 如阻節是官煞. 必遭官刑之禍. 柱中有食傷相制. 必得子姪之力. 有印綬之化. 必仗長輩之助. 然又要看用神之宜忌論之. 無不應也.

如源頭流住是官星. 又是日主之用神. 就名, 貴顯者十居八九. 如是財星. 又是日主之用神. 就利, 發財者十居八九. 如是印星.

又是日主之用神. 有文望而淸高者十居八九. 如是食傷. 又是日主之用神. 財子兩美者十居八九. 如日主以官星爲忌神. 爲官遭禍傾家者有之. 如日主以財星爲忌. 爲財喪身敗名節者有之. 如日主以印星爲忌神. 爲文書傷時犯忌而受殃者有之. 如日主以食傷爲忌神. 爲子孫受累而絶嗣者有之. 此窮極源流之正理. 不同俗書之謬論也.

원두자, 사주중지왕신야. 불론재관인수식상비겁지류. 개가위원두야. 총요류통생화. 수국득미위가. 혹기어비겁. 지어재관, 위희. 혹기어재관. 지어비겁위기. 여산천지발맥래룡. 인기어대부모, 간존성. 인기어진자식, 간주성. 인기어방교구, 간태복성. 인기어태육, 간태식성. 인기어화살위권, 간해성. 인기어절처봉생, 간은성. 인원지기이세. 인류지기이정. 고원두류주지지. 즉산천결혈지소야. 불가이불구. 원두조절지기. 즉래룡파손격절지의야. 불가이불찰. 간기원두류지지처하지. 이지기수홍수체. 간기조절지신하신. 이론기하길하흉.

여원두기어년월시식신. 주어월시시재관. 즉상도조부지음. 하향아손지복. 혹기어년월시재관. 주어일시시상겁. 즉파패조업. 형처극자. 여기어일시시재관. 주어년월시식인. 즉상여조부쟁광. 하여자손립업. 혹기어일시시재관. 주어년월시상겁. 즉조업난향. 자창유신. 유주년시관인자. 지기조상청고. 시상겁자, 지기조상한미. 유주월시재관자. 지기부모창업. 시상겁자, 지기부모파패. 유주일시시재관식인자. 필자수성가. 혹처현자귀. 유주일시시상겁효신자. 필처루자열. 혹인처초화. 파가수욕. 연우요간일주지희기단지. 무불험야.

여원두류주지지. 유조절격절지신, 시편정인수. 필위장배지화. 주중우유재성상제. 필득처현지조. 여유비겁지화. 혹득형제상부. 여조절시비겁. 필조형제지루, 혹불화. 주중유관성상제. 필득현귀지해. 여유식상지화. 혹득자질지조. 여조절시재성. 필조처첩지화. 주중유비겁상제. 필득형제지조. 혹형제애경. 여유관성지화. 혹득현귀제휴. 여조절시식상. 필수자손지루. 주중유인수상제. 필도장배지복. 혹친장제발. 유재성지화. 필득미처. 혹중궤다능. 여조절시관살. 필조관형지화. 주중유식상상제. 필득자질지력. 유인수지화. 필장장배지조. 연우요간용신지의기론지. 무불응야.

　여원두류주시관성. 우시일주지용신. 취명, 귀현자십거팔구. 여시재성. 우시일주지용신. 취리, 발재자십거팔구. 여시인성. 우시일주지용신. 유문망이청고자십거팔구. 여시식상. 우시일주지용신. 재자량미자십거팔구. 여일주이관성위기신. 위관조화경가자유지. 여일주이재성위기. 위재상신패명절자유지. 여일주이인성위기신. 위문서상시범기이수앙자유지. 여일주이식상위기신. 위자손수루이절사자유지. 차궁극원류지정리. 부동속서지류론야.

◆ 근원의 머리라는 것은 사주에서 가장 왕성한 성분을 말한다. 재관인수나 식상비겁을 막론하고 다 원두가 될 수 있는 것이다. 한마디로 요하는 것은 유통과 생화이다. 사주에서 아름다운 곳을 얻으면 아름답게 되니 혹 비겁에서 일어나서 재관에서 머무르는 것은 반갑지만, 재관에서 일어나서 비겁에서 머무른다면 꺼린다. 예를 들어 산천에서 흐르고 있는 산맥의 발원을 보면 부모의 상황을 알게 되고, 기운으로 자식에 대해서 아는 것은 주성을 보면 되고, 서로 섞이

는 것은 태복성을 보고서 알며, 아이를 잘 기를 수 있는가에 대해서는 태식성을 보면 알게 된다. 권세를 잡을 수 있는지는 해성을 보면 알고, 절처에서 도움을 만날 인연이 있는지는 은성을 보면 알게 될 것이며, 근원의 기세를 보고서는 흐르는 기운의 정을 알게 되나니, 그러므로 원류의 머무는 곳은 즉 산천의 명당이 되는 것이니 연구를 해야 한다. 원두가 막혀 있다면 즉 흘러온 산맥(龍)이 중간에 끊김을 의미하는데 관찰하지 않으면 안 된다. 그 원두가 흘러서 멈추는 곳이 어느 곳인가에 따라서 누가 잘되고 누가 못 되는가를 살피고, 그 중간에 막고 있는 성분이 어느 글자인가를 봐서 길은 어떻고 흉은 어떤지를 알게 된다.

만약 원두가 年月에서 식신으로 일어났고 머무르기는 日時의 재관이라고 한다면 즉 위로는 조상의 음덕을 입고 아래로는 자손이 번창하며 영화를 누릴 것이고, 혹은 연월의 재관에서 일어나서 일시의 상관이나 겁재에 머무른다면 즉 조상의 유업을 망해 먹고 처자를 고생시킬 것이다. 만약 일시에서 재관으로 일어나서 연월의 식신이나 인성에서 머무른다면 위로는 조상과 부친과의 영광을 다투고 아래로는 자손이 가업을 세울 것이며, 혹 일시의 재관에서 일어나서 연월의 상관이나 겁재로 멈춘다면 조업을 누리기가 어렵고 스스로 새로이 창업을 하게 될 것이다. 흘러서 멈추는 곳이 연의 관인이라면 조상이 청고할 것이고, 이것이 상관이거나 겁재라면 조상이 추웠을 것이다. 또 흘러서 멈추는 곳이 월의 재관이라면 그 부모가 창업을 했음을, 이것이 상관이나 겁재라면 그 부모가 망해 먹었다는 것을 알겠다. 흘러서 멈추는 곳이 일시의 재관이나 식신이나 인성이라면 반드시 맨주먹으로 가문을 세운 사람이거나 혹은 처가 현명하고 자식은 귀하게 될 것이며, 흘러서 머무는 곳이 일시의 상관이나 겁재,

편인 등이라면 반드시 처는 누추하고 자식은 멍청하거나 혹은 처로 인해서 재앙을 맞이할 것이며 가문이 깨어지고 욕을 당할 것이다. 그러나 또한 중요한 것은 일주의 희기를 봐서 판단해야 할 것이기는 하되 잘 맞을 것이다.

만약에 원두가 흘러서 멈추는 곳에 중간을 막고 있는 글자가 있고 이것이 인성이라면 반드시 어른의 화를 당할 것이고, 사주에 재성이 있어서 서로 제어를 해준다면 반드시 처의 능력으로 도움을 받을 것이며, 비겁이 있어 화해 준다면 혹 형이나 아우의 도움을 입게 된다. 만약 중간에 막고 있는 것이 비겁이라면 반드시 형제나 자매의 인연으로 허물이 생길 것인데, 혹 모르겠다. 사주에 관성이 잘 제어해 준다면 반드시 어진 귀인을 만나서 해소가 될 수도 있을 것이다. 식상이 있어서 유통을 시켜 준다면 혹 아들이나 조카의 도움을 받을 것이고, 막고 있는 것이 재성이라면 처첩으로 말미암아 화를 입을 것인데 사주에 비겁의 도움이 있어서 제어가 된다면 반드시 형제의 도움을 입거나 혹은 형제가 우애가 있을 것이다. 만약 관성이 있어 화한다면 처가 귀인과 연결되어서 도움을 얻을 수도 있겠고, 혹 중간에 막고 있는 글자가 식신이라면 반드시 자손으로 인해서 허물을 받을 것이다. 주중에 인수가 있어서 제어해 준다면 반드시 어른의 복을 받아서 해소가 될 것이고 혹은 부모가 남들과 제휴를 해서 꺼내 줄 것이다. 그리고 재성의 유통이 있다면 반드시 아름다운 처를 얻거나 부인이 능력이 많다고 하겠다. 만약 중간에 막고 있는 글자가 관살이라면 반드시 관형의 재앙을 당할 것이고, 주중에 식상이 있어서 제어해 준다면 반드시 자식이나 조카의 도움을 얻을 것이고, 인성이 있어서 화해 준다면 반드시 어른의 도움을 입을 것이다. 그러나 또한 중요한 것은 용신의 옳고 꺼리는 것을 봐야 하는 것은 틀림

없으니 맞지 않음이 없을 것이다.

만약 원두가 흘러서 멈추는 곳이 관살이면서 또한 이것이 일간의 용신이기도 한다면 이름이 올라가고 귀한 곳에 거주하는 자가 10에 8, 9는 되고, 이 성분이 재성이면서 또 일주의 용신이라면 재물로 나아가서 돈을 버는 자가 10에 8, 9는 되며, 이 글자가 인성이면서 또 일주의 용신이라면 글이 뛰어나고 청고하게 사는 자가 10에 8, 9는 되며, 이 성분이 식상이라 하고 또 용신에 해당한다면 재물과 아들이 모두 아름다운 자가 10에 8, 9는 될 것이다. 만약 일주가 관성을 꺼린다면 재앙을 만나서 가세가 기울고, 일주가 재성을 꺼린다면 돈 때문에 몸을 상하고 명예와 절개가 꺾이며, 일주가 인성을 꺼리면 문서로 인해서 손상을 받거나 꺼리는 것을 범하여 재앙이 발생할 수 있고, 일주의 식상이 기신이라면 자손으로 인해서 허물을 받거나 자식이 없어서 대가 끊어지기도 할 것이니 이러한 것은 모두 원류의 올바른 이치에서 비롯되며 속서의 잘못된 논리와는 부합되지 않는 점이다.

【 강의 】

원류라는 말은 참 좋은 이야기임에는 틀림없다. 실로 원류를 생각할 겨를이 없는 사주가 대부분이라고 해도 과언이 아니기 때문에 이러한 용어를 생각나게 만드는 사주가 있다면 그 자체로서도 이미 일반적인 사주에는 비할 바가 아니라고 해야 할지도 모른다. 다만 원류가 되면서도 그에 따른 변화를 찾아야겠다는 설명인데 실은 말이 상당히 많아짐을 본다. 즉 처음에는 용신의 개념을 생략하고 십성의 명칭에 대한 좋고 나쁜 것에 집착해서 상관이나 겁재면 나쁘고 재관이면 좋다는 식의 설명을 했는데, 이는 철초 선생답지 않은 엉성한 논리라고 해야 하겠다. 아마도 이 부분에서는 누군가 대신 쓴 것이 아닌가 싶을 정도로 허술하기 짝이 없다.

다만 뒷부분에서 이러한 용신의 개념을 포함시켰기 때문에 다행이라고는 하겠는데, 간단하게 요약해도 될 이야기가 길어져서 한자를 찾느라고 고생하실 벗님들을 생각하니 괜히 죄송스럽다. 이러한 점을 가려서 살펴보시기 바란다. 다만 앞에서 산천의 흐름과 사주의 흐름을 연결시키려고 시도한 것은 음미해 볼 만하다. 실은 풍수학의 개념을 명리학에 응용할 수가 있다면 보는 시야가 더 넓어지지 않을까 하는 생각도 든다. 그러나 시도하다가도 뭔가 남의 다리를 긁는 기분이 들어서 그만두기는 하지만 눈이 밝다면 노력해 보는 것은 나쁘지 않으리라고 본다. 다만 너무 믿을 것은 없다는 말씀을 드리고 싶다. 역시 명리는 명리일 적에 가장 우수한 능력을 발휘하는 것이 아닌가 하는 생각이 들어서이다.

```
癸  丙  庚  辛
巳  寅  子  酉

壬 癸 甲 乙 丙 丁 戊 己
辰 巳 午 未 申 酉 戌 亥
```

此以金爲源頭. 流至寅木印綬生身. 更妙巳時得祿. 財又逢生. 官星透露. 淸純而有精神. 中和純粹. 起處亦佳. 歸局尤美. 詞林出身. 仕至通政. 一生無險. 名利雙輝.

차이금위원두. 유지인목인수생신. 갱묘사시득록. 재우봉생.

관성투로. 청순이유정신. 중화순수. 기처역가. 귀국우미. 사림출신. 사지통정. 일생무험. 명리쌍휘.

→ 이 경우에는 금으로 원두를 삼고 흘러서 멈추는 것은 인목의 인수가 되어서 일간을 생하고 있다. 다시 묘한 것은 사시에 녹을 얻은 것인데, 재성이 또 생을 만나고 관성이 투출되니 청순하면서 정신도 있다. 중화되어 순수한데 일어난 곳이 또한 아름답고 돌아가는 곳은 더욱 아름다우니 벼슬의 가문에서 태어나 지위는 통정에까지 이르고 일생 동안 험한 것이 없었으며 명리를 모두 휘날렸다.

【 강의 】

그야말로 좋은 이야기만 써놓았다. 다시 냉정히 살펴보면 병화가 매우 신약한데 앉은자리의 인성이 도와서 유지가 되는 것으로 신약용인격으로 봐야 하겠다. 재성이 과다해서 부담이 되는데 다행인 것은 子水가 중간에서 막아 주는 것이며, 더욱 다행인 것은 운이 남방으로 흘러 주는 것이다. 원두의 의미에서는 이해가 되지만 흐름이 원만하다고는 하기 어렵겠다. 협곡에서 카약을 타는 그림이 언뜻 떠오른다.

丙	戊	癸	辛
辰	申	巳	丑

乙	丙	丁	戊	己	庚	辛	壬
酉	戌	亥	子	丑	寅	卯	辰

此以火爲源頭. 流止水方. 更妙月時兩火之源. 皆得流通. 至金水歸局. 所以富有百萬. 貴至二品. 一生履險如夷. 所謂景星慶雲. 仰衆星之拱向. 花攢錦簇. 盼五福之騈臻.

차이화위원두. 유지수방. 갱묘월시량화지원. 개득류통. 지금수귀국. 소이부유백만. 귀지이품. 일생리험여이. 소위경성경운. 앙중성지공향. 화찬금족. 반오복지병진.

▶이 경우에는 화가 원두가 되어 흘러 흘러서 수의 방향에서 멈춘다. 다시 묘한 것은 월시에 두 불의 근원이 있다는 것이다. 모두 유통을 얻었는데, 金水에 머물러서 돌아가니 부의 재물은 백억이 되었고, 귀한 벼슬은 2품이었으며 일생 험한 곳을 거치지 않았으니 이른바 '보기 좋은 별과 경사스런 구름이니 많은 별들이 함께 우러러본다.'는 말과 같다. 비단 이불에 꽃을 수놓듯이 오복이 서로 경쟁이라도 하는 것처럼 달려들었다.

【 강의 】

부러운 이야기이다. 오복이 경쟁을 하다니 그럴 수도 있는 모양이다. 사주의 흐름을 보면 그리 좋다고 할 것도 없는데, 구조로 봐서는 월지가 사월에다가 병진시에 태어나서 크게 약하다고는 하기 어려우므로 거의 중화가 되어 있는 형상이다. 그러면 상관생재격의 구조인데, 재성이 인성을 눌러 줘서 결실에 해당하는 재물이 상당히 모였다고 할 수 있겠다.

```
甲  丙  辛  辛
午  子  卯  卯
癸 甲 乙 丙 丁 戊 己 庚
未 申 酉 戌 亥 子 丑 寅
```

此以木爲源頭. 五行無土. 不能流至金. 財官又隔絕. 冲而逢洩. 無生化之情. 初運庚寅. 叨上人之福. 己丑運, 合子洩火, 生金. 財福駢臻. 戊子土虛水旺. 暗助木神. 刑耗多端. 丁亥剋金會木. 家破人亡.

차이목위원두. 오행무토. 불능류지금. 재관우격절. 충이봉설. 무생화지정. 초운경인. 도상인지복. 기축운, 합자설화, 생금. 재복병진. 무자토허수왕. 암조목신. 형모다단. 정해극금회목. 가파인망.

➡ 이 경우에는 목이 원두가 되는데 오행 중에서 토가 없으니 금으로 흘러가기가 불가능하다. 재관은 또 중간에 막혀 있으니 충과 설을 당해서 생화의 정이 없다. 초운 庚寅에서는 조상의 도움이 넉넉했고, 己丑운에서는 자수와 합하고 화를 설하며 금을 생하니 재복이 넘쳤으나, 戊子운에서는 토가 허하고 수가 왕해서 목신을 생조하니 고통이 많았으며, 丁亥운에서는 금을 극하고 목이 국을 이루면서 가세가 깨어지고 사람은 죽었다.

【 강의 】

사주를 보면 신강하다고 해야겠는데, 재성이나 관성이 무력한 형상이다. 천간 토운에서 잘 지냈다는 것은 재성이 살아나서라고 하면 되겠고 지지의 수운은 관성이 살아나서인 모양인데, 정화의 운에서는 고통이 많았다면 재성이 용신이 되었던 것으로 봐야 하겠다.

```
丁  戊  壬  庚
巳  午  午  寅

庚 己 戊 丁 丙 乙 甲 癸
寅 丑 子 亥 戌 酉 申 未
```

此以火爲源頭. 年支寅木阻節. 月干壬水隔之. 不能流至金. 初運土金之地. 沖化阻節之神. 業同秋水春花盛. 人被堯天舜日恩. 一交丙戌. 支會火局. 梟神奪食. 破耗異常. 又剋一妻二妾四子. 至丁亥運. 干支皆合化木. 煢煢隻影. 孤苦不堪. 削髮爲僧.

凡富貴者. 未有不從源頭也. 分其貴賤. 全在收局一字定之. 去我濁氣. 作我喜神. 不貴亦富. 去我清氣. 作我忌神. 不貧亦賤. 學者當審察之.

차이화위원두. 연지인목조절. 월간임수격지. 불능류지금. 초운토금지지. 충화조절지신. 업동추수춘화성. 인피요천순일은. 일교병술. 지회화국. 효신탈식. 파모이상. 우극일처이첩사자. 지정해운. 간지개합화목. 경경척영. 고고불감. 삭발위승.

범부귀자. 미유부종원두야. 분기귀천. 전재수국일자정지. 거아탁기. 작아희신. 불귀역부. 거아청기. 작아기신. 불빈역천. 학자당심찰지.

▶이 경우에는 화를 원두로 삼는데 年支의 寅木이 막고 있다. 月干의 壬水도 (土生金을) 끊고 있으니 흘러서 금으로 가기가 불가능하다. 초운에서는 토금이라 막고 있는 글자를 충하고 화해서 가을 물과 같이 또는 봄의 꽃과 같이 무성했고, 사람은 태평성대를 누렸다. 한번 丙戌운으로 바뀌면서 지지에 화국이 되니 편인이 식신을 극하여 큰 손상을 입었으며 또 처자식을 극했고, 丁亥운에서는 간지가 모두 합이 되면서 근심이 두 배가 되니 외롭고 고통스러움을 참지 못하여 출가하여 스님이 되었다.

대저 부귀한 자는 원두에 따르지 않는 자가 없으니 그 귀천을 나눌 적에도 국에서 한 글자로 정해지게 마련이다. 그리하여 탁기를 제거하면 나의 희신이 되어 귀하지 않으면 부자라도 되지만, 나의 청기를 제거하면 기신이 되니 가난하지 않으면 또한 천하게 된다. 학자는 마땅히 깊이 살펴야 하리라.

【 강의 】

대체로 흐름이 발생하지 않으면 길게 버티지를 못하는가 하는 생각이 든다. 이 경우에는 흐름에 대해서 생각할 필요가 없는 사주인데, 용신을 보면 인성이 상당히 왕해서 월간의 壬水가 필요한 구조이고 임수는 다시 신약하고 무력해서 경금이 필요한 상황이다. 그래서 기인취재격이 되는 것으로 보면 마땅하겠다. 운에서는 병술을 만나는 바람에 다 깨어지고 절로 들어가고 말았다는데, 그래도 절이 있어서 다행이라고 해야 할 모양이다. 그나마도 없었더라면 어떻게 할 뻔했느냐는 생각이 들어서이다.

    마무리 겸해서 하시는 말씀은 원두에 대해서 신경 좀 써보라는 말씀인 듯하다. 참고할 만한 내용으로서 기본적으로 용신을 찾고 희용기구한을 정리할 정도의 실력이 된다면 이제 흐름에 대해서 생각해 보고 청탁에 관해서 이해해 볼 자격이 주어진 것으로 봐도 되겠다.

제8장 통관(通關)

【滴天髓】

> 關內有織女. 關外有牛郎. 此關若通也. 相遙入洞房.
> 관내유직녀. 관외유우랑. 차관약통야. 상요입동방.

🢂 관내에는 직녀가 있고 관 밖에는 견우가 있으니 이 관을 통하게 하여 서로 방으로 맞아들이네.

【滴天髓徵義】

　通關者, 引通剋制之神也. 所謂陰陽二用. 妙在氣交. 天降而下. 地升而上. 天干之氣動而專. 地支之氣靜而雜. 是故地運有推移. 而天氣從之. 天氣有轉徙. 而地運應之. 天氣動於上. 而人元應之. 人元動於下. 而天氣從之. 所以陰勝逢陽則止. 陽勝逢陰則佳. 是謂天地交泰. 干支有情. 左右不悖. 陰陽生育而相通也.
　若殺重喜印. 殺露印亦露. 殺藏印亦藏. 此顯然通達. 不必節外生枝. 倘原局無印. 必須歲運逢印而通之. 或暗會明合而通之. 局

內有印. 被財星損壞. 或官星化之. 或比劫解之. 或被合住, 則沖開之. 或被沖壞, 則合化之. 或隔一物, 則剋去之. 前後上下. 不能援引. 得歲運相逢尤佳. 如年印時殺. 干殺支印. 前後遠立. 上下懸隔. 或爲閑神忌物所間. 此原局無可通之理. 必須歲運暗沖暗會. 剋制閑神忌物. 該沖則沖. 該合則合. 引通相剋之勢. 此關一通. 所謂琴遇子期. 馬逢伯樂. 求名者靑錢萬選. 問利者億則屢中. 如牛郎織女之入洞房. 遂其所願. 殺印之論如此. 食傷財官之論亦如此.

按原局無通關之神. 歲運逢之固吉. 然究不及原局有根而微. 歲運助之爲尤美. 所謂根在苗先是也.

통관자, 인통극제지신야. 소위음양이용. 묘재기교. 천강이하. 지승이상. 천간지기동이전. 지지지기정이잡. 시고지운유추이. 이천기종지. 천기유전사. 이지운응지. 천기동어상. 이인원응지. 인원동어하. 이천기종지. 소이음승봉양즉지. 양승봉음즉가. 시위천지교태. 간지유정. 좌우불패. 음양생육이상통야.

약살중희인. 살로인역로. 살장인역장. 차현연통달. 불필절외생지. 당원국무인. 필수세운봉인이통지. 혹암회명합이통지. 국내유인. 피재성손괴. 혹관성화지. 혹비겁해지. 혹피합주, 즉충개지. 혹피충괴, 즉합화지. 혹격일물, 즉극거지. 전후상하. 불능원인. 득세운상봉우가. 여년인시살. 간살지인. 전후원립. 상하현격. 혹위한신기물소간. 차원국무가통지리. 필수세운암충암회. 극제한신기물. 해충즉충. 해합즉합. 인통상극지세. 차관일통. 소위금우자기. 마봉백락. 구명자청전만선. 문리자억즉루중. 여우랑직녀지입동방. 수기소원. 살인지론여차. 식상재관지론역여차.

안원국무통관지신. 세운봉지고길. 연구불급원국유근이미. 세운조지위우미. 소위근재묘선시야.

➡ 통관이라는 것은 극제하는 글자를 이끌어서 통하게 해주는 것이다. 이른바 '음양의 둘을 쓰니 묘함은 기운이 교류됨에 있다.'고 하는 것이다. 하늘의 기운은 땅으로 내려가고 땅의 기운은 위로 상승하는데, 천간의 기운은 동하며 전문적인 성분이 되고 지지의 기운은 조용하면서 복합적인 성분이니, 지지의 운에서는 변동이 많고 천기는 이에 따르게 되며, 천기는 집중적으로 뭉쳐 다니니 지지의 운이 이에 응하는 것이다. 천기는 위에서 동하니 인원이 응하고, 인원은 아래에서 동하니 천기가 따른다. 그래서 왕성한 음이 양을 만나면 멈추게 되고, 왕성한 양이 음을 만나면 아름답게 되니 이를 일러서 '천지가 서로 사귀니 만사가 형통한다.'고 하는 것이다. 간지가 유정하고 좌우가 일그러지지 않는다면 음양이 낳고 길러서 서로 통하게 해준다.

만약 살이 중한데 인성을 만나는 경우에도 살이 천간에 있으면 인성도 천간에 있어야 하고 살이 지지에 있으면 인성도 지지에 있어야 한다. 이렇게 되면 그렇게 나타나서 통달하게 될 것이니 달리 생성할 필요가 없다고 할 것이다. 만약 원국에 인성이 없다면 반드시 운에서 인성을 만나야 통하고, 혹 운에서 합이 되거나 해서 통할 수도 있다. 사주에서 인성이 있어 재성에게 손상을 당해 무너진다면 혹 관성이 있어서 화해 주거나 비겁이 재성을 극하고 구해 주거나 혹은 합으로 머물러 있다면 충으로 열어 줄 것이며, 충으로 무너짐을 당했다면 즉 합으로 화해 줄 것이며, 중간에 뭔가 막혀 있다면 즉 극으로 제거하게 되는데, 전후나 좌우에 전혀 도움의 손길이 없다면 운에서 서로 만나면 더욱 아름답다고 하겠다. 만약 연에 인성이 있고 시에 살이 있을 경우나 천간에 살이 있고 지지에 인성이 있을 경우이거나 하면 전후가 서로 멀리 있고 상하로 많이 떨어져 있는 경우가 된다. 혹은 한신이니 기신이 중간에서 가로막고 있을 수도 있다. 이것은 원국에서 서로 통하게 할 방법이 없다면 반드시 운에서 충을 하거나 합을 해서 한신이나 기신을 극제해야 할 것이니, 충이 필요하면 충을 하고 합이 필요하면 합을 해서 극하는 성분을 제어하고 통하게 해야 한다. 이렇게 해서 한번 통하게 되니, 이른바 거문고가 자기를 만난 것과 같고 말이 백락을 만난 것과 같아서 이름을 구하면 벼슬길이 훤히 열리고 이익을 구하는 자는 창고에 수억이 그득하게 될 것이니, 견우와 직녀가 같은 방으로 들어가서 서로 원하는 대로 되는 것과 같은 것이다. 살과 인성으로 이렇게 논하거니와 식상이나 재관의 상황도 이와 같이 논하면 되겠다.

　(이하는 서낙오 선생 첨부 말씀) 원국에 통관신이 없는 경우에는 세운에서 만나도 길하게 된다는 말을 살펴보면, 그렇다고는 해도 연구해 보면 원국에 뿌리가 있는 것에는 비길 수가 없으니 미약하더라도 원국에 뿌리가 있을 경우에는 운에서 만나면 더욱 아름답게 될 것이다. 이른바 '뿌리가 있으면 싹이 먼저이다.' 라는 말이 여기에 해당하는 것이다.

【 강의 】

　통관의 개념이 용신의 기준이 될 수도 있을 만큼 중요한 의미가 되는 것은 양대 세력이 대립되어 있을 경우에 해당하는 방법이다. 다만 실제로 용신론으로 대입시키는 경우는 거의 없어서 쓸모가 없지만, 통관의 개념은 그대로 살아서 항상 활용되는 것이니 잘 알아두면 도움이 되는 논리이다. 그리고 양대 세력의 균형을 유지하는 의미가 되는 통관법이므로 서로 중간에서 뭔가 막고 있다면 그 성분을 유통시켜서 기운을 통하게 하는 의미로서의 통관을 활용하면 되겠다. 그 이상의 확대해석은 할 필요가 없다.

'琴子期' '馬伯樂' 이라는 말이 있는데 거문고라면 자기라는 사람이, 말에 대해서는 백락이라는 사람이 일인자라는 의미로서 서로의 궁합이 천생연분이 되었다는 것을 뜻한다. 그러니까 백락이 거문고를 만나거나 자기가 말을 만나는 것은 악연이라고 해야 할 모양이다. 그래서 비유적으로 가끔 이들의 이름이 인용되는 것을 볼 수 있다.

그리고 낙오 선생의 추가 말씀은 참고로 알아 두면 되겠는데, 원국에 통관이 없는 경우에 운에서 와서 해결해 줘야 한다는 말에 대해서 덧붙여 그래도 원국에 신통치 않은 성분이라도 있는 것이 운에서 더 발한다는 점을 언급하신 것으로 생각된다.

```
丙    丁    甲    癸
午    卯    子    酉
丙 丁 戊 己 庚 辛 壬 癸
辰 巳 午 未 申 酉 戌 亥
```

此造天干地支皆殺生印. 印生身. 時歸祿旺. 尤妙四沖, 反爲四助. 金見水, 不剋木而生水. 水見木, 不剋火而生木. 此自然不隔不占. 無阻節之物. 日主弱中變旺. 遇水仍能生木. 逢金仍能生水. 印綬不傷. 所以秋闈早捷. 仕至觀察.

차조천간지지개살생인. 인생신. 시귀록왕. 우묘사충, 반위사조. 금견수, 불극목이생수. 수견목, 불극화이생목. 차자연불격부점. 무조절지물. 일주약중변왕. 우수잉능생목. 봉금잉능생수. 인수불상. 소이추위조첩. 사지관찰.

➡ 이 사주는 천간과 지지에 모두 살인상생인데, 인성이 일주를 생하고 시에는 비견이 있으며 더욱 묘한 것은 子午충과 卯酉충이 있는 것이니 도리어 도움이 되는 형상이다. 금이 수를 보니 목을 극하지 않고 수를 생하며, 수가 목을 보니 화를 극하지 않고 목을 생하니 이들이 자연히 서로 떨어지지도 않고 붙어 있지도 않아서 중간에 막고 있는 물건이 없는 것이니 일주는 약한 가운데에서 왕으로 변했다. 수를 만나도 도리어 목을 생하고 금을 만나도 도리어 수를 생하니 인수가 상하지 않아서 무과에 급제하고 벼슬이 관찰사에 이르렀다.

【 강의 】

金生水, 水生木, 木生火로 흘러가는 구조가 청하다고 해야겠다. 시간에 식신이 하나 있었더라면 더 좋았을 것이다. 丙午시를 얻어서 신왕이 되었다고 보아 수가 용신이고 금이 희신이 되는 구조이다. 다만 언제 죽었다는 말이 없는데, 상담 당시에 이 사람의 나이가 어려서인지는 모르겠으나 己未대운 이후에는 상당히 부담이 되지 않았을까 하는 생각이 든다.

여기에서 통관의 의미는 서로 겸하는 것으로 봐야 하겠다. 수는 금과 목을 통관하고 또 목은 수와 화를 통관하는 상황이 겹쳐 있는데, 용신격으로서의 통관의 의미는 적고 두 기운을 유통시켜 주는 정도의 의미로 이해하면 무난하겠다.

```
辛  丁  癸  戊
亥  未  亥  寅

辛 庚 己 戊 丁 丙 乙 甲
未 午 巳 辰 卯 寅 丑 子
```

此癸水臨旺. 貼身相剋. 被戊土合去. 反作幇身. 月支亥水本助殺. 得年支寅亥合來, 生身. 寅本遙隔. 反爲親近. 時支之亥. 又逢未會. 以難爲恩. 一來一去. 何等情協. 一往一會. 通關無阻. 所以科甲連登. 仕至黃堂.

차계수림왕. 첩신상극. 피무토합거. 반작방신. 월지해수본조살. 득년지인해합래, 생신. 인본요격. 반위친근. 시지지해. 우봉미회. 이난위은. 일래일거. 하등정협. 일왕일회. 통관무조. 소이과갑련등. 사지황당.

➡ 이 경우에는 계수가 왕에 임하고 일간에 바짝 붙어서 극하고 있는데 戊土가 합으로 제거하고 있으니 도리어 일간을 돕는 셈이다. 월지의 亥水는 본래 살에 해당하는데 연지의 인해가 합이 되어서 일간을 생조하고 있다. 인은 본래 멀리 떨어져 있는데 오히려 가까이 다가온 셈이다. 시지의 해수는 未土와 만나서 합이 되어 어려운 상황을 은혜로운 상황으로 바꿨다. 하나는 오고 하나는 가니 어찌 정으로 뭉치지 않았는가. 그리고 하나는 가고 하나는 모여 통관에 장애

가 없으니 벼슬이 계속 올라가서 황당에 도달했다.

【 강의 】

이 사주의 구조는 설명이 다소 강제적으로 보이는 구석이 많아서 설명을 위해 끌어다 붙인 것으로 봐야겠다. 무계합이라고 해도 이 계수가 化하기는 애초에 틀렸으니 그렇고, 인해합으로 인목이 다가왔다고 하지만 실은 월지가 인목이고 연지가 해수였다면 또 몰라도 육합으로 해서 다가온다는 것은 현실적으로 어렵지 않은가 싶다. 게다가 亥未가 합이 된다는 것도 그렇다. 아무래도 묘목이 없는 해미의 합은 효과를 의심하지 않을 수가 없다. 그래서 이 사주는 신약용인격으로 용신이 무정하다고 해야 하고, 다행히 운이 좋아서 발복을 한 것으로 해석해야 더 타당하다고 생각된다. 때로는 철초 선생도 설명을 위해서 떼를 쓰시기도 하므로 속지 않도록 정신 바짝 차리기 바란다.

```
丁  辛  乙  戊
酉  丑  卯  辰

癸 壬 辛 庚 己 戊 丁 丙
亥 戌 酉 申 未 午 巳 辰
```

春金氣弱. 時殺緊剋. 年逢印綬. 遠隔不通. 又被旺木剋土壞印. 不但戊土不能生化. 即日支之丑土. 亦被卯木所壞. 此局內無可通之理. 中運南方殺地. 碌碌風霜. 奔馳未遇. 交庚申, 剋去木

神. 得奇遇. 分發陝西. 屢得軍功. 及辛酉二十年. 仕至副尹. 蓋
金能剋木, 幫身. 印可化殺而通關也.

춘금기약. 시살긴극. 연봉인수. 원격불통. 우피왕목극토괴
인. 부단무토불능생화. 즉일지지축토. 역피묘목소괴. 차국내무
가통지리. 중운남방살지. 녹록풍상. 분치무우. 교경신, 극거목
신. 득기우. 분발섬서. 누득군공. 급신유이십년. 사지부윤. 개
금능극목, 방신. 인가화살이통관야.

▶봄의 금이니 기운이 약하다. 시에는 살이 바짝 붙어서 극하고 연
에는 인수를 만났는데 멀리 떨어져 있어서 통하지 못한다. 또 왕목
은 토를 극하여 인성이 무너져 있다고 하겠다. 단지 무토가 생화하
기 불가능할 뿐만 아니라 일지의 축토는 묘목의 극까지 받았으니 또
한 묘목으로 인해서 무너지기도 한다. 이 사주 안에서는 통하게 하
는 이치가 없으니 운에서 남방의 살지를 만나 많은 고생으로 풍파를
겪었는데, 부지런히 돌아다녀도 좋은 인연을 얻지 못하다가 庚申대
운으로 바뀌면서 목을 극해서 제거하니 좋은 인연을 만나 섬서성에
서 분발하여 군에서 공을 세웠다. 그리고 辛酉까지 20년간 벼슬이
부윤에 도달하였으니, 대개 금은 능히 목을 극하고 일주를 보호하기
때문이니 인성이 살을 화해서 통관이 된 것이다.

【 강의 】

이 경우에도 통관의 의미라기보다는 신약용인격이나 재중용인격
으로 봐야 한다. 용신이 병이 들었는데, 비겁의 운에서 재성을 누르
고 뜻을 이뤘다고 하는 것이 더 자연스럽겠다. 물론 통관의 의미라

기보다는 극제의 의미로 봐야 하겠으니, 통관이란 서로 유통시켜 주는 것이 본래의 의미에 더 부합되기 때문이라고 하겠다.

```
乙  辛  丁  己
未  卯  卯  巳

己 庚 辛 壬 癸 甲 乙 丙
未 申 酉 戌 亥 子 丑 寅
```

春金虛弱. 木火當權. 年印月殺. 未得相通. 時支未土. 又會卯化. 木只有生殺之情. 而無輔主之意. 兼之一路運途無金. 一派水木. 仍滋殺之根源. 以致破敗祖業. 一事無成. 至亥運會木生殺而亡.

춘금허약. 목화당권. 연인월살. 미득상통. 시지미토. 우회묘화. 목지유생살지정. 이무보주지의. 겸지일로운도무금. 일파수목. 잉자살지근원. 이치파패조업. 일사무성. 지해운회목생살이망.

▶봄의 금이 허약하고 목화는 당권을 했는데, 연의 인성과 월의 칠살은 서로 통함을 얻지 못하고 시지의 未土 역시 묘목으로 합화하니 목이 다만 살을 생하는 마음만 있을 뿐 일간을 도울 마음이 없다고 하겠다. 아울러 운에서도 한 길로 금이 없는 곳으로만 가니 한 무리의 水木은 오히려 살을 돕는 근원이 될 뿐이다. 이로써 조상의 일을 망해 먹고 한 가지도 이룬 것이 없다가 亥운이 되면서 목국이 되어 살을 생하니 죽었다.

【 강의 】

　재살은 태왕하고 인성은 무정하니 답답한 사주이다. 그나마 운이 도와 줬더라면 그럭저럭 넘어갔을지도 모르겠으나 워낙 운이 불리하여 마음대로 되지 못했으니 딱한 일이다. 금과 목을 유통시켜 주는 통관은 水가 되어야 원칙인데, 여기에서는 수가 오기를 기다릴 수가 없으니 통관의 의미와는 무관하다고 해도 되겠다.

제9장 청탁(淸濁)

【 滴天髓 】

> 一淸到底有精神. 管取生平富貴眞.
> 일 청 도 저 유 정 신. 관 취 생 평 부 귀 진.
> 澄濁求淸淸得去. 時來寒谷亦回春.
> 징 탁 구 청 청 득 거. 시 래 한 곡 역 회 춘.

➲ 한차례 청기가 이르면 정신이 있고
　 일평생의 부귀를 관장하게 된다네.
　 탁한 가운데에서 맑음을 구해 얻는다면
　 차가운 골짜기에 봄이 되어 만물이 소생하네.

【 滴天髓徵義 】

　　命之最難辨者. 淸濁兩字也. 淸而有氣. 則精神貫足. 淸而無氣. 則精神枯槁. 精神枯則邪氣入. 邪氣入則淸氣散. 淸氣散則不貧亦賤矣. 夫淸濁者. 八字皆有也. 非正官一端而論也. 身弱有

印, 忌財. 財星不現. 淸可知矣. 卽使有財. 不可便作濁論. 須要看其情勢. 如財與官貼. 官與印貼. 印與日主貼. 則財生官. 官生印. 印生身. 印之源頭更長. 至行運再助其印綬. 自然富貴矣, 卽使無財. 不可便作佳論. 亦要看其情勢. 或印星無氣. 與官星不通. 或印星太旺. 日主枯弱. 不受印星之生. 或官星貼日. 印星遠隔. 日主先受官剋. 印星不能生化. 至行運再逢財官. 不貧亦夭矣.

如正官格身旺喜財. 所忌者印綬. 傷官其次也. 亦要看情勢. 如傷官與財貼. 財與官貼. 官與比肩貼. 不特官星無礙. 抑且傷官化劫, 生財. 財生官旺. 官之源頭更長. 至行運再遇財官之地. 名利兩全矣. 如傷官與財星遠隔. 反與官星緊貼. 財不能爲力. 至行運再遇傷官之地. 不貧亦賤矣. 如傷官在天干. 財星在地支. 必須天干財運以解之. 傷官在地支. 財星在天干. 必須地支財運以通之. 或財官相貼, 而財神被合神絆住. 或被閑神劫占. 亦須歲運沖其合神. 制其閑神. 皆爲澄濁求淸. 雖擧正官而論. 八格皆同此論. 總之喜神宜得地逢生. 與日主緊貼者佳. 忌神宜失勢臨絶. 與日主遠隔者美. 日主喜印. 印星貼身. 或坐下印綬. 卽日主之精神也. 官星貼印. 或坐下官星. 此卽印綬之精神. 餘可例推.

명지최난변자. 청탁량자야. 청이유기. 즉정신관족. 청이무기. 즉정신고고. 정신고즉사기입. 사기입즉청기산. 청기산즉불빈역천의. 부청탁자. 팔자개유야. 비정관일단이론야. 신약유인, 기재. 재성불현. 청가지의. 즉사유재. 불가편작탁론. 수요간기정세. 여재여관첩. 관여인첩. 인여일주첩. 즉재생관. 관생인. 인생신. 인지원두갱장. 지행운재조기인수. 자연부귀의, 즉사무재. 불가편작가론. 역요간기정세. 혹인성무기. 여관성불통. 혹인성태왕. 일주고약. 불수인성지생. 혹관성첩일. 인성원격. 일주선수관극. 인성불능생화. 지행운재봉재관. 불빈역요의.

　여정관격신왕희재. 소기자인수. 상관기차야. 역요간정세. 여상관여재첩. 재여관첩. 관여비견첩. 불특관성무애. 억차상관화겁, 생재. 재생관왕. 관지원두개장. 지행운재우재관지지. 명리량전의. 여상관여재성원격. 반여관성긴첩. 재불능위력. 지행운재우상관지지. 불빈역천의. 여상관재천간. 재성재지지. 필수천간재운이해지. 상관재지지. 재성재천간. 필수지지재운이통지. 혹재관상첩, 이재신피합신반주. 혹피한신겁점. 역수세운충기합신. 제기한신. 개위징탁구청. 수거정관이론. 팔격개동차론. 총지희신의득지봉생. 여일주긴첩자가. 기신의실세림절. 여일주원격자미. 일주희인. 인성첩신. 혹좌하인수. 즉일주지정신야. 관성첩인. 혹좌하관성. 차즉인수지정신. 여가례추.

▶ 팔자에서 가장 가리기가 어려운 것이 청탁이라는 두 글자이다. 청하고 유기한 것은 정신이 서로 연결되어 넉넉한 것이고, 청하되 무기한 것은 정신이 메말라 있는 것이다. 정신이 마르면 사기가 들어오고 사기가 들어오면 청기는 흩어지니 청기가 흩어지면 가난하지 않으면 천하게 된다. 대저 청탁이라는 것은 팔자에 다 있는 것이다. 정관만을 놓고 말하는 것이 아니다. 신약하고 인성이 있으면 재성은 꺼리게 되는데, 재성이 나타나지 않으면 청함을 알 수가 있고, 재성이 있다고 해서 바로 탁하다고 말할 수는 없는 것이다. 모름지기 그 정세를 봐야 하는데, 만약 재가 관성과 연결되어 있고 관성은 다시 인성과 연결되어 있으며 인성은 다시 일간과 붙어 있다면, 즉 재성

이 관성을 생하고 관성이 인성을 생하고 인성은 일주를 생하니 인성의 원류가 다시 길어진다고 할 것이다. 그러하니 나아가서 행운에서도 다시 그 인성을 도와 준다면 자연히 부귀가 될 것이니 재성이 없었다면 이렇게 아름답다고 논하기가 어려울 것이고 역시 정세를 보는 것이 중요하다고 하는 것이다. 혹 인성이 기세가 없는데 관성과 서로 연결되어 있지 않거나, 인성이 너무 왕성한데 일주는 메말라서 (물이 많아서 나무가 뜨는 것처럼) 인성의 생조를 받지 못하거나, 혹은 관성이 일주에 붙어 있고 인성은 멀리 떨어져 있어서 일주가 먼저 관살의 극을 받고 인성은 생화가 불가능한 경우에 행운에서는 다시 재관의 운을 만나면 가난하지 않으면 천하게 되는 것이다.

  만약 정관격에 신왕하면 재성이 필요하고, 이때 꺼리는 것은 인성이다. 상관은 그 다음으로 꺼린다. 또한 정세를 봐야 하는데, 만약 상관과 재성이 붙어 있고 재성과 관성이 붙어 있으며 관은 비견과 붙어 있다면 특히 관성을 꺼릴 필요가 없을 뿐만 아니라 상관이 겁재를 화하는 것을 누르고 재성은 관을 생해서 왕하게 하니 관의 원두가 다시 길어지는 것이다. 그러므로 운에서 재관의 운을 만난다면 명리가 모두 갖추어진 것이다. 만약 상관이 재성과 멀리 떨어져 있고 도리어 관성과 붙어 있다면 재성은 힘이 되기가 불가능하겠고, 행운에서 다시 상관의 운을 만나기라도 한다면 가난하지 않으면 천할 것이다. 혹 상관이 천간에 있고 재성은 지지에 있다면 운에서는 천간의 재성운이 와야 해결이 되겠고, 지지에 상관이 있고 천간에 재성이 있는 구조라면 운에서는 반드시 지지의 재운이 와야 서로 통하게 된다. 그리하여 혹 재관이 서로 붙어 있더라도 재성이 합이 되어서 묶여 있거나 한신에게 얻어맞거나 하면 또한 세운에서는 모름지기 그 합신을 충하거나 한신을 제어하는 운이 오면 모두 탁함에서 맑음을 구해서 얻은 것이라고 할 수 있으니, 비록 정관으로 논했지만 다른 팔격도 모두 같은 논리이다. 한마디로 말해서 희신은 득지하고 생을 만나고 또 일주와 바짝 붙어 있으면 아름답고, 기신은 실세하고 절지에 임하거나 일간과 멀리 떨어져 있으면 아름다운데, 일주가 인성을 반기면 인성이 바짝 붙어 있거나 인성에 앉아 있어야 좋으니 즉 일주의 정신이 된다. 관성은 인수와 붙어 있거나 인성이 관에 앉아 있다면 이것은 인성의 정신이 되니 다른 경우에도 이렇게 추리하면 되겠다.

【 강의 】

아마도 이 부분이 『적천수징의』에서 가장 매력적인 부분이라고 할 수 있을 것이다. 공부가 좀 되고 나면 용신에 대해서는 별로 고민이 없는데, 당장에 머리를 괴롭히는 것이 청탁의 부분이기 때문이다. 그렇다고 일정한 공식이 있는 것도 아닌데 이 부분을 읽어 보면서 음미하다 보면 대략 어느 상황인지를 짐작하게 된다. 즉 청탁의 기준을 제시한 부분이어서 매우 중요한 대목임을 알 수 있다. 청탁을 이해하면 명리안(命理眼)이 한 단계 상승한다고 보겠는데, 이러한 기준은 무슨 격으로 타고났는가를 보는 것이 아니라 용신의 상황이 어떤지를 살피는 데에서 비롯된다는 것이 중요하겠다. 물론 격에 대해서도 청탁이 있을 수가 있다. 이렇게 용신의 상황에 따라서 청탁을 이해하고 나면 그 이외의 상황들에서 청탁을 가릴 수가 있다는 점에서 참으로 멋진 답안이라고 생각된다. 뒤의 한 단락을 마저 이해해야 청탁을 완전히 이해할 수 있겠지만 크게 어려운 부분이 없어서 넘어가도 되겠다.

乙	丙	甲	癸
未	寅	子	酉

丙	丁	戊	己	庚	辛	壬	癸
辰	巳	午	未	申	酉	戌	亥

丙生子月. 坐下長生. 印透根深. 弱中之旺. 喜其官星當令. 透而坐財. 所謂一淸到底有精神也. 更妙源流不悖. 純粹可觀. 金水運, 登科發甲. 名高翰苑. 惜中運火土. 以致終老詞林.

병생자월. 좌하장생. 인투근심. 약중지왕. 희기관성당령. 투이좌재. 소위일청도저유정신야. 갱묘원류불패. 순수가관. 금수운, 등과발갑. 명고한원. 석중운화토. 이치종로사림.

➡ 병화가 자월에 나고 앉은자리에는 장생이 있으며 인성이 투출하고 뿌리가 깊으니 약한 중에 강하게 되었다. 반가운 것은 관성이 낭령을 한 것이고 투출하여 재성에 앉아 있는 것이다. 이른바 '한번 맑은 기운이 도달하니 정신이 있다.'는 의미이다. 다시 묘한 것은 근원이 흘러가면서 일그러진 곳이 없으니 순수하여 볼 만하다. 金水의 운에서 벼슬길에 오르고 이름이 한원에 높았는데 아깝게도 중간 운이 火土라 결국 (큰 벼슬을 못하고) 사림에서 늙은 것이라고 하겠다.

【강의】

청한 사주의 대표라고 할 만하겠다. 연지의 酉金이 계수와 자수로 흘러가는 모습이 좋고 계수는 甲木을, 자수는 寅木을 향하는 장면도 좋은데, 이 성분들이 일간에게만 모이고 더 이상으로 흘러가지 못하는 것이 유감스럽다. 만약 시가 바뀌어서 무술시 정도로 되었다면 흐름이 거의 완전하지 않겠느냐는 생각이 들어서이다.

辛	己	丙	甲
未	亥	寅	子

甲	癸	壬	辛	庚	己	戊	丁
戌	酉	申	未	午	巳	辰	卯

春土坐亥. 財官太旺. 最喜獨印逢生. 財藏生官. 則印綬之元神愈旺. 氣貫生時. 而日主之氣不薄. 更妙連珠生化. 尤羨運途不悖. 所以恩分雕錦. 寵錫金蓮. 地近禁城. 職居淸要.

춘토좌해. 재관태왕. 최희독인봉생. 재장생관. 즉인수지원신유왕. 기관생시. 이일주지기불박. 갱묘련주생화. 우선운도불패. 소이은분조금. 총석금련. 지근금성. 직거청요.

▶봄의 토가 亥水에 앉아 있고 재관이 태왕한데 가장 반가운 것은 홀로 있는 인성이 생을 만난 것이다. 재는 숨어 있고 관성의 생조를 받으니 즉 인성의 원신이 더욱 왕하고, 기운이 시에까지 통하니 일주의 기운이 약하지 않다. 다시 묘하게도 연에서부터 구슬처럼 생조하며, 더욱 부러운 것은 운도 일그러지지 않았으니 은혜를 나눠서 비단에 꽃을 수놓고 황금 연꽃처럼 사랑을 받으며 아무나 출입을 못하는 곳에 머물고 편안하고 맑게 살았다.

【 강의 】

역시 흐름에 대해서 생각을 해보는 사주이다. 신약한 것은 당연하다고 하겠지만 그 흐름을 발생시키고 있는 구조여서 청순한데, 인성이 힘이 있는 것이 좋은 점이라고 하겠다. 다만 앉은자리의 해수는 좀 부담스러운 모습인데, 재성과 인성이 직접 부딪치지 않은 것을 다행스럽다고 해야 할 모양이다. 무엇보다도 운이 도와 줬다는 것을 생각해야 하겠는데, 남방의 운에서 편안하게 살았다고 보면 되겠다.

```
丁   丙   甲   癸
酉   寅   子   未

丙 丁 戊 己 庚 辛 壬 癸
辰 巳 午 未 申 酉 戌 亥
```

此與前癸酉一造. 大同小異. 前則官坐財地. 此則官坐傷地. 兼之子未相貼. 不但天干之官受剋. 卽地支之官亦傷. 更嫌劫入在鄕. 所謂財劫官傷. 縱使芹香早采. 仍蹬蹭秋闈. 辛酉庚申運. 干支皆財. 財如放梢春竹. 利如蔓草生枝. 家業豊裕. 一交己未. 傷妻剋子. 連遭回祿. 家業大破. 可知窮通在運矣.

차여전계유일조. 대동소이. 전즉관좌재지. 차즉관좌상지. 겸지자미상첩. 부단천간지관수극. 즉지지지관역상. 갱혐겁입재향. 소위재겁관상. 종사근향조변. 잉등층추위. 신유경신운. 간지개재. 재여방소춘죽. 이여만초생지. 가업풍유. 일교기미. 상처극자. 연조회록. 가업대파. 가지궁통재운의.

➧이 사주는 앞의 癸酉생 사주와 대동소이하다. 앞의 사주는 관이 재성에 앉아 있고, 이 사주는 관이 상관에 앉아 있는 입장이다. 겸해서 자미가 붙어 있으니 단지 천간의 관이 극을 받게 될 뿐만 아니라 지지의 관성 또한 극을 받는다. 다시 싫은 것은 겁재가 재를 누르고 있는 것이다. 그래서 '재물은 겁탈당하고 관성은 손상을 입었다.'는 구조이니 비록 일찍이 먹고 살 만은 했으나 무과에서는 미끄러지고, 辛酉와 庚申 대운에서는 간지가 모두 재성이니 재물이 나뭇가지와 봄날의 대나무와 같았고 이로움은 덩굴 나무가 가지를 뻗듯이 풍요로웠다. 한번 己未대운으로 바뀌면서 처자를 극하고 연이어 화재를 당했으며 가업이 크게 망했으니 되고 안 되고는 역시 운에 달려 있음을 알겠다.

【 강의 】

내용을 보면 재성과 관살이 서로 연결되지 않아서 탁하게 되었다는 의미로 이해해야 할 것 같다. 앞의 癸酉생 사주에서 느낄 수 있는 것은 재와 관성이 서로 유정하다는 것인데 이와 비교하고 싶으셨던 듯하다. 그러나 어찌 보면 이 사주는 다소 약해 보이는 형상이다. 다만 재운에서 발했다고 하므로 그렇게 이해는 하면서도 사주의 구조에서는 다소 약한 형상이 될 수도 있지 않을까 하는 생각이 든다.

【滴天髓】

滿盤濁氣令人苦. 一局淸枯也孤人.
만반탁기령인고. 일국청고야고인.
半濁半淸猶是可. 多成多敗度晨昏.
반탁반청유시가. 다성다패도신혼.

○ 사주에 탁한 기운이 가득 넘치면 인생이 고달프고
한바탕 청하면서 메마르니 외로운 사람이다.
청탁이 섞여 있음은 오히려 가능한데
이루기도 하고 패하기도 하면서 그렇게 날이 흘러간다.

【滴天髓徵義】

濁者, 四柱混雜之謂也. 或正神失勢. 邪氣乘權. 此氣之濁也. 或提綱破損. 別求用神. 此格之濁也. 或官旺喜印. 財星壞印. 此財之濁也. 或官衰喜財. 比劫爭財. 此比劫之濁也. 或財旺喜劫. 官星制劫. 此官之濁也. 或財輕喜食傷. 印綬當權奪食. 此印之濁也. 或身强殺淺. 食傷得勢. 此食傷之濁也. 分其所用. 斷其名利之得失. 六親之宜忌. 無不驗也. 然濁與淸枯二字. 宜細辨別之. 寧使淸中濁. 不可淸中枯. 夫濁者, 雖成敗不一. 多有險阻. 倘遇行運得所. 掃除濁氣. 亦有起發之機. 如行運又無安頓之地. 乃困苦矣.

淸枯者, 不特日主無根之謂也. 卽日主有氣. 而用神無氣者. 亦是也. 枯又非弱比也. 枯者, 無根而朽也. 卽遇滋助之鄕. 亦不能發生也. 弱者, 有根而嫩也. 所以扶之卽發. 助之卽旺. 根在苗先之意也. 凡命之日主枯者. 非貧卽夭. 用神枯者. 非貧卽孤. 所以淸有精神終必發. 偏枯無氣斷孤貧. 滿盤濁氣須看運. 抑濁扶淸也可亨. 試之驗也.

탁자, 사주혼잡지위야. 혹정신실세. 사기승권. 차기지탁야. 혹제강파손. 별구용신. 차격지탁야. 혹관왕희인. 재성괴인. 차재지탁야. 혹관쇠희재. 비겁쟁재. 차비겁지탁야. 혹재왕희겁. 관성제겁. 차관지탁야. 혹재경희식상. 인수당권탈식. 차인지탁야. 혹신강살천. 식상득세. 차식상지탁야. 분기소용. 단기명리지득실. 육친지의기. 무불험야. 연탁여청고이자. 의세변별지. 영사청중탁. 불가청중고. 부탁자, 수성패불일. 다유험조. 당우행운득소. 소제탁기. 역유기발지기. 여행운우무안돈지지. 내곤고의.

청고자, 불특일주무근지위야. 즉일주유기. 이용신무기자. 역시야. 고우비약비야. 고자, 무근이후야. 즉우자조지향. 역불능발생야. 약자, 유근이눈야. 소이부지즉발. 조지즉왕. 근재묘선지의야. 범명지일주고자. 비빈즉요. 용신고자. 비빈즉고. 소이청유정신종필발. 편고무기단고빈. 만반탁기수간운. 억탁부청야가형. 시지험야.

◆탁하다는 것은 사주가 혼잡스러움을 말한다. 혹 정신(희용신)은 세력을 잃고 사기(기구신)는 권력을 잡거나, 월령이 파손되고 다른 곳에서 용신을 구해야 한다면 이것은 격국이 탁한 것이다. 혹 관이 왕하여 인성을 기뻐하는데 재성이 인을 깨고 있다면 이것은 재성이 탁한 것이다. 또 관이 쇠약해서 재성을 반기는데 겁재가 쟁재를 한

다면 이것은 비겁이 탁한 것이고, 혹 재성이 왕하여 비겁을 기뻐하는데 관성이 겁재를 누르고 있으면 이것은 관성이 탁한 것이다. 또한 재가 약해서 식상을 기뻐하는데 인성이 당권하고 식상을 극한다면 이것은 인성이 탁한 것이며, 혹 신강하고 살이 약한 상황에서 식상이 세력을 얻으면 식상이 탁한 것이다. 그리하여 그 용도에 따라 나누어 명리의 득과 실을 판단하는 것인데, 육친의 좋고 나쁜 것은 그대로 잘 맞더라. 그러나 濁이라는 것과 淸枯라는 두 가지는 마땅히 잘 판단해야 하는데, 차라리 청한 가운데 탁할지언정 청하면서 메말라 버리는 것은 불가하다. 대저 탁한 것은 비록 이뤄지고 패하는 것이 한 가지가 아니겠지만 험난한 일이 많을 것이다. (그러다가) 혹시 운에서 도움을 받아 탁기를 제거한다면 또한 일어나서 발하는 기틀이 마련된다고 하겠는데, 만약 운에서 또 편안하게 해주는 것이 없다면 곤란하고 고통을 받을 것이다.

반면에 청고라는 것은 특히 일주가 무근한 것을 말하는 것만이 아니다. 즉 일주는 기가 있더라도 용신이 기가 없는 경우에도 해당하는데, 枯는 약한 것에 비할 바가 아니다. 고란 뿌리가 없어서 썩어 버린 것을 말하기 때문이다. 즉 도움을 받는 운을 만나더라도 발생하기가 불가능한 경우이다. 약은 뿌리가 있지만 어린 것을 말하는데, 이러한 경우에는 거들어 주면 발생할 것이고 생조를 하면 왕하게 될 것이니 뿌리가 있으면 싹이 있는 쪽이 먼저라고 하는 뜻이다. 무릇 팔자에서 일주가 메말라 버린다면 가난하지 않으면 요절하게 되고, 용신이 메말라 버리면 가난하지 않으면 고독할 것이다. 그래서 청하고 정신이 있으면 일평생 발하게 되고, 편고하고 기운이 없으면 외롭고 가난하다고 판단하며, 온 사주가 탁기로 넘친다면 오로지 운을 봐야 하는데, 탁을 눌러 주고 청을 도와 준다면 뜻을 이루니 시험해 보면 잘 맞더라.

【 강의 】

　탁함과 청하면서 메말라 버림의 차이를 잘 설명하고 있는 부분이다.『적천수천미』에서 이 부분의 제목을 '濁氣'라고 붙인 것은 일리가 있다고 하겠다. 그리고 의미심장한 내용인 淸枯라는 글이 신경을 쓰게 만드는데, 여기에서 예전에 난초를 기르던 일이 떠오른다. 언젠가 어떤 친구가 사다 준 아리산 춘란을 한 포기 길렀는데 그 향이 하도 좋아서 곁을 떠나지 못할 지경이었다. 그야말로 '淸雅' 그 자체였다. 그러다가 꽃도 지고 나중에는 잎사귀에 검은 얼룩이 지면서 뭔가 잘못되어 가는 조짐이 보여서 물이 적은가 보다 하고 물을 많이 주었다. 나중에 그 친구가 와서 보고는 물을 너무 많이 줘서 뿌리가 다 썩었다면서 뽑아서 보여 주는데 과연 뿌리가 볼품이 없었다. 그때 바로 淸枯에 대한 느낌을 받았는데, 이렇게 청하면서도 썩어 버리는 상황을 이해하게 되었던 것이다. 그래서 '청한 가운데 탁할지언정 청하면서 메말라서는 곤란하다.'는 말의 의미를 짐작할 수 있다.

丁	戊	庚	乙
巳	戌	辰	亥

壬	癸	甲	乙	丙	丁	戊	己
申	酉	戌	亥	子	丑	寅	卯

戊戌日元. 生於辰月巳時. 木退氣. 土乘權. 印綬重逢. 用官則被庚金合壞. 用食則官又不從化. 而火又剋金. 無奈何而用財. 又有巳時遙沖. 又不當令. 若邀庚金生助. 貪合忘生. 且遙隔無情. 所以起倒不一. 幸而財官尙有餘氣. 至乙亥運. 補起財官. 遂成小康.

무술일원. 생어진월사시. 목퇴기. 토승권. 인수중봉. 용관즉피경금합괴. 용식즉관우부종화. 이화우극금. 무내하이용재. 우유사시요충. 우부당령. 약요경금생조. 탐합망생. 차요격무정. 소이기도불일. 행이재관상유여기. 지을해운. 보기재관. 수성소강.

▶무술일주가 진월 사시에 나고 목은 퇴기에 토는 월령을 잡았으며 인수를 겹치기로 만났으니, 관을 용하려니 경금에게 합이 되어 무너지고 식상을 용하려니 또한 관성이 있어서 (합으로 되어) 따르지 않는 상황이다. 또 화는 금을 극하니 재성이 없음을 한탄한들 어찌할 것인가. 또 사시가 되었고 충을 만났으며 당령도 되지 못하였다. 만약 경금을 맞아들여서 (水를) 생조하려고 해도 합을 탐하여 생을 잊고 또 멀리 떨어져 있어서 무정하기조차 하니, 일어났다 거꾸러졌다를 몇 번인가 한 끝에 다행히 재관이 오히려 여기가 있어 乙亥운에 재관을 일으켜 세워서 약간 먹고 살 만했던 것이다.

【 강의 】

구조로 봐서는 식신을 용신으로 삼아야 하지 않을까 싶다. 그리고 희신은 재성이 될 것으로 보겠는데, 용신이 합이 되는 바람에 관성이 탁한 원흉이 되었다. 또한 시주의 火 인성도 병으로 봐야 하겠는데, 북방의 운에서 일어난 것을 보면서 그러한 생각을 해본다. 그리고 보면 용신이 하려는 방향에서 방해를 하면 탁의 작용이 되는 것으로 생각해도 되겠다.

己	丙	己	癸
丑	午	未	亥

辛	壬	癸	甲	乙	丙	丁	戊
亥	子	丑	寅	卯	辰	巳	午

火長夏令. 原屬旺論. 然時在季夏. 火氣稍退. 兼之重疊傷官洩氣. 丑乃濕土. 能晦丙火之光. 以旺變弱. 濁氣當權. 淸氣失勢. 兼之先行三十年火土運. 半生起倒多端. 至乙卯甲寅. 木疏厚土. 掃除濁氣. 生扶日元. 衛護官星. 左會右合. 財茂業成.

화장하령. 원속왕론. 연시재계하. 화기초퇴. 겸지중첩상관설기. 축내습토. 능회병화지광. 이왕변약. 탁기당권. 청기실세. 겸지선행삼십년화토운. 반생기도다단. 지을묘갑인. 목소후토. 소제탁기. 생부일원. 위호관성. 좌회우합. 재무업성.

➜ 불이 여름에 태어났는데 원래는 왕하다고 할 모양이다. 그러나 계절은 미월이고 화기는 점차로 소모되는 계절인데다 중첩된 상관의 설기가 너무 심하고 축은 습토이니 능히 병화를 어둡게 하여 왕이 변해서 약이 되었다고 봐야겠다. 탁한 기운이 월령을 잡고 청한 기운은 세력을 잃어서 아울러 앞의 30년의 火土운은 반평생 동안 고통

이 다양함을 의미하는데, 乙卯와 甲寅의 운은 목이 토를 트이게 하여 탁한 기운을 청소하고 일주를 생부하며 관성을 보호하여 회합의 도움을 얻어 재물이 늘어나고 하는 일이 결실을 보았다.

【 강의 】

목이 절대로 필요하지만 무력해서 우선 화를 의지하고 있다가 목의 운에서 발복을 한 것이다. 극설이 교차되면 가장 필요한 것은 비겁이 아니라 인성이다. 그 인성이 무력해서 운이 불리할 때에는 고통이 상대적으로 많았던 모양이다. 그 대신 운이 도와 줘서 발하게 되었다고 봐야 하겠다.

```
己    庚    丁    丁
卯    午    未    卯

己 庚 辛 壬 癸 甲 乙 丙
亥 子 丑 寅 卯 辰 巳 午
```

此造大略觀之. 財生官. 官生印. 印生身. 似乎清美. 無如午未南方. 火烈土焦. 能脆金不能生金. 且木從火勢. 又壞印綬. 無生化之情. 非清枯而何. 更嫌運走東南. 明月清風誰與共. 高山流水少知音.

차조대략관지. 재생관. 관생인. 인생신. 사호청미. 무여오미남방. 화렬토초. 능취금불능생금. 차목종화세. 우괴인수. 무생화지정. 비청고이하. 갱혐운주동남. 명월청풍수여공. 고산류수

소지음.

➜ 이 사주는 대략 본다면 재생관하고 관생인해서 청순하고 아름다운 것 같지만, 午未의 남방은 없는 것만 못하니 (그로 인해서) 불이 맹렬하고 갈라 터지는 토는 금을 부서지게 할지언정 생금이 불가능하다. 이 목은 화의 세력을 따르고 또 인성을 극하니 생화의 정도 없다. 청고라고 해야 할 모양이다. 다시 운이 동남의 목화운으로 가니 '밝은 달 아래 맑은 바람을 누구와 더불어 나누며, 높은 산의 흐르는 물소리는 아는 이가 드물구나.' 라고 읊조리면서 세월을 보냈다.

【 강의 】

 인성이 있으면서도 생금을 못하는 상황이니 그야말로 淸枯한 사주의 표본이라고 해도 되겠다. 열기는 왕성한데 습기가 없으니 누구를 탓하겠느냐는 생각이 절로 든다. 그래도 운에다 일말의 희망을 가져보지만 유감스럽게도 운 역시 火木의 운으로 흘러가고, 늘그막에나마 기대를 해볼 수 있겠으나 그러자니 세월이 다 흘러간 뒤라. 또 청고한 사주는 운이 온다고 해도 별 도움이 되지 않는다는 말씀을 하신 것을 고려해 보면, 아마도 그래서 말년에도 별수가 없었던 모양이다.

제10장 진가(眞假)

【 滴天髓 】

令上尋眞聚得眞. 假神休要亂眞神.
영 상 심 진 취 득 진. 가 신 휴 요 란 진 신.
眞神得用生平貴. 用假終爲碌碌人.
진 신 득 용 생 평 귀. 용 가 종 위 록 록 인.

◐ 월령에서 진신을 찾으면 진기를 얻은 것이고
가신은 휴수되기를 요하니 진신을 어지럽히기 때문이다.
진신으로 용신을 얻는다면 일평생 부귀가 보장되나
가신을 용신으로 삼게 되면 일생 동안 별 볼일이 없이 산다.

【 滴天髓徵義 】

眞者, 得時秉令之神也. 假者, 失時退氣之神也. 言日主所用之神. 在提綱司令. 又透出天干. 謂聚得眞. 不爲假神破損. 生平富貴矣. 縱有假神. 安頓得好. 不與眞神緊貼. 或被閑神合住. 或遙隔無力. 亦無害也. 倘與眞神緊貼. 或相剋相冲. 或合眞神暗化忌神. 終爲碌碌庸人矣. 如行運得助. 抑假扶眞. 亦可功名小遂. 而身獲康寧. 故喜神宜四生. 忌神宜四絶. 局內看眞神. 行運看解神. 是先天而爲地紀. 所以測地. 先看提綱以定格局. 中天而爲人紀. 所以範人. 次看人元司令而爲用神. 後天而爲天紀. 所以觀天. 後看天元發露. 而輔格助用. 是天地人之三式. 合而用之. 則造化之功成矣. 造化功成. 則富貴之機定矣. 然後再定運程之宜忌. 則窮通了然矣. 後學者須究三元之正理. 審其眞假. 察其喜忌. 究冲合之愛憎. 論歲運之宜否. 斯爲的當. 故規矩雖可言傳. 妙用由人心悟也.

진자, 득시병령지신야. 가자, 실시퇴기지신야. 언일주소용지신. 재제강사령. 우투출천간. 위취득진. 불위가신파손. 생평부귀의. 종유가신. 안돈득호. 불여진신긴첩. 혹피한신합주. 혹요격무력. 역무해야. 당여진신긴첩. 혹상극상충. 혹합진신암화기신. 종위록록용인의. 여행운득조. 억가부진. 역가공명소수. 이신획강녕. 고희신의사생. 기신의사절. 국내간진신. 행운간해신. 시선천이위지기. 소이측지. 선간제강이정격국. 중천이위인기. 소이범인. 차간인원사령이위용신. 후천이위천기. 소이관천. 후간천원발로. 이보격조용. 시천지인지삼식. 합이용지. 즉조화지공성의. 조화공성. 즉부귀지기정의. 연후재정운정지의기. 즉궁통료연의. 후학자수구삼원지정리. 심기진가. 찰기희기. 구충합지애증. 논세운지의부. 사위적당. 고규구수가언전. 묘용유인심오야.

◆진이라는 것은 월령을 얻은 글자이고, 가라는 것은 월령을 잃어서

물러난 글자를 말한다. 말하자면 일주의 소용되는 신이 월령에 있고 또 천간에 투출되어 있다면 진기가 모여 있는 것이라고 하는데, 가신에게 파손되지 않는다면 일생 부귀를 보장할 것이다. 비록 가신이 있다고 해도 적절하게 배치되어 있어 진신과 바짝 붙어서 싸우지 않거나, 한신에게 합을 당해서 가거나 혹은 멀리 떨어져서 무력하다면 해로울 것이 없다. 만약 진신과 바짝 붙어 있거나 서로 극하고 충하거나 혹은 진신이 합거되고 기신으로 화하기라도 한다면 일생 골골하면서 살아간다.

만약 운에서 도움을 주어 가신을 눌러 주고 진신을 도와 준다면 또한 적은 공명이라도 얻을 수 있는데, 자신의 건강도 좋아진다. 그러므로 희신은 생지에서 의지해야 하고 기신은 절지에 머물러야 하는데, 사주에 진신을 보고 운에서 풀어 주는 신을 본다면 이것은 선천은 하늘이 되어 땅으로 실마리를 잡게 되는 것이다. 그래서 땅의 실마리를 확인하기 위해서는 먼저 월령의 정해진 격국을 보게 된다. 중친은 사람의 기준이 되는 것이니 사람의 범위를 보게 되어 월시의 당령한 지장간으로 용신을 삼는 것이다. 후천은 하늘의 실마리가 되니 하늘을 보고 천간에 투출된 것을 보아 격을 돕고 용신을 돕는지를 살펴보게 된다. 이 천지인의 세 공식이 용신에 부합되는지를 봐서 조화의 공이 이루어지니, 즉 부귀의 기틀이 정해지는 것이다. 그다음에 다시 운로의 마땅함과 꺼림을 살펴서 되고 말고를 명확하게 알게 되니, 후학은 마땅히 삼원의 바른 이치를 궁리하고 진가를 살피며 희기를 관찰해야 하며 충하고 합하는 사랑과 미움을 알아야 하고 운세의 좋고 나쁜 것을 논해야 하니 이렇게 하는 것이 가장 적당하다. 그래서 규구는 비록 말로써 전할 수 있지만 오묘한 사용법은 사람의 마음에서 깨달아야 하는 것이다.

【 강의 】

　이번 대목은 월지의 당령과 월령의 격국을 잘 살피라는 내용이다. 그래서 진신은 월지에 용신이 있고 당령도 되어 있는 경우에 해당하는 것으로 봐서 이 글자가 용신이 된다면 그보다 더 좋을 수가 있겠느냐는 의미로 해석하면 된다. 물론 월지의 당령이 용신이 되지 못한다면 하나마나 한 말이 되어 버리고 오히려 기신이 월령을 잡았다고 해야 하므로 전혀 다른 문제이다. 그냥 월령만 잡았다고 해서 답이 되는 것이 아니라 중요한 것은 용신이 되느냐 하는 것으로 판가름을 낸다고 이해하는 것이 옳다. 그리고 三元이라고 해서 설명하기는 했지만 결국은 월지와 천간과 당령의 상황을 살피라는 의미로 알고 있으면 되겠다. 참고해야 할 것은 이것만이 아니고 진가와 희기와 충합과 운세를 모두 살펴서 결론을 내리라는 점을 강조하고 마무리한다. 그리고 끝으로 하는 한 말씀은 두고두고 생각해 봐야 할 내용이다. 다시 한 번 강조한다.

　　　기본은 글로써 전하지만 사용법은 스스로 깨달아라.

　낭월의 책을 보면서 또 뭐가 빠졌다고 전화로 요구하는 독자를 늘 접하고 있다. 특히 대운의 해석이 부족하다면서 그러한 점에 대해서도 상세한 책을 하나 내달라는 말을 많이 듣는다. 이 정도의 자료를 갖고서 공부한 다음에는 그 묘용은 스스로 깨달아야 한다는 생각을 할 만도 하건만 독자의 욕심은 참으로 끝이 없다는 생각이 든다. 물론 그만큼 애정 어린 투정이라고 여겨서 고마운 마음이 드는 것은 사실이지만 그래도 스스로 노력하지 않는 것은 덜 예쁜 독자이다.

```
甲 己 丙 甲
子 丑 寅 子
甲癸壬辛庚己戊丁
戌酉申未午巳辰卯
```

己土卑薄. 生於春初. 寒濕之體. 其氣虛弱. 得甲丙竝透. 印正官淸. 聚得眞也. 柱中金不現而水得化. 假神不亂. 更喜運走東南. 印旺之地. 仕至尙書.

기토비박. 생어춘초. 한습지체. 기기허약. 득갑병병투. 인정관청. 취득진야. 주중금불현이수득화. 가신불란. 갱희운주동남. 인왕지지. 사지상서.

➡ 기토가 약하고 寅月에 나기까지 했으니 한습한 몸에 기세가 매우 약하지만 甲丙이 함께 투출되어서 인수는 바르고 관성은 청한 모습이다. 그래서 진기가 모여 있다고 하겠는데, 사주에 금이 보이지 않고 수는 (목이) 화함을 얻었으니 가신도 어지럽지 않다. 다시 반가운 것은 운이 동남으로 흘러가는 것이니 인성이 왕한 운에서 벼슬이 상서에 이르렀다.

【 강의 】

이 명식은 청한 사주에도 통한다. 그러고 보면 이리저리 좋은 방향으로 연결되는 사주는 좋다고 하겠는데, 인성이 월령을 잡고 있는 모습에서 진신의 의미를 잘 헤아릴 만하다.

```
乙 丙 壬 壬
未 子 寅 申
庚己戊丁丙乙甲癸
戌酉申未午巳辰卯
```

殺逞財勢. 嫩木逢金. 最喜寅木眞神當令. 時干透出乙木元神. 寅申之沖. 謂之有病. 運至南方火地. 去申金之病. 仕至封疆. 聲名赫奕.

살령재세. 눈목봉금. 최희인목진신당령. 시간투출을목원신. 인신지충. 위지유병. 운지남방화지. 거신금지병. 사지봉강. 성명혁혁.

▶살은 날뛰고 재성은 세력이 있으며 어린 나무는 금을 만났으니, 가장 반가운 것은 寅木의 진신이 월령을 잡은 것이다. 시간에는 을목이 투출되어 있고 인신의 충은 병이 되는데, 운에서 남방의 火地를 만나는 바람에 申金의 병을 제거하고 벼슬이 봉강에 이르렀으며 명성이 크게 빛났다.

【 강의 】

이 사주는 월령에 진신이 있다고는 해도 일간과 서로 떨어져 있어서 무정한 구조라고 해야 하겠다. 운이 돕지 않았다면 역시 별수가 없었을 것이다. 진신이 득용한 상황에서 운이 좋았기 때문에 더 크게 발복한 것인지에 대해서는 꼭 집어서 뭐라고 말하기 어렵다. 낭월은 별로 무관할 것이라는 생각이다.

甲	壬	戊	庚
辰	子	寅	申

丙	乙	甲	癸	壬	辛	庚	己
戌	酉	申	未	午	巳	辰	卯

此造日臨旺地. 會局幫身. 不當以弱論. 喜其時干甲木眞神發露. 所嫌者年遇庚申. 剋甲沖寅. 又逢戊土之助. 謂假神亂眞. 雖然早采芹香. 屢困秋闈. 至壬午運. 制化庚金. 秋桂高攀. 加捐縣令. 申運沖寅. 假神得助. 不祿.

차조일림왕지. 회국방신. 부당이약론. 희기시간갑목진신발로. 소혐자년우경신. 극갑충인. 우봉무토지조. 위가신란진. 수언조채근향. 누곤추위. 지임오운. 제화경금. 추계고반. 가연현령. 신운충인. 가신득조. 불록.

▶이 사주는 일주가 왕지에 임하고 또 수국이 되어 일주를 도우니 약하다고 보는 것은 부당하다. 반가운 것은 시간에 갑목의 진신이 투간된 것인데, 싫은 것은 연에서 庚申을 만난 점이다. 갑을 극하고 인을 충한다. 또 무토의 도움을 받으니 일러서 '가신이 진신을 어지럽히는 것'이라고 하겠다. 비록 어려서 잘살았지만 무과에 자주 떨어졌고, 壬午운에서는 庚金을 제어해서 장원 급제하고 돈을 내고 현령이 되었는데, 申金운에서 寅木을 충하니 가신이 도움을 얻어서 죽었다.

【 강의 】

내용에서 '雖然早采芹香'은 책에는 '雖然早采芹香'으로 나와 있는데, 『적천수천미』에는 고친 것으로 되어 있고 또 중간에 보면 '早采芹香'으로 되어 있는 대목이 많은 것으로 봐서 오식이 분명하여 고쳤다. 이미 왕하지 않은 사주라고 하겠는데, 진신을 얻어서 좋았다가 충으로 인해서 실망했다고 해야 할 구조이다. 그러고 보면 중요한 것은 진신을 얻은 것이 아니라 운에서 얼마나 협력해 주느냐 하는 점이다.

【滴天髓】

眞假參差難辨論. 不明不暗受迍邅. 提綱不與眞神照.
진 가 참 차 난 변 론. 불 명 불 암 수 둔 전. 제 강 불 여 진 신 조.
暗處尋眞也有眞.
암 처 심 진 야 유 진.

◐ 진신이냐 가신이냐를 참고해서 그 차이를 구분하기는 참으로 어렵다. 밝지도 않고 어둡지도 않은 곳에서 온갖 고초를 받기도 하며, 월령에서 진신을 비춰 주지 않아도 운에서 진신을 찾을 수만 있다면 또한 진신이 되기도 한다.

【滴天髓徵義】

氣有眞假. 眞神失勢. 假神得局. 法當以眞爲假. 以假爲眞. 氣有先後. 眞氣未到. 假氣先到. 法當以眞作假. 以假作眞. 如寅月生人. 不透甲木而透戊土. 年日時支. 有辰戌丑未之類. 亦可作用. 如不透戊土而透金. 卽使在木火司令之時. 而年日時支或得申字沖寅. 或得酉丑拱金. 或天干又有戊己生金. 此謂眞神失勢. 假神得局. 亦可取用. 四柱眞神不足. 假氣亦虛. 而日主愛假憎眞. 歲運扶假抑眞. 亦可發福. 如歲運助眞損假. 凶禍立至. 此謂以實投虛. 以虛乘實. 是猶醫者知參芪之能生人. 而不知參芪之能害人也. 知砒霜之能殺人. 而不知砒霜之能救人也. 有是病而服是藥則生. 無是病而服是藥則死. 且命之貴賤不一. 邪正無常. 動靜之間. 莫不有眞假之跡. 格局尙有眞假. 用神豈無眞假乎. 大

凡安享蔭庇現成之福者. 眞神得用居多. 刱業興家勞碌而少安逸者. 假神得局者居多. 或眞神受傷者有之. 薄承厚刱. 多駁雜者. 眞神不足居多. 一生起倒. 世事崎嶇者. 假神不足居多. 細究之無不驗也.

기유진가. 진신실세. 가신득국. 법당이진위가. 이가위진. 기유선후. 진기미도. 가기선도. 법당이진작가. 이가작진. 여인월생인. 불투갑목이투무토. 연일시지. 유진술축미지류. 역가작용. 여불투무토이투금. 즉사재목화사령지시. 이년일시지혹득신자충인. 혹득유축공금. 혹천간우유무기생금. 차위진신실세. 가신득국. 역가취용. 사주진신부족. 가기역허. 이일주애가증진. 세운부가억진. 역가발복. 여세운조진손가. 흉화립지. 차위이실투허. 이허승실. 시유의자지삼기지능생인. 이부지삼기지능해인야. 지비상지능살인. 이부지비상지능구인야. 유시병이복시약즉생. 무시병이복시약즉사. 차명지귀천불일. 사정무상. 동정지간. 막불유진가지적. 격국상유진가. 용신기무진가호. 대범안향음비현성지복자. 진신득용거다. 창업홍가로록이소안일자. 가신득국자거다. 혹진신수상자유지. 박승후창. 다박잡자. 진신부족거다. 일생기도. 세사기구자. 가신부족거다. 세구지무불험야.

➜ 기에는 진기와 가기가 있으니 진신이 실세를 하면 가신은 득국을 하게 된다. 그러면 이치로는 마땅히 진으로써 가를 삼고 가로써 진을 삼게 된다. 기에는 선후도 있는데 진기가 아직 도달하기 전에 가신이 먼저 오기도 하니 이때에는 마땅히 진으로써 가를 삼고 가로써 진을 삼는 것이다.

예를 들어서 인월에 태어난 사람이 甲木이 투출되지 않고 戊土가 투출되며 연일시지에서 辰戌丑未 등이 있다면 또한 용신으로 쓸 수가 있는 것이다. 만약 무토가 투출되지 않고 금이 나와 있다면 곧 목화가 당령을 한 상황이라면 연일시지에 혹 申金이 있어서 寅木을 충하거나 酉丑이 금으로 합되어 있거나 천간에 戊己土가 있어서 금을 생해 줄 경우, 이를 일러서 진신은 세력을 잃고 가신은 국을 이룬 것이니 또한 용신을 삼을 수가 있다고 하는 것이다.

사주에서 진신이 부족하고 가신의 기운도 허한 상황에서 일주는 가신을 사랑하고 진신을 미워할 경우에, 세운에서 가신을 돕고 진신을 누르면 또한 발복이 가능한 것이다. 만약 세운에서 진신을 돕고 가신을 극한다면 그 흉함을 그 자리에서 보게 될 것이니, 이를 일러서 '실은 허가 되고 허는 실이 되었다.'고 한다. 이것은 마치 의사가 인삼과 복령이 능히 사람을 살리는 줄은 알면서도 이것이 사람을 해롭게 한다는 것은 모르는 것과 같고, 비상이 능히 사람을 죽이는 것만 알았지 사람을 구할 수 있다는 것은 모르는 것과 같다. 사람이 병이 있어서 약을 먹으면 즉 살아나지만 병이 없으면서 약을 먹으면 바로 죽어 버리는 것이다. 또한 운명의 귀하고 천함은 한 가지로 같지 않고, 사악하고 정직함도 역시 같지 않다. 동하고 정한 가운데에 진가의 자취는 늘 있는 것이다. 격국에도 오히려 진가가 있으니 용신에 어찌 진가가 없겠는가. 대저 편안하고 부모의 덕이 많으며 뜻을 잘 이루는 사람 중에는 진신을 용신으로 삼은 자가 많고, 스스로 창업하고 가문을 세우며 고생이 많고 편안함이 적은 사람 중에는 가신이 국을 이룬 채로 사는 사람이 많으며 혹은 진신이 손상을 받은 경우도 있다. 이어받은 것은 적고 스스로 벌어들인 것은 많은 사람이나 어수선하게 복잡한 사람은 진신이 부족한 경우가 많고, 일생에

흥망이 극심하고 세상살이가 기구한 사람은 진신이 부족한 상태에서 사는 사람이 많으니 자세히 연구해 보면 맞지 않음이 없다.

【강의】

본문에서는 '年月日時支'라고 되어 있는데 이미 月支가 寅月이라고 했기 때문에 月은 뺐다. 그래서 '年日時支'가 된 것이다. 또 '砒酖(비짐 혹은 비탐)'은 비상과 독이 있는 술을 의미하는데, 흔히 사용하지 않는 용어라고 봐서 알기 쉽게 '砒霜(비상)'으로 바꿨다.

내용을 살펴보면 월령에서 진신을 용신으로 삼으면 좋겠지만, 그렇지는 못해도 운의 흐름에 따라서 얼마든지 잘살 수가 있다는 이야기다. 기본적으로 월령의 진신을 용신으로 삼은 자가 얼마나 되겠으며 또 그렇게 용신으로 삼았다고 하더라도 그 세력이 약하면 무슨 도움이 되겠느냐는 내용을 보면 참 합리적으로 생각했다는 것을 알겠다.

특히 중요한 부분은 인삼과 복령이 사람을 고치는 줄만 알고 죽이는 줄은 모른다는 말이다. 과연 월지의 진신이 좋다는 것만 알았지 일간이 그 진신을 미워하고 가신을 좋아한다면 진신 때문에 오히려 일간이 죽을 수도 있다는 의미인데, 월지의 진신을 얻으면 모든 것이 마음대로 될 것이라고 해석하는 당시의 일반 명리학자들에게 하는 말씀이라고 생각된다.

『자평진전』을 보면 월지에 진신을 얻는 것에 대해서 좋은 의미를 부여하였는데, 실은 이것도 선입견이 생겨날 여지를 마련했다고 봐야겠다. 요컨대 월지의 진신에 매달리지 말고 전체적인 상황에서 일간이 어떤 마음을 갖고 있는지에 대해서 관찰하는 것이 가장 현명하다는 의미로 받아들일 수 있다. 그래서 인삼과 비상을 어떻게 활용하느냐에 대한 지혜를 얻으라는 말을 했는데, 적절한 비유였다고 본다.

庚	壬	戊	乙
戌	午	寅	酉

庚	辛	壬	癸	甲	乙	丙	丁
午	未	申	酉	戌	亥	子	丑

壬水生於立春後二十二日. 正當甲木眞神司令. 而天干土金竝透. 地支通根戌酉. 此謂眞神失勢. 假神得局. 用以庚金化殺. 法當以假作眞. 純粹可觀. 雖嫌支全火局. 剋金灼水. 喜其火不透干. 又得戊土生化. 更妙運走西北. 所以早登雲路. 甲第蜚聲. 仕至封疆. 總嫌火局爲病. 仕路未免起倒耳.

임수생어립춘후이십이일. 정당갑목진신사령. 이천간토금병투. 지지통근술유. 차위진신실세. 가신득국. 용이경금화살. 법당이가작진. 순수가관. 수혐지전화국. 극금작수. 희기화불투간. 우득무토생화. 갱묘운주서북. 소이조등운로. 갑제비성. 사지봉강. 총혐화국위병. 사로미면기도이.

➡ 임수가 입춘이 지나고 22일 만에 태어났으니 갑목의 진신이 당령을 했다. 천간에는 토금이 함께 투출되고 지지에는 戌酉에 통근이 되어 있으니 이를 일러서 '진신실세하고 가신득국했다.'고 하는 것이다. 용신은 庚金의 살로써 화해야 하겠는데, 가신이 용신이 되어

순수함이 볼 만하다. 비록 지지에 화국이 되어 금을 극하고 물을 말리는 것은 못마땅하지만, 반가운 것은 화가 천간에 나오지 않은 것이다. 또 戊土의 생을 만나고 운도 서북으로 가니 일찍이 청운의 벼슬길을 갈 수가 있었고 계속 진급하여 봉강에 도달했다. 한마디로 화국은 싫었으니 이것이 병이라 벼슬길에 굴곡이 많았던 것이다.

【 강의 】

상황을 보면 신약용인격이다. 비록 월지에 갑목 진신이 당령을 했다 해도 그것이 무슨 도움이 되겠느냐는 뜻이다. 용신이 월지를 얻지 못하는 바람에 살아가는 과정에서 굴곡은 피할 수가 없었다는 의미로서 월지의 당령이 용신이었다면 그보다 더 좋았을 것이라는 이야기이다. 다시 말해 운이 도와 주면 살기는 해도 월지를 얻은 용신에는 다소 떨어지는 것으로 봐야 한다는 설명이 아닌가 싶다.

```
癸    癸    戊    庚
丑    未    寅    戌

丙 乙 甲 癸 壬 辛 庚 己
戌 酉 申 未 午 巳 辰 卯
```

癸水生於立春後二十六日. 正當甲木眞神司令. 而天干土金竝透. 地支丑戌通根. 傷官雖當令. 而官殺之勢縱橫. 卽使傷能敵殺. 而日主反洩. 況未能敵乎. 庚金雖是假神. 無如日主愛假憎眞. 用庚金有二妙. 一則化官殺之强. 二則生我之日元. 時干比肩

幫身. 又能潤土養金. 第中運南方. 生殺壞印. 奔馳不遇. 至甲申, 運轉西方. 用神得地. 得軍功. 飛升知縣. 乙酉更佳. 仕至州牧. 一交丙, 壞庚印. 不祿.

계수생어립춘후이십륙일. 정당갑목진신사령. 이천간토금병투. 지지축술통근. 상관수당령. 이관살지세종횡. 즉사상능적살. 이일주반설. 황미능적호. 경금수시가신. 무여일주애가증진. 용경금유이묘. 일즉화관살지강. 이즉생아지일원. 시간비견방신. 우능윤토양금. 제중운남방. 생살괴인. 분치불우. 지갑신, 운전서방. 용신득지. 득군공. 비승지현. 을유갱가. 사지주목. 일교병, 괴경인. 불록.

▶계수가 입춘이 지나고 26일 만에 태어났으니 바로 甲木이 사령을 했는데, 천간에 토금이 함께 투출되고 지지에는 丑戌에 통근도 되었으니 상관이 비록 당령은 했으나 관살의 세력이 상당해서 상관으로 극을 한다고 해도 다시 일주가 설기가 되므로 대적하기 어렵겠다. 경금이 비록 가신이라고는 하지만 일주가 가를 사랑하고 진을 미워하니 용신은 경금에 있고 두 가지가 묘하다. 그 하나는 관살의 강력함을 (土生金으로) 화하는 것이고, 또 하나는 일주의 약함을 도와 주는 것이다. 시간에는 비견이 도와 주고 촉촉한 토가 금을 적셔 주는데, 중운에서 남방운이라 동서로 분주했지만 뜻을 이루지 못하고 甲申운이 되어 서방의 운을 타자 용신이 득지하니 군대에서 공을 세우고 지현으로 날아올랐다. 乙酉운도 다시 아름다워서 주목으로 올랐는데, 한번 丙火운으로 바뀌자 경금 인성이 깨어져서 죽었다.

【 강의 】

모두 이치에 부합되는 말이라고 하겠다. 그리고 이 사주에서는 일주 癸未에서 보면 申酉가 공망이 되기도 하는데, 그 이야기가 참으로 공허하다는 생각을 하게 해주는 자료이기도 하다. 즉 원국에 공망이 있으면 공망운에서 공망이 풀린다는 말이 있는데, 이 경우에는 그것이 아니므로 공망의 운이 오면 모든 것이 공허하게 돌아간다는 말을 해야 할 터이지만 실제로 공망의 운에서 크게 발전한 것을 보면 얼마나 쓸모 없는 헛소리인지 능히 알 만하다. 이러한 내용을 보면서도 여전히 공망을 포기하지 못한다면 달리 방법은 없지만 낭월의 생각으로는 전혀 고려하지 않아도 되겠다.

```
己  辛  己  丙
亥  酉  亥  子

丁 丙 乙 甲 癸 壬 辛 庚
未 午 巳 辰 卯 寅 丑 子
```

此造以俗論之. 寒金喜火. 金水傷官喜見官. 且日主專祿. 必用丙火無疑. 不知水勢倡狂. 竊去命主元神. 不但不能用官. 卽或用官. 而丙火全無根氣. 必須用己土之印. 使其止水生金, 衛火. 己入亥宮臨絶. 欲使丙火生土. 而丙火先受水剋. 焉能生土, 所以己土反被水傷. 眞神無情. 假神虛脫. 初運庚子辛丑. 比劫幇身. 蔭庇之餘. 衣食頗豊. 壬運丁艱. 一交寅運. 東方木地. 虛土受傷. 破蕩祖業. 刑妻剋子. 出外不知所終.

차조이속론지. 한금희화. 금수상관희견관. 차일주전록. 필용병화무의. 부지수세창광. 절거명주원신. 부단불능용관. 즉혹용관. 이병화전무근기. 필수용기토지인. 사기지수생금, 위화. 기입해궁림절. 욕사병화생토. 이병화선수수극. 언능생토, 소이기토반피수상. 진신무정. 가신허탈. 초운경자신축. 비겁방신. 음비지여. 의식파풍. 임운정간. 일교인운. 동방목지. 허토수상. 파탕조업. 형처극자. 출외부지소종.

➜ 이 사주는 흔히 말하기를 '겨울의 금이니 화가 필요하고, 금수상관은 화가 반갑고, 일주가 앉은자리에 비견을 봤으니 반드시 병화를 용신으로 삼는 것에 대해서 의심할 것이 없다.'고 할 것이나 수세가 미쳐 날뛰고 일주의 원기를 훔쳐 가는 것을 모르고 하는 말이다. 단지 관을 용하기가 불가능할 뿐만 아니라 혹 관을 용신으로 삼더라도 병화는 뿌리가 전혀 없으니 반드시 己土의 인성을 용신으로 삼아야 한다. 그렇게 해서 그 물을 멈추게 하고 그 금을 생소하며 화는 보호하는데, (유감스럽게도) 기토가 해수에 앉아 있어 도리어 수에게 손상을 입으니 진신은 무정하고 가신은 허탈한 꼴이다. 초운에서 庚子와 辛丑에서는 비겁이 일간을 도와서 부모의 도움이 넉넉했고 의식이 풍족했으나 壬운으로 바뀌면서 부모에게 어려움이 있었고, 한번 寅木이 되면서 동방의 목지가 되니 허약한 토가 크게 손상을 받아서 유산을 모두 탕진하고 처자를 극하였으며 밖으로 나갔는데 어떻게 되었는지 알지를 못하겠더라.

【 강의 】

　겨울 금이라고 해서 무조건 화를 쓰는 것이 아님은 틀림없다. 이렇게 무력하면 그대로 인성이 돕지 않고서는 아무것도 될 일이 없다고 봐야 할 모양이다. 그래서 불을 좋아하는 것도 경우에 따라서는 변수가 있음을 헤아리지 않는다면 고정관념으로 실수할 수 있다는 것을 염두에 두어야 한다. 그냥 신약용인격으로 해석되는 구조이다. 물론 조후가 되지 못하는 약점은 그대로 존재하는 것도 잊지 않아야겠고, 실은 겨울의 금이면서 조후를 고려할 수 없다는 것 자체가 부담스러운 사주라는 것을 이해하면 되겠다. 특히 '진신은 무정하고 가신은 허탈하다.'는 말이 그대로 실감나는 장면이다. 참으로 적절한 명식을 골랐다고 하겠다.

제11장 은원(恩怨)

【滴天髓】

> 兩意情通中有媒. 雖然遙立意尋追.
> 양 의 정 통 중 유 매. 수 연 요 립 의 심 추.
> 有情却被人離間. 怨起恩中死不灰.
> 유 정 각 피 인 리 간. 원 기 은 중 사 불 회.

○ 두 뜻이 서로 통하는 데에는 중간에 매개체가 필요한데 비록 그렇게 바라보고 있으면서 마음으로만 합하고자 하네. 정이 있는데 중간에서 다른 성분이 이간질을 하면 은혜 가운데에서도 원한이 일어나니 죽어서 재가 되어도 (원한을) 잊지 않는다.

【滴天髓徵義】

恩怨者, 喜忌也. 日主所喜之神遠. 得合神化而近之. 所謂兩意情通, 如中有媒也. 喜神遠隔. 得旁神引通而相和好. 則有恩而無怨矣. 只有閑神, 忌神, 而無喜神. 得閑神, 忌神, 合化喜神. 所謂邂逅相逢也. 喜神遠隔. 與日主雖有情. 被閑神忌神隔絶. 日主與喜神, 各不相顧. 得閑神忌神合會. 化作喜神. 謂私情牽合. 更爲有情. 喜神與日主緊貼. 可謂有情矣. 遇合, 化爲忌神. 或喜神與日主, 雖不緊貼. 却有情於日主. 中有忌神隔之. 或喜神與閑神合助忌神. 此如被人離間. 以恩爲怨. 死不灰心.

如日主喜丙火, 在時干. 月透壬水爲忌. 如年干丁火, 合壬化木. 不特去其忌神. 而反生助喜神. 與日主喜庚金, 在年干. 雖有情而遠立. 月干乙木合庚而近之. 此閑神化爲喜神. 如中有媒矣. 日主喜火. 局內無火. 反有癸水之忌. 得戊土合癸水, 化爲喜神. 謂邂逅相逢也. 日主喜金. 惟年支坐酉. 與日主遠隔. 日主坐巳. 忌神緊貼. 得丑支會局. 以成金之喜神. 謂私情牽合也. 餘可例推.

은원자, 희기야. 일주소희지신원. 득합신화이근지. 소위량의정통, 여중유매야. 희신원격. 득방신인통이상화호. 즉유은이무원의. 지유한신, 기신, 이무희신. 득한신, 기신, 합화희신. 소위해후상봉야. 희신원격. 여일주수유정. 피한신기신격절. 일주여희신, 각불상고. 득한신기신합회. 화작희신. 위사정견합. 갱위유정. 희신여일주긴첩. 가위유정의. 우합, 화위기신. 혹희신여일주, 수불긴첩. 각유정어일주. 중유기신격지. 혹희신여한신합조기신. 차여피인리간. 이은위원. 사불회심.

여일주희병화, 재시간. 월투임수위기. 여년간정화, 합임화목. 불특거기기신. 이반생조희신. 여일주희경금, 재년간. 수유정이원립. 월간을목합경이근지. 차한신화위희신. 여중유매의. 일주희화. 국내무화. 반유계수지기. 득무토합계수, 화위희신. 위해후상봉야. 일주희금. 유년지좌유. 여일주원격. 일주좌사.

기신긴첩. 득축지회국. 이성금지희신. 위사정견합야. 여가례추.

➜ 은혜와 원한은 희신과 기신을 말한다. 일간이 반기는 글자가 멀리 있는데 중간에 합해서 가까이 다가온다면 이른바 '두 뜻이 서로 통하는데 중간에 매파가 있다.'고 하는 것이고, 희신이 멀리 떨어져 있는데 곁에 있는 글자가 이끌어서 서로 통하면 화목해지니 즉 은혜가 되고 원한이 없는 것이다. 다만 한신이나 기신이 있고 희신은 없는데, 한신이나 기신끼리 서로 합화해서 희신이 된다면 '서로 만나서 해후한다.'고 하는 것이다. 희신이 멀리 있는데 일주와 비록 유정하더라도 한신이나 기신이 중간에 막고 있어서 끊어진다면 일주와 희신은 서로 돌아다볼 수가 없으나, 한신이나 기신이 합으로 모여서 희신으로 화한다면 사사로운 정이 합으로 끌고 가니 다시 유정하게 된다. 희신과 일주가 바짝 붙어 있으면 유정하다고 하고, 합을 만나서 기신으로 화하거나, 희신과 일주가 바짝 붙어 있지는 않더라도 도리어 일주와 유정한데 중간에 기신이 막고 있거나, 희신과 한신이 합해서 기신을 도와 주고 있다면 다른 사람의 이간질을 당하는 것이니 은혜로써 원한이 되는 것이다. 그래서 죽어도 마음을 풀지 않는 것이다.

만약 일주가 丙火를 기뻐하는데 시간에 있고 월간에는 壬水가 투간되어 있다면 기신인데, 연간에서는 丁火가 있어서 임수와 합해서 목이 된다면 특히 기신을 제거할 뿐만 아니라 도리어 희신을 생조하기까지 한다. 일주가 경금을 기뻐하는데 연간에 있다면 비록 유정하더라도 멀리 있는 것인데 월간에 乙木이 경금과 합하여 가까워진다면 이것은 한신이 희신으로 변한 것이니 중간에 매개체가 있는 것이다. 일주가 화를 기뻐하는데 사주에는 화가 없고 도리어 계수가 있다면 기신이다. 그런데 무토를 얻어서 계수와 합을 하여 화한다면 희신이 되니 서로 만나서 해후한다고 하는 것이다. 일주가 금을 기뻐하는데 오직 연지에 酉金이 있을 경우 일주와 멀리 떨어진다. 이 때 일주가 巳火에 앉아 있다면 기신이 바짝 붙어 있는 셈인데, (月支에) 丑土를 만나면 회국이 되니 금의 희신이 이뤄지는 것이다. 그러면 사사로운 정으로 합이 되는 것이니 나머지도 이렇게 추리하면 되겠다.

【강의】

은인과 원수의 관계에 대한 설명인데, 내용을 보면 그 발생 동기를 충분히 납득할 수 있다. 통하고 싶은데 중간에서 뭔가가 막고 있다면 감정이 상하는 것은 당연한 이치일 것이기 때문이다. 그리고 사주로 본다면 희신은 용신과 유사하다. 용신이 멀리 있으면 여러 가지로 불리하지만 주변 상황에 따라서 그런대로 무난한 경우도 있겠다는 생각을 하게 된다. 이러한 정황을 헤아리기 위해서는 글자만 봐서는 판단하는 데 아무런 도움도 주지 않으니 늘 전체적인 전후좌우의 상황을 고려해서 판단하는 것이 중요하다. 이렇게만 추리한다면 이미 오행의 바른 이치를 파악했다고 하겠다. 단지 글자의 수로만 따져서 좋다 나쁘다고 하는 것은 너무나 천박한 견해임을 이런 부분에서 명확하게 이해할 수 있다. 특히 인성이 필요한데 재성이 있으면 어떻겠느냐고 물으면 주변의 상황은 묻지도 않고 깨졌다고 하는 경우가 종종 있는데, 이렇게 판단한다면 길흉도 잘 맞지 않을 뿐더러 비록 맞는다고 해도 그렇게 추리한 결과에서 자연을 읽어 내기란 어림도 없는 일이다. 그래서 늘 그 바탕에 흐르는 의미를 잘 분석해야겠다는 생각을 하게 되는데, 이 은원에서는 명확하게 의미가 나타나서 이해하는 데 별 무리가 없다.

```
戊   戊   甲   丁
午   戌   辰   酉

丙 丁 戊 己 庚 辛 壬 癸
申 酉 戌 亥 子 丑 寅 卯
```

　此重重厚土. 甲木退氣. 不能疏土. 則日主之情. 必在年支酉金. 發洩菁英. 金逢火蓋頭. 其意亦欲日主之生. 雖然遠隔. 兩意情通. 喜辰酉合而近之. 如中有媒矣. 初運癸卯, 壬寅. 離間喜神. 功名蹭蹬. 困苦刑傷. 辛丑運中. 晦火會金. 入泮, 連登科甲. 庚子, 己亥, 戊戌, 西北土金之地. 仕至尙書.

　차중중후토. 갑목퇴기. 불능소토. 즉일주지정. 필재년지유금. 발설청영. 금봉화개두. 기의역욕일주지생. 수연원격. 양의정통. 희진유합이근지. 여중유매의. 초운계묘, 임인. 이간희신. 공명층등. 곤고형상. 신축운중. 회화회금. 입반, 연등과갑. 경자, 기해, 무술. 서북토금지지. 사지상서.

➪이 사주는 겹겹이 두터운 토이고 甲木은 퇴기에 속하니 토를 제어하기가 불가능하다. 그래서 일주의 마음은 반드시 年支의 酉金에 있으니 청기를 발설하고자 함이다. 금이 다시 화의 개두를 만나니 그 의향 역시 일간의 생조를 원한다. 비록 그렇다고는 해도 서로 멀리

떨어져 있으니 두 뜻이 통하기는 어려운데, 다행히도 辰酉의 합이 되어 가까워지니 중간에 매파가 있는 것과 같다. 초운 癸卯와 壬寅에서는 희신을 이간질해서 공명이 실추되고 어렵고 고통스러운 일이 많았는데, 辛丑운이 되어 운에서 금국이 되니 공부를 하였고 수석으로 합격하였으며 庚子와 己亥, 戊戌의 서북으로 흐르는 토금의 지지에서 벼슬이 상서에 도달했다.

【 강의 】

辰酉합이 실제로 작용한다고는 보지 않는다. 육합은 무효인데, 그래도 금의 입장에서 희신이 되는 것은 틀림없다. 그래서 운이 와서 발하게 된 것이지 진유합으로 좋아진 것은 아무것도 없다. 다행히 운이 잘 흘러 줘서 자신의 뜻을 펼 수가 있었다. 사주로 미루어서는 상서에 도달할 구조로 보기 어려운 용신의 상황인데 운이 도움을 주어 비로소 발복이 되었던 모양이다. 용신이 극을 받기는 했어도 힘은 있어서 병이 제거되면서 그대로 발하였다고 본다. 특히 용신이 월령을 얻은 것은 상당히 좋은 암시라고 해도 되겠다.

丙	丁	乙	丁
午	丑	巳	酉

丁	戊	己	庚	辛	壬	癸	甲
酉	戌	亥	子	丑	寅	卯	辰

丁火生於巳月午時. 比劫並旺. 又逢木助. 其勢猛烈. 年支酉

金. 本日主之所喜. 遙隔遠立. 又被丁火蓋之. 巳火劫之. 似乎無
情. 最喜坐下丑土. 烈火逢濕土. 則成生育慈愛之心. 邀巳酉合成
金局. 歸之庫內. 其情似相和好. 不特財來就我. 又能洩火吐秀.
故能發甲. 仕至藩臬. 名利雙全.

　　정화생어사월오시. 비겁병왕. 우봉목조. 기세맹렬. 연지유
금. 본일주지소희. 요격원립. 우피정화개지. 사화겁지. 사호무
정. 최희좌하축토. 열화봉습토. 즉성생육자애지심. 요사유합성
금국. 귀지고내. 기정사상화호. 불특재래취아. 우능설화토수.
고능발갑. 사지번얼. 명리쌍전.

➡정화가 사월 오시에 나니 비겁이 모두 왕하고 목의 도움까지 있으
니 그 세력이 맹렬하다. 연지의 酉金은 본래 일주에게 반가운 성분
이지만 멀리 떨어져 있으며 정화의 극까지 받고 巳火도 겁탈을 하니
무정한 것처럼 보인다. 가장 반가운 것은 앉은자리의 丑土이다. 맹
렬한 불이 습토를 만나니 즉 생육의 자애심이 생기고 멀리 巳酉합이
발생하기도 하여 고지에 돌아가니 그 정은 서로 화합하는 모습이다.
특히 재성이 나에게 따라올 뿐만 아니라 능히 화를 설하고 수기를
토하니 수석으로 발하고 벼슬이 번얼에 이르렀으며 명리가 모두 완
전하게 되었다.

【 강의 】

　　앞의 사주와 비슷하지만 일지의 丑土가 있어서 훨씬 보기 좋은 구
조이다. 이 사주의 상황은 그야말로 천지 차이라고 하겠다. 즉 같은
토라도 戌土와 丑土의 차이가 극명하게 드러나기 때문이다. 그래서

기본적으로 연지의 酉金은 포기하고 일지의 축토 속의 辛金을 용신으로 하는 형상이다. 이미 유금은 죽었다고 해야 하겠기 때문이다. 나타난 것을 용신이라고 하지 않고 지장간에 들어 있는 것을 용신이라고 하는 이유를 모르겠다는 질문을 간혹 받는데 이러한 정황을 이해하지 못해서이다. 그러나 시간이 경과하면서 공부가 익어 가면 자연히 알게 되는 거지 하루아침에 완성을 바라기는 어려운 공부라고 해야겠다.

```
甲   丙   戊   癸
午   辰   午   酉
庚 辛 壬 癸 甲 乙 丙 丁
戌 亥 子 丑 寅 卯 辰 巳
```

丙火生於午月午時. 旺可知矣. 一點癸水. 本不相濁. 戊土合之. 又助火之烈. 年支酉金. 本有情與辰合. 又被午火離間. 求合不得. 所謂怨起恩中也. 兼之運走東南木火之地. 一生祇有刑傷破耗. 竝無財喜之事. 剋三妻七子. 遭回祿四次. 至寅運而亡.

병화생어오월오시. 왕가지의. 일점계수. 본불상탁. 무토합지. 우조화지렬. 연지유금. 본유정여진합. 우피오화리간. 구합부득. 소위원기은중야. 겸지운주동남목화지지. 일생기유형상파모. 병무재희지사. 극삼처칠자. 조회록사차. 지인운이망.

➧병화가 오월 오시에 났으니 그 왕함을 가히 알겠다. 일점의 癸水는 원래 서로 탁하게 하지 않는데, 무토와 합을 함으로써 화의 맹렬

함을 돕고 있다. 연지의 酉金은 본래 유정하고 辰酉합도 되어 있는데, 또 오화에게 이간질을 당하고 있으니 합을 하려고 해도 얻을 수가 없는 것이다. 그래서 이른바 '은혜 가운데 원한이 일어나는 상황'이다. 더불어 운이 동남의 목화지지로 가니 일생 온갖 애로를 겪었고 아울러서 (사주에) 재성이 없었더라면 오히려 기쁜 일이 되었는데, 세 처와 일곱 아들을 극하고 화재를 네 번이나 겪은 후 寅운에서 죽었다.

【 강의 】

　기구한 팔자에 기구한 운의 흐름이라고 해야겠다. 죽어라 죽어라 한다는 말은 바로 이런 상황에서 쓰는 말일 것이다. 사주의 용신은 일지의 辰土가 되므로 식신격이라고 하겠는데, 재성이 극을 받은 것은 또 그리 큰 비중이 되는 것은 아닌 형상이다. 다만 운에서 토금의 운이 없었던 것이 아쉽다. 초운에서 오히려 용신을 극하는 기신의 목운이 들어오는 바람에 아마도 살아갈 의욕을 상실했다고 봐야겠다. 딱한 일이다. 역시 모든 것은 운에 달렸다고 해야 할 모양이다.

제12장 한신(閑神)

【滴天髓】

> 一二閑神用去麽. 不用何妨莫動他. 半局閑神任閑着.
> 일 이 한 신 용 거 마. 불 용 하 방 막 동 타. 반 국 한 신 임 한 착.
> 要緊之場自作家.
> 요 긴 지 장 자 작 가.

◐ 한두 개의 한신은 어디다 쓰랴, 그리고 쓰지 않은들 남에게 무슨 해를 끼치랴, 반국이 한신이라면 한가롭게 놀게 두시게나. 필요한 때가 되면 스스로 자기 일을 할 것이니.

【滴天髓徵義】

有用神必有喜神. 喜神者, 輔格助用之神也. 然有喜神亦必有 忌神. 忌神者, 破格損用之神也. 自用神喜神忌神之外. 皆閑神 也. 閑神居多. 故有一二半局之稱. 閑神不傷體用. 不礙喜神. 可 不必動他也. 任其閑着. 至歲運遇破格損用之時. 而喜神不能輔格護用之際. 謂要緊之場. 得閑神制化歲運之凶神忌物. 匡扶格局喜用. 或得閑神合歲運之神. 化爲喜用. 而輔格助用. 爲我一家人也. 如用木. 木有餘. 以火爲喜神. 以金爲忌神. 以水爲仇神. 以土爲閑神. 木不足. 以水爲喜神. 以土爲忌神. 以金爲仇神. 以火爲閑神. 是以用神必得喜神之佐. 閑神之助. 則用神有勢. 不怕忌神矣. 餘可類推.

유용신필유희신. 희신자, 보격조용지신야. 연유희신역필유기신. 기신자. 파격손용지신야. 자용신희신기신지외. 개한신야. 한신거다. 고유일이반국지칭. 한신불상체용. 불애희신. 가불필동타야. 임기한착. 지세운우파격손용지시. 이희신불능보격호용지제. 위요긴지장. 득한신제화세운지흉신기물. 광부격국희용. 혹득한신합세운지신. 화위희용. 이보격조용. 위아일가인야. 여용목. 목유여. 이화위희신. 이금위기신. 이수위구신. 이토위한신. 목부족. 이수위희신. 이토위기신. 이금위구신. 이화위힌신. 시이용신필득희신지좌. 한신지조. 즉용신유세. 불파기신의. 여가류추.

➡ 용신이 있으면 반드시 희신이 있게 마련이니, 희신이란 격을 돕고 용신을 보조하는 글자이다. 그리고 희신이 있으면 반드시 기신이 있으니, 기신은 격을 파하고 용신을 손상시키는 성분이다. 용신이나 희신이나 기신을 빼고는 모두 한신이 된다. 한신이 많으니 하나 둘 혹은 반국이라고 칭하는 것이다. 한신은 체와 용을 손상시키지 않으니 희신이 꺼릴 필요가 없다. 다른 글자를 동하게 할 필요가 없다는 것이다. 한신 마음대로 놀게 두면 되는데, 세운에서 격을 깨고 용신을 손상시키고 있으나 희신이 격과 용신을 보호할 수 없을 경우가

바로 '긴급을 요하는 장면'이라고 한다. 그리하여 한신을 얻어서 세운의 흉물 기신을 제어하면 격국과 희용신을 도와서 의지하게 된다.

희용신을 화하여 격을 보호하고 용신을 돕는다면 이를 일러서 나와 한 가족이라고 하는 것이다. 만약 목을 용하는데 목이 넉넉하다면 희신은 화가 될 것이고 금은 기신이 될 것이며 수는 구신이 되고 토는 한신이 된다. 목이 부족하다면 수로써 희신을 삼고 토로써 기신을 삼으며 금은 구신이 되고 화는 한신이 되니, 이리하여 용신은 반드시 희신의 보좌와 한신의 도움을 받는다면 세력이 있으니 기신을 두려워하지 않는 것이다. 나머지도 이에 준해서 추리하면 된다.

【 강의 】

한신의 동태에 신경이 쓰일 정도가 되면 명리학의 마무리가 보인다고 해도 과언이 아니다. 사회에 비유한다면 실업자에 대한 배려가 잘되어 있는 나라가 안정된 나라라고 할 수 있는 것과 비슷하다. 즉 복지 정책이 잘되어 있는 나라는 한신에 대한 배려가 잘되어 있는 사주와 유사하다. 사실 용신을 찾기에 급급할 경우에는 한신에 대해서는 미처 생각할 겨를이 없다. 그러다가 점차 실력이 쌓이면서 희용신에 대해서는 별로 고민이 없을 만큼 실력이 되면 비로소 한신의 동태에 신경이 쓰이는데, 이유는 간단하다. 이 한신의 동태에 따라 사주의 상황이 달라지기 때문이다. 즉 한신은 변수를 갖고 있는 성분으로서 아직은 그 작용이 명확하게 정해지지 않은 불확실한 존재이다. 그래서 한신의 움직임에 신경을 쓰라고 하는데, 설명을 보면 의미가 명확해서 이해하기에 무리가 없다고 하겠다.

```
丙 甲 戊 庚
寅 寅 子 寅
丙 乙 甲 癸 壬 辛 庚 己
申 未 午 巳 辰 卯 寅 丑
```

甲木生於子月. 一陽進氣. 旺印生身. 支坐三寅. 松柏之體. 旺而且堅. 一點庚金臨絶. 不能剋木. 反爲忌神. 寒木向陽. 時干丙火淸透. 敵其寒凝. 洩其菁英. 而爲用神. 冬火本虛. 以寅木爲喜神. 月干戊土能制水. 又能生金. 故爲閑神. 以水爲仇神. 喜其丙火淸純. 至卯運. 洩水生火. 早登科甲. 壬辰, 癸巳, 得閑神制合. 宦途平坦. 甲午, 乙未, 火旺之地. 仕至尙書.

갑목생어자월. 일양진기. 왕인생신. 지좌삼인. 송백지체. 왕이차견. 일점경금림절. 불능극목. 반위기신. 한목향양. 시간병화청두. 적기한응. 설기청영. 이위용신. 동화본허. 이인목위희신. 월간무토능제수. 우능생금. 고위한신. 이수위구신. 희기병화청순. 지묘운. 설수생화. 조등과갑. 임진, 계사, 득한신제합. 환도평탄. 갑오, 을미, 화왕지지. 사지상서.

◆ 갑목이 자월에 나니 일양의 진기가 되었다. 왕성한 인수가 일주를 생조하고 지지에는 세 개의 인목이 있으니 소나무나 잣나무의 몸이라고 하겠다. 왕성하면서도 견고하니, 일점의 庚金은 이미 절지에 임하여 목을 극하기가 불가능하므로 도리어 기신이 된다. 겨울 나무가 양지를 향하니 시간의 丙火가 청하게 투출되어 춥고 엉켜 있는 것을 대적하고, 청하고 빼어난 기운을 설하니 용신이 된다. 겨울의

불이 본체가 허약하니 寅木으로써 희신을 삼고, 월간의 무토는 수를 제어하고 능히 금도 생하니 한신이 되는데, 수는 구신이 된다. 반가운 것은 병화가 맑고도 순수한 것인데, 묘운이 되어 수기를 설하고 화를 생하니 일찍이 과거에 급제하였고, 壬辰과 癸巳에서는 한신이 합으로 제어하여 벼슬길이 평탄했으며, 甲午와 乙未 운에서는 화가 왕성한 운이 되어서 벼슬이 상서에 이르렀다.

【 강의 】

책에는 '兩陽進氣'라고 했는데, 2양은 丑月이 되므로 子月에는 一陽이 타당하다고 봐서 고쳤다. 사주의 구조는 겨울 나무가 신왕해서 식신을 용신으로 삼는 구조로 보면 무리가 없다. 그런데 목이 희신이라고는 하지만 주변의 상황을 보면 이미 목의 기운도 넘쳐서 오히려 토가 희신으로 더 좋지 않겠느냐는 생각이 든다. 그리고 토가 희신이 되어서 화를 보호하는 차원이 되므로 실은 한신이 보호한 것이 아니라고 해야겠다는 의견을 조심스럽게 첨가한다(제8부 「운세해석」의 한신 부분에서 다시 설명함).

庚	甲	丁	甲
午	寅	卯	子

乙	甲	癸	壬	辛	庚	己	戊
亥	戌	酉	申	未	午	巳	辰

甲木生於仲春. 支逢祿刃. 干透比肩. 旺之極矣. 時上庚金無根

爲忌. 月干丁火爲用. 通輝之氣. 所以早登雲路. 仕至觀察. 惜無
土之閑神. 運至壬申金水. 體用竝傷. 故不能免禍耳.

　갑목생어중춘. 지봉록인. 간투비견. 왕지극의. 시상경금무근
위기. 월간정화위용. 통휘지기. 소이조등운로. 사지관찰. 석무
토지한신. 운지임신금수. 체용병상. 고불능면화이.

➔갑목이 卯月에 나서 지지에 비견과 양인을 만나고 천간에는 비견
이 투출되니 그 왕함이 극에 달했다. 시간에는 경금이 무근하게 있
으며 기신이다. 월간의 정화가 용신이 되는데, 그 화력의 기세가 상
당하다. 그래서 일찍이 벼슬길이 열려서 관찰사에 이르렀으나, 아깝
게도 토의 한신이 없으니 운이 壬申의 金水로 흐를 적에 체용이 함께
손상을 받으니 재앙을 면할 수가 없었다.

【 강의 】

　역시 내용을 보면 토가 한신이 아니고 희신이라고 해야 옳을 것으
로 보인다. 그리고 정화가 이미 이렇게 왕성한 목을 두고서 다시 희
신으로 목을 쓴다는 것은 아마도 희신에 대해서 약간 혼란이 있었던
것 같다. 즉 정화는 목이 필요한 것이 아니라 보호할 수 있는 희신인
토가 필요한 것이다. 그래야 수운에서 토가 용신을 보호하게 될 터
인데, 희신이 없어서 수운이 되자 바로 깨어졌다는 설명이 오히려
설득력이 있다고 하겠다. 그렇지 않고서는 한신이 없어서 사주가 깨
어졌다는 것은 아무래도 좀 부족한 설명이 아닐까 하는 생각이 들어
서이다. 참고하기 바란다.

제13장 기반(羈絆)

【滴天髓】

出門要向天涯游. 何事裙釵恣意留.
출문요향천애유. 하사군차자의류.

◎ 문을 나가 세상을 주유하려는데 무슨 일로 아녀자가 장부의 길을 막는고.

【滴天髓徵義】

此乃貪合不化之意也. 旣合宜化. 化之喜者. 名利自如. 化之忌者. 災咎必至. 合而不化. 謂伴住留連. 貪彼忘此. 而無大志有爲也. 日主有合. 不顧用神之輔我. 而忘其大志也. 用神有合. 不顧日主之有爲. 不佐其成功也. 又有合神眞. 本可化者. 反助其從合之神而不化也. 又有日主休囚. 本可從者. 反逢合神之助而不從也. 此皆有情而反無情. 如裙釵之恣意留也.
차내탐합불화지의야. 기합의화. 화지희자. 명리자여. 화지기

자. 재구필지. 합이불화. 위반주류련. 탐피망차. 이무대지유위야. 일주유합. 불고용신지보아. 이망기대지야. 용신유합. 불고일주지유위. 부좌기성공야. 우유합신진, 본가화자. 반조기종합지신이불화야. 우유일주휴수, 본가종자. 반봉합신지조이부종야. 차개유정이반무정. 여군차지자의류야.

▶이는 합을 탐하고 化는 하지 않는다는 의미이다. 이미 합을 했으면 화를 해야 하고 화해서 희신이 된다면 명리가 뜻과 같을 것이고, 화해서 기신이 된다면 반드시 재앙이 일어난다. 합만 되고 화하지 않으면 서로 머물러서 연결만 되어 있다고 이른다. 저를 탐해서 이를 잊으니 큰 뜻을 이룰 수가 없는 것이다. 일주가 합이 되면 용신이 나를 도와 주는 것을 돌아보지 않으니 큰 뜻을 잊게 되고, 용신이 합이 되면 일주의 하고자 하는 것을 돌보지 않으니 성공을 돕지 않는 것이다. 또 합신이 참되면 본래 화를 할 수가 있는데 도리어 그 합신을 생조하는 마람에 화하지 못하는 경우도 있다. 또한 일주가 휴수되어서 본래는 종할 수가 있는데 도리어 합신의 도움을 만나서 종하지 못하는 경우도 있으니, 이러한 것은 다 유정이 도리어 무정이 되는 것으로 아녀자가 장부의 뜻을 막는 것과 같다고 하겠다.

【 강의 】

합이 되어 있는 경우 거의 97퍼센트를 기반으로 봐도 좋다. 그만큼 슴은 쉬워도 化는 어려운 것이 현실이다. 사주를 보면 웬만하면 화를 했을 것 같은 상황임에도 그대로 합만 하고 화는 하지 않는 경우를 하도 많이 보아서 이제는 아예 합이 되어 있어도 거의 화하지 않는 것으로 판단하게 된다. 물론 간혹 화하는 경우도 있지만 극히 드문 경우이므로 일단 합이 되면 기반이 되는 것으로 단정해도 무방하다는 의견을 드린다.

용신이 기반이 되면 용신 역할을 하지 못하는 일이 발생하고 일간이 합이 되면 용신을 이용하지 않는 일이 발생하니 결국은 흉한 조짐이 아닐 수 없다. 일간 합도 문제지만 용신 합은 더 큰 문제라고 하겠다. 용신이 합이 되면 가장 나쁜 경우에 속하는데, 특히 丙火를 용신으로 삼았을 경우에 辛金을 만나 합이 되었다면 그중에서도 더욱 나쁘다. 이때의 약은 丁火뿐인데 그 정화가 일생에 한 번 오는 대운이고 보면 그나마도 만나지 못할 가능성이 많으니 참으로 따분한 인생이 되기 십상이지 않겠는가. 그래서 기반은 감명을 하는 과정에서 매우 신중하게 살펴야 할 부분이다. 주의하기 바란다.

```
丙  戊  庚  乙
辰  辰  辰  未

壬 癸 甲 乙 丙 丁 戊 己
申 酉 戌 亥 子 丑 寅 卯
```

戊土生於季春. 乙木官星透露. 盤根在未. 餘氣在辰. 本可爲用. 嫌其合庚. 謂貪合忘剋. 不顧日主之喜我. 合而不化. 庚金亦可作用. 又有丙火當頭. 至二十一歲因小試不利. 卽棄詩書. 不事生産. 毫無遠志. 到老無成也.

무토생어계춘. 을목관성투로. 반근재미. 여기재진. 본가위용. 혐기합경. 위탐합망극. 불고일주지희아. 합이불화. 경금역가작용. 우유병화당두. 지이십일세인소시불리. 즉기시서. 불사생산. 호무원지. 도로무성야.

➡ 무토가 辰月에 나서 을목 관성이 투출했고 미토에 뿌리를 두고 여기는 辰土에 있다. 그래서 본래는 용신으로 삼을 수가 있겠는데, 싫은 것은 庚金과 합이 되어 있는 것이다. 이른바 '합을 탐하여 극을 잊는 형상'이니 일간이 원하는 것을 돌보지 않으며 합을 해도 화하지 않는다. 경금 또한 용신으로 쓸 수가 있으련만 또 병화가 천간에 있으니……. 21세가 되어 작은 시험에 낙방하고 나서 즉시 공부를 버리고는 아무런 일도 하지 않고 털끝만큼의 꿈도 없었으며 늙어 죽을 때까지 그렇게 살았다.

【 강의 】

바로 이러한 경우에 기반의 두려움이 나타난다고 하셨다. 경금도 못 쓰고 을목도 못 쓰는 이러한 상황은 과연 합이 좋은 것이고 충이 나쁜 것이라고 암기하는 초보적인 공부 방법으로는 깨닫기가 극히 어려울 것이다. 그리하여 오행의 이치를 살피면서 합과 충의 의미를 깨달으려면 더욱 깊이 있는 통찰력이 필요하다는 생각으로 엮어진 책이 바로『알기 쉬운 합충변화』이지만 이 한 권의 책에 다양한 변화를 다 담을 수는 없었다.

그래서 스스로 그 요령을 터득하는 것이 최선인데, 실로 이러한 변화를 궁리하다 보면 날이 새고 밤이 되는 것이 순간에 지나가는 경험도 하게 된다. 너무나 오묘한 변화이기에 온통 정신을 빼앗기고 마는가 보다. 오랜 시간을 연구하면서 얻어야 하는 이러한 묘리(妙

理)를 학생은 선생에게 질문을 통해서 얻으려고 노력하니 과연 그가 얻은 것이 선생이 얻은 것과 비교가 되겠는지 생각지 않을 수 없고, 실로 기본적인 요령을 알고 나면 스스로 그 묘리를 얻으려는 노력이 최선임을 강조하는 것이다.

```
辛　丙　癸　丁
卯　戌　卯　丑
乙 丙 丁 戊 己 庚 辛 壬
未 申 酉 戌 亥 子 丑 寅
```

丙火生於仲春. 印正官淸. 日元生旺. 足以用官. 所嫌丙辛一合. 不顧用神之輔我. 辛金柔軟. 丙火逢之而怯. 柔能制剛. 戀戀不捨. 忘有爲之志. 更嫌卯戌合而化劫. 所以幼年過目成誦. 後因戀酒色. 廢學喪貲. 竟以酒色傷身. 一事無成.

병화생어중춘. 인정관청. 일원생왕. 족이용관. 소혐병신일합. 불고용신지보아. 신금유연. 병화봉지이겁. 유능제강. 연연불사. 망유위지지. 갱혐묘술합이화겁. 소이유년과목성송. 후인련주색. 폐학상자. 경이주색상신. 일사무성.

▶병화가 卯月에 나서 인성은 바르고 정관은 청하다. 일주가 생왕하니 관을 용하기에 족하다고 하겠다. 싫은 것은 丙辛합이 되는 것인데, 용신이 나를 돕는 것을 돌아다보지 않는다. 辛金은 연약하지만 丙火가 만나면 도리어 겁을 내니 부드러운 것이 강함을 제어한다는 말대로 연연하여 털어 버리지를 못하여 뭔가 하려고 하는 뜻을 잊게

된다. 다시 싫은 것은 묘술이 합이 되어 겁재로 화하니 어려서는 글이 눈을 지나면 모두 외웠는데, 후에는 술과 여자에 빠져서 공부를 버리고 자질을 상하게 되었고, 마침내는 주색으로 자신의 몸을 상하고 한 가지도 이룬 것이 없었다.

【 강의 】

일간이 용신을 돌보지 않으니 뜻이 없다는 것이 실감나는 장면이다. 그래서 아무리 탁월한 능력을 타고나더라도 스스로 노력하여 결실을 맺으려고 하지 않는다면 아무런 소용이 없는 것이다. 과목성송했던 총명한 인재도 이렇게 사그라지는 것을 보면 말이다. 주변의 사람들이 안타까워 얼마나 많은 조언을 해줬겠는가만 그래도 본인이 원치 않으니 아무런 소용이 없다고 해야 할 모양이다. 그냥 팔자소관이라고 할 뿐이다.

【滴天髓】

不管白雲與明月. 任君策馬朝天闕.
불관백운여명월. 임군책마조천궐.

◐백운과 명월은 서로 간섭하지 않으니 군의 말을 채찍질하여 대궐로 향하네.

【滴天髓徵義】

此乃逢沖得用之意也. 沖則動. 動則馳也. 局中除用神喜神之外. 而日主與他神, 有所貪戀者. 得用神喜神沖而去之. 則日主無私意牽制. 乘喜神之勢而馳驟矣. 局中用神喜神與他神有所貪戀者. 日主能沖剋他神而去之. 則喜神無私情之羈絆. 隨日主而馳驟矣. 此無情而反有情. 如丈夫之志. 不戀私情. 而大志有爲也.
　차내봉충득용지의야. 충즉동. 동즉치야. 국중제용신희신지외. 이일주여타신, 유소탐련자. 득용신희신충이거지. 즉일주무사의견제. 승희신지세이치취의. 국중용신희신여타신유소탐련자. 일주능충극타신이거지. 즉희신무사정지기반. 수일주이치취의. 차무정이반유정. 여장부지지. 불련사정. 이대지유위야.

◆이는 충을 만나면 용을 얻을 수가 있다는 의미이다. 충하면 동하고 동하면 달린다는 뜻이다. 사주 원국에서 용신이나 희신을 제외하고서는 일주와 타신이 합으로 사랑에 빠져 있다면 용신이나 희신이 충함을 얻어 제거해야 하는데, 즉 일주가 사사로이 그 마음을 묶이

지 않고 희신의 세력을 타고서 달리게 되는 것이다. 사주에 용신이
나 희신이 타신과 합이 되어 사랑에 빠진다면 일주가 능히 타신을
충극해서 희신이 사사로운 마음에 빠지지 않도록 하여 일주를 따라
서 달리게 되는 것이기도 하다. 이는 무정한 것이 도리어 유정하게
되는 것이니 마치 장부의 뜻이 사사로운 정에 이끌리지 않아야 큰
뜻을 이룬다는 것과 같은 의미이다.

【 강의 】

누가 충이 나쁘다고 했는지 이러한 대목을 정확하게 읽어 보도록
권유해야 할 것 같다. 이렇게 충도 약으로 쓸 수 있고, 합도 능히 병
이 되는 것이 있음을 모르고서는 오행의 이치를 바로 알았다고 하기
어렵다는 것은 너무도 명백하다. 다시 말하지만 인삼과 비상의 용법
을 정확하게 알아야 의사라고 하듯이 합충의 변화를 정확하게 알지
못하고서는 오행의 참된 이치를 안다고 말할 수 없다는 얘기나. 열
심히 정진하지 않으면 이러한 의미를 깨닫지 못할 가능성이 많다.
그래서 더욱 노력하라고 당부를 드린다.

丙	丙	辛	丁
申	寅	亥	卯

癸	甲	乙	丙	丁	戊	己	庚
卯	辰	巳	午	未	申	酉	戌

此造殺雖秉令. 而印綬亦旺. 兼之比劫並透. 身旺足以用殺. 不

宜合殺. 合則不顯. 加以辛金貼身. 而日主之情必貪戀羈絆. 喜其丁火劫去辛金. 使日主無牽制之意. 更妙申金滋殺. 日主依喜用而馳驟矣. 至戊申運. 登科發甲. 大志有爲也.

　차조살수병령. 이인수역왕. 겸지비겁병투. 신왕족이용살. 불의합살. 합즉불현. 가이신금첩신. 이일주지정필탐련기반. 희기정화겁거신금. 사일주무견제지의. 갱묘신금자살. 일주의희용이치취의. 지무신운. 등과발갑. 대지유위야.

➡ 이 사주는 살이 비록 월령을 잡았지만 인수가 또한 왕성하고 더불어 비겁도 투출되어 신왕하여 살을 용신으로 삼을 만하겠는데, 마땅치 않은 것은 합이 된 것이다. 합을 하니 나타나질 못한다. 추가로 신금이 바짝 붙어 있으니 일주의 정이 반드시 사랑을 탐하여 묶인다. 다행히도 丁火의 겁재가 신금을 제거하니 일주로 하여금 묶이는 일이 없게 하고, 다시 묘하게도 신금이 살을 도와 주니 일주는 희용신을 의지해서 달리게 된다. 戊申운이 되어 등과하여 이름을 날리고 큰 뜻을 이루게 된 것이다.

【 강의 】

　그대로 실감이 나는 장면이다. 용신을 향하지 않고 합에 빠져 있으나 정화가 말에 채찍질해서 일간이 자신의 일을 하도록 하는 그림은 그야말로 드라마의 한 장면 같고 생동감이 넘친다. 여기에서의 丁火 역할은 용신보다 더 중요하다고 할 수 있을 정도이다. 잘 음미해 볼 내용이라고 하겠다.

```
庚  壬  丙  辛
戌  寅  申  巳
戊 己 庚 辛 壬 癸 甲 乙
子 丑 寅 卯 辰 巳 午 未
```

壬水生申月. 雖秋水通源. 而財殺並旺. 以申金爲用. 第天干丙辛, 地支申巳, 皆合. 合之能化. 亦可幫身. 合之不化. 反爲羈絆. 不顧日主喜我爲用也. 且金當令. 火通根. 只有貪戀之私. 而無化合之意. 妙在日主自剋丙火. 使丙火無暇合辛. 寅去沖動申金. 使其剋木. 則丙火之根反拔. 而日主之壬. 固無牽制之私. 用神隨日主而馳驟矣. 至癸巳運. 連登科甲. 仕至觀察. 而成其大志也.

임수생신월. 수추수통원. 이재살병왕. 이신금위용. 제천간병신, 지지신사. 개합. 합지능화. 역가방신. 합지불화. 반위기반. 불고일주희아위용야. 차금당령. 화통근. 지유탐련지사. 이부화합지의. 묘재일주자극병화. 사병화무가합신. 인거충동신금. 사기극목. 즉병화지근반발. 이일주지임. 고무견제지사. 용신수일주이치취의. 지계사운. 연등과갑. 사지관찰. 이성기대지야.

▶ 임수가 신월에 나서 비록 가을 물이 근원에 통했다고는 하지만 재살이 함께 왕성하니 申金으로 용신을 삼는다. 다음으로 천간의 丙辛합과 지지의 申巳합은 다 합이 되어 화하는 모양이다. 그래서 또한 일간을 돕는데, 합해도 화하지 않으면 도리어 기반이 되니 일간의 희용신을 돌보지 않는 것이다. 또 금이 당령을 하고 화는 통근을 했으니 합이 있어서 사사로이 연애를 하지만 화하지 않음의 뜻이 있

다. 묘하게도 일주가 스스로 丙火를 극하여 병화로 하여금 辛金과 합을 할 겨를이 없게 하고 寅木은 충으로 날아가고 申金은 동하니 목을 극하는 것이다. 즉 병화의 뿌리는 도리어 뽑히니 일주 임수는 사사로이 합으로 묶이지 않고 용신은 일주를 따라서 내달리게 된다. 癸巳대운에서 연이어 벼슬이 올라 관찰사가 되었으니 그 큰 뜻을 이루었던 것이다.

【 강의 】

특이한 것은 일간이 과연 자신의 용신을 위해서 일한다는 내용인데, 실제로 일간이 여기에 개입할 수 있는지에 대해서는 마음대로 되지 않을 것이라는 해석이 오히려 타당할 것 같다. 그래서 아무래도 설명을 위한 설명이고 실제로는 일간이 개입해서라기보다는 운이 도와 줘서 해결되었다고 해야 하지 않을까 생각된다. 아직(아직까지 낭월의 시각으로는)은 일간의 개입에 대해서는 수긍하기 어렵다. 어쨌든 이러한 말씀은 좀더 두고 봐야겠다는 꼬리를 달아 놓고서 넘어가자.

제7부 사주총론

제1장 한난(寒暖)

【滴天髓】

> 天道有寒暖. 發育萬物. 人道得之. 不可過也.
> 천도유한난. 발육만물. 인도득지. 불가과야.

○ 하늘의 도에는 차갑고 따스함이 있으니 만물이 발육하게 된다. 사람이 이를 얻어야 하나 지나침은 불가하다.

【滴天髓徵義】

寒暖者, 生成萬物之理也. 不可專執西北金水爲寒. 東南木火爲暖. 考機之所由變. 上升必變下降. 收閤必變開闢. 然質之成, 由於形之機. 陽之生, 必有陰之位. 陽主生物. 非陰無以成. 形不成, 亦虛生. 陰主成物. 非陽無以生. 質不生, 何由成. 惟陰陽中和變化. 乃能發育萬物. 若有一陽而無陰以成之. 有一陰而無陽以生之. 是謂鰥寡. 無生成之意也. 如此推詳. 不但陰陽配合. 而寒暖亦不過矣. 況四時之序. 相生而成. 豈可執定子月陽生, 午月

陰生, 而論哉. 本文末句. 不可過也. 適中而已矣. 寒雖甚, 要暖
有氣. 暖雖至, 要寒有根. 則能生成萬物. 若寒甚而暖無氣. 暖至
而寒無根. 必無生成之妙也. 是以過於寒者. 反以無暖爲美. 過於
暖者. 反以無寒爲宜也. 蓋寒極暖之機. 暖極寒之兆也. 所謂陰極
則陽生. 陽極則陰生. 此天地自然之理也.

한난자, 생성만물지리야. 불가전집서북금수위한. 동남목화
위난. 고기지소유변. 상승필변하강. 수합필변개벽. 연질지성,
유어형지기. 양지생, 필유음지위. 양주생물. 비음무이성. 형불
성, 역허생. 음주성물. 비양무이생. 질불생, 하유성. 유음양중
화변화. 내능발육만물. 약유일양이무음이성지. 유일음이무양
이생지. 시위환과. 무생성지의야. 여차추상. 부단음양배합. 이
한난역불과의. 황사시지서. 상생이성. 기가집정자월양생, 오월
음생, 이론재. 본문말구. 불가과야. 적중이이의. 한수심, 요난
유기. 난수지, 요한유근. 즉능생성만물. 약한심이난무기. 난지
이한무근. 필무생성지묘야. 시이과어한자. 반이무난위미. 과어
난자. 반이무한위의야. 개한극난지기. 난극한지조야. 소위음극
즉양생. 양극즉음생. 차천지자연지리야.

➡ 한난이라는 것은 만물이 생하고 자라는 이치이다. 오로지 서북의
금수는 차갑고 동남의 목화는 따스하다고 하는 것은 옳지 못하다.
그 기틀로 말미암아 변화하는 것에 대해서 궁리해야 한다. 위로 올
라간 것은 반드시 변해서 아래로 내려오게 되어 있고, 거둬들여서
갈무리한 것은 반드시 언젠가 변화하여 열려서 나오게 되어 있는 것
이다. 그러나 물질이 이뤄지려면 그 형상의 기틀로 말미암아서이니
양의 생조는 반드시 음의 위치가 있기 때문이다. 양은 만물의 주인

인데 음이 없으면 이룰 수가 없다. 형이 이뤄지지 않으면 또한 생이 허약한 까닭이다.

또한 음은 만물을 완성시키는데, 양이 없이는 생할 수가 없다. 질이 생할 수가 없는데 무슨 수로 이루어지겠는가. 오직 음양이 서로 중화해서 변화하니 이에 만물이 능히 발육하게 된다. 만약 일양이 있어 음이 없이 완성된다고 하고, 일음이 있어 양이 없이 생한다고 하면 이것은 환과라고 하니 생성의 뜻이 없는 것이다. 이렇게 상세하게 추리하면 다만 음양의 배합은 한난에 불과하다는 것을 알게 된다. 하물며 사계절의 질서가 서로 생조하여 완성되니 어찌 자월에는 양이 생하고 오월에는 음이 생한다고 고집스럽게 고정시켜 둘 것인가. 원문 끝부분에 있는 '不可過也'라고 한 것은 적당해야 한다는 말이다. 차가움이 비록 심하더라도 난기가 기운이 있거나, 난기가 비록 지극하다고 해도 한기가 뿌리가 있다면 능히 만물을 생성할 수가 있음이다.

만약 추위가 심한데 온기가 없거나 너무 더운데 한기가 무근히다면 반드시 생성의 묘함이 없는 것이니, 이로써 지나치게 추우면 도리어 난기가 없어야 아름답고, 지나치게 더우면 도리어 한기가 없어야 마땅함도 있는 것이다. 대개 한기가 극에 달하면 난기의 기틀이 되고, 난기가 극에 달하면 한기의 기틀이 되는 조짐이기 때문이다. 이른바 '음이 극에 달하면 양이 생성되고 양이 극에 달하면 음이 생성되는 것'과 같은 이치이니 이것은 천지의 자연스런 이치이다.

【 강의 】

사주 총론이라고 하면 뭔가 포괄적으로 살펴야 하는 부분을 언급한 것이라고 짐작될 듯하다. 그리고 이 부분의 의미는 조후의 용신까지도 포함하고 있는 것으로 이해하면 된다. 조후용신(調候用神)이라는 말에 맨 먼저『궁통보감(窮通寶鑑)』이라는 책 이름이 떠오른다면 많은 책을 보신 것으로 봐도 되겠다. 그만큼『궁통보감』은 조후에 의해서 사주를 해석하려고 시도한 내용이다. 이 책을 살펴보면 의미심장하면서도 너무 기후에 민감하게 대입한 것이라는 생각이 드는데, 그것은 겨울이나 여름이 되면 무조건 조후에 해당하는 온도조절용 용신을 찾기 때문이다.

『궁통보감』에 대한 견해

특히 애초에 용신에 해당하는 글자를 다 정해 뒀다는 점에서 오히려 이 시대의 컴퓨터 구조에 어울리는 시스템이라고 할 정도로 매우 합리적인 구조를 갖추고 있다. 다만 구조는 그렇다고 해도 현실적으로 대입을 해보면 실제로는 50퍼센트의 도움도 되지 않는다는 점에서 시간이 흐르면 점점 실망하는 현상이 생긴다. 그리고 내용 가운데 좀 무식한(?) 느낌이 드는 논리도 다소 나오는데, 그중에서도 대표적인 것이 '庚金劈甲論'이다. 이 논리는 당시로서는 참으로 획기적이었을 것이다. 왜냐면 甲木을 쪼갠다는 생각은 기문둔갑에서는 있을 수 없는 이야기이기 때문이다. 천하에 갑목을 쪼개다니……. 갑목은 건드리면 큰일나는 성분이다. 그런데 그 갑목을 쪼개자는 주장을 편 것은 어쩌면 이러한 각 학파의 대립적인 의미에서 나온 것이 아닌가 하는 생각도 든다.

그러나 그것은 그것이고 내용은 내용이다. 실제로 내용을 보면 이러한 논리는 다소 천박한 이론이라는 생각을 하지 않을 수가 없다.

여춘대 선생이 『궁통보감』을 지으셨다고 하지만 좀더 합리적인 이치에는 궁리가 부족하지 않았는가 하는 생각이 드는 것은 여러 가지 논리들이 너무 응고되어 있어 논리적으로 앞뒤가 모순되는 부분이 보이기 때문이다. 용신을 아예 정해 놓았다는 점도 그렇고 이러한 劈甲論도 그렇다. 여기에서 말이 되지 않는다고 보는 것은 몇 가지 이유가 있어서이다.

1) 자연에서는 그대로 木生火일 뿐이다

이 말을 잊고서는 곤란하다. 늘 살펴야 할 것은 그 기본이라고 하는 것이다. 木生火가 엄연히 존재하는데 경금이 등장한 것을 보면 아무래도 여춘대 선생이 나무꾼 출신이 아니었을까 하는 의구심이 든다. 그러니까 나무꾼의 시각으로 甲木을 관찰했던 것이 아니겠느냐는 말이다. 그렇지 않고서야 어찌 병화는 갑목을 그대로 먹을 수가 있고 정화는 불가능하다는 생각을 하게 되었겠느냐는 것이다. 즉 병화니 정화니 다 같은 불이기 때문에 그 세력에 따라서 병화도 약하면 목이 필요하고 정화도 약하면 목이 필요한 것이 기본이다. 여기에 화력이 강하면 목을 그냥 태우지만 약하면 태우지 못한다는 것은 나무꾼의 시각이라고밖에 볼 수가 없다. 그래서 자연 상태에서는 五行의 생극에서 木生火는 언제나 존재하는 것으로 봐야 하고, 마치 봄이 오면 이어서 여름이 다가오는 것과 같은 의미라고 하겠다. 이미 봄이 왔는데 다시 여름이 오기 위해서 경금에 해당하는 그 어떤 성분(예컨대 서리나 살기 등등)이 필요하다는 것은 어리석은 사람이라고밖에 볼 수가 없다.

그럼에도 여전히 이러한 점에 대해서 그대로 대입하고 있는 학자들을 보면 한심하다는 생각이 절로 든다. 그래서 이러한 지면을 빌려서라도 劈甲論의 허구성에 대해서 낭월의 소견을 말씀드리고 싶은 것이다. 아마도 자연은 불을 생조하는 데 庚金을 필요로 하지 않을 것이다. 이렇게 믿는 것은 낭월의 시각으로 바라본 자연의 모습이기 때문이다. 나무꾼의 시각으로도 자연은 보이겠지만 좀더 합리적인 안목을 갖춘 나무꾼의 시각이어야 할 것이다.

2) 甲木은 통나무라고 보는 시각이 문제이다

이미 『적천수』의 앞부분에서 나온 내용이다. 통나무나 화초, 태양, 등불 등의 이야기는 하나의 형태일 뿐이지 그것을 그대로 다 믿으면 곤란하다. 여기에서 다시 언급하는 것은 갑목을 통나무의 그 이상도 이하도 아닌 것으로 보는 시각을 수정해야겠다는 생각이 들어서이다. 과연 갑목이 통나무인가? 절대로 아니다. 을목이 오히려 통나무에 가깝다. 을목은 목의 질이라고 할 수 있겠기 때문이다. 그럼에도 여전히 갑목을 목의 질(통나무)이라고 떼를 쓰고 있는 시각은 언제나 고쳐질지 알 수 없는 일이다. 이 기회에 기어이 갑목은 통나무가 아니라는 말을 전해 드리고 싶으며 이 글을 읽는 벗님도 이러한 소식을 자꾸 다른 명리학자에게 전달하시기 바란다. 그래서 서로 함께 지옥으로 떨어지는 업보를 면하고 자유로운 자연의 세계에서 즐겁게 노닐도록 하자는 간절함을 함께 전한다.

3) 『궁통보감』은 『난강망(欄江網)』이다

『궁통보감』의 원래 제목은 난강망이라고 했다. 궁통보감은 서낙오 선생이 붙인 수정된 이름이다. 그렇다면 여춘대 선생은 이 글의 의미를 어디에 뒀을까를 생각하다가 난강망이라는 책의 원래 제목에 눈길이 갔을 것 같다. 欄江網을 해석해 보면 欄은 난간이나 울타리,

칸막이 등의 의미이다. 江은 그냥 강이라고 이해해도 될 것이고 網은 그물이다. 그렇다면 이것을 종합해 보면 난강망은 '강에 그물의 난간에 해당함'의 의미로 해석된다. 이 의미는 무엇인가? 그러니까 이것이 그물 자체가 아니라 그 그물을 유지하고 있는 큰 틀에 해당한다는 의미를 스스로 부여한 것이라고 해석해야 한다. 그러므로 이러한 내용을 참고한다면 조후용신법은 하나의 기준으로서 대입시키는 것이 좋겠고 그대로 적용하지는 말라는 의미도 그 속에 포함되어 있으리라는 생각을 해본다.

여하튼 이러한 몇 가지의 의미를 부여해 보기는 하는데, 중요한 것은 그 난강망을 몰라도 고기는 잡을 수 있다는 것이고 오히려 난강망으로 인해서 많은 명리학자들이 적잖은 혼란을 겪는 것을 생각하면 참으로 어려운 것이 책을 남긴다는 것임을 알겠다. 심지어는 난강망이 무슨 큰 비법이라도 되는 양 맹목적으로 받드는 사람도 있으니 참으로 한심한 일이라고 하겠다. 그러므로 이 책을 읽는 인연으로 이제부터는 『난강망』이든 『궁통보감』이든 『조회원악』이든 모두 여춘대 선생의 난강망에 대한 이야기이므로 보지 않는 것이 좋다는 것을 잘 알아 두시고 혹 궁금해서 보더라도 큰 비중을 두지 말라는 당부의 말씀을 드리고 줄인다.

여기에서 철초 선생은 겨울이라도 이미 불이 있으면 불을 찾지 말라는 의미가 담긴 설명을 하고 계신다. 과연 합리적인 시각이라고 하겠다. 반드시 子月이 되어야만 一陽이 생한다고 하지 말라는 의미는 그 속에서 많은 생각을 하게 만든다. 일양은 언제나 생하고 있다. 여름이든 겨울이든 같은 것이다. 다만 자연 자체로만 봐서 자월에 일양이 생할 뿐이지, 사주에서는 언제라도 일양이 생하고 있으며 또

자월이라도 일양이 생하지 못할 수도 있는 것이 팔자라는 의미를 포함하고 있는 것으로 이해하면 되겠다.

　음이 극에 달하면 양이 생하고 양이 극에 달하면 음이 생하는 것과 같은 이치이므로 한기가 극심한 곳에서는 난기가 없는 것이 오히려 아름답다는 말은 약간 오해의 소지가 있어 보인다. 아마도 종격을 염두에 두고 설명하신 내용이 아닌가 싶다. 그래도 자연에서는 이러한 의미를 크게 적용시킬 여지가 없다는 점에서 생물은 추우면 볕이 필요한 자연의 법칙을 그대로 고수하는 것이 더 좋다고 하겠다. 냉장고 사주(겨울에 화를 쓰지 않는 경우를 말함)는 현실적으로는 만나지를 못했기 때문에 공론(空論)이 아닌가 하는 생각도 든다. 말만 그렇다는 얘기다. 그리고 더욱 혼란스러운 것은 이 말이 나오고 나서 바로 '陰極則陽生'이라는 말이 붙어 있기 때문이다. 그러니까 이것을 연결해 보면 서로 모순되는 점이 나타난다.

　지나치게 추운 사주는 벌써 양기운이 발생할 여지가 되어가고 있으므로 불이 없는 것이 오히려 아름답다.

　이와 같이 해석을 해야 하는데, 여기에서 서로 모순되는 내용이 나타난다는 것이다. 불이 있으면 더욱 발육이 잘된다는 '根在苗先'의 논리가 적절한 대입이 아닌가 하는 생각이 들어서이다. 실로 이러한 의미가 일리가 있어서 실제로 한격에 해당하는 사주를 발견하고 대입시켜 봤지만 여전히 사주는 난기를 원하고 있었다. 그래서 결과적으로 난기가 전혀 없이 추운 사주는 여하튼 난기가 있어야 한다는 생각을 하게 된다. 이러한 부분이 있기에 낭월도 『적천수』를 강의할 필요가 있다고 생각한 것이기도 하다. 대다수의 좋은 가르침

속에는 이러한 약간의 수정이 필요한 내용이 있어서이다. 모두를 받 드는 것이 아니라 합당한 논리만 따르고 불합리한 것은 버리는 것이 철초 선생도 원하는 것이라고 믿기 때문이다. 이 정도로 긴 설명을 줄이고 사주를 보도록 하자.

戊	庚	丙	甲
寅	辰	子	申

甲	癸	壬	辛	庚	己	戊	丁
申	未	午	巳	辰	卯	寅	丑

此寒金冷水. 木凋土寒. 若非寅時. 則年月木火無根. 不能作用矣. 所謂寒雖甚. 要暖有氣也. 由此論之. 所重者, 寅也. 地氣上升. 木火絶處逢生. 一陽解凍. 然不動, 丙火亦不發. 妙在寅申遙沖. 謂之動. 動則生火矣. 大凡四柱緊沖爲剋. 遙沖爲動. 更喜運走東南. 科甲出身. 仕至黃堂. 所謂得氣之寒. 遇暖而發. 此之謂也.

차한금랭수. 목조토한. 약비인시. 즉년월목화무근. 불능작용의. 소위한수심. 요난유기야. 유차론지. 소중자, 인야. 지기상승. 목화절처봉생. 일양해동. 연부동, 병화역불발. 묘재인신요충. 위지동. 동즉생화의. 대범사주긴충위극. 요충위동. 갱희운주동남. 과갑출신. 사지황당. 소위득기지한. 우난이발. 차지위야.

➡이 경우에는 금은 차갑고 물은 얼어 있다. 목은 시들고 토는 차가

우니 만약 寅時가 아니라면 연간의 甲木이나 월간의 丙火도 모두 뿌리가 없어 용신이 될 수가 없다. 그래서 이른바 '추위가 심하다면 따스한 기운이 있기를 요한다.' 는 말에 해당하겠다. 이러한 논리로 보건대 중요한 것은 寅木이다. 지지의 기운이 상승하여 (천간의) 목화는 절처에서 생을 만났으니 一陽이 추위를 해소한다. 그러나 동하지 않는다면 병화도 발하기 어려울 것인데 묘하게도 寅申이 서로 바라다보면서 요충을 하므로 동하여 불이 생하는 것이다. 대체로 사주에서 바짝 붙어서 충을 하면 극이 되지만 서로 멀리서 충을 하면 동하게 된다. 다시 반갑게도 운이 동남으로 흐르면서 과거에 급제하고 벼슬이 황당에 이르렀으니, 이른바 '냉기운을 얻어서 난기를 만나니 발한다.' 는 것은 이를 두고 하는 말이다.

【 강의 】

흔히 하는 말로 '좋은 이야기' 이다. 차가운 사주가 난기를 만났으면 더 바랄 것이 있겠는가. 그런데 주의해 보고 싶은 대목은 바로 '遙沖' 이다. 과연 붙어 있어서 충이 되는 것은 손상을 입는 것이 틀림없겠지만, 요충이 되면 동하는 기운이 발생할 것인가 하는 것은 낭월의 시각으로는 언뜻 납득이 가질 않는다. 그래도 이것은 미처 이해를 못해서 그렇지 난센스는 아닐 것이라는 생각이 든다. 혹 이러한 조짐까지도 느낄 수가 있다면 비로소 사주의 도사라고 해도 될 것이다. 일리가 있는 말씀이라고 생각된다.

甲	庚	丙	己
申	辰	子	酉

戊	己	庚	辛	壬	癸	甲	乙
辰	巳	午	未	申	酉	戌	亥

此亦寒金冷水. 土凍木凋. 與前大同小異. 前則有寅. 木火有根. 此則無寅. 木火臨絕. 所謂寒甚而暖無氣. 反以無暖爲美. 所以初運乙亥. 北方水地. 有喜無憂. 甲戌暗藏丁火. 爲丙火之根, 刑喪破耗. 癸酉運, 剋去丙火. 食廩. 壬申, 財業日增. 辛未運, 南方丙火. 得地生根. 破耗多端. 庚午運, 逢寅年. 木火齊來. 不祿.

차역한금랭수. 토동목조. 여전대동소이. 전즉유인. 목화유근. 차즉무인. 목화림절. 소위한심이난무기. 반이무난위미. 소이초운을해. 북방수지. 유희무우. 갑술암장정화. 위병화지근, 형상파모. 계유운. 극거병화. 식름. 임신, 재업일증. 신미운, 남방병화. 득지생근. 파모다단. 경오운, 봉인년. 목화제래. 불록.

▶ 이 또한 금은 차갑고 물은 얼어 있는 상황에서 토도 얼고 목은 시들었으니 앞의 사주와 비슷하다. 앞의 사주는 寅木이 있어서 木火가 뿌리를 얻었는데, 이 사주는 인목이 없으니 목화는 절지에 임한 셈이라 이른바 한기가 심하니 난기가 없는 상황이다. 도리어 난기가 없는 것이 좋겠는데, 그래서 초운 乙亥에서는 북방의 수운이 되어서 기쁨만 있고 근심은 없었다. 그러나 甲戌운에는 丁火가 들어 있으니 병화의 뿌리가 되어 고통이 많이 따랐다. 癸酉운에서 丙火를 제거하여 먹을 창고를 넓혔고 壬申운에서는 재물이 더욱 늘어났는데, 辛未

운이 되어 남방이 되자 병화는 득지하고 뿌리를 얻으니 많은 고통이 발생했고, 庚午운에는 인목의 세운을 만나자 목화가 함께 들어오는 바람에 죽었다.

【 강의 】

글쎄다……. 비록 살아온 과정에서는 그렇다고 하더라도 현실적으로 과연 이러한 상황이 가능하겠는가? 아닐 것이라고 하고 싶은 것이 솔직한 마음이다. 그렇다면 어째서 이러한 상황이 발생한 것일까? 물론 답은 모를 일이다. 다만 이러한 상황에서 분명히 丙火를 용신으로 써야 하고 희신으로는 甲木을 의지해야 하는 것이 늘 접하는 사주의 해석이라는 점을 주시해야겠다. 그래서 辛未대운에서 혹 병화 용신이 합거되는 바람에 죽은 것은 아닌지 의심해 보고 싶어진다. 여하튼 철초 선생이 보신 것은 틀리지 않았겠지만 현재의 상황에서는 있을 수 없는 해석이라는 점을 덧붙이고 넘어가는 것이 좋겠다.

壬	丙	丙	丁
辰	午	午	丑

戊	己	庚	辛	壬	癸	甲	乙
戌	亥	子	丑	寅	卯	辰	巳

此火焰全離. 重逢劫刃. 煖之至矣. 一點壬水. 本不足以制猛烈之火. 喜其坐辰. 通根身庫. 更可愛者. 年支丑土. 丑乃北方濕土.

能生金晦火而蓄水. 所謂暖雖至而寒有根也, 科甲出身. 仕至封疆. 微嫌運途欠醇. 多於起伏也.

차화염전리. 중봉겁인. 난지지의. 일점임수. 본부족이제맹렬지화. 희기좌진. 통근신고. 갱가애자. 연지축토. 축내북방습토. 능생금회화이축수. 소위난수지이한유근야, 과갑출신. 사지봉강. 미혐운도흠순. 다어기복야.

▶이 경우는 전체가 불덩어리이고 겁인을 많이 만나서 너무 뜨거운데 일점의 壬水는 본래 맹렬한 화를 제어하기에는 부족하다. 그래도 반가운 것은 그 앉은자리에 있는 辰土에 통근을 했고, 다시 좋은 것은 年支에 丑土를 만난 것이다. 축토는 북방의 습토이니 능히 금을 생하고 화를 어둡게 하며 물을 저장하는 성분이니 이른바 '열기가 비록 많지만 한기의 뿌리가 있다.'고 하는 것이다. 과거에 급제하고 벼슬은 봉강에 이르렀는데, 약간 싫은 것은 운이 편안하지 못함이어서 늘 기복이 많았던 것이다.

【 강의 】

사주가 참 청하다는 생각이 드는 구조이다. 비록 약하다고는 하지만 그래도 이 정도면 의지할 만한 편관인데, 아무래도 운이 순탄치 못했던 것이 아쉽다. 초중반의 운에서 寅卯의 목을 만난 것이 부담임에도 하반부에서 금수로 가는 바람에 쓸 만했다고 본다. 더운 사주에서 냉기를 만났으니 조후가 적절했다고 하겠다. 다만 조후의 의미가 화나 수의 입장에서는 그리 큰 비중이 아니라는 생각을 하게 된다. 물론 상대적인데 금이나 목의 조후에 비해서 그렇다고 하겠다. 토의 조후는 경우에 따라서 급하기도 하고 그렇지 않기도 한데, 수의 입장에서는 과연 겨울이라고 해도 추운 줄을 알겠으며 여름의 불 역시 자신이 불 자체이니 스스로 더운 줄을 알겠느냐는 생각을 해보는 것이다. 그래서 조후의 의미보다는 억부의 의미로서 이해해야 할 것으로 보고 연구하고 있다.

癸	丙	丁	癸
巳	午	巳	未

己	庚	辛	壬	癸	甲	乙	丙
酉	戌	亥	子	丑	寅	卯	辰

　　此支類南方. 又生巳時. 暖之至矣. 天干兩癸. 地支全無根氣. 所謂暖之至. 寒無根. 反以無寒爲美. 所以初運丙辰. 叨蔭庇之福. 乙卯甲寅. 洩水生火. 家業增新. 癸丑寒氣通根. 嘆椿萱之竝逝. 嗟蘭桂之摧殘. 壬子歲祝融之變. 家破而亡.

　　차지류남방. 우생사시. 난지지의. 천간량계. 지지전무근기. 소위난지지. 한무근. 반이무한위미. 소이초운병진. 도음비지복. 을묘갑인. 설수생화. 가업증신. 계축한기통근. 탄춘훤지병서. 차란계지최잔. 임자세축융지변. 가파이망.

▶이 사주는 지지에 남방이 되고 巳時에 태어났으니 난기가 지극한 모양이다. 천간의 두 癸水는 지지에 뿌리가 전혀 없으니 이른바 '난기가 극심하고 한기는 뿌리가 없으니 도리어 한기가 없는 것이 아름답다.'고 하는 것에 해당한다. 그래서 초운의 丙辰에서 부모의 복이

많았고 乙卯와 甲寅에는 수기를 설하고 화를 생하니 가업이 나날이 새로워졌다. 癸丑에는 한기가 통근을 하는 바람에 부모의 별세를 한탄하고 난초와 계수의 가지가 부서지는 것을 탄식했는데, 壬子년에는 화재를 만나서 집안이 깨어지고 죽었다.

【 강의 】

만약 천간에 토가 있었다면 그대로 계수를 버렸을지도 모르겠다. 그러나 이러한 상황에서는 비록 약하기는 하더라도 정관을 용신으로 삼아야 하는 구조가 아닌가 생각된다. 그래서 현대의 사주에서는 이러한 경우를 보면 일단 정격으로서 수를 용신으로 보라는 말씀을 드린다. 철초 선생이 이 시대에 계신다면 다시 여쭤 보고 싶은 것이 바로 이 열기 사주와 한기 사주에 대한 부분이다. 여하튼 고인은 말씀이 없으시니 외람되지만 낭월이라도 이렇게 바로잡도록 하는 것이다. 그리고 한 200년이 지난 다음에는 다시 낭월이 틀렸고 철초 선생이 옳았다는 평가가 나오더라도 현재로서는 이것이 최선이라는 생각을 전해 드린다.

제2장 조습(燥濕)

【滴天髓】

> 地道有燥濕. 生成品彙. 人道得之. 不可偏也.
> 지도유조습. 생성품휘. 인도득지. 불가편야.

◯ 지지에는 건조함과 축축함이 있으니 각기 다른 성품을 완성시킨다. 사람이 이를 얻으니 치우치지 않아야 하느니…….

【滴天髓徵義】

　燥濕者, 水火相成之謂也. 故主有主氣. 內不秘乎五行. 局有局氣. 外必貫乎四柱. 濕爲陰氣. 當逢燥而成. 燥爲陽氣. 當遇濕而生. 是以木生夏令. 精華發洩. 外有餘而內實虛脫. 必藉壬癸以生之. 丑辰濕土以培之. 則火不烈. 木不枯. 土不燥. 水不涸. 而有生成之義矣. 若見未戌暖土. 反助火而不能晦火. 縱有水. 亦不能爲力也. 惟金百鍊不易其色. 故金生冬令. 雖然洩氣休囚. 竟可用丙丁以敵寒. 未戌燥土以除濕. 則火不晦. 水不狂. 金不寒. 土不凍. 而有生發之氣矣. 若見丑辰濕土. 反助水而不能制水. 縱有火, 亦不能爲力也. 此地道生成之妙理也.

조습자, 수화상성지위야. 고주유주기. 내불비호오행. 국유국기. 외필관호사주. 습위음기. 당봉조이성. 조위양기. 당우습이생. 시이목생하령. 정화발설. 외유여이내실허탈. 필자임계이생지. 축진습토이배지. 즉화불렬. 목불고. 토부조. 수불학. 이유생성지의의. 약견미술난토. 반조화이불능회화. 종유수, 역불능위력야. 유금백련불역기색. 고금생동령. 수연설기휴수. 경가용병정이적한. 미술조토이제습. 즉화불회. 수불광. 금불한. 토부동. 이유생발지기의. 약견축진습토. 반조수이불능제수. 종유화, 역불능위력야. 차지도생성지묘리야.

◆건조하고 축축한 것은 水火가 서로 이루는 것을 말한다. 그러므로 주체가 있으면 주체의 기운이 있으니 안으로는 오행을 감추지 않는다. 국이 있으면 국의 기운이 있으니 밖으로 사주에 두루 통한다. 습기는 음기이므로 마땅히 건조함을 만나야 완성이 된다. 건조함은 양기이므로 마땅히 축축함을 만나야 생조한다. 그러므로 목이 여름에 태어나면 기운이 빼어난데, 밖으로는 넉넉하다고 하지만 안으로는 허탈한 것이 또한 현실이니 반드시 壬癸로 적셔 줘야 생이 되고 丑辰으로 배양하게 된다. 즉 화는 맹렬하지 않고 목은 메마르지 않으며 토는 건조하지 않고 수는 마르지 않아서 생하고 완성시키는 의미가 있는 것이다.

만약 未戌의 난토를 만난다면 도리어 화력을 도울 뿐 불기를 거두기는 불가능하니, 비록 수가 있어도 힘이 될 수 없을 것이다. 오로지 금은 백 번을 달궈도 그 색을 바꾸지 않은즉 금은 겨울에 나면 비록 설기되고 허약해도 마침내는 丙丁의 화를 얻어서 한기를 대적하고, 未戌의 조토를 만나면 습기를 제어하니 즉 화는 어둡지 않고 물은 미치지 않으며 금은 차갑지 않고 토는 얼지 않으니 생하여 발하는 의미가 되는 것이다. 만약 丑辰의 습토를 본다면 도리어 수를 도와서 제어하기가 불가능할 것이니 비록 화가 있다고 해도 또한 힘이 될 수가 없을 것이다. 이것은 地道로서 생성하는 묘리인 것이다.

【 강의 】

　이 대목을 읽으면서 과연 이 책이 사주팔자를 연구하는 책인가 하는 생각이 들어 몇 번이나 다시 앞을 살펴보곤 했던 기억이 새롭다. 자연의 이치를 이렇게 사주 공부에서 발견하게 될 줄은 미처 생각지 못했던 것이다. 그래서 이러한 책을 만나게 된 인연에 감사를 드리고, 그 느낌이 10여 년의 세월이 흐른 지금까지도 그대로 생생하게 전해지는 것은 참으로 느껴 보지 못한 사람은 알기 어려울 것이다. 낭월에게 너무나 흥분되었던 당시의 상황은 외부적으로는 참으로 곤경에 처한 丁卯년의 어려운 시기였는데 글을 읽는 동안에는 스스로 기쁨에 잠겨서 모든 고민을 잊을 수가 있었다.
　그리고 지금 생각해 봐도 정묘년의 운세가 대흉의 고통스러운 운이었던 것은 틀림없지만, 당시를 더듬어 보면 이렇게 심오한 자연의 풍경을 음미하면서 보낸 시간들로 말미암아 그다지 어려운 시기였다는 생각이 들지 않는다. 그래서 운이 불리할 적에는 공부를 하는 것이 최선이라는 말을 지금도 자신 있게 하는지도 모르겠다.
　벗님도 이 책을 보시는 인연이 되었으니 앞으로 고통스럽고 따분한 운을 만난다면 오히려 『적천수』의 깊은 뜻에 몰두해서 학문을 하는 기회를 얻어 보시라는 말씀을 드리고 싶은 것이다. 참으로 행복은 누가 주는 것이 아니고 스스로 만들어 가는 것이라는 간단한 이치를 이 한난조습에 대한 가르침에서 깨달았다고 하겠다.

```
丙  庚  辛  丙
子  辰  丑  辰
己戊丁丙乙甲癸壬
酉申未午巳辰卯寅
```

此造以俗論之. 以爲寒金喜火. 干透兩丙. 獨殺留淸. 推其木火運中. 名利雙全. 不知支中重重濕土. 年干丙火. 合辛化水. 時干丙火. 無根. 只有寒濕之氣. 竝無生發之意. 只得用水. 不能用火矣. 所以初運壬寅癸卯. 制土衛水. 衣食頗豊. 至丙午丁未二十年. 妻了皆傷. 家業破盡. 削髮爲僧.

차조이속론지. 이위한금희화. 간투량병. 독살류청. 추기목화운중. 명리쌍전. 부지지중중중습토. 연간병화. 합신화수. 시간병화. 무근. 지유한습지기. 병무생발지의. 지득용수. 불능용화의. 소이초운임인계묘. 제토위수. 의식파풍. 지병오정미이십년. 처자개상. 가업파진. 삭발위승.

➧이 사주를 흔히 말하기는 '금이 차가우니 불을 반기고 천간에 두 개의 병화가 투출되었는데 홀로 하나의 살이 청하니 木火의 운에서 명리가 다 이뤄질 것'이라고 할 것이다. 지지에 습토가 이렇게 많고 연간의 병화는 신금과 합해서 수가 되었고 시간의 병화는 뿌리도 없

으니 다만 한습한 사주일 뿐이고 아울러 발생의 의미가 없음을 모르는 것이니, 다만 수를 용신으로 삼아야 하고 화를 용신으로 하기에는 불가능하다. 그래서 초운에는 壬寅과 癸卯에서 토를 제어하고 물을 보호하니 의식이 자못 풍족했으나, 丙午와 丁未의 20년간은 처자가 모두 죽고 가업은 완전히 깨어져 자신은 머리를 깎고 스님이 되었다.

【 강의 】

철초 선생의 말씀대로 혹 식상을 용신으로 삼은 것은 아닌가 싶기도 하다. 한기가 심해서 수를 쓴 것이 아니라 흐름에 의해 조후는 별로 필요가 없어서 수를 의지해서 설기를 하였을 수도 있다고 생각해 보자는 것이다. 아니면 속론이라고 하거나 말거나 화를 용신으로 삼아야 하는 구조이기 때문이다. 수를 용신으로 한 것 같다는 철초 선생의 설명에 고개를 끄덕인다. 어쩌면 이 사람은 중국에서도 남부지방에서 태어나 조후는 별로 필요가 없었던 사람이었는지도 모르겠다.

그러니까 이러한 사주를 만나면 일단 수운에 발하는지 화운에 발하는지를 확인해 보고 조언을 해주는 것이 현명하다. 늘 잊지 말아야 할 것은 자신이 예언자가 아니고 상담자라는 것이다. 그 사람이 어떻게 살아왔는지를 확인해서 조언을 해주는 것이 가장 현명하다. 병원에 가도 의사가 온갖 것을 다 물은 다음에 결정을 내리는데, 어째서 명리학을 조금 배우고 나면 그 자리에서 도사 흉내를 내고 싶어하는지 참 딱한 일이다. 부디 벗님은 이러한 모습에서 벗어나서 상담자의 진지한 모습을 갖춰 주시라고 당부드린다. 물론 낭월의 희망 사항이다.

```
丙  庚  壬  丁
戌  戌  子  未
甲 乙 丙 丁 戊 己 庚 辛
辰 巳 午 未 申 酉 戌 亥
```

此造如以水勢論之. 生於仲冬水旺. 所喜者支中重重燥土. 足以去其濕氣. 子未相剋. 使子不能助壬. 丁壬一合, 使壬不能剋丙. 中運土金, 入部辦事. 運籌挫折. 境遇違心. 丁未南方火旺. 議敍出仕. 至丙午二十年. 得奇偶. 仕至州牧.

차조여이수세론지. 생어중동수왕. 소희자지중중중조토. 족이거기습기. 자미상극. 사자불능조임. 정임일합, 사임불능극병. 중운도금, 입부판사. 운주좌절. 경우위심. 정미남방화왕. 의서출사. 지병오이십년. 득기우. 사지주목.

➜이 사주는 수가 세력이 있는 것으로 보인다. 子月의 수왕절에 났으니 반가운 것은 지지에 있는 조토인데 족히 중중한 습기를 제거할 만하다고 하겠다. 子未는 극을 하니 자수가 임수를 도울 수 없고 정임은 합이 되어서 임수는 병화를 극하기에도 불가능하다. 중간 운의 土金에서 판사 아래에서 일을 봐주면서 환경이 여의치 못하여 자신의 뜻을 펼 날이 없어 좌절감을 느꼈는데, 丁未의 남방운을 만나면서 화기가 왕해지니 의서 벼슬로 시작해서 丙午의 20년간 기이한 인연을 만나서 벼슬이 주목에까지 이르렀다.

【 강의 】

내용 중에 入部辦事라는 것이 혹 판사를 했다는 말인지 아리송하기는 하나 그 다음 글귀에서 뭔가 마음대로 되지 않았다는 것을 보고 그 부근에서 일을 했다는 것으로 해석했음을 참고하기 바란다. 냉기가 병이 되어서 화운에서 발했다는 데에는 약간의 의문이 남는다. 사주에서 戌土와 未土가 이렇게 포진하고 있는데다가 丁火와 丙火까지 있는 상황에서 다시 냉기를 논하는 것은 이치적으로는 합당하지 않은 것 같다. 그래도 흐름을 봐서 달리 할말은 없겠는데, 만약 실제 상황이 이와 같다면 한 시간 당겨서 乙酉시로 봐야 할지도 모르겠다는 생각이 든다. 을유시가 되면 아래와 같은 명식이 된다.

乙	庚	壬	丁
酉	戌	子	未

그리하여 온기는 부족하고 습기는 상당해서 오히려 연간의 정화를 용신으로 삼을 가능성이 많아진다. 이렇게 시간을 고쳐서 생각해 볼 때도 있음을 참고로 알아 두면 되겠다.

庚	甲	丁	癸
午	午	巳	未

己	庚	辛	壬	癸	甲	乙	丙
酉	戌	亥	子	丑	寅	卯	辰

甲午日元. 支全巳午未. 燥烈極矣. 天干金水無根. 反激火之
烈. 只可順火之氣也. 初運木火. 順其氣勢, 財喜頻增. 至癸丑刑
喪挫折. 破耗多端. 壬子沖激更甚. 犯人命. 遭回祿. 破家而亡.

    갑오일원. 지전사오미. 조열극의. 천간금수무근. 반격화지
렬. 지가순화지기야. 초운목화. 순기기세, 재희빈증. 지계축형
상좌절. 파모다단. 임자충격갱심. 범인명. 조회록. 파가이망.

➡ 갑오일주가 지지에는 巳午未를 깔고 있으니 조열이 극에 달한다.
천간의 金水는 뿌리가 없고 도리어 화의 열기로부터 공격을 받는다.
다만 화의 세력에 순응해야 하겠다. 초운에서 木火이니 그 기세를
따라 재물이 자꾸 늘어나서 반가웠는데, 癸丑운이 되면서 고통이 많
이 발생하여 좌절을 맛보았고, 壬子운에는 다시 충격을 받아서 살인
을 하게 되었으며 화재까지 만나서 집안이 망하고 죽었다.

【 강의 】

    역시 천간에 토가 하나도 없어서 계수가 비록 약하기는 하지만 그
대로 용신이 되어야 할 형상인데 약간 의문이 남는다. 앞의 사주와
같이 실제 상황이 이렇게 뚜렷하다면 또 시를 수정해 볼 필요는 없
는지 생각해 보게 된다. 한 시간을 앞당기면 己巳시가 되는데 아래
와 같다.

己	甲	丁	癸
巳	午	巳	未

이렇게 명식이 변경되니 이제는 천간에 토가 있어서 계수의 존재를 무시하고 종재의 형태로 흐를 수 있는 구조라 의심이 없는 상황이 된다. 그래서 고전의 난해한 사주들에 대해서 시간의 조정으로 이해가 되는 방법이 있다면 수정해 볼 필요가 있다는 점도 아울러 말씀드린다.

庚	甲	丁	癸
午	辰	巳	丑

己	庚	辛	壬	癸	甲	乙	丙
酉	戌	亥	子	丑	寅	卯	辰

此與前造只換辰丑兩字. 丑乃北方濕土. 晦火蓄水. 癸水通根而載丑. 辰亦濕土. 又是木之餘氣. 日元足以盤根. 庚金雖不能生水輔用. 而癸水坐下餘氣. 竟可作用. 初運, 木旺. 幇身護用. 和平迭吉. 至癸丑, 北方水地. 及壬子, 辛亥, 三十年. 經營得意. 事業遂心.

차여전조지환진축량자. 축내북방습토. 회화축수. 계수통근이재축. 진역습토. 우시목지여기. 일원족이반근. 경금수불능생수보용. 이계수좌하여기. 경가작용. 초운, 목왕. 방신호용. 화평질길. 지계축, 북방수지. 급임자, 신해, 삼십년. 경영득의. 사업수심.

▶이 경우에는 앞의 사주와 비교하면 辰丑의 두 글자가 바뀌었다. 丑은 북방의 습토이므로 화기를 흡수하고 물기를 저장하니 癸水가

축토에 통근이 가능하고, 辰도 습토이며 목의 여기가 되니 일간이 통근을 하기에 족하다. 경금이 비록 수를 생하고 용신을 보호하기는 어렵지만, 계수의 앉은자리에 남은 기운이 있으니 마침내 용신이 가능하다. 초운에서 목이 왕하니 일간도 돕고 용신도 보호하여 화평하게 잘 보냈고, 癸丑운이 되자 북방의 수운이 되어 壬子와 辛亥 대운까지 30년간 사업을 경영하여 마음이 원하는 대로 따라 주었다.

【 강의 】

건조한 사주로 미루어 습한 북방의 운에서 대발하게 되었다고 이해하면 되겠다. 비록 계수가 약하기는 해도 천간에 토가 보이지 않으니 용신의 역할을 하기에 족하다고 보겠는데, 다행히 운까지 바람직한 방향으로 흘렀으니 발했던 모양이다.

제3장 재덕(才德)

【滴天髓】

德勝才者. 局全君子之風. 才勝德者. 用顯多能之象.
덕승재자. 국전군자지풍. 재승덕자. 용현다능지상.

◐ 덕이 재주를 이기는 자는 사주에 군자의 풍모가 나타나고, 재주가 덕을 이기는 자는 능력이 많은 현상이 나타난다.

【滴天髓徵義】

善惡邪正. 不外五行之理. 君子小人. 不離四柱之情. 陽氣動闢. 光亨之義可觀. 陰氣靜翕. 包含之理斯奧. 和平純粹. 格正局淸. 不爭不妒. 合去者皆偏氣. 化出者皆正神. 喜官而財能生官. 喜財而官能制劫. 忌印而財能壞印. 喜印而官能生印. 陽盛陰衰. 陽氣當權. 所用者皆陽氣. 所喜者皆陽類. 無驕諂於上下. 皆君子之風也. 偏氣雜亂. 舍弱用强. 多爭多合. 合去者皆正氣. 化出者皆邪神. 喜官而臨劫地. 喜財而居印位. 忌印而官星生印. 喜印而

財星壞印. 陰盛陽衰. 陰氣當權. 所用者皆陰氣. 所喜者皆陰類. 趣勢於左右. 皆多能之象也. 然得氣勢和平. 用神分明. 施爲亦必正矣.

　선악사정. 불외오행지리. 군자소인. 불리사주지정. 양기동벽. 광형지의가관. 음기정흡. 포함지리사오. 화평순수. 격정국청. 부쟁불투. 합거자개편기. 화출자개정신. 희관이재능생관. 희재이관능제겁. 기인이재능괴인. 희인이관능생인. 양성음쇠. 양기당권. 소용자개양기. 소희자개양류. 무교첨어상하. 개군자지풍야. 편기잡란. 사약용강. 다쟁다합. 합거자개정기. 화출자개사신. 희관이림겁지. 희재이거인위. 기인이관성생인. 희인이재성괴인. 음성양쇠. 음기당권. 소용자개음기. 소희자개음류. 추세어좌우. 개다능지상야. 연득기세화평. 용신분명. 시위역필정의.

◆ 신익과 사익하고 곧은 깃도 오행의 이치를 벗어나지 않으니 군자와 소인도 사주의 정세를 벗어나지 못한다. 양의 기운은 동하면서 열리는 것이다. 그래서 명확하고 잘 통하는 뜻을 볼 수가 있는 것이다. 음기는 고요하고 닫히는 성분이라 그 깊은 의미를 안으로 포함한다. 화평하고 순수한 것은 격이 바르고 국이 청한 까닭이며, 다툼도 질투함도 없거나 합해서 가는 것은 모두 치우친 기운이고, 화해서 오는 것은 모두 바른 성분이기 때문이니, 관을 기뻐하면 재가 능히 관을 생조하고 재를 기뻐할 때면 관성이 능히 비겁을 극해 주는 것이다. 인성을 꺼릴 적에는 재성이 능히 인성을 극해 주고, 인성을 기뻐할 경우에는 관성이 인성을 생조한다. 양이 왕성하고 음기가 쇠약하여 양기가 권세를 잡으면 용신이 되는 것은 다 양기이고, 희신

도 양의 무리이니 아랫사람에게 교만하지 않고 윗사람에게 아첨하지 않으니 다 군자의 풍모라고 하겠다.

기운이 치우치고 어지럽게 엉키거나, 약을 버리고 강을 쓰거나, 싸움도 많고 합도 많거나, 합해서 가는 것은 모두 바른 기운이고 화해서 오는 것은 모두 사기이다. 또한 관성을 기뻐하는데 겁재에 앉아 있거나, 재성을 기뻐하는데 인성에 거하거나, 인성을 꺼릴 적에 또 관성이 인성을 생조하고 있거나, 인수를 기뻐할 경우에 재성이 인성을 극하거나, 음이 성하고 양이 쇠하며 음기가 월령을 잡아서 용신으로 쓰이는 것은 다 음기에 속한다. 반가운 것은 모두 음에 속한다면 세력을 따라서 여기저기에서 늘 수단을 부릴 것인데, 다만 기세를 화평하게 얻거나 용신이 분명하다면 또한 바름을 베푼다고 할 것이다.

【 강의 】

사주에 양명한 기운이 넘치면 사람에게도 군자의 풍모가 보이고, 음습한 기운이 세력을 잡으면 사람도 꾀가 많아서 신뢰감이 없다는 이야기를 전개하는 대목이다. 기본적으로 음양을 논한다면 일리가 없다고는 못하겠지만 역시 치우친 의견이라고 해야겠다. 다만 끝에서 사주가 화평하면 또한 상관없다는 설명이 있기는 하나 그래도 기본적인 핵심을 보면 너무 본문의 의미를 왜곡시키는 감이 있다. 이러한 점은 바로잡아 보는 것이 좋겠다. 여기에서 유백온 선생과 철초 선생의 견해에 약간의 차이가 있음을 발견한다.

유백온 선생은 식상재로 흐르는 분위기에서는 자신이 새로운 방향으로 추진을 하는 것으로 이것을 다능이라고 표현하신 듯싶고, 관인의 성분으로 되어 있는 사주에서는 군자의 풍모가 보이니 옛것을 존중하고 보수적인 경향이 있는 것으로 설명하신 것 같다. 반면에 철초 선생은 그대로 음양의 관계로 분류해서 양에 속하는 사람은 군자가 되고 공명정대할 것이며, 음에 속하는 사람은 음습하고 흉계를 꾸미는 형태의 사람에 속한다는 의미로 해석하신 듯하다. 그래서 너무 확대해석한 감이 없지 않은데, 역시 철초 선생의 성품에서 강력한 자신의 주체적인 해석이 작용했다는 생각이 든다. 이 부분에 대한 종의명(鍾義明) 선생이 『현대파역적천수』에서 언급한 대목을 살펴보면 다음과 같다.

덕이란 광명정대하고 강개하고 의리가 있으니 이러한 성분은 군자라고 하겠고, 군자란 많이 배우고 사양하고 공경하며 게으르지 않은 것이다. 재란 원래의 뜻이 풀이 가지를 뻗는 것에서 취하니 길게 가지와 잎이 나오는 것처럼 표현하는 것을 말하고, 다능이라는 것은 온갖 분야에 내해서 지혜와 학식이 풍부하고 마음을 모아서 빌진시키는 것이라고 하겠다. 서낙오 선생의 설명에 의하면 '재와 덕은 군자와 소인으로 구분하는 것이 아니라 다만 용신이나 격국에 대한 설명일 뿐이고 인품의 사악하고 올바름을 이르는 것이 아니니 팔자의 구조에서 풍기는 모습으로써 관찰을 해야 한다' 라고 하였는데, 추상적인 것을 말로 전하기는 어려우니 늙을 때까지 마음을 모아서 궁리를 해도 그 내용을 명확하게 설명하기는 어려울 것이니…….

이러한 내용으로 요약해 봤는데, 여기에서도 언급하는 내용은 철초 선생의 견해에 문제가 있다는 의견임을 알 수가 있다. 그리고 낙오 선생도 이 부분에 대해서는 자신의 『적천수보주』에서 역시 종의

명 선생이 언급한 대로 인품의 사악하고 우아한 것에 대한 의미가 아니라는 주장을 명확하게 하고 계신데 일리가 있는 말씀이라고 봐서 동의한다. 그러니까 사주의 형상에 대해서 이해하는 것으로 만족하고 성품에 대한 해석은 난센스라고 해도 되지 않을까 싶다. 아마도 이 부분은 뭔가 음험한 사람 때문에 피해를 입고 난 다음에 쓰신 것이 아닌가 하는 생각도 문득 해본다.

丁	庚	戊	癸
丑	寅	午	酉

庚	辛	壬	癸	甲	乙	丙	丁
戌	亥	子	丑	寅	卯	辰	巳

　　庚金生於仲夏. 正官得祿. 年時酉丑通根. 正得中和之氣. 寅午財官拱合. 財不壞印. 官能生印. 財官印三字. 生化不悖. 癸從戊合. 去其陰濁之氣. 所以品行端方. 恒存古道. 早游泮水. 訓蒙自守. 丁酉登科. 後大挑知縣不赴. 改就敎職. 安貧樂道, 以終身.

　　경금생어중하. 정관득록. 연시유축통근. 정득중화지기. 인오재관공합. 재불괴인. 관능생인. 재관인삼자. 생화불패. 계종무합. 거기음탁지기. 소이품행단방. 항존고도. 조유반수. 훈몽자수. 정유등과. 후대도지현불부. 개취교직. 안빈낙도, 이종신.

▶경금이 午月에 나서 관이 바르고 녹을 얻었으며, 年支와 時支에 酉丑이 있어서 통근이 되니 바로 중화의 기운을 얻었다. 寅午의 재관이 서로 합이 되어 재성이 인성을 깨지 않으며 관은 능히 인성을 생

하니 財官印의 세 글자가 생화하여 일그러지지 않았다. 癸水는 戊土와 합하여 그 음탁한 기운을 제거하니 품행이 단정하고 늘 옛 법을 지켰으며, 일찍이 반수에서 공부를 하였지만 훈장으로 아이들을 가르치면서 세월을 보내다가 丁酉년에 등과하여 후에 지현으로 뛰어 오르기도 했다. 그러나 그후에 운이 따라 주지 않아 다시 벼슬을 버리고 서당 훈장을 하면서 안빈낙도를 즐기며 인생을 마쳤던 것이다.

【강의】

비록 어려운 지경에 처해도 아첨하지 않으니 군자라고 하겠다. 사주에서 나타난 상황들에 대해서 좋은 의미로 말씀하시는 것이 아마 철초 선생도 군자의 풍모를 좋아하고 수단을 부리는 사람은 경멸했던 것이 아닌가 싶다. 그래서 이분을 존경하셨던 모양이다. 그리고 바람직한 삶을 살았다고 하겠다.

甲	己	庚	丙
戌	亥	子	寅

戊	丁	丙	乙	甲	癸	壬	辛
申	未	午	巳	辰	卯	寅	丑

己土生於仲冬. 寒濕之體. 水冷木凋. 庚金又剋木生水. 似乎混濁. 妙在年干透丙. 一陽解凍. 冬日可愛. 去庚金之濁. 不特己土喜其和暖. 而甲木亦喜其發榮. 更妙戌時燥土. 砥定泛濁之水. 培其凋枯之木. 而日主根元亦固. 況甲己爲中和之合. 故處世端方.

恒存古道. 謙恭和厚. 有古君子之風. 微嫌水勢太旺. 功名不過
廩貢.

　기토생어중동. 한습지체. 수랭목조. 경금우극목생수. 사호혼
탁. 묘재년간투병. 일양해동. 동일가애. 거경금지탁. 불특기토
희기화난. 이갑목역희기발영. 갱묘술시조토. 지정범탁지수. 배
기조고지목. 이일주근원역고. 황갑기위중화지합. 고처세단방.
항존고도. 검공화후. 유고군자지풍. 미혐수세태왕. 공명불과
름공.

▶기토가 子月에 났으니 한습한 몸이다. 물은 차갑고 목은 시들었으며 경금은 또 목을 극하고 수를 생조하니 혼탁한 것처럼 보인다. 묘하게도 연간에 丙火가 투출해서 일양으로 추위를 녹이니 겨울의 태양이 참 사랑스럽다. 경금의 탁을 제어하고 특히 己土가 그 따스함을 기뻐하니 甲木은 또한 기운을 발휘할 수 있어서 기뻐한다. 다시 묘하게도 戌時의 건조한 토가 있으니 범람하는 탁한 물을 멈추게 하고 시든 나무의 뿌리를 배양하기도 한다. 일주의 뿌리가 또한 단단해지는데 하물며 甲己는 다시 중화의 합이라. 그러므로 세상을 살아가는 모습이 단아하고 반듯했으며 항상 옛 법도를 준수하고 겸손하고 화평하고 온후하였고 늘 군자의 풍모가 보였다. 다만 약간 싫은 것은 수의 세력이 너무 왕성한 것인데, 그래서 벼슬은 늠공에 머무르고 말았던 것이다.

【강의】

책에는 '況甲乙爲中和之合'이라고 되어 있는데, 甲己합의 의미가

분명하므로 잘못된 글자라고 보아 수정했다. 용신이 약하지만 청하고 일간이 약하지만 그 바름을 얻었다고 하니 좋은 구조라고 하기는 곤란해도 군자의 풍모라고 설명하기에는 별 문제가 없다. 다만 본래 『적천수』의 의미에서 약간 다른 시각으로 바라봤기 때문에 본문과의 연결은 약하다고 하겠다.

```
甲   己   辛   丙
子   卯   丑   戌
己 戊 丁 丙 乙 甲 癸 壬
酉 申 未 午 巳 辰 卯 寅
```

此造水冷金寒. 土凍木凋. 得年干透丙. 一陽解凍. 似乎佳美. 第丙辛合而化水. 以陽變陰. 反增寒濕之氣. 陽正之象. 又爲陰邪之類. 故其爲人貪婪無厭. 奸謀百出. 趨財奉勢. 見富貴而生謟容. 勢利驕矜. 所謂多能之象是也.

차조수랭금한. 토동목조. 득년간투병. 일양해동. 사호가미. 제병신합이화수. 이양변음. 반증한습지기. 양정지상. 우위음사지류. 고기위인탐람무염. 간모백출. 추재봉세. 견부귀이생첨용. 세리교긍. 소위다능지상시야.

▶이 사주는 수가 냉하고 금은 차갑고 토는 얼고 목은 시들었다. 연간에 丙火가 나와 있어 一陽이 추위를 녹이겠으니 아름답다고 할지도 모르겠다. 다만 丙辛합으로 물이 되어 버리니 양이 변해서 음이 되어 도리어 한습한 기운이 증가한다. 양기의 바른 성분이 또다시

음기가 치성한 기운이 되니, 그러므로 사람됨이 탐심이 많고 싫은 줄을 모르며 간사한 계략이 백가지로 발생하고 재물을 따르고 세력을 받들어 모시며 부귀를 보면 아첨하는 얼굴이 되고 세력의 이로움을 취하면 남에게 자랑을 하였다. 그래서 다능한 형상이 된 것이다.

【 강의 】

아마도 철초 선생에게 미운 털이 박힌 사람이었던 것으로 짐작된다. 그 혐오스러워하는 표정이 역력하다. 이 말씀을 하고 싶어서 본래의 뜻까지 왜곡시켰는지도 모를 일이다. 여하튼 이 사람으로 인해서 철초 선생 속이 메스꺼웠던 것은 틀림없는 모양이다. 흉한 것은 용신이 합이 된 것이고, 다행인 것은 운이 좋았던 것이라고 해야 하겠다.

제4장 분울(奮鬱)

【滴天髓】

局中顯奮發之機者. 神舒意暢. 象內多沈埋之氣者.
국 중 현 분 발 지 기 자. 신 서 의 창. 상 내 다 침 매 지 기 자.
心鬱志灰.
심 울 지 회.

▶ 사주에 분발지기가 나타나면 정신이 밝고 화창하며, 사주에 침체되고 묻힌 기운이 많으면 마음도 우울하여 희망이 없게 된다.

【滴天髓徵義】

無抑鬱而舒暢者. 局中不太過, 不缺陷. 所用者皆得氣. 所喜者皆得力. 所忌者皆失時失勢. 閑神不黨忌物. 反有益於喜用. 忌其合而遇沖. 忌其沖而遇合. 體陰用陽. 故一陽生於北. 陰生則陽成. 如亥中之甲木是也. 歲運又要輔格助用. 必多奮發. 少舒暢而多抑鬱者. 局中或太過, 或缺陷. 所用者皆失令. 所喜者皆無力.

所忌者皆得時得勢. 閑神劫占喜神. 反黨助忌神. 喜其合而遇冲. 忌其合而遇合. 體陽用陰. 故二陰生於南. 陽生則陰成. 如午中之己土是也. 歲運又不能補喜去忌. 必多鬱困. 然局雖陰晦. 而運途配合陽明. 亦能舒暢. 象雖陽明. 而運途配其陰晦. 亦主困鬱. 故運途更宜審察.

如用亥中甲木. 天干有壬癸. 則運宜戊寅己卯. 天干有庚辛. 則運宜丙寅丁卯. 天干有丙丁. 則運宜壬寅癸卯. 天干有戊己. 則運宜甲寅乙卯. 如用午中己土. 天干有壬癸. 則運宜戊午己未. 天干有庚辛. 則運宜丙午丁未. 天干有甲乙. 則運宜庚午辛未. 此從藏神而論. 明支亦同此論. 如用天干之木. 地支水旺. 則運宜丙寅丁卯. 天干有水. 則運宜戊寅己卯. 地支金多. 則運宜甲子乙亥. 天干有金. 則運宜壬寅癸卯. 地支土多. 則運宜甲寅乙卯. 天干有土. 則運宜甲子乙亥. 地支火多. 則運宜甲辰乙丑. 天干有火. 則運宜壬子癸丑. 如此配合. 庶無爭戰之患. 而有制化之情. 反此則不美矣. 細究之, 自有深機也.

무억울이서창자. 국중불태과, 불결함. 소용자개득기. 소희자개득력. 소기자개실시실세. 한신부당기물. 반유익어희용. 기기합이우충. 기기충이우합. 체음용양. 고일양생어북. 음생즉양성. 여해중지갑목시야. 세운우요보격조용. 필다분발. 소서창이다억울자. 국중혹태과, 혹결함. 소용자개실령. 소희자개무력. 소기자개득시득세. 한신겁점희신. 반당조기신. 희기합이우충. 기기합이우합. 체양용음. 고이음생어남. 양생즉음성. 여오중지기토시야. 세운우불능보희거기. 필다울곤. 연국수음회. 이운도배합양명. 역능서창. 상수양명. 이운도배기음회. 역주곤울. 고운도갱의심찰.

여용해중갑목. 천간유임계. 즉운의무인기묘. 천간유경신. 즉운의병인정묘. 천간유병정. 즉운의임인계묘. 천간유무기. 즉운의갑인을묘. 여용오중기토. 천간유임계. 즉운의무오기미. 천간유경신. 즉운의병오정미. 천간유갑을. 즉운의경오신미. 차종장신이론. 명지역동차론. 여용천간지목. 지지수왕. 즉운의병인정묘. 천간유수. 즉운의무인기묘. 지지금다. 즉운의갑자을해. 천간유금. 즉운의임인계묘. 지지토다. 즉운의갑인을묘. 천간유토. 즉운의갑자을해. 지지화다. 즉운의갑진을축. 천간유화. 즉운의임자계축. 여차배합. 서무쟁전지환. 이유제화지정. 반차즉불미의. 세구지, 자유심기야.

◆ 억울함이 없고 화창한 것은 사주에 태과함이나 부족함이 없는 것이다. 그러므로 용신으로 삼는 것은 다 기운을 얻고, 희신이 되는 자는 힘을 얻으며, 기신이 되는 것은 다 월령이나 세력을 잃고, 한신은 기신과 한 덩어리가 되지 않고 도리어 희용신을 유익하게 한다. 그 합을 꺼리면 충을 만나고 그 충을 꺼릴 적에는 합을 만나서 체가 음이면 용이 양이니, 일양이 북에서 생하고 음이 생하면 양이 이루어진다. 그래서 亥水 가운데에 갑목이 있고, 세운에서 또 격과 용신을 도와 주면 반드시 분발의 기운이 많을 것이다. (반면에) 펼쳐 가는 기운이 적고 억울함이 많은 사람은 사주가 태과하거나 결함이 많아서이다. 그러므로 용신이 되는 것은 다 월령을 잃고, 희신이 되는 것은 다 무력하며, 기신이 되는 것은 월령이나 세력을 얻고, 한신은 희신을 강제로 점거하여 도리어 기신과 한 덩어리가 된다. 합을 기뻐할 적에 충을 만나거나 합을 꺼릴 적에 합을 만나고, 체가 양인데 용은 음이 되어서 2음이 남에서 생기는 것이고 양이 생하면 음이 완성

되니 마치 오화 속에 己土가 있는 것과 같다. 세운이 또 희용신을 돕지 않고 기구신을 제거하지 못한다면 반드시 우울하고 곤란함이 많다. 그러나 국이 비록 음침하고 컴컴하더라도 운에서 합이 되어 밝아지면 또한 능히 발전한다. 형상이 비록 양명하다고 해도 운에서 음습한 기운이 발생한다면 또한 곤궁하고 우울하게 될 것이다. 그러므로 운을 다시 잘 살펴야 하는 것이다.

만약 해중의 갑목이 천간에 壬癸水가 있다면 운에서는 戊寅이나 己卯가 마땅하고, 천간에 庚辛金이 있다면 운에서는 丙寅이나 丁卯가 와야 하며, 천간에 丙丁火가 있다면 운에서는 壬寅이나 癸卯가 마땅하고, 천간에 戊己가 있다면 운에서는 甲寅이나 乙卯가 되어야 한다. 만약 오중의 己土가 용신이라면 천간에 壬癸가 있을 적에는 운에서는 戊午나 己未가 와야 하고, 천간에 庚辛이 있다면 운에서는 丙午나 丁未가 와야 하며, 천간에 甲乙이 있다면 운에서는 庚午나 辛未가 와야 하겠으니, 이것은 지장간을 좇아서 논하는 것이지만 천간에 있는 것 또한 같은 논리로 하면 되겠다. 만약 천간의 목을 용신으로 했을 경우에 지지에 수가 왕하다면 운에서는 마땅히 丙寅이나 丁卯가 되어야 하고, 천간에 수가 있으면 즉 운에서는 戊寅이나 己卯가 되어야 하며, 지지에 금이 많을 경우에는 운에서는 甲子나 乙亥가 와야 하고, 천간에 금이 있다면 운에서는 壬寅이나 癸卯가 와야 하며, 지지에 토가 많으면 운에서는 甲寅이나 乙卯가 있으면 되겠고, 천간에 토가 많으면 운에서는 甲子나 乙亥가 와야 하겠고, 지지에 화가 많으면 운에서는 甲辰이나 乙丑이 와야 하며, 천간에 화가 있다면 즉 운에서는 壬子나 癸丑이 와야 하겠다. 이와 같은 배합이 되면 쟁투의 바람을 근심하지 않게 되고 制化의 정도 있을 것인데, 이에 반한다면 아름답지 못할 것이다. 잘 연구하면 스스로 그 깊은 기틀을 얻을 수가 있다.

【 강의 】

본문에서 '如午中巳土是也'라고 되어 있는데 여기에서 巳는 다른 곳에서도 그렇지만 명확하게 구분되지 않고 있다. 여기에서도 바로 잡아야 하겠고, 己, 巳, 己의 세 글자는 혹 수정이 되지 못한다고 해도 그대로 보지 말고 고쳐 가면서 살피는 것이 좋겠다.

분발지기에 속하는 의미를 놓고 생동감이 있는 구조인지 아닌지를 설명하는 대목이다. 그리고 침매지기에 대해서는 오히려 생동감이 없는 경우를 대입하는 것으로 봐서 아무런 문제가 없는 내용이라고 하겠다.

```
辛  壬  甲  戊
亥  子  子  辰
壬 辛 庚 己 戊 丁 丙 乙
申 未 午 巳 辰 卯 寅 丑
```

壬水生於仲冬. 三逢祿旺. 所謂崑崙之水. 可順而不可逆也. 喜其子辰拱水. 則戊土之根不固. 月干甲木爲用. 洩其泛濫之水. 此卽局中顯奮發之機也. 運至丙寅丁卯. 寒木得火以發榮. 去陰寒之金土. 是以早登甲第. 翰苑名高. 至戊辰運逆水之情. 以致阻壽.

임수생어중동. 삼봉록왕. 소위곤륜지수. 가순이불가역야. 희기자진공수. 즉무토지근불고. 월간갑목위용. 설기범람지수. 차즉국중현분발지기야. 운지병인정묘. 한목득화이발영. 거음한지금토. 시이조등갑제. 한원명고. 지무진운역수지정. 이치조수.

➡ 임수가 子月에 나서 비겁을 셋이나 만났으니 곤륜의 물이라고 할 정도여서 순응해야지 거역하기 어렵겠다. 반가운 것은 子辰으로 합수가 되는 것이고, 戊土의 뿌리가 견고하지 않은 상황이다. 월간에서는 甲木이 용신이 되어서 그 범람하는 세력을 설하게 된다. 이것은 국세에서 분발의 기틀이 된다고 하겠고, 운에서는 丙寅과 丁卯를 거치면서 차가운 나무가 불을 얻어서 발달하고 음습한 土金을 제거하니 일찍이 과거에 급제하여 한원에 이름이 높았으며, 戊辰운에서는 수의 정서를 거역해서 수명에도 장애가 있었다.

【 강의 】

甲木이 분발지기라고 한다면 오히려 이해가 빠르겠다. 원문의 설명에서보다 더 나은 것 같다. 그래서 운에서 丙寅이나 丁卯에서는 많은 발전을 했으나 수의 정서를 거역한 토의 운에서 장애가 발생한 것으로 보면 되겠다. 일리가 있는 내용이다.

```
癸 癸 丙 甲
亥 亥 子 申
甲癸壬辛庚己戊丁
申未午巳辰卯寅丑
```

癸水生於仲冬. 三逢旺支. 其勢汪洋. 喜其甲丙竝透. 支中絶處逢生. 水木火相衛護. 金得流行. 水得溫和. 木得發榮. 火得生扶. 用神必是甲木. 爲奮發之機. 一交戊寅. 雲程直上. 己卯, 早遂仕路之光. 庚辰, 辛巳. 雖有制化之情. 却無生扶之意. 以致蹭蹬仕路. 未能顯秩也.

계수생어중동. 삼봉왕지. 기세왕양. 희기갑병병투. 지중절처봉생. 수목화상위호. 금득류행. 수득온화. 목득발영. 화득생부. 용신필시갑목. 위분발지기. 일교무인. 운정직상. 기묘, 조수사로지광. 경진, 신사. 수유제회지정. 각무생부지의. 이치층등사로. 미능현질야.

➡ 계수가 子月에 나서 왕지를 셋이나 만났으니 그 세력이 큰 바다의 형상이다. 반가운 것은 甲木과 丙火가 투출되어 지지에서 절처봉생으로 만나게 된 것이다. 水木火로 서로 보호되어 금도 유통함을 얻었고 수는 따스함을 얻었으며 목은 빼어남을 얻었고 화는 생부를 얻었으니, 용신은 반드시 갑목이니 분발하는 기틀이 되겠다. 한번 戊寅대운으로 바뀌면서 운이 바로 솟아올라 己卯에 일찍이 벼슬에 영광이 따랐으며, 庚辰과 辛巳에서 비록 제화의 의미는 있지만 도리어 생부의 의향이 없어서 이로 말미암아 벼슬길에서 미끄러지니 크게

발전할 수가 없었다.

【 강의 】

본문에서는 '水木土互相衛護'로 되어 있는데, 흐름을 설명하면서 水에서 木으로 다시 火로 가는 것이 타당할 것으로 보여서 火로 고쳤다. 겨울의 수가 왕성하여 목화로 가는 것이 다행인데, 용신이 목에 있는지 화에 있는지는 구분하지 않아도 되겠다. 이러한 경우에는 상호용신이라고 해도 되는데, 실은 희용신이 무력하다고 해서 다소 아쉬움을 남긴다.

壬	丁	庚	甲
寅	亥	午	申

戊	丁	丙	乙	甲	癸	壬	辛
寅	丑	子	亥	戌	酉	申	未

此造天干四字. 地支皆坐祿旺. 惟日主坐當令之祿. 足以任其財官. 淸而且厚. 精足神旺. 所以東西南北之運. 皆無咎也. 出身世家. 遺業百餘萬. 早登科甲. 仕至方伯. 六旬外退歸林下. 一妻四妾. 十三子. 優游晩境. 壽越九旬.

차조천간사자. 지지개좌록왕. 유일주좌당령지록. 족이임기재관. 청이차후. 정족신왕. 소이동서남북지운. 개무구야. 출신세가. 유업백여만. 조등과갑. 사지방백. 육순외퇴귀림하. 일처사첩. 십삼자. 우유만경. 수월구순.

➧이 사주는 천간에 네 글자가 지지에 모두 녹을 깔고 있고 오직 일간이 당령의 녹을 얻었으니 재관을 감당하기에 족하다. 청하고 또 너그러우며 정은 족하고 신은 왕하다. 그래서 동서남북의 모든 운이 허물이 없었으니, 뼈대 있는 집안에서 나서 유산이 100여만이나 되었는데 일찍이 과거에 급제하고 벼슬은 방백에 이르렀다. 육순이 넘자 전원으로 내려가서 1처와 4첩을 거느리고 아들은 열셋이나 되었으며 즐거운 말년을 보냈고 수명은 90을 넘겼다.

【 강의 】

참 복도 많은 노인이다. 그래도 이러한 구조는 크게 좋은 사주의 구조로 보기는 어렵다. 서로 무정하게 형성되어 있는 모습이라고 생각되지 않을까 싶다. 그래도 다행인 것은 분발지기가 있다는 말씀인데, 여기에서 분발지기는 뭐가 되는지 아리송하다. 낭월이 눈이 어두워서라고 해야겠지만, 실로 사주의 구조에서는 다소 신약한 상황이 아닌가 하는 생각이 먼저 든다. 그래서 인성이 필요한 것이라고 하고 싶은데, 어느 운이나 다 좋다고 철초 선생이 말씀하신다면 더 뭐라고 하기가 어려운 구조이다. 아무래도 조상의 산소를 잘 쓴 것이 아닐까. 때로는 그러한 생각이 들 때도 있으니 말이다.

癸	癸	乙	癸
丑	丑	丑	丑

丁	戊	己	庚	辛	壬	癸	甲
巳	午	未	申	酉	戌	亥	子

此天干三朋. 地支一氣. 食神淸透. 殺印相生. 皆云名利兩全之格. 不知癸水至陰. 又生季冬. 支皆濕土. 土濕水弱. 溝渠之謂也. 且水土冰凍. 陰晦濕滯. 無生發之氣. 名利皆虛. 凡富貴之造. 寒暖適中. 精神奮發. 未有陰寒濕滯偏枯之象. 而能富貴者也. 至壬申年. 父母皆亡. 讀書又不能通. 又無恒業可守. 人又陰弱. 一無作爲. 竟爲乞丐.

차천간삼붕. 지지일기. 식신청투. 살인상생. 개운명리량전지격. 부지계수지음. 우생계동. 지개습토. 토습수약. 구거지위야. 차수토빙동. 음회습체. 무생발지기. 명리개허. 범부귀지조. 한난적중. 정신분발. 미유음한습체편고지상. 이능부귀자야. 지임신년. 부모개망. 독서우불능통. 우무항업가수. 인우음약. 일무작위. 경위걸개.

➜ 이 경우에는 천간에 비견이 셋이고, 지지는 모두 같은 축토이다. 식신이 맑게 투출되었으니 살인상생이라. 다 말하기를 명리를 얻을 격이라고 하지만, 계수는 순음이고 또 丑月에 나니 모두 습토가 되어 토는 습하고 수는 약하니 도랑이 되었음을 모르고 하는 말이다. 또 水土가 서로 얼어 있으니 음기가 어둡고 습기도 정체되어 있어 발생의 기운도 없는데, 어찌 명리가 공허하지 않으랴. 대저 부귀한 사주는 춥고 더움이 적절하고 정신이 분발하여 음한하고 습체하여 편고하지 않으니 능히 부귀하게 되는 것이다. 壬申년이 되어서 부모가 죽고 독서를 했지만 통하지도 못했을 뿐더러 다시 부모의 유업도 지키지 못했으니 사람이 음약하여 아무 일도 제대로 못하다가 마침내는 비렁뱅이가 되었다.

【 강의 】

　무슨 말도 되지 않은 소리냐고 야단치시는 모습이 자못 당당하다. 실로 생발의 기운이 느껴지지 않는 사주라는 말이 공감이 되고, 이러한 것을 느끼기에는 상당히 어려울 수도 있는데 다행히 꼭꼭 집어서 그러한 관찰의 기준을 보여 주시므로 공부하는 사람은 도움이 된다고 하겠다. 사실 용신만 부지런히 찾다 보면 이러한 생발의 기운까지 감을 잡기에는 시간이 좀 필요할 것이다. 물론 청탁이나 진퇴에 대한 관찰 등등의 깊이 있는 관찰은 아무래도 시간이 필요하다는 생각을 해본다. 많은 사주를 보다가는 문득 자신도 모르는 사이에 이러한 형상을 느낄 수가 있다.

제5장 은현(隱顯)

【滴天髓】

吉神太露. 起爭奪之風. 凶物深藏. 成養虎之患.
길신태로. 기쟁탈지풍. 흉물심장. 성양호지환.

◐ 길신이 천간에 노출되면 쟁탈의 바람이 불고, 흉물이 지장간에 깊이 들면 호랑이를 키우는 재앙이 된다.

【滴天髓徵義】

吉神太露, 起爭奪者. 天干氣專, 易於劫奪故也. 如財無關鎖. 人人得而用之. 假如天干以甲乙爲財. 歲運遇庚辛. 則起爭奪之風. 必須天干先有丙丁官星回剋, 方無害. 如無丙丁之官. 或得壬癸之食傷合化亦可. 故吉神宜深藏地支者, 則吉. 凶物深藏成患者. 地支氣雜, 難於制化故也. 如家賊之難防. 養成禍患. 假如地支以寅中丙火爲劫財. 歲運逢申. 沖出申中庚金. 雖能剋木. 終不能去其丙火. 歲運遇亥子. 仍生合寅木. 反滋火之根苗. 不比凶物明透天干者. 易於制化也. 所以吉神深藏. 終身之福. 凶物深藏. 始終有禍. 總之吉神顯露, 通根當令者. 露亦無害. 凶物深藏, 失時休囚者. 歲亦無妨. 鬼谷子曰. 陰陽之道. 與日月合其明. 與天地合其德. 與四時合其序. 三命之理. 誠本於此. 若不愼思明辨. 孰能得其要領乎.

길신태로, 기쟁탈자. 천간기전, 역어겁탈고야. 여재무관쇄. 인인득이용지. 가여천간이갑을위재. 세운우경신. 즉기쟁탈지풍. 필수천간선유병정관성회극, 방무해. 여무병정지관. 혹득임계지식상합화역가. 고길신의심장지지자, 즉길. 흉물심장성환자. 지지기잡, 난어제화고야. 여가적지난방. 양성화환. 가여지지이인중병화위겁재. 세운봉신. 충출신중경금. 수능극목. 종불능거기병화. 세운우해자. 잉생합인목. 반자화지근묘. 불비흉물명투천간자. 역어제화야. 소이길신심장. 종신지복. 흉물심장. 시종유화. 총지길신현로, 통근당령자. 노역무해. 흉물심장, 실시유수자. 세역무방. 귀곡자왈. 음양지도. 여일월합기명. 여천지합기덕. 여사시합기서. 삼명지리. 성본어차. 약부신사명변. 숙능득기요령호.

➡️ 길신이 천간에 나타나서 뿌리도 없으면 쟁탈의 바람이 일어난다는 것은 천간에는 기운이 집중되어 있어서 겁탈을 하기가 쉽기 때문이다. 만약 재물을 잘 담아서 잠가 두지 않는다면 사람들이 다 가져다 쓰려고 하는 것과 같다. 가령 천간에 甲乙의 목이 재가 된다면 운에서 庚辛金을 만날 경우에 쟁탈의 바람이 일어나니 반드시 먼저 丙丁火의 관성이 있어서 극을 하거나 하면 해가 없을 것이고, 혹 丙丁火의 관성이 없다면 壬癸水의 식상이라도 있어서 합화하면 또한 옳

다고 하겠다. 그래서 길신은 지지에 깊이 감춰져 있어야 한다는 것이다.

흉물이 지장간에 깊이 들어 있으면 호랑이를 키우는 재앙을 당한다는 말은 지지의 기운은 복잡하여 제어하기도 어렵고 화하기도 어렵기 때문이다. 만약 집 안에 도적이 있다면 지키기가 어렵다는 것과 같아서 재앙의 근심을 기르는 것이다. 가령 지지의 寅木 속에 丙火가 있으면서 겁재일 경우에 운에서 신금이 온다면 도리어 신금 속의 경금이 충으로 튀어나오고, 비록 목을 극한다고는 하지만 결국은 병화를 제거하기가 불가능하다. 세운에서 亥子가 함께 온다고 해도 오히려 寅木과 생합이 되어 불의 뿌리를 길러 줘서 싹이 되는 셈이니 흉물이 밖으로 나와 있다면 제화가 쉽기 때문이다. 그래서 길신이 깊이 감춰지면 죽을 때까지 복이 되고, 흉물이 깊이 감춰지면 시종일관 재앙이 되는 것이다.

한마디로 길신이 천간에 노출되었더라도 월령에 통근을 하였다면 해가 없을 것이고, 흉물이 깊이 숨어 있더라도 월령을 잃고 무력하다면 또한 해로울 것이 없다. 귀곡자가 말씀하시길 "음양의 도는 그 밝기가 日月과 같으며, 천지와 더불어 그 덕이 같고, 사계절의 질서와 더불어 부합이 되니 삼명의 오묘한 이치는 진실로 이와 같으니라." 하셨으니 이것을 삼가 밝게(지혜롭게) 연구하지 않는다면 누가 능히 그 요령을 얻겠는가.

【 강의 】

쟁탈의 바람이 일어난다는 글을 보면서 언뜻 떠오르는 것은 무협소설에서 천하의 보검을 서로 차지하려고 피바람을 일으키는 그림이다. 과연 그와 같은 의미로 글을 쓰신 것으로 봐도 되겠다. 쟁탈의 바람이 일어난다면 참으로 겁나는 일이다. 부디 팔자에서는 그러한 일이 일어나지 않아야 하겠는데 또한 마음대로 되지 않는 것도 팔자라고 해야 할 것이다.

그리고 귀곡자의 말씀에 일월과 부합된다는 밝음은 참으로 대단한 확신이고, 귀곡자의 의미를 이해한다면 벗님 역시 그 의미에 대해서 느낌을 받았다고 해도 되겠다. 낭월은 이러한 말이 그대로 공감이 되는 까닭이다. 과연 이렇게 밝고도 명명백백한 자연의 이치를 밝혀 놓은 학문이 과연 흔하겠느냐는 생각을 해본다. 그러니까 깊이 연구하고 그 변화에 통하라는 말씀에 더욱 노력해야겠다는 다짐을 하게 된다.

辛	丙	辛	己
卯	子	未	卯

癸	甲	乙	丙	丁	戊	己	庚
亥	子	丑	寅	卯	辰	巳	午

丙火生於未月. 火氣正盛. 坐下官星被未土傷盡. 只得用天干辛金. 所嫌者未爲燥土. 不能生金. 又暗藏劫刃. 年干己土. 本可生金. 又坐下梟地. 所謂吉神顯露. 凶物深藏者也. 初運己巳, 戊辰土旺之地. 財喜輻輳. 事事遂心. 一交丁卯. 土金兩傷. 運遭回祿三次. 傷丁七人. 丙寅, 妻子皆剋. 出外不知所終.

병화생어미월. 화기정성. 좌하관성피미토상진. 지득용천간신금. 소혐자미위조토. 불능생금. 우암장겁인. 연간기토. 본가

생금. 우좌하효지. 소위길신현로. 흉물심장자야. 초운기사, 무진토왕지지. 재희복주. 사사수심. 일교정묘. 토금량상. 운조회록삼차. 상정칠인. 병인, 처자개극. 출외부지소종.

➡ 병화가 未月에 나서 화기가 바로 왕성한데 앉은자리에서는 월지의 未土에게 극을 받아서 다했으니 다만 천간의 辛金을 용신으로 삼아야 할 모양이다. 싫어하는 바는 미토가 조열하다는 것인데, 생금도 하지 못하고 그 속에는 겁인이 암장되어 있기도 한 때문이다. 연간의 己土는 본래 금을 생할 수 있는 성분인데다 앉은자리에 편인이 있으니 '길신은 천간에 무력하게 나타나 있고, 흉물은 지지에 깊이 숨어 있는 것'이라고 하겠다. 초운에서 己巳와 戊辰에는 토가 왕한 운이라서 재물이 나날이 늘어나고 하는 일이 모두 마음과 같았는데, 한번 丁卯대운으로 바뀌면서 土金이 함께 상하여 연이어 화재를 세 번이나 당하고 식구도 일곱 명이나 죽었으며 丙寅운에서는 처자를 모두 극하고 집을 나갔는데 어디로 갔는지 소식이 없었다.

【 강의 】

참 딱한 일이다. 이렇게 용신이 무력해서야 될 일이 없다. 대운의 설명으로 봐서는 사주가 강해서 식상과 재성을 용신으로 삼았던 것 같은데, 운의 흐름에서는 틀림이 없다고 해야 하겠다. 다만 사주의 구조로 미루어서는 그렇게 왕성한 상황은 아닌 듯하고 오히려 미월에 신약하다고 할 수도 있지 않을까 하는 생각이 든다. 그래도 丙寅, 丁卯에 망가진 것으로 봐서는 약하지 않은 것으로 이해해야겠다. 그리고 현실적으로 이러한 사주를 만난다면 혹 약하지 않은지도 살펴보라는 말씀으로 마무리한다.

丙	丁	乙	壬
午	丑	巳	午
癸	壬	辛	庚	己	戊	丁	丙
丑	子	亥	戌	酉	申	未	午

丁火生於孟夏. 柱中劫旺逢梟. 天干壬水無根. 置之不用. 最喜丑中一點財星. 深藏歸庫. 丑乃濕土. 能洩火氣. 不但無爭奪之風. 反有生生之誼. 因初運丙午, 丁未. 所以身出寒門. 書香不繼. 喜中運三十載西方土金之地. 化劫生財. 財發十餘萬. 所謂吉神深藏. 終身之福也.

정화생어맹하. 주중겁왕봉효. 천간임수무근. 치지불용. 최희축중일점재성. 심장귀고. 축내습토. 능설화기. 부단무쟁탈지풍. 반유생생지의. 인초운병오, 정미. 소이신출한문. 서향불계. 희중운삼십재서방토금지지. 화겁생재. 재발십여만. 소위길신심장. 종신지복야.

▶정화가 巳月에 나서 주중에 겁재가 왕하고 또 인성까지 있으니 천간의 임수는 무근하여 버려 두고 쓰지 못하겠다. 가장 반가운 것은 丑土 속에 있는 재성인데 깊이 고에 들어 있고 축토는 습토이니 능히 화기를 설하기도 한다. 다만 쟁탈의 바람이 없을 뿐만 아니라 도리어 생하고 생하는 옳음을 얻었으니 이로 인해서 초운이 丙午와 丁未 대운이라 어려운 가정에서 태어나 공부도 제대로 하지 못했으나,

반가운 것은 중간의 운이 30년간 서방의 토금지여서 겁재를 화하여 재성을 생조하니 수십억을 벌었다. 그래서 길신이 깊이 들어 있으면 죽을 때까지 복이라고 하는 것이다.

【 강의 】

틀림없는 설명이다. 축토 속에 들어 있는 식신생재이니 그대로 길신이 심장도 심장이지만 가까이에 붙어 있다는 것이 더욱 볼 만하다. 운이 와서 도움을 주니 성공했다고 하겠는데, 아무리 그렇기는 해도 재성이 지장간에 있는 상황에서도 수십억에 해당하는 재물을 얻었다니 여하튼 재성이 용신이고 볼 일이다. 운이 도움을 주지 않았다면 별로 쓸모가 없었을 것이고, 오히려 '양명우금(陽明遇金)'으로 우울증까지 걸렸을지도 모를 일이다. 운이 살렸다고 해도 과언이 아니다.

제6장 진태(震兌)

【滴天髓】

震兌主仁義之眞機. 勢不兩立, 而有相成者存.
진태주인의지진기. 세불량립, 이유상성자존.

◉진목과 태금이 주관하는 것은 인과 의리의 참된 기틀이나 세력이 둘이 존재할 수는 없으니 서로 이루는 자만 존재하게 된다.

【滴天髓徵義】

震, 陽也. 東方屬木. 甲乙寅卯是也. 和煦主仁. 兌, 陰也. 西方屬金. 庚辛申酉也. 肅殺主義. 震兌相成之理有五. 攻, 成, 潤, 從, 暖也. 春初之木, 木嫩金堅. 火以攻之. 仲春之木. 木旺金衰. 土以成之. 夏令之木. 木洩金燥. 水以潤之. 秋令之木. 木凋金銳. 土以從之. 冬令之木. 木衰金寒. 火以暖之. 則無兩立之勢. 而有相成之情矣.

진, 양야. 동방속목. 갑을인묘시야. 화후주인. 태, 음야. 서방속금. 경신신유야. 숙살주의. 진태상성지리유오. 공, 성, 윤, 종, 난야. 춘초지목, 목눈금견. 화이공지. 중춘지목. 목왕금쇠. 토이성지. 하령지목. 목설금조. 수이윤지. 추령지목. 목조금예. 토이종지. 동령지목. 목쇠금한. 화이난지. 즉무량립지세. 이유상성지정의.

▶진은 양이고 동방의 목에 속하며 甲乙寅卯가 이에 해당하니 화목하고 너그러워서 어짐을 주관한다. 태는 음이고 서방의 금에 속하며 庚辛申酉가 이에 속하니 숙살의 성분으로서 옳음을 주관한다. 진태가 서로 이뤄지는 이치에는 다섯이 있는데, 공격과 이룸과 윤택함과 종하는 것과 따뜻함이 이것이다.

　이른봄의 목은 목이 어리고 금이 견고하니 불로써 공격해야 하고, 묘월의 목은 목이 왕하고 금이 쇠하니 토로써 이루어야 하고, 여름의 목은 목이 설기되고 금은 건조하니 수로써 윤택하게 해야 하며, 가을의 목은 목이 시들고 금은 날카로우니 토를 따라서 종해야 하고, 겨울의 목은 목이 쇠하고 차가우니 화로써 조후를 해야 하는 것이다. 그러면 양립하는 세력이 없어서 서로 이루어지는 정이 있는 것이다.

【 강의 】

　이 내용의 의미는 금과 목에 대한 의견이라기보다는 목이 금을 만났을 경우에 사계절에 따라서 그 의향을 달리한다는 것으로 이해하면 되겠다. 그래서 일주가 목이고 금도 짱짱하게 버티고 있을 경우에 과연 어떻게 해야 하겠느냐는 상황을 설정하고 의미를 해석한 내용이다. 이 내용은 다음의 坎離에 해당하는 내용과 서로 짝을 이루며 음미를 해볼 만하다. 혹 震兌에 대해서 이해를 못할 벗님도 계실까 싶어서 약간 설명을 드린다면 오행에 팔괘를 부여하게 되는데, 간단하게 나타내면 다음과 같다.

八卦	乾건 (北西)	坎감 (正北)	艮간 (北東)	震진 (正東)	巽손 (南東)	離리 (正南)	坤곤 (南西)	兌태 (正西)
天干	庚	壬癸	戊	乙	甲	丙丁	己	辛

이렇게 각각 배속이 되는데, 여기에서 다루고 싶은 내용은 震兌이고 다음 항목에서는 坎離가 되는 것이다. 다만 자평명리학자는 이 부분에 대해서는 너무 많은 것을 알 필요가 없으니 기본적인 관계에 대해서만 이해하면 될 것이다.

```
  乙   甲   庚   丙
  丑   申   寅   寅
戊 丁 丙 乙 甲 癸 壬 辛
戌 酉 申 未 午 巳 辰 卯
```

甲木生於立春後四日. 春初木嫩. 天氣寒凝. 日主坐申. 月透庚金. 丑土貼生申金. 木嫩金堅. 用火以功之. 喜得年干透丙. 三陽開泰. 萬象回春. 何其妙也. 初運辛卯壬辰. 有傷丙火. 蹭蹬芸牕. 癸巳. 運轉南方. 丙火祿旺. 納粟入監. 連捷南宮. 甲午, 乙未. 宦海無波. 申運不祿.

갑목생어립춘후사일. 춘초목눈. 천기한응. 일주좌신. 월투경금. 축토첩생신금. 목눈금견. 용화이공지. 희득년간투병. 삼양개태. 만상회춘. 하기묘야. 초운신묘임진. 유상병화. 층등운창. 계사. 운전남방. 병화록왕. 납속입감. 연첩남궁. 갑오. 을미. 환해무파. 신운불록.

➡갑목이 입춘이 지난 지 겨우 4일 만에 났으니 이른봄의 어린 나무이다. 하늘도 춥고 앉은자리는 申金에 월간엔 庚金이 투출되어 있는 상황에서 丑土는 다시 신금을 생조하고 있어 목이 어리고 금은 견고한 형상이니 火를 용신으로 삼아서 공격하는 것이다. 반가운 것은 연간에 丙火가 투출한 것인데 인월에 삼양이 활짝 열리니 만물이 봄을 맞이하는 형국이라 어찌 묘하지 않으랴. 초운의 辛卯와 壬辰에서는 병화가 손상을 받았으니 공부만 하고 공을 이루지 못했으나, 癸巳로 운이 남방으로 바뀌면서 병화가 녹왕을 얻자 좁쌀을 바치고 감원에 들어가 남궁에 붙었으며, 甲午와 乙未에서는 벼슬의 바다에 파도가 없었다가 申운에서 죽었다.

【 강의 】

중국에서는 예전에 벼슬을 하려면 시험을 보기도 하지만 세금으로 일정 금액이나 곡식을 내고 벼슬을 사기도 했던 모양이다. 이 사람도 그렇게 시작해서는 잘 발전했던 것 같다. 물론 운이 좋았다고 하겠는데, 이 경우에는 일종의 식신제살의 형태도 보인다. 금이 있어서 木火通明이라고 하기는 좀 그렇고 해서 진태격이라고 분류해

보셨던 것 같다.

丁	甲	己	庚
卯	寅	卯	戌

丁	丙	乙	甲	癸	壬	辛	庚
亥	戌	酉	申	未	午	巳	辰

　甲木生於仲春. 坐祿逢刃. 木旺金衰. 用土以成之. 方能化火生金. 斲削以成器. 初游幕獲利納捐. 至癸未運, 出仕. 甲申, 乙酉, 木無根. 金得地. 從佐貳升知縣而遷州牧.

　갑목생어중춘. 좌록봉인. 목왕금쇠. 용토이성지. 방능화화생금. 착삭이성기. 초유막획리납연. 지계미운, 출사. 갑신, 을유, 목무근. 금득지. 종좌이승지현이천주목.

▶갑목이 卯月에 나서 앉은자리는 비견이고 인성을 만났으니 목이 왕하여 금이 쇠약하다. 토를 용해서 금을 도우니 바야흐로 화를 화해서 금을 생하니 비로소 나무를 깎아서 그릇을 만드는 것이다. 초운에는 막사에서 노닐다가 큰 수익을 얻어서 돈을 내고 벼슬을 샀는데, 癸未운이 되면서 벼슬길로 나가서 甲申과 乙酉에는 목이 무근하고 금이 득지하니 좌이로 올라서 지현으로 뛰어올랐다가 다시 주목이 되었다.

【 강의 】

사주에서 화를 두고 금을 쓴다는 이유는 명확하게 느낌이 오지 않는다. 그래서 이러한 구조라면 시간의 상관을 쓰고 싶은데 구태여 경금을 쓴 이유를 잘 모르겠다. 서낙오 선생은 『자평수언(子平粹言)』에서 이 사주가 봄날에 경금을 쓰니 가장 상격인데 경금이 적어서 戊己土로 용신을 돕는 형국이니 재자약살격이라고 하셨는데, 아마도 고인들의 안목으로는 경금을 사용하는 것이 더 타당했던가 싶다. 그래서 지금이라면 상관을 용신으로 쓰지 않겠느냐는 낭월의 견해를 첨부하고 넘어가도록 한다. 그런데 혹 戊辰시일 가능성은 없을까? 그렇게 되면 일단 아무런 의심 없이 그대로 경금을 용신으로 쓰고 이 항목에도 딱 들어맞겠는데, 이렇게 해석이 되지 않고서는 아무래도 찜찜해서 의견을 드려 본다.

丁	甲	壬	庚
卯	辰	午	辰

庚	己	戊	丁	丙	乙	甲	癸
寅	丑	子	亥	戌	酉	申	未

甲木生於仲夏. 時干丁火, 透出. 用水以潤之. 然水亦賴金生. 金亦賴水養. 更妙支逢兩辰. 洩火生金蓄水. 一氣相生. 五行俱足. 是以早游泮水. 科甲聯登. 仕至觀察. 一生惟丙戌運, 金水兩傷不利. 餘皆順境.

갑목생어중하. 시간정화, 투출. 용수이윤지. 연수역뢰금생.

금역뢰수양. 갱묘지봉량진. 설화생금축수. 일기상생. 오행구족. 시이조유반수. 과갑련등. 사지관찰. 일생유병술운, 금수량상불리. 여개순경.

➡ 갑목이 午月에 나서 시간에는 정화가 투출되었으니 수를 용해서 적셔 주고 수는 다시 금의 생조에 의지하게 된다. 그러나 금도 수의 도움에 의지하는데, 다시 묘한 것은 지지에 두 辰土를 만난 것이니 화를 설하고 금을 생하며 수를 저장한다. 한 기운으로 상생을 하니 오행이 구족하여 이로써 일찍이 반수에서 놀다가 과거에 급제하여 벼슬이 연이어 올라 관찰사에 이르렀는데, 일생 오직 丙戌의 운만이 金水가 손상을 받아서 불리할 뿐 그 나머지는 모두 순탄하게 흘러갔다.

【 강의 】

신약용인격으로 보면 될 것을 괜히 분주하게 분류한 감도 없지 않다. 그래서 특별히 구분할 필요는 없고, 여름의 나무이니 인성인 수가 필요하고 수는 다시 약하므로 금이 필요하다는 것으로 간단히 이해하면 되겠다. 별로 비중이 크지 않은 경금에 대해서 너무 확대해석한 감이 있어서 덧붙인다.

乙	甲	甲	庚
丑	戌	申	戌

壬	辛	庚	己	戊	丁	丙	乙
辰	卯	寅	丑	子	亥	戌	酉

甲木生於孟秋. 財生殺旺. 雖天干三透甲乙. 而地支不載. 木凋金銳. 用土以從之也. 格成從殺. 戌運. 武甲出身. 丁亥運生木剋金. 刑耗多端. 戊子, 己丑, 財生煞旺. 仕至副將.

갑목생어맹추. 재생살왕. 수천간삼투갑을. 이지지부재. 목조금예. 용토이종지야. 격성종살. 술운. 무갑출신. 정해운생목극금. 형모다단. 무자, 기축, 재생살왕. 사지부장.

➡ 갑목이 신월에 나서 재성이 왕성한 살을 생하니 비록 천간에 甲乙이 셋이나 있다고 한들 지지에서 실어 주지를 않으니 목은 시들고 금은 날카로워서 토를 용하고 종하니 격은 종살격이 되었다. 戌土대운에서 무과 출신으로, 丁亥운에는 목을 생하고 금을 극해서 형상의 애로가 다양했고, 戊子와 己丑 대운에는 재성이 살을 생조해서 벼슬이 부장에 이르렀다.

【 강의 】

설명에 비추어 본다면 종살격이라고 할 수도 있겠으나 현실적으로는 이렇게 비겁이 있으므로 그대로 비겁을 의지하고 인성의 운을 기다리는 것이 더 부합되지 않을까 싶다. 다만 戊子대운은 자수라서 좋았다고 떼를 써보고도 싶지만 己丑대운까지 좋았다고 한다면 더 이상 뭐라고 할 말이 없어서 그냥 참고만 하라는 말씀을 드린다.

```
  丙  甲  庚  辛
  寅  子  子  酉
壬 癸 甲 乙 丙 丁 戊 己
辰 巳 午 未 申 酉 戌 亥
```

甲木生於仲冬. 木衰金寒. 用火以暖之. 金亦得其制矣. 況乎時逢祿旺. 一陽解凍. 所謂得氣之寒. 遇暖而發. 故寒木必得火以生之也. 所以科甲聯登. 仕至侍郞.

갑목생어중동. 목쇠금한. 용화이난지. 금역득기제의. 황호시봉록왕. 일양해동. 소위득기지한. 우난이발. 고한목필득화이생지야. 소이과갑련등. 사지시랑.

➡ 갑목이 子月에 나서 목은 쇠하고 금은 차가우니 불을 써서 따스하게 히고 금 또한 그 제어함을 얻을 수기 있겠는데 히물머 시에 비견을 만났으니 일양이 추위를 몰아낸다. 이른바 '한기를 얻었을 때 난기를 만나야 발하게 된다.'고 하는 것이니 한목은 반드시 화를 얻어야 생한다는 것이다. 벼슬이 계속 올라서 시랑에 도달하였다.

【 강의 】

긴 설명을 하지 않아도 寒木向陽으로 화를 쓰는 것이 당연하다고 하겠다. 금이 없더라도 화를 써야 할 판인데 구태여 금의 입장을 고려할 필요가 있겠는가. 아마도 목화운에서 크게 발했을 것으로 미루어 짐작이 된다.

제7장 감리(坎離)

【滴天髓】

坎離宰天地之中氣. 成不獨成, 而有相持者在.
감리재천지지중기. 성불독성, 이유상지자재.

🔹 水火는 천지의 중기를 관장하나 홀로는 성립되지 않으니 서로 유지되는 자만 존재하게 된다.

【滴天髓徵義】

坎離者, 子午也. 以天干之緯道言, 則辰巳間爲黃道之中. 以地支之經度言. 則午未相會之處. 爲天頂之中. 經度起於南北極. 午未會處, 南極也. 子丑合處, 北極也. 故子午爲天地之中氣. 坎離相持之理有五. 升, 降, 和, 解, 制也. 升者, 天干離衰. 地支坎旺. 必得地支有木. 則地氣上升. 降者, 天干坎衰. 地支離旺. 必得天干有金. 則天氣下降. 和者, 天干皆火. 地支皆水. 必須有木運以和之. 解者, 天干皆水. 地支皆火. 必須有金運以解之. 制者, 水火交戰於干支. 必須歲運視其强者而制之. 此五者, 坎離之作用如此. 則無獨成之勢. 而有相持之功矣.

감리자, 자오야. 이천간지위도언, 즉진사간위황도지중. 이지지지경도언. 즉오미상회지처. 위천정지중. 경도기어남북극. 오미회처, 남극야. 자축합처, 북극야. 고자오위천지지중기. 감리상지지리유오. 승, 강, 화, 해, 제야. 승자, 천간리쇠. 지지감왕. 필득지지유목. 즉지기상승. 강자, 천간감쇠. 지지리왕. 필득천간유금. 즉천기하강. 화자, 천간개화. 지지개수. 필수유목운이화지. 해자, 천간개수. 지지개화. 필수유금운이해지. 제자, 수화교전어간지. 필수세운시기강자이제지. 차오자, 감리지작용여차. 즉무독성지세. 이유상지지공의.

▶ 감리란 子午를 말한다. 천간으로써 말을 한다면 위도가 되니 즉 辰巳를 황도라고 보겠다. 地支의 경도라고 말하는 것은 午未가 서로 합히는 곳이 되니, 하늘 한복판에서 경도가 일어나서 남북의 극을 이루고 오미가 만나는 곳은 남극이 되고 子丑이 만나는 곳은 북극이 된다. 그래서 자오는 천지의 중기가 되는 것이다. 감리가 서로 의지하는 이치에는 다섯이 있으니 오르는 것과 내리는 것과 화하는 것과 해소하는 것과 제어하는 것이 있다.

오른다는 것은 천간의 화가 쇠하고 지지의 수가 왕할 적에는 반드시 지지에 목을 얻어서 지기가 상승해야 한다는 것이다. 내린다는 것은 천간의 수가 쇠하고 지지의 화가 왕성할 경우에는 반드시 천간에 금이 있어서 천기가 하강해야 한다는 것이고, 화한다는 것은 천간이 다 화이고 지지는 다 수가 될 경우에 반드시 목의 운을 만나야 서로 화하게 된다는 것이다. 해소한다는 것은 천간이 모두 수이고 지지는 모두 화가 될 적에 반드시 금의 운을 만나야 해소된다는 것이며, 제어한다는 것은 水火가 서로 간지에서 싸움을 할 적에는 반드시 운에서 그 강한 자를 제어해야 한다는 것이다. 이 다섯 가지가 감리의 작용이니 즉 홀로 이루어질 수가 없으므로 서로 의지하여 공을 이루는 것이다.

【 강의 】

앞의 대목에 이어서 이번에는 水火에 대해서 대입해 보는 장면이다. 그러니까 수화의 관계를 어떻게 처리하는지 살펴보도록 한다.

戊	丙	己	丙
子	寅	亥	子

丁	丙	乙	甲	癸	壬	辛	庚
未	午	巳	辰	卯	寅	丑	子

丙火生於孟冬. 又逢兩子. 天干離衰. 地支坎旺. 用寅木以升之也. 至壬寅東方木地. 采芹折桂. 卯運, 出仕. 一路運走東南. 仕至觀察.

병화생어맹동. 우봉량자. 천간리쇠. 지지감왕. 용인목이승지야. 지임인동방목지. 채근절계. 묘운, 출사. 일로운주동남. 사지관찰.

➡ 병화가 亥月에 나서 또 子水를 둘이나 만났는데, 천간의 화는 쇠

하고 지지의 수는 왕하니 寅木을 용신으로 삼아서 오르게 한다. 壬寅
의 동방의 목지에 이르러 잘먹고 잘살고 과거에도 급제했으며, 卯운
이 되어 벼슬길에 나아가 한 길의 운이 동남이라 벼슬은 관찰사에
이르렀다.

【 강의 】

겨울의 병화가 물을 끌어올린다는 말을 하지 않아도 신약용인격
으로 약한 화가 목의 생조를 좋아하는 것은 간단히 설명되겠다. 아
마도 이러한 대목을 설명하는 것은『적천수』원문에 나온 이야기를
합당하게 이해시키려는 과정에서 등장한 내용이지 철초 선생으로서
는 별도로 木金이나 水火의 상황을 끌어내어서 설명할 필요가 없었
겠다는 생각이 든다.

```
庚  壬  壬  壬
戌  戌  寅  午

庚 己 戊 丁 丙 乙 甲 癸
戌 酉 申 未 午 巳 辰 卯
```

　壬水生於孟春. 支全火局. 雖年月兩透比肩. 皆屬無根. 天干坎
衰. 地支離旺. 用庚金以降之也. 惜乎運途東南. 在外奔馳四十
年. 一無成就. 至五旬外. 交戊申, 庚逢生旺. 得際遇. 發財巨萬.
娶妻生三子. 年已六旬矣. 至戌運而終.
　임수생어맹춘. 지전화국. 수년월량투비견. 개속무근. 천간감

쇠. 지지리왕. 용경금이강지야. 석호운도동남. 재외분치사십년. 일무성취. 지오순외. 교무신, 경봉생왕. 득제우. 발재거만. 취처생삼자. 연이륙순의. 지술운이종.

▶임수가 寅月에 나서 지지에 화국을 깔았으니 비록 연월의 간에 두 비견이 투출되었다고는 해도 다 무근한 것에 속하여 천간의 수는 쇠약하고 지지의 화는 왕성하니 庚金을 용해서 끌어내린다고 하겠다. 아깝게도 운이 동남을 타고 흐르니 40여 년을 밖으로 분주하게 뛰었지만 하나도 이루지 못했다. 나이 50이 넘어서야 戊申운으로 바뀌면서 경금이 생왕을 만나니 뜻밖의 좋은 인연을 만나게 되어 수억의 돈을 벌고 장가도 들어서 아들을 셋이나 두었는데 이때 나이는 육순이었다. 戌土대운에서 삶을 마쳤다.

【 강의 】

이러한 사주는 간지의 배합을 살피지 않으면 자칫 약하지 않다고 할 수도 있는 구조이다. 통근을 하지 못하면 생각보다 힘을 얻지 못한다는 것을 확인할 때가 많은데, 역시 간지의 상황을 잘 살펴야 한다는 의미가 포함되어 있다. 어쨌거나 나이 60에 장가도 들고 자식도 뒀다고 하니 참으로 다행스런 일이다. 만고풍상을 겪으면서 얻은 행복이니 얼마나 만족스럽겠는가. 물론 운의 도움 덕이라고 해야 하겠지만 이렇게 행복한 시간을 얻어서 즐거움을 만끽한다면 아마도 다음 생으로 넘어가는 한은 없을 것이다.

```
丙 丙 丙 丙
申 子 申 子
甲癸壬辛庚己戊丁
辰卯寅丑子亥戌酉
```

　此造地支兩申, 兩子. 水逢生旺. 金作水論. 天干四丙. 地支無根. 離衰坎旺. 須以木運和之也. 惜乎五行不順. 五十年西北金水之地. 其艱難險阻. 刑傷顚沛可知. 五旬外運走壬寅東方木地. 財進業興. 及癸卯甲辰. 發財數萬.

　차조지지량신, 양자. 수봉생왕. 금작수론. 천간사병. 지지무근. 이쇠감왕. 수이목운화지야. 석호오행불순. 오십년서북금수지지. 기간난험조. 형상전패가지. 오순외운주임인동방목지. 재진업흥. 급계묘갑진. 발재수만.

▶이 사주는 지지에 申金이 둘이고 子水도 둘이어서 수는 생왕하니 금은 수로 봐도 되겠다. 천간의 네 丙火는 지지에 뿌리가 없어 화는 쇠하고 수는 왕하니 모름지기 목운이 와서 화해를 해야 하는데, 아깝게도 오행이 따르지 못하니 50년을 西北의 金水운으로 보낸다. 그러니 고통과 험난한 지경이 엄청나서 온갖 고통과 엎어지고 거꾸러지는 현실은 가히 알 만하겠다. 50이 넘어서 운이 壬寅의 동방으로 흐르자 재물이 나날이 늘어났고 癸卯와 甲辰에서 수억의 큰돈을 벌었다.

【 강의 】

이 사주는 누가 봐도 무력한 丙火임을 알겠다. 그래서 목이 와야 하는데 원국에서는 목이 없으니 우선 신약용비격으로 비견을 용신으로 하다가 인성의 운에서 크게 발복하는 것으로 이해하면 된다. 역시 늘그막의 풍경이 좋아서 행복한 감정을 만끽하였을 것으로 본다.

```
壬   壬   壬   癸
寅   午   戌   巳

甲 乙 丙 丁 戊 己 庚 辛
寅 卯 辰 巳 午 未 申 酉
```

壬午日元. 生於戌月. 支會火局. 年支坐巳. 天干皆坎. 地支皆離. 必須金運以解之也. 初交辛酉庚申. 正得成其旣濟. 解其財殺之勢. 叩化日之光. 豊衣足食. 一交己未. 刑耗異常. 戌午財殺竝旺. 出外遇盜喪身.

임오일원. 생어술월. 지회화국. 연지좌사. 천간개감. 지지개리. 필수금운이해지야. 초교신유경신. 정득성기기제. 해기재살지세. 도화일지광. 풍의족식. 일교기미. 형모이상. 무오재살병왕. 출외우도상신.

➧임오일주가 술월에 나서 지지에 화국을 이루고 연지에는 巳火까지 있으니 천간은 모두 수이고 지지는 모두 화인데 반드시 금의 운에서 해소를 해야 한다. 초운의 辛酉와 庚申에서는 바로 그 기제를

얻었으니 재살의 세력을 해소하여 태양의 빛을 얻어서 즐기게 되어 의식이 풍족하였는데, 한번 己未대운으로 바뀌면서 많은 고통이 생겨났고, 戊午에는 재와 살이 함께 왕성해지니 밖으로 나갔다가 강도를 만나서 죽었다.

【 강의 】

앞의 경우와 반대가 되는 구조이다. 천간에 수가 아무리 강해도 지지에서 실어 주지 않으면 아무런 힘을 쓸 수가 없다는 것을 그대로 보여 주는 좋은 자료라고 하겠다. 이 사주에서처럼 간지가 따로 논다면 달리 볼 것도 없이 약한 일간을 돕는 인성이 필요하지만, 사주에 인성이 없어서 우선 비견을 용신으로 삼아 뒀다가 금운에서 발하게 되는 것이다. 다만 이 사주는 금운이 너무 일찍 들어오는 바람에 앞에서는 잘살았지만 후에 고통을 받게 되었으니 이것은 아무래도 윤회에 별로 도움이 되지 않았을 것으로 생각된다. 요절하여 오래 살지도 못한 것으로 봐서 참으로 딱한 경우라고 하겠다.

丙	壬	丙	壬
午	子	午	子

甲	癸	壬	辛	庚	己	戊	丁
寅	丑	子	亥	戌	酉	申	未

此造水火交戰於天干. 火當令. 水休囚. 喜其無土. 日主不剋. 初交丁未. 年逢戊午. 天剋地沖. 財殺兩旺. 父母雙亡. 流爲乞丐.

交申運, 逢際遇. 己酉運, 發財數萬. 娶妻生子成家.
　차조수화교전어천간. 화당령. 수휴수. 희기무토. 일주불극. 초교정미. 연봉무오. 천극지충. 재살량왕. 부모쌍망. 유위걸개. 교신운, 봉제우. 기유운, 발재수만. 취처생자성가.

◆이 사주는 水火가 서로 천간에서 싸우고 있는 형상에서 월지는 화가 당령을 하고 있고 수는 휴수에 해당하니, 반가운 것은 토가 없어서 일주를 극하지 않는다는 것이다. 초운에서 丁未대운의 戊午년에 천지가 충극하여 재와 살이 더불어 왕성하니 부모가 함께 돌아가시고 거지로 떠돌아다니다가 申金운이 되어 좋은 인연을 만났고, 己酉운이 되면서 수억을 벌어서 결혼하여 아들도 얻고 가정을 이루게 되었다.

【 강의 】

　대체로 수화가 서로 균형을 이루지 못하고 있는 경우에는 운의 등락이 극심한 것으로 설명되고 있다. 오행이 골고루 섞여 있는 사주에 비해서 기복이 심하다고 해석하면 되겠다. 그래서 운이 돕지 않으면 아무런 도움이 되지 않는데, 언제거나 사주의 결함을 해소시켜 준다면 한 번은 잘살아 볼 가능성이 있다고는 하더라도 너무 균형을 잡지 못한 사주이다 보니 기복이 심한 것이 아쉽다.
　이 사주는 위아래가 아니고 좌우가 대립하고 있는 형상인데 전반적인 대립을 보면 신왕재왕한 형상이다. 왜냐하면 재성이 월령을 장악하고 임수는 인성이 없으므로 특별히 수가 왕하다고 하기는 어렵기 때문이다. 다만 여기에서 制를 해야 한다는 법칙을 적용시키려면 아마도 화가 너무 왕해서 화를 제해야 한다는 말로 보이는데, 월령을 얻지 못한 관계로 신약하다고 보지 않았나 싶다. 그래서 금운에서 크게 발했던 모양이다. 이러한 사주에서는 자칫하면 수화가 대립하는 것으로 보고 통관의 의미로 木운을 기다리게 될 가능성도 있다. 낭월이 보기에도 목운은 어떻게 보냈을지 궁금한 마음이 드는 것이 사실이다. 다만 운에서 목운은 너무 늦어서 확인하지 못하였겠지만 일단 서북의 금수에서 발하였다고 하니 목운은 흥했을 것으로 봐도 되겠다.

제8장 강과(强寡)

【滴天髓】

> 强衆而敵寡者. 勢在去其寡. 强寡而敵衆者.
> 강중이적과자. 세재거기과. 강과이적중자.
> 勢在成乎衆.
> 세재성호중.

○ 무리가 강하고 적이 적으면 세력은 그 적은 것을 제거함에 있고, 강한 성분이 적고 대적함이 많다면 세력은 많은 무리에게로 이루어진다.

【滴天髓徵義】

衆寡之說, 强弱之意也. 須分日主四柱兩端論之. (一)以日主分衆寡. 如日主是火. 生於寅卯巳午月. 官星是水. 四柱無財. 反有土之食傷. 卽使有財. 財無根氣. 不能生官. 此日主之黨衆. 敵官星之寡. 勢在盡去其官. 歲運宜扶衆抑寡者吉. (二)以四柱分衆

寡. 則分四柱之强弱. 然又要與日主符合, 弗反背爲妙. 假使水是
官星. 休囚無氣. 土是傷官. 當令得時. 其勢足以去其官星. 歲運
亦宜制官爲美. 日主是火. 亦要通根得氣. 則能生土. 或爲木而剋
土. 則日主自能化木. 轉轉相生. 所謂日火符合者也. 强寡而敵衆
者. 如日主是火. 雖不當令. 却有根坐旺. 官星是水. 雖不及時.
却有財生助. 或財星當令. 或成財局. 此官星雖寡. 得財星扶則
强. 歲運宜扶寡而抑衆者吉. 雖擧財官而論. 其餘皆同此論.

중과지설, 강약지의야. 수분일주사주량단론지. (일)이일주분
중과. 여일주시화. 생어인묘사오월. 관성시수. 사주무재. 반유
토지식상. 즉사유재. 재무근기. 불능생관. 차일주지당중. 적관
성지과. 세재진거기관. 세운의부중억과자길. (이)이사주분중
과. 즉분사주지강약. 연우요여일주부합, 불반배위묘. 가사수시
관성. 휴수무기. 토시상관. 당령득시. 기세족이거기관성. 세운
역의제관위미. 일주시화. 역요통근득기. 즉능생토. 혹위목이극
도. 즉일주자능화목. 진진상생. 소위일화부합자야. 강과이적중
자. 여일주시화. 수부당령. 각유근좌왕. 관성시수. 수불급시.
각유재생조. 혹재성당령. 혹성재국. 차관성수과. 득재성부즉
강. 세운의부과이억중자길. 수거재관이론. 기여개동차론.

➡ 중이나 과라는 말은 강약에 대한 뜻이다. 모름지기 일주와 사주로 구분하는데, 첫째로 일주를 중과로 보자. 예를 들어 일주가 화라고 할 경우에 寅卯월이나 巳午월에 생조한다면, 관성은 수가 되는데 사주에 재성이 없고 도리어 토의 식상이 있다면 즉 재가 있거나 재성이 있다고 해도 재의 뿌리가 약하다면 관을 생조하기도 불리할 것이다. 그러므로 이 일주는 많은 무리가 되어서 관성과 대항하게 되고

적에 속하는 관성은 적으니 세력은 그 관을 제거함에 있다고 하겠으며, 운에서도 마땅히 많은 비겁을 돕고 약한 관성을 제거하는 것이 길한 것이다.

둘째로 사주를 중과로 구분해 본다. 사주의 강약을 구분하는 과정에서는 또 일주와 부합되는가도 중요한데 일주를 배반하지 않아야 하기 때문이다. 가령 수가 관성인데 휴수가 되어 무력하고 토는 상관인데 당령하고 시까지 얻었다면 그 세력이 족히 관성을 제거할 수가 있으니 운에서도 관을 제어해야 마땅히 아름답다. 일주는 화가 되겠고, 또한 통근이 되어 기운을 얻어야 하는데 그러면 능히 토를 생하게 된다. 혹 목이 있어서 토를 극한다면 즉 일주는 스스로 목을 화하여 돌고 돌아서 생조가 되니 이른바 '일주 火와 부합한다.'고 하겠다. '강〔官殺〕이 적고 적〔比劫〕이 많다는 것'은 예컨대 일주가 화라고 할 경우, 비록 화가 당령을 하지 못했더라도 도리어 뿌리가 있고 비견이나 겁재에 앉아 있으며 이 경우에 관살은 수가 되겠는데, 비록 당령을 얻지는 못했더라도 도리어 재성의 생조가 있거나 재성이 당령을 하거나 국을 이루고 있다면 이때에는 관성이 비록 적다고 하더라도 재성의 도움을 얻어서 강이 될 수가 있으니 운에서 적음〔官殺〕을 도와 주고 많음〔比劫〕을 눌러 준다면 길하게 되는 것이다. 비록 재관으로 예를 들어 논했지만 그 나머지도 이에 준하여 논하면 된다.

【 강의 】

설명을 보면 앞의 예는 從强旺格에 속하고, 뒤의 예는 從財殺格의 구조로 보인다. 그리고 강과나 중과는 흔히 사용하는 말은 아닌데 중과부적(衆寡不敵)이라는 말과 비슷한 의미로 이해하면 되겠다. 다만 여기에서 강의 개념은 반드시 일정한 것은 아닌데, 책에서 거론하고 있는 것을 살펴보면 대략 관살을 강으로 보는 경우도 있으니 이때의 적은 비겁이 될 것이다. 또 일간을 강으로 보기도 하니 이때에는 재성이 상대적으로 과가 된다는 것을 혼동하지 않으면 달리 어려운 점은 없다. 그리고 『적천수』 원문에서의 의미는 다소 애매하게 느껴질지도 모르겠는데 원문에서의 강은 관살을 의미하고 적은 비겁을 두고 설명한 것으로 보면 큰 무리가 없을 것이다.

```
辛    戊    乙    戊
酉    戌    丑    辰

癸 壬 辛 庚 己 戊 丁 丙
酉 申 未 午 巳 辰 卯 寅
```

此造重重厚土. 乙木無根. 傷官又旺. 其勢足以敵官星之寡. 初交丙寅丁卯. 官星得地. 刑耗多端. 戊辰, 得際遇. 捐納出仕. 及己巳二十年. 土生金旺. 從佐貳而履琴堂. 至午運, 破金不祿.

차조중중후토. 을목무근. 상관우왕. 기세족이적관성지과. 초교병인정묘. 관성득지. 형모다단. 무진, 득제우. 연납출사. 급기사이십년. 토생금왕. 종좌이이리금당. 지오운, 파금불록.

◈ 이 사주는 두터운 토가 겹겹이 있고 을목은 뿌리도 없는데 또 상관이 왕하니 그 세력이 족히 관성의 부족함을 제거할 만하겠다. 초운에서는 丙寅과 丁卯 대운에서 관성이 득지하여 온갖 고통이 많았

는데, 戊辰대운에 기이한 좋은 인연을 만나서 돈을 내고 벼슬길에 나아가고 이어지는 己巳의 20년 동안 토가 금을 생조하여 왕하니 좌이로 시작한 벼슬이 금당에까지 이르렀는데, 午火대운에는 금을 깨는 바람에 죽었다.

【강의】

강과니 중과니 하였으나 실제로 사주를 보면 간단하게 설명이 되겠다. 관살을 버리고 식상을 용신으로 취한다는 이야기가 되기 때문이다. 이 사주에서의 상황은 시들어 버린 을목을 용신으로 삼지 않고 시주의 탄탄한 상관을 용신으로 삼는 것이 오히려 당연하다고 하겠는데, 이렇게 당연한 이야기를 하는데 조심하는 것은 역시 당시의 시대적인 상황에 따라서 관살을 극하는 것에 대한 부담감이 있었기 때문이 아니었을까 싶다. 그래서 복잡하게 설명을 했으나 실제 상황을 보면 전혀 그럴 필요 없이 상관을 용신으로 삼으면 되는 것으로 이해하면 그만이겠다.

```
癸  丁  壬  戊
卯  卯  戌  午
庚 己 戊 丁 丙 乙 甲 癸
午 巳 辰 卯 寅 丑 子 亥
```

此傷官當令. 印星竝見. 官殺雖透無根. 勢在去官. 初年運走北方. 官星得勢. 一事無成. 丙寅. 丁卯. 生助火土. 經營發財巨萬.

戊辰, 己巳. 去盡官殺. 一子登科. 晚景崢嶸. 此造戌午拱火. 日時逢印. 日主旺極. 莫作用印而推. 亦不可作去官留殺論也.

차상관당령. 인성병견. 관살수투무근. 세재거관. 초년운주북방. 관성득세. 일사무성. 병인, 정묘. 생조화토. 경영발재거만. 무진, 기사. 거진관살. 일자등과. 만경쟁영. 차조술오공화. 일시봉인. 일주왕극. 막작용인이추. 역불가작거관류살론야.

▶이 경우는 상관이 당령을 하고 인성도 함께 보이는데 비록 관살이 투간은 되었으나 뿌리가 없는 형상이다. 초운에서 북방으로 갈 적에는 관성이 세력을 얻어서 한 가지도 되는 일이 없다가 丙寅과 丁卯의 목화운에서 火土를 생조하여 사업을 경영했는데 큰돈을 벌게 되었고, 戊辰과 己巳에는 관살을 완전히 제거하니 아들 하나가 벼슬을 하고 늘그막의 경치가 매우 아름다웠다. 그리하여 이 사주는 戌土와 午火가 서로 합이 되고 일과 시의 인성을 만나서 일주가 극히 왕한 상황이라 인성에 용신이 있지 않음을 알겠고, 또한 관을 제거하고 살을 두는 것으로 논하는 것도 불가하다.

【 강의 】

구조가 워낙 정화의 세력이라고 해서 상관이 용신이 되는 것은 이해가 되지만, 그래도 혹 시간의 계수가 어떤 작용을 하지는 않는지 신경이 쓰이는 것은 사실이다. 다만 월령을 잡은 상관이 힘을 얻는 바람에 변방의 계수는 인정을 받지 못하는 것으로 보면 되겠다. 설명을 보면 상관이 용신이고 화운도 좋은데, 상관의 입장에서는 금운도 좋겠다는 생각을 해본다.

```
  庚  丙  壬  癸
  寅  午  戌  丑
甲 乙 丙 丁 戊 己 庚 辛
寅 卯 辰 巳 午 未 申 酉
```

丙火生於九月. 日主本不及時. 第坐陽刃. 會火局, 謂之强寡. 年月壬癸進氣. 癸水通根餘氣. 丑土洩其火局. 庚金生助壬癸, 爲衆也. 勢在成乎衆. 故交辛酉, 庚申. 金生水旺. 遺業豊盈. 其樂自如. 一交己未. 火土並旺. 父母雙亡. 及戊午二十年. 破敗家業. 妻子皆傷. 至丙辰, 流落外方而亡.

병화생어구월. 일주본불급시. 제좌양인. 회화국, 위지강과. 연월임계진기. 계수통근여기. 축토설기화국. 경금생조임계, 위중야. 세재성호중. 고교신유, 경신. 금생수왕. 유업풍영. 기락자여. 일교기미. 화토병왕. 부모쌍망. 급무오이십년. 파패가업. 처자개상. 지병진, 유락외방이망.

▶병화가 술월에 나니 일주는 본래 약한 상황인데 다음으로 양인에 앉아 있고 화국이 되는 바람에 일간이 강한 것으로 봐야 하겠다. 연월의 壬癸水는 진기가 되는데, 계수는 여기에 통근을 하고 丑土는 화국을 설하고 다시 경금은 임계수를 생조하니 관살은 衆이 되었다. 세력은 중을 돕는 것에 있다고 하겠으니 辛酉와 庚申 대운에서는 금이 수를 생조하여 왕하게 되어 부모 유산이 넉넉했고 그 즐거움이 마음대로 되었는데, 한번 己未운으로 바뀌면서 火土가 함께 왕성해지니 부모가 함께 돌아가시고 戊午대운까지 20년간 재산이 깨어지

고 집안이 망했으며 처자가 다 손상되고 丙辰대운에서 밖으로 떠돌아다니다가 죽었다.

【 강의 】

이 사주의 경우에는 다소 약한 丙火가 아닌가 하는 생각도 드는데, 土火의 운에서 가정이 깨어진 것으로 봐서 金水를 용신으로 삼은 것으로 봐야겠다. 그리고 수가 약하므로 금으로 돕게 되는 설명 또한 일리가 있는데, 임수나 계수가 별로 세력이 없고 경금도 그다지 힘이 없으므로 병화는 상대적으로 약하지 않게 되었다고 보면 될 것이다. 그래서 전반적으로는 병화가 강해 보이지 않는데, 특별히 강한 성분도 없으므로 수를 용신으로 삼도록 하는 방식을 취한다고 이해하겠다.

【滴天髓】

剛柔不一也. 不可制者. 引其性情而已矣.
강유불일야. 불가제자. 인기성정이이의.

◯ 강하고 약함이 한 가지가 아니다. 제어할 수가 없다면 그 마음을 이끌어서 다스린다.

【滴天髓徵義】

剛柔之道. 陰陽健順而已矣. 然剛之中未嘗無柔. 柔之中未嘗無剛. 夫春木, 夏火, 秋金, 冬水, 季土. 得時當令. 原局無剋制之神. 其勢雄壯. 其性剛健. 不洩則不淸. 不淸則不秀. 不秀則爲頑物矣. 若以剛斷其柔. 謂寡不敵衆. 反激其怒, 而更剛矣. 春金, 夏水, 秋木, 冬火, 仲土. 失時無氣. 原局無生助之神. 其勢柔軟. 其性至弱. 不劫則不關. 不關則不化. 不化則爲朽物矣. 若以柔引其剛. 謂虛不受補. 反益其弱, 而更柔矣. 是以洩者有生生之妙. 剋者有成就之功. 引者有和悅之情. 從者有變化之妙. 剋洩引從四字. 宜詳審之. 不可槪定. 必須以無入有. 向實尋虛. 斯爲元妙之旨. 大凡得時當令. 四柱無剋制之神. 用食神順其氣勢. 洩其菁英. 暗處生財. 爲以無入有. 失時休囚. 原局無劫印幫身. 用食神制殺. 殺得制則生印. 爲向實尋虛. 宜活用. 切勿執一而論也.

강유지도. 음양건순이이의. 연강지중미상무유. 유지중미상무강. 부춘목, 하화, 추금, 동수, 계토. 득시당령. 원국무극제지신. 기세웅장. 기성강건. 불설즉불청. 불청즉불수. 불수즉위완

물의. 약이강착기유. 위과부적중. 반격기노, 이갱강의. 춘금, 하수, 추목, 동화, 중토. 실시무기. 원국무생조지신. 기세유연. 기성지약. 불겁즉불벽. 불벽즉불화. 불화즉위후물의. 약이유인기강. 위허불수보. 반익기약, 이갱유의. 시이설자유생생지묘. 극자유성취지공. 인자유화열지정. 종자유변화지묘. 극설인종사자. 의상심지. 불가개정. 필수이무입유. 향실심허. 사위원묘지지. 대범득시당령. 사주무극제지신. 용식신순기기세. 설기청영. 암처생재. 위이무입유. 실시휴수. 원국무겁인방신. 용식신제살. 살득제즉생인. 위향실심허. 의활용. 절물집일이론야.

➡ 강유의 이치는 음양이 강하고 순함을 말한다. 그러나 강한 가운데에도 약하지 않음이 없고, 약한 가운데에도 강하지 않음이 없다고 하겠다. 대저 봄의 나무나 여름의 화나 가을의 금이나 겨울의 수나 계절의 토는 월령을 얻고 원국에서 제어함이 없다면 그 세력이 웅장하고 성품이 강건해지니, 설하지 않으면 맑지를 못하고 맑지 못하면 빼어나지를 못하고 빼어나지 못하면 고루하여 도를 모르는 물건이 되어 버린다. 만약 강제로 그 강함을 꺾는다면 적은 것으로 많은 것을 제어하지 못하므로 도리어 자극하여 노함을 사게 될 것이니 더욱 강해지는 것이다.

봄의 금이나 여름의 수나 가을의 목이나 겨울의 화나 子午卯酉월의 토는 월령을 잃어서 기운이 없는데 원국에서 생조의 신도 없다면 그 세력이 유연하고 그 성질은 지극히 약해지니 겁탈하지 않으면 열리지 않고 열리지 않으면 화하지 못하니 화하지 못하면 즉 썩어 버린 물건이 되는 것이다. 만약 약함을 강제로 이끌더라도 허약하여 도움을 받지 못하는 것이 되어 버리니 도리어 그 약함을 도와 주면 더욱 약해지는 셈이다. 그래서 설하는 것은 생생의 오묘함이 되는 것이고, 극함은 성취의 공이 되는 것이며, 이끄는 것은 화합하여 기쁨의 정을 나누는 것이고, 따르는 것은 변화의 오묘함이라고 하겠으므로 '剋洩引從'의 네 글자는 마땅히 잘 살펴야 하니 대략적으로 정하는 것은 불가하다. 반드시 없는 것으로 있는 것에 들어가고 실을 향하여 허를 찾으니 이것이 근원의 오묘한 뜻이 된다. 대저 월령을 얻어 강한 경우에 사주에서 극제하는 글자도 없다면 식상을 용하여 그 기세를 따르면 빼어난 기운을 설하여 암암리에 재성을 생조할 수가 있으니 '없는 것으로 있는 것에 들어가는 것'이며, 월령을 잃어서 휴수가 되고 원국에서는 겁인의 도움이 없을 경우 식상을 용하여 관살을 제어한다면 살은 제어를 얻어서 인성을 생조하니 실을 향해서 허를 찾는다고 하겠다. 이를 마땅히 잘 활용하고 한 가지 이론에 집착하지 말아야 하겠다.

【 강의 】

설명을 봐서는 상당히 어려워서 간단하게 이해하기가 곤란한데, 앞의 대목과 연결되는 내용이라고 보면 되겠다. 앞에서는 중과를 논하고 여기에서는 강유를 논하는데 의미는 서로 닮았다. 사주를 보면 바로 이해가 될 것이다.

```
丙  庚  戊  壬
戌  寅  申  戌
丙 乙 甲 癸 壬 辛 庚 己
辰 卯 寅 丑 子 亥 戌 酉
```

庚金生於七月. 支類土金. 旺之極矣. 壬水坐戌逢戊. 梟神奪盡. 時透丙火. 支拱寅戌. 必以丙火爲用. 惜運走四十載土金水地. 所以五旬之前. 一事無成. 至甲寅運剋制梟神. 生起丙火. 及乙卯二十年. 財發巨萬. 所謂蒲柳望秋而凋. 松柏經霜益茂也.

경금생어칠월. 지류토금. 왕지극의. 임수좌술봉무. 효신탈진. 시투병화. 지공인술. 필이병화위용. 석운주사십재토금수지. 소이오순지전. 일사무성. 지갑인운극제효신. 생기병화. 급을묘이십년. 재발거만. 소위포유망추이조. 송백경상익무야.

▶경금이 칠월에 생하여 지지에는 토금으로 모여 있으니 왕함이 극에 달했다. 임수는 戌土에 앉아서 戊土까지 만났으니 편인이 극하게 되어 죽을 지경이고, 시간에는 丙火가 투출하고 지지에 寅戌이 모여 있으니 반드시 병화를 용신으로 삼는다. 아깝게도 운이 40여 년 간 토금으로 흐르니 50세 전에는 한 가지도 되는 일이 없었는데, 甲寅 운이 되면서 편인을 극제하고 병화를 생조하니 乙卯대운의 20년까지 재물이 크게 발하였다. 그래서 이른바 '포도나무와 버드나무는 가을을 보면 시들지만 소나무와 잣나무는 서리를 만나면 더욱 무성하다.'고 하는 것이다.

【 강의 】

이 사주가 원문의 내용과 어떻게 연결되는지는 선명하지 않지만, 월령을 잡은 경금이 깨어진 임수를 용하지 않고 오히려 병화를 의지하는 것으로 이해하면 되겠다. 그리고 충분히 그럴 만한 이유가 된다. 전반적으로 약하지 않은 사주이므로 시간의 병화를 의지해서 목운에 발한 것으로 해석되겠지만 그래도 혹 월령을 잡은 임수를 용신으로 삼을 가능성에 대해서도 고려해 보는 것이 좋겠다. 왜냐하면 아직은 그리 추운 계절이 아니므로 반드시 병화를 용신으로 삼아야 할 절대적인 이유는 없다고 볼 수도 있기 때문이다.

丁	乙	丁	辛
丑	未	酉	酉

己	庚	辛	壬	癸	甲	乙	丙
丑	寅	卯	辰	巳	午	未	申

乙木生於八月. 木凋金銳. 幸日主坐下庫根. 干透兩丁. 足以盤根制殺. 祖業豊盈. 芹香早采. 但此造之病. 不在殺旺. 實在丑土. 丑土之害. 不特生金晦火. 其害在丑未之沖也. 天干木火. 全賴未中一點微根. 沖則被丑中金水暗傷. 以致秋闈難捷. 至癸巳運. 全會金局. 癸水剋丁. 遭水厄而亡.

을목생어팔월. 목조금예. 행일주좌하고근. 간투량정. 족이반근제살. 조업풍영. 근향조채. 단차조지병. 부재살왕. 실재축토. 축토지해. 불특생금회화. 기해재축미지충야. 천간목화. 전뢰미

중일점미근. 충즉피축중금수암상. 이치추위난첩. 지계사운. 전회금국. 계수극정. 조수액이망.

➡ 을목이 酉月에 나서 목은 시들고 금은 날카롭다. 다행히 일주가 앉은 곳이 未土인데 천간에 정화가 둘이 나와 있으면서 뿌리도 내려서 살을 제어하기에 충분하다고 하겠다. 유산이 풍족했고 일찍이 편안하게 살았으나 다만 이 사주의 병은 재살이 왕한 것에 있는 것이 아니고 丑土에 있으니, 축토의 해로움은 특별히 금을 생하고 화를 어둡게 할 뿐만 아니라 그 해가 丑未충에까지 미치는 것이다. 천간의 목화는 모두 미토 한 자에 의지하고 있는데 충을 맞으니 축토 속의 金水로부터 손상을 입어서 무과에 붙기가 어려웠고, 癸巳운에서 금국이 되는 바람에 계수가 정화를 극하니 물의 액으로 죽었다.

【 강의 】

이 사주는 전형적인 식신제살격이다. 을목이 상당히 약한 편이면서도 인성의 유통을 얻지 못하여 식신으로 제어하게 되는데, 이러한 상황에서의 희신은 木이 되는 것으로 봐야 하겠다. 식상을 용한 상황에서 인성의 운은 그리 반가운 성분이 아니라고 해야 할 모양이다. 실은 '신약한 식신제살격에서의 인성의 동향'에 대해서 궁리를 많이 하는데, 기본적으로는 기신에 속하고 다만 직접 식신과 극하지 않으면 무난한 것으로 해석하는 것이 타당하겠다는 결론을 내리고 있다. 이 경우에는 천간으로 인성이 들어오면 용신이 죽는다는 말을 해야 하겠고, 반면에 지지로 들어오는 수는 무난하다고 해석할 수가 있는 것이다.

그리고 가을의 을목에서 주로 신약한 식신제살격이 많이 보이는데, 이것도 을목의 특성이 아닌가 하는 생각을 한다. 가령 갑목이라면 여하튼 인성을 찾는데 을목은 인성이 미약하면 식신으로 살을 제하고 보는 경우가 가끔 발견되어서 을목의 한 특성으로 이해하면 되겠다.

```
甲  庚  戊  壬
申  辰  申  申
丙乙甲癸壬辛庚己
辰卯寅丑子亥戌酉
```

庚金生於七月. 地支三申. 旺之極矣. 時干甲木無根. 用年干壬水. 洩其剛殺之氣. 所嫌者月干梟神奪食. 初年運走土金. 刑喪早見. 祖業無恒. 一交辛亥. 運轉北方. 經營得意. 及壬子癸丑三十年. 財發十餘萬. 其幼年未嘗讀書. 後竟知文墨. 此亦運行水地. 發洩菁華之意也.

경금생어칠월. 지지삼신. 왕지극의. 시간갑목무근. 용년간임수. 설기강살지기. 소혐자월간효신탈식. 초년운주토금. 형상조견. 조업무항. 일교신해. 운전북방. 경영득의. 급임자계축삼십년. 재발십여만. 기유년미상독서. 후경지문묵. 차역운행수지. 발설청화지의야.

▶일찍이 경금이 申月에 나서 지지에 신이 셋이나 되니 극히 왕하고, 시간의 甲木은 뿌리가 없으니 연간의 임수를 용신으로 삼아서

강력한 살기운을 설한다. 그리고 싫은 것은 월간의 편인이 식신을 극하는 것인데, 초운에서 土金으로 갈 적에 일찍이 고통을 많이 겪었고 부모 유업도 지키지 못하다가 한번 辛亥운으로 바뀌면서 운이 북방으로 전개되어 사업에서 큰 성과를 거뒀다. 壬子와 癸丑 대운까지의 30년간 10여억을 벌었는데, 어려서 책을 읽지 못했어도 후에 글공부를 했으니 이 또한 운이 수운이어서 수기가 설하게 된 의미라고 하겠다.

【 강의 】

공부는 젊어서도 하고 늙어서도 한다는 것이 옳은 이야기이다. 이 사주에서도 혹 시에서 丙戌이 되었다면 편관을 용신으로 삼았을 가능성이 있지만, 여기에서는 화가 없으므로 아무 미련도 없이 식신을 용신으로 삼게 되어서 좋다고 하겠다. 재물은 군겁쟁재의 형상을 하고 있지만 운이 도움을 주어서 큰 벌이가 된 것으로 미루어 거지 팔자가 따로 있는 것이 아니라는 생각을 하게 된다. 그러니까 돈을 벌고 말고는 운에 달렸지 사주와는 무관하다고 하는 것이 타당하다. 또 재벌 사주가 따로 있는 것이 아니라는 것은 임상에서 늘 나타나고 있다.

甲	乙	己	戊
申	亥	酉	辰

丁	丙	乙	甲	癸	壬	辛	庚
巳	辰	卯	寅	丑	子	亥	戌

乙木生於八月. 財生官殺. 弱之極矣. 所喜者坐下印綬. 引通官殺之氣. 更妙甲木透時. 謂藤蘿繫甲. 出身雖寒微. 至亥運入泮. 壬子聯登甲第. 早遂仕路之光. 丑運丁艱. 甲寅剋土扶身. 扶次升遷. 乙卯仕至侍郎. 此造之所喜者. 亥水也. 若無亥水. 不過庸人耳. 且亥水必須在坐下. 如在別支. 不得生化之情. 功名不過小就耳.

을목생어팔월. 재생관살. 약지극의. 소희자좌하인수. 인통관살지기. 갱묘갑목투시. 위등라계갑. 출신수한미. 지해운입반. 임자련등갑제. 조수사로지광. 축운정간. 갑인극토부신. 부차승천. 을묘사지시랑. 차조지소희자. 해수야. 약무해수. 불과용인이. 차해수필수재좌하. 여재별지. 부득생화지정. 공명불과소취이.

▶을목이 酉月에 났는데 재성이 관살을 생조하니 약함이 극에 달했다. 반가운 것은 앉은자리의 인성이니 관살의 기운을 이끌어 통하게 하고, 다시 묘하게 갑목이 시간에 투출되었으니 이른바 '등나무가 소나무에 얽혔다.'고 하는 모습이다. 출신은 비록 변변치 않았지만 亥水대운에서 반수에서 공부하고 壬子에는 계속 수석으로 합격하였으며 일찍이 벼슬길에 빛이 있었다. 丑운에는 부모의 상을 당했으나, 甲寅에는 토를 극하고 일간을 돕는 바람에 몇 차례의 승진을 거쳐서 乙卯운에는 벼슬이 시랑에 도달했다. 이 사주에서 반가운 것은 亥水이다. 만약 해수가 없었다면 별수없는 사람이었을 것이기 때문이다. 또 해수는 반드시 앉은자리에 있어야 하는데 만약 다른 곳에 있었다면 생화의 정도 없었을 뿐더러 공명도 약간밖에 얻지 못했을 것이다.

【 강의 】

이 사주는 강유의 항목과 무슨 연관이 있는지는 모르겠지만 살중용인격의 형상을 띠고 있는 것은 분명하다. 인겁의 운에서 크게 발한 것은 당연한데, 해수가 있어서 목의 운이 발동하는 데 원동력이 되었다는 것은 의미심장한 내용이라고 하겠다.

제9장 순역(順逆)

【滴天髓】

順逆不齊也. 不可逆者. 順其氣勢而已矣.
순역부제야. 불가역자. 순기기세이이의.

◐ 순과 역이 일정하지 않으나 역할 수 없는 경우에는 그 기세를 따르는 것이다.

【滴天髓徵義】

　順逆之機. 進退不悖而已矣. 不可逆者. 當令得勢之神. 宜從其意向也. 故四柱有順逆. 其氣自當有辨. 五行有顚倒. 作用各自有法. 是故氣有乘本勢而不顧他雜者. 氣有借他神而可以成局者. 有從旺神而不可剋制者. 有依弱資扶者. 所以制殺莫如乘旺. 化殺正以扶身. 從殺乃依權勢. 留殺正爾迎官. 其氣有陰有陽. 陽含陰生之兆. 陰含陽化之妙. 其勢有淸有濁. 濁中淸. 貴之機. 淸中濁. 賤之根. 逆來順去富之基. 順來逆去貧之意. 此卽順逆之微

妙. 學者當深思之. 書云去其有餘. 補其不足. 雖是正理. 然亦不
究淺深之機. 只是泛論耳. 不知四柱之神. 不拘財官殺印食傷之
類. 乘權得勢. 局中之神. 又去助其强暴. 謂二人同心. 或曰主得
時秉令. 四柱皆拱合之神. 謂權在一人. 只可順其氣勢以引通之.
則其流行而爲福矣. 若勉强得制. 激怒其性. 必罹凶咎. 須詳察
之.

　순역지기. 진퇴불패이이의. 불가역자. 당령득세지신. 의종기
의향야. 고사주유순역. 기기자당유변. 오행유전도. 작용각자유
법. 시고기유승본세이불고타잡자. 기유차타신이가이성국자.
유종왕신이불가극제자. 유의약자부자. 소이제살막여승왕. 화
살정이부신. 종살내의권세. 유살정이영관. 기기유음유양. 양함
음생지조. 음함양화지묘. 기세유청유탁. 탁중청. 귀지기. 청중
탁. 천지근. 역래순거부지기. 순래역거빈지의. 차즉순역지미
묘. 학자당심사지. 서운거기유여. 보기부족. 수시정리. 연역불
구천신지기. 지시범론이. 부지사주지신. 불구재관살인식상지
류. 승권득세. 국중지신. 우거조기강포. 위이인동심. 혹일주득
시병령. 사주개공합지신. 위권재일인. 지가순기기세이인통지.
즉기류행이위복의. 약면강득제. 격노기성. 필리흉구. 수상찰
지.

➡순역의 기틀은 나아가고 물러남이 일그러지지 않았음을 말하는
데, 거역할 수 없는 것은 당령이 되고 세력을 얻은 글자를 말한다.
마땅히 그 의향을 따라야 하겠으니 사주에 순역이 있어서 기운을 살
필 때에도 마땅히 구분을 해야 한다. 오행에는 전도(顚倒)의 논리가
있는데, 작용은 각자 나름대로의 법칙이 있다. 그러므로 기를 타고

세력을 얻어서 다른 잡다함을 보지 않는 경우도 있고, 기가 다른 글자를 빌려 와서 국을 이루는 경우도 있다. 또 왕신을 따라 종하고 극제를 하지 못하는 경우도 있고, 미약한 상황에서 의지하고 도움을 받는 경우도 있다. 그래서 살을 제어할 적에는 왕성하면 곤란하니 살을 화해서 일간을 돕는 것이 바르다. 살을 따라갈 때에는 권세를 의지하게 되니 살이 머물러 있고 관성을 맞이하면 더 좋다. 그 기운은 음도 있고 양도 있는데, 양은 음이 생조하는 조짐을 머금고 있어야 좋고, 양이 화하는 묘함을 머금고 있어야 하는 것이다.

그 세력에는 청한 경우도 있고 탁한 경우도 있으며, 귀함의 기틀도 있지만 맑으면서도 탁한 조짐도 있고 천한 뿌리도 있다. 역으로 왔다가 순으로 가면 부자의 기틀이 되고, 순으로 왔다가 역으로 가면 가난의 의미가 되기도 하니 이러한 것이 곧 순역의 미묘함이라고 하겠다. 공부하는 사람은 마땅히 깊이 연구해야 할 것이다. 책에 이르기를 '그 남는 것을 제거하고 그 부족한 것을 보충한다.'고 하였으니 비록 옳은 이야기이기는 하지만 또한 깊은 기틀까지 연구한 것은 아니라고 하겠다. 다만 이것은 대체적인 논리일 뿐이다.

사주의 글자가 재관살인이니 식상 등에 매이지 않고 월령을 잡고 세력을 얻고 사주 가운데의 글자가 그 강포함을 도와 준다면 '두 사람이 서로 마음이 같다.'고 하기도 하는데, 혹 일주가 월령을 얻고 사주가 모두 합을 한다면 '권력이 한 사람에게 있다.'고 하게 되니 다만 그 기세에 순응하여 유통을 시켜서 흐르게 하는 것이 복이 되는 것이다. 만약 강제로 제어하려고 한다면 그 성품을 노하게 할 것이니 반드시 흉함을 두려워해야 한다. 모름지기 잘 살필 일이다.

【 강의 】

순역이라는 의미에서 추가로 설명하기는 하였어도 실제로 의미가 새로운 것은 아니라고 하겠다. 어디선가 중복된 것도 같은 내용인데, 한 가지로 집착하지 말고 유연하게 전체를 살펴서 결론을 내리라는 정도로 요약하면 되겠다. 다만 역으로 왔다가 순으로 가면 부자의 기틀이 된다는 등의 이야기는 별로 신빙성이 없다고 봐야겠다. 그냥 소주 한잔 곁들이면서 나누는 이야기 정도로나 적절한 내용이 아닌가 싶다. 너무 하나하나에 비중을 두지 말고 대체적인 의미만 파악하면 될 것이다. 그런데 없어도 되는 이야기가 본문 내용에 있으므로 뭔가 언급을 하긴 해야겠는데 별로 신통한 말이 떠오르지 않아서 대충 얼버무리고 넘어가는 듯한 기분이다. 실제로 철초 선생의 마음인지 아니면 낭월의 마음을 반영한 것인지는 모르겠으나 내용에 생명력이 없어 보여서 이런 생각을 해본다.

庚	庚	庚	庚
辰	申	辰	辰

戊	丁	丙	乙	甲	癸	壬	辛
子	亥	戌	酉	申	未	午	巳

天干皆庚. 又坐祿旺. 印星當令. 剛之極矣. 謂權在一人. 行伍出身. 壬午. 癸未運. 水蓋天干. 地支之火. 難以剋金. 故無害. 一交甲申西方金地. 乙酉合化皆金. 仕至總兵. 丙運犯旺神. 死於軍中.

천간개경. 우좌록왕. 인성당령. 강지극의. 위권재일인. 행오출신. 임오, 계미운. 수개천간. 지지지화. 난이극금. 고무해. 일교갑신서방금지. 을유합화개금. 사지총병. 병운범왕신. 사어군중.

➜천간은 모두 경금이고 또 녹에 앉아 있으며 인성은 당령이다. 강이 극에 달했으니 '권세가 한 사람에게 있다.'고 해야 할 모양이다. 육군 보병 출신으로 壬午와 癸未 대운에서 수가 천간에 있고 지지는 화가 되어서 금을 극하기가 어려우니 해로움이 없었는데, 한번 甲申과 酉대운으로 서방의 금운이 되면서 乙酉가 합하여 모두 금이 되니 벼슬이 총병에 이르렀고, 丙운에서는 왕신을 건드려서 군중에서 죽었다.

【 강의 】

어쩌면 무관은 그렇게 죽는 것이 숙명인지도 모르겠다. 사주에서 금기운이 왕한데 화력이 없어서 큰 세력을 통솔할 주인이 없는 구조라고 할 수도 있겠다. 만약 시간에서라도 火가 천간에 있었더라면 참 좋았을 터인데 유감이다. 도리 없이 운을 기다려야 하는데, 운도 돕지를 않는 형상이다. 크게 발하기는 어렵다고 하겠다.

```
甲  庚  甲  癸
申  辰  子  酉

丙 丁 戊 己 庚 辛 壬 癸
辰 巳 午 未 申 酉 戌 亥
```

庚辰日元. 支逢祿旺. 水本當權. 又會水局. 天干枯木無根. 置之不論. 謂金水二人同心. 必須順其金水之性. 故癸亥壬運. 蔭庇有餘. 戌運制水. 還喜申酉戌全. 雖見刑喪而無大患. 辛運入泮. 酉運補廩. 庚運登科. 申運太旺財源. 一交己未. 運轉南方. 刑妻剋子. 家業漸消. 戊午觸水之性. 家業破盡而亡.

경진일원. 지봉록왕. 수본당권. 우회수국. 천간고목무근. 치지불론. 위금수이인동심. 필수순기금수지성. 고계해임운. 음비유여. 술제수. 환희신유술전. 수견형상이무대환. 신운입반. 유운보름. 경운등과. 신운태왕재원. 일교기미. 운전남방. 형처극자. 가업점소. 무오촉수지성. 가업파진이망.

▶ 경진일주가 지지에 녹왕을 만나고 수는 월령을 잡았는데 또 수국까지 되었으니 천간의 마른 나무는 뿌리가 없어서 버려 두고 쓰지 않는다. 그래서 '금수의 두 사람이 같은 마음이다.'라고 하겠는데, 반드시 금수의 성질을 따르는 것이 현명하겠다. 그리하여 癸亥와 壬水 대운에서는 부모의 음덕이 넉넉했고, 戌土대운에서는 수를 제어하여 도리어 申酉戌이 되어 있는 사주로 인해서 비록 고통은 겪었으나 큰 근심은 없었다. 辛金운에 공부를 하고 酉金운에서 창고를 넓혔는데, 庚운에 등과하고 申운에 재물이 크게 늘어났으나 한번 己未대

운으로 바뀌면서 남방의 운이 되자 처자를 형극하고 가업이 점점 소모되었다. 戊午대운에는 수의 성질을 건드려서 가업이 완전히 깨어지고 죽었다.

【강의】

참으로 에누리없는 운세라고 해야 할 모양이다. 이렇게 치밀하게 작용하지 않아도 되련만 무슨 조화 속인지 구석구석 잘도 찾아서 길흉화복을 내리니 참 알다가도 모를 일이다. 사주의 구조는 상관생재의 형상이라고 보면 되겠다. 금운에 좋았다는 것을 보면 천지에 수가 있기 때문인데, 己未는 용신이 손상을 받아서 감당할 방법이 없었던 모양이다.

丙	乙	辛	壬
子	亥	亥	子

己	戊	丁	丙	乙	甲	癸	壬
未	午	巳	辰	卯	寅	丑	子

壬水乘權坐亥子. 所謂崑崙之水. 沖奔無情. 丙火剋絶. 置之不論. 遺業頗豊. 甲寅, 乙卯. 順其流. 納其氣. 入學補廩. 丁財竝益. 家道日隆. 一交丙運. 水火交戰. 刑妻剋子. 破耗異常. 辰運, 蓄水無咎. 丁巳運, 連遭回祿兩次. 家破身亡.

임수승권좌해자. 소위곤륜지수. 충분무정. 병화극절. 치지불론. 유업파풍. 갑인, 을묘. 순기류. 납기기. 입학보름. 정재병

익. 가도일륭. 일교병운. 수화교전. 형처극자. 파모이상. 진운, 축수무구. 정사운, 연조회록량차. 가파신망.

➜ 임수가 월령을 잡고 亥子에 앉아 있으니 이른바 '곤륜의 물'이다. 넘쳐 나서 무정한데 丙火는 절지에 임하니 버려 두고 논하지 말자. 부모 유산이 넉넉하고 甲寅, 乙卯에서는 흐름에 순응해서 그 기운을 거둬들이는데, 공부도 하고 창고도 넓어졌고 식구도 늘었으며 가세가 나날이 번창했다. 그러다가 한번 丙火운으로 바뀌면서 水火가 서로 싸움을 하여 처자식을 극하고 고통이 대단했으며, 辰土대운에서는 물을 저장해서 허물이 없으니 그럭저럭 넘어갔으나 丁巳에서는 두 번이나 연달아 화재를 만나서 집이 다 깨어지고 죽었다.

【 강의 】

한목향양이면 되겠는데, 용신이 약한 것이 유감이다. 운이 목화로 갔다면 좋았겠는데, 丙火운에서 난리가 난 것은 합과 극으로 인해서가 아닌가 싶다. 丁巳대운도 그런 의미로 봐야 하겠다. 반드시 종강격으로 볼 것은 아닌데, 화가 비록 용신이라고 하더라도 현실적으로 화운이 와서 그 작용을 다하지 못하고 도리어 극을 받으면 길보다 흉이 발생한다고 이해하면 된다. 용신은 병화에 있는 것으로 생각한다. (제8부 「운세해석」편에 인용해서 부연 설명을 하므로 참고하기 바란다.)

제10장 운세(運勢)

【滴天髓】

休咎係乎運. 尤係乎歲. 戰沖視其孰降.
휴구계호운. 우계호세. 전충시기숙항.
和好視其孰切.
화호시기숙절.

◑ 길흉은 운에 달렸고 더구나 세운에 매여 있다. 충이 일어나 전쟁을 한다면 누가 항복하는지를 살펴보고 화해를 구하면 누가 친절한지를 보아라.

【滴天髓徵義】

富貴雖定乎格局. 窮通實係乎運途. 所謂命好不如運好也. 日主如我之身. 局中喜神用神. 是我所用之人. 運途乃我所臨之地. 故以地支爲重. 要天干不背. 相生相扶爲美. 故一運看十年. 切勿上下截看. 不可使蓋頭截脚. 如上下截看. 不論蓋頭截脚. 則吉凶

不驗矣.

　如喜行木運. 必要甲寅, 乙卯. 次則甲辰, 乙亥, 壬寅, 癸卯. 喜行火運. 必要丙午, 丁未. 次則丙寅, 丁卯, 丙戌, 丁巳. 喜行土運. 必要戊午, 己未, 戊戌, 己巳. 次則戊辰, 己丑. 喜行金運. 必要庚申, 辛酉. 次則戊申, 己酉, 庚辰, 辛巳. 喜行水運, 必要壬子, 癸亥. 次則壬申, 癸酉, 辛亥, 庚子. 寧使天干生地支. 弗使地支生天干. 天干生地支而蔭厚, 地支生天干而氣洩.

　何謂蓋頭. 如喜木運, 而遇庚寅辛卯. 喜火運, 而遇壬午癸巳. 喜土運, 而遇甲戌甲辰乙丑乙未. 喜金運, 而遇丙申丁酉. 喜水運而遇戊子己亥. 何謂截脚. 如喜木運而遇甲申乙酉乙丑乙巳. 喜火運而遇丙子丁丑丙申丁酉丁亥. 喜土運, 而遇戊寅己卯戊子己酉戊申. 喜金運, 而遇庚午辛亥庚寅辛卯庚子. 喜水運, 而遇壬寅癸卯壬午癸未壬戌癸巳是也.

　蓋頭喜支. 運以重支. 則吉凶減半. 截脚喜干. 支不載干. 則十年皆否. 假如喜行木運. 而遇庚寅辛卯. 庚辛本爲凶運. 而金絶寅卯. 謂之無根. 雖有十分之凶而減其半. 如原局天干有丙丁透露. 得回制之能. 又減其半. 或再遇太歲逢丙丁. 制其庚辛. 則無凶矣. 寅卯本爲吉運. 因蓋頭有庚辛之剋. 雖有十分之吉. 亦減其半. 如原局地支有申酉之沖. 不但無吉而反凶矣.

　又如喜木運. 遇甲申乙酉. 木絶於申酉. 謂之不載. 故甲乙之運不吉. 如原局天干又透庚辛. 或太歲干頭遇庚辛. 必凶無疑. 所以十年皆凶. 如原局天干透壬癸. 或太歲干頭逢壬癸. 能洩金生木. 則和平無凶矣. 故運逢吉不見其吉. 運逢凶不見其凶者. 緣蓋頭截脚之故也.

　太歲管一年否泰. 如所遇之人. 故以天干爲重. 然地支不可不

究. 雖有與神之生剋. 不可與日主運途相沖戰. 最凶者, 天剋地沖. 歲運沖剋. 日主旺相. 雖凶無礙. 日主休囚. 必罹凶咎. 日犯歲君. 日主旺相, 無咎. 日主休囚, 必凶. 歲君犯日. 亦同此論. 故太歲和不可與大運一端論也. 如運逢木吉. 歲逢木反凶者. 皆戰沖不和之故也. 依此而推. 則吉凶無不驗矣.

부귀수정호격국. 궁통실계호운도. 소위명호불여운호야. 일주여아지신. 국중희신용신. 시아소용지인. 운도내아소림지지. 고이지지위중. 요천간불배. 상생상부위미. 고일운간십년. 절물상하절간. 불가사개두절각. 여상하절간. 불론개두절각. 즉길흉불험의.

여희행목운. 필요갑인, 을묘. 차즉갑진, 을해, 임인, 계묘. 희행화운. 필요병오, 정미. 차즉병인, 정묘, 병술, 정사. 희행토운. 필요무오, 기미, 무술, 기사. 차즉무진, 기축. 희행금운. 필요경신, 신유. 차즉무신, 기유, 경진, 신사. 희행수운, 필요임자, 계해. 차즉임신, 계유, 신해, 경자. 영사천간생지지. 불사지지생천간. 천간생지지이음후, 지지생천간이기설.

하위개두. 여희목운, 이우경인신묘. 희화운, 이우임오계사. 희토운, 이우갑술갑진을축을미. 희금운, 이우병신정유. 희수운 이우무자기해. 하위절각. 여희목운이우갑신을유을축을사. 희화운이우병자정축병신정유정해. 희토운, 이우무인기묘무자기유무신. 희금운, 이우경오신해경인신묘경자. 희수운, 이우임인계묘임오계미임술계사시야.

개두희지. 운이중지. 즉길흉감반. 절각희간. 지부재간. 즉십년개부. 가여희행목운. 이우경인신묘. 경신본위흉운. 이금절인묘. 위지무근. 수유십분지흉이감기반. 여원국천간유병정투로.

득회제지능. 우감기반. 혹재우태세봉병정. 제기경신. 즉무흉의. 인묘본위길운. 인개두유경신지극. 수유십분지길. 역감기반. 여원국지지유신유지충. 부단무길이반흉의.

우여희목운. 우갑신을유. 목절어신유. 위지부재. 고갑을지운불길. 여원국천간우투경신. 혹태세간두우경신. 필흉무의. 소이십년개흉. 여원국천간투임계. 혹태세간두봉임계. 능설금생목. 즉화평무흉의. 고운봉길불견기길. 운봉흉불견기흉자. 연개두절각지고야.

태세관일년부태. 여소우지인. 고이천간위중. 연지지불가불구. 수유여신지생극. 불가여일주운도상충전. 최흉자, 천극지충. 세운충극. 일주왕상. 수흉무애. 일주휴수. 필리흉구. 일범세군. 일주왕상, 무구. 일주휴수, 필흉. 세군범일. 역동차론. 고태세화불가여대운일단론야. 여운봉목길. 세봉목반흉자. 개전충불화지고야. 의차이추. 즉길흉무불험의.

▶ 부귀가 비록 격국에서 정해진다고는 하지만 되고 말고는 실로 운로에서 작용하니, 이른바 '팔자 좋은 것이 운 좋은 것만 못하다.' 는 말을 하는 것이다. 일주는 나 자신이고 사주에 희용신은 내가 필요로 하는 사람인데 운은 내가 임하는 땅이라. 그래서 지지가 중요하다고 하지만 또한 천간에서 배신하지 않을 때 이야기이다. 상생하고 상부해 준다면 아름다우니 운의 한 간지를 10년으로 보고, 절대로 위아래로 나눠서 보면 안 된다. 그렇게 되면 개두와 절각의 의미가 없어진다. 만약 위아래로 잘라서 본다면 개두니 절각이니 하는 말이 필요없을 것이기 때문이다. 즉 길흉이 맞지 않게 된다는 이야기이다.

만약 木의 운을 좋아한다고 할 적에는 반드시 甲寅이나 乙卯의 운이라야 하고 다음은 甲辰과 乙亥, 壬寅, 癸卯의 운이 된다. 火운이 좋다고 한다면 절대로 필요한 것은 丙午와 丁未의 운이고 다음이 丙寅, 丁卯, 丙戌, 丁巳의 운이 될 것이다. 그리고 土의 운이 필요하다면 우선 필요한 것은 戊午와 己未, 戊戌, 己巳의 운이고 다음이 戊辰과 己丑의 운이 될 것이다. 또 金의 운이 필요하다면 반드시 먼저는 庚申과 辛酉가 필요하고 다음으로 戊申과 己酉, 庚辰, 辛巳의 운이다. 운에서 水운이 오기를 기대한다면 반드시 壬子나 癸亥의 운이 와야 하고 다음으로는 壬申이나 癸酉, 辛亥, 庚子의 운이 필요하다. 차라리 천간이 지지를 생조하는 것은 좋으나 지지에서 천간을 생조하는 것은 말아야 할 것이니, 천간에서 지지를 생조하는 것은 음덕이 넉넉하지만, 지지에서 천간을 생조하면 오히려 기운을 설하기 때문이다.

무엇이 개두(蓋頭)인가? 만약 목운을 기뻐하는데 庚寅이나 辛卯의 운을 만나거나, 화운을 기뻐하는데 壬午나 癸巳를 만나거나, 토운을 반기는데 甲戌, 甲辰, 乙丑, 乙未의 운을 만나거나, 금운을 기뻐하는데 丙申이나 丁酉의 운을 만나거나, 수운을 기뻐하는데 戊子나 己亥의 운을 만나는 것을 말한다. 절각(截脚)은 무엇을 두고 하는 말인가? 만약 목운을 기뻐하는데 甲申이나 乙酉, 乙丑, 乙巳의 운을 만나거나, 화운을 기뻐하는데 丙子나 丁丑, 丙申, 丁酉, 丁亥의 운을 만나거나, 토의 운을 기뻐하는데 戊寅, 己卯, 戊子, 己酉, 戊申의 운을 만나는 것이고, 금운을 기뻐하는데 庚午, 辛亥, 庚寅, 辛卯, 庚子의 운을 만나는 것이며, 수운을 기뻐하는데 壬寅, 癸卯, 壬午, 癸未, 壬戌, 癸巳 등의 운을 만나는 것을 말한다.

개두라고 하면 희신이 지지에 있다는 것으로 운에서는 지지가 중요하니 즉 길흉이 반감된다. 절각은 천간에 희신이 있다는 것으로

지지에서 천간을 실어 주지 않으니 10년이 다 나쁘다고 해석한다. 가령 목운으로 가는 것을 좋아하는데 庚寅이나 辛卯의 운을 만났다면 庚辛은 본래 흉한 운이지만 金은 寅卯에 절지가 되어 무근하게 되니 비록 십분의 흉함이라고 하더라도 절반으로 (흉함이) 감소된다고 하겠다. 또 원국의 천간에 丙丁火가 있어서 庚辛金을 제어하고 있다면 다시 반으로 감소하며, 세운에서도 丙丁이 있어서 庚辛을 제어한다면 즉 흉함이 없게 된다. 寅卯는 본래 길운이지만 개두로 인해서 庚辛의 극을 받는데, 비록 십분의 길함이 있다고 하더라도 또한 감소된다. 지지에서 申酉의 충이 있다면 길함이 없을 뿐만 아니라 도리어 흉하게 되는 것이다.

또 목운이 반갑다고 할 적에 甲申과 乙酉의 운을 만난다면 목은 申酉에서 절지가 되니 '지지에서 실어 주지 않는다.'고 하겠다. 그래서 甲乙의 운이라고 하더라도 좋을 것이 없는데, 만약 원국의 천간에 다시 庚辛金이 있거나 세운에서 천간에 庚辛金을 만난다면 흉할 것은 뻔하다. 그래서 10년이 나 흉하다고 하는데, 만약 원국에서 천간에 壬癸水가 있거나 혹은 세운에서 壬癸水를 만난다면 능히 금을 설하여 목을 생할 것이므로 즉 화평하여 나쁘지 않다고 본다. 그래서 운에서 길함을 만나도 좋을 것이 없는 사람이나 운에서 흉함을 만나도 실제로는 그 흉함이 보이지 않는 경우는 개두와 절각으로 인해서이다.

매년의 운세는 1년의 좋고 나쁨을 관장하는데, 만약 사람에게 대입한다면 천간이 중요하다. 그러나 지지 또한 연구하지 않으면 곤란한데, 비록 생극의 글자가 있더라도 일주가 운에서 서로 충돌이 되어서는 불가하니 가장 나쁜 것은 천간에서 극하고 지지에서 충하는 것이다. 세운에서 충극이 일어날 경우 일주가 왕상하면 비록 흉함은 없다고 하더라도 일주가 약하다면 반드시 나쁠 것을 염려해야 할 것이다. 일주가 연운의 천간을 극하면 일주가 왕성할 적에는 별문제가 없겠지만 일주가 약하다면 반드시 흉하게 되는 것이다. 또 세운에서 일간을 극할 적에도 같은 논리로 대입하면 되겠다. 그래서 매년의 운세는 대운과 같이 논하면 안 된다는 것이다. 만약 운에서 목을 만나서 길하고 세운에서는 도리어 흉하다고 한다면 다 전쟁으로 불화하기 때문이다. 여기에 의지해서 추리한다면 맞지 않을 이유가 없다.

【 강의 】

책에는 두어 군데 틀린 글자가 보인다. 우선 두 번째 단락에서 '必要壬子, 癸丑, 次則壬申, 癸酉⋯⋯' 에서 癸丑은 癸亥가 타당할 것으로 봐서 수정했다. 그리고 '蓋干頭喜支' 에서는 '蓋頭喜支' 가 옳을 것으로 봐서 干자를 뺐다. 참고하기 바란다.

대운과 세운에 대한 설명이다. 근래에 낭월에게 전화나 메일을 통해서 대운과 세운에 대한 대입 방법을 설명하는 책을 써달라고 부탁하는 벗님이 부쩍 많아졌다. 이는 『알기 쉬운 용신분석』이 나온 다음에 나타난 현상인데, 독자들의 말씀은 이제 용신은 자신 있는데 대운 대입하는 방법을 모르겠다는 것이다. 그래서 별도로 책을 하나 쓸까 생각도 해봤지만 여기에서 따로 한 대목을 설정해서 좀더 상세하게 설명하는 것이 좋겠다 싶어서 이 책의 끝에 이어서 언급할 참이다.

위의 내용을 보면 대운의 천간과 지지를 나누지 말고 묶어서 10년을 보라는 주의 말씀이 나타나고 있다. 그래서 처음에는 그렇게 보려고 시도했는데, 아무래도 나눠서 보는 만큼 산뜻하지가 않아서 결국 다시 나누어 보게 되곤 한다. 그리고 철초 선생도 말은 그렇게 하시지만 실제로 운의 해석을 보면 간지로 나눠서 설명하신 곳이 심심찮게 나타나고 있으니 참 앞뒤가 맞지 않는 설명이라고 해야겠다. 그래서 '이론 따로 현실 따로'가 아닌가 싶은 생각을 해본다. 그러니까 이론적으로는 붙여서 봐야 하고 현실적으로는 나눠서 대입시킬 수도 있다는 것이다. 가령 바로 앞의 사주인 壬子년 辛亥월 乙亥일 丙子시의 경우를 보면 '一交丙運. 水火交戰. 刑妻剋子. 破耗異常. 辰運, 蓄水無咎.'의 설명에서도 이러한 현상이 나타나고 있다. '한번 丙火운으로 바뀌면서 水火가 서로 싸움을 하여 처자식을 극하고 고통이 대단했으며, 辰土대운에서는 물을 저장해서 허물이 없으니' 등의 설명에서는 과연 간지를 붙여서 해석한 것이라고 할 수 있느냐 한다면 그렇다고 못할 참이다. 이렇게 앞뒤가 맞지 않는 설명을 하게 된 연유는 이론과 현실에서의 갈등으로 비롯된 것이다. 그래서 낭월은 여하튼 실용에 비중을 두고 연구와 대입을 하다 보니 '이론 따로 현실 따로'의 논리는 과감하게 고쳐서 이론적으로는 부족하더라도 현실적으로 부합된다면 그쪽을 취해야 한다는 생각으로 결론을 내린다. 그리고 뒷부분에서 이 점에 입각해서 운세의 해석에 대한 요령을 설명하도록 하겠다.

丁	庚	丁	庚
丑	辰	亥	辰

乙	甲	癸	壬	辛	庚	己	戊
未	午	巳	辰	卯	寅	丑	子

庚辰日元. 生於亥月. 天干丁火竝透. 辰亥皆藏甲乙. 足以用火. 初運戊子己丑. 晦火生金. 未遂所願. 庚運丙午年. 庚坐寅支截脚. 天干兩丁. 足可敵一庚. 又逢丙午年. 剋盡庚金. 是年登第. 丁未又連捷. 榜下知縣. 寅運, 宦資頗豐. 辛卯截脚. 局中丁火回剋. 仕至郡守. 壬辰, 水坐庫根. 至壬申年. 兩丁皆傷. 不祿.

경진일원. 생어해월. 천간정화병투. 진해개장갑을. 족이용화. 초운무자기축. 회화생금. 미수소원. 경운병오년. 경좌인지절각. 천간량정. 족가적일경. 우봉병오년. 극진경금. 시년등제. 정미우련첩. 방하지현. 인운, 환자파풍. 신묘절각. 국중정화회극. 사지군수. 임진, 수좌고근. 지임신년. 양정개상. 불록.

▶경진일주가 해월에 나서 천간에 丁火가 둘이 나왔고 辰亥는 모두 甲乙을 품고 있으니 화를 용신으로 삼기가 충분하다. 초운의 戊子와 己丑에서는 화를 어둡게 하고 금을 생해서 원하는 바가 이뤄지지 않았는데, 庚운의 丙午년에는 庚金이 寅木에 앉아서 절각이 되는데다가 천간의 두 정화는 하나의 경금을 제어하고 또 丙午년이어서 경금을 완전히 극하여 이 해에 급제를 하고 丁未년에는 승진했으며 지현에 올랐는데, 寅木운에서는 벼슬이 자못 푸짐했다. 辛卯에는 절각이 되고 국에서 정화가 극을 하여 군수에 이르렀는데, 壬辰은 수가 고에 앉아 있고 壬申년에는 정화가 상하니 죽었다.

【 강의 】

겨울 금이 화를 용신으로 삼고 목운에서 발하는 것으로 설명되고, 일리가 있다고 하겠다. 대운과 세운의 관계에 대해서 설명하는 것으로 무리가 없다.

```
丁   庚   戊   乙
丑   辰   子   未
庚 辛 壬 癸 甲 乙 丙 丁
辰 巳 午 未 申 酉 戌 亥
```

庚辰日元. 生於子月. 未土穿破子水. 天干木火. 皆得辰未之餘氣. 足以用木生火. 丙運入泮. 癸酉年, 行乙運. 癸合戊化火. 酉是丁火長生. 故以此年必中. 殊不知乙酉截脚之木. 非木也. 實金也. 癸酉年水逢金生. 又在冬令. 焉能合戊化火. 必剋丁火無疑. 酉中純金. 乃火之死地. 陰火長生之說. 俗傳之謬也. 恐至八月, 月建又辛酉. 局中木火皆傷. 防生不測之災. 竟卒於省中.

경진일원. 생어자월. 미토천파사수. 전간목화. 개득진미지여기. 족이용목생화. 병운입반. 계유년, 행을운. 계합무화화. 유시정화장생. 고이차년필중. 수부지을유절각지목. 비목야. 실금야. 계유년수봉금생. 우재동령. 언능합무화화. 필극정화무의. 유중순금. 내화지사지. 음화장생지설. 속전지류야. 공지팔월, 월건우신유. 국중목화개상. 방생불측지재. 경졸어성중.

▶경진일주가 자월에 나서 미토가 자수를 깨부순다. 천간의 木火는 모두 辰未의 여기를 얻었으니 족히 목을 용하여 화를 생조한다. 丙운에서 반수에 들어 공부하고 癸酉년에는 乙대운인데 계수가 무토와 합해서 化火가 되고 酉金은 또 정화의 장생이 되기도 하니 이 해

에 반드시 합격한다고 하겠지만, 달리 乙酉는 절각이 된 목이니 목이 아닌 것이고 실은 금일 뿐이다. 癸酉년은 다시 수가 금의 생조를 받고 또 겨울이니 어찌 능히 불로 화하랴. 반드시 정화를 극할 것이 틀림없다고 봐야 하겠다. 유금은 순금이니 이에 화는 죽음의 지지일 뿐이니 陰火의 장생에 대한 이야기는 속된 이야기를 잘못 전달한 것이다. 아마도 8월이 되면 월건은 다시 辛酉가 될 것이고 사주에 목화가 다 상하게 될 것이니 생각하기 어려운 재앙이 발생할 것인데 이 달에 마침내 성안에서 죽었다.

【 강의 】

음장생론은 논리적으로나 현실적으로나 논하지 않았으면 좋겠지만 없애기는 그리도 어려운가 보다. 아마도 이것을 없애는 데는 백 년도 부족하지 않을까 싶다. 이치에 합당하지 않고 현실에 부합되지 않는다면 바로 제거해야 하는 것이 학자의 생각이련만 어쩐 일인지 여전히 옹호자들이 줄지 않고 있는 것은 이 시대의 아이러니라고 하겠다. 이제 사용을 하거나 말거나 상관하지 않고 있기도 하다. 그런데 놀랍게도 세월을 2,3백 년이나 거슬러 올라간 철초 선생 시대에도 그랬던 것이 아직도 지켜지고 있는 것은 참으로 묘한 일이다. 丁火가 유금 생을 받는다거나 己土가 유금 생을 받는다는 이야기를 어떻게 학자의 사고방식으로 이해해야 할지, 또는 乙木이 午火에서 생을 받는다거나 癸水가 卯木에서 생을 받는다는 이야기를 하면서 낯이 간지럽지 않은지 알 수 없는 미스터리다.

```
丁  丙  乙  戊
酉  寅  卯  子
癸 壬 辛 庚 己 戊 丁 丙
亥 戌 酉 申 未 午 巳 辰
```

丙寅日元. 坐於卯月. 木火竝旺. 土金皆傷. 水亦休囚. 幼運丙辰丁巳. 遺業消磨. 戊午己未. 燥土不能生金, 洩火. 經營虧空萬金. 逃於外方. 交庚申辛酉二十年. 竟獲居奇之利. 發財十餘萬.

병인일원. 좌어묘월. 목화병왕. 토금개상. 수역휴수. 유운병진정사. 유업소마. 무오기미. 조토불능생금, 설화. 경영휴공만금. 도어외방. 교경신신유이십년. 경획거기지리. 발재십여만.

➡ 병인일주가 卯月에 앉아서 木火가 함께 왕하고 토금은 다 손상을 당하는데 수도 또한 휴수가 되있다. 어려서 운이 丙辰과 丁巳에 부모 유산이 줄어들고 戊午와 己未에는 조토가 금을 생조하지 못하고 화를 설하지도 못하니 사업을 경영했으나 수억을 다 날려 버리고 다른 지역으로 도망을 갔는데, 庚申과 辛酉의 20년을 보내면서 마침내 10여억이나 되는 큰돈을 벌었다.

【 강의 】

운세가 극에서 극을 달리는 사람이라고 하겠다. 그야말로 인생의 흥망성쇠가 모두 운에 따라 웃고 운다는 생각을 하다 보면 꼭두각시가 따로 없고 때로는 서글퍼지곤 하지만 순응하지 않을 도리가 없으니 이것이 인생이라고 해야겠다. 도대체 운명의 조정은 누가 하는 것인지…….

```
甲   丙   癸   丙
午   午   巳   申
辛 庚 己 戊 丁 丙 乙 甲
丑 子 亥 戌 酉 申 未 午
```

丙午日元. 生於巳月午時. 羣比爭財. 熯乾癸水. 初運甲午. 刃劫猖狂. 父母早亡. 己巳助刃. 家業敗盡. 丙申, 丁酉, 火蓋頭. 且局中巳午火回剋金. 貧乏不堪. 交戊戌, 稍能立足.

병오일원. 생어사월오시. 군비쟁재. 선건계수. 초운갑오. 인겁창광. 부모조망. 기사조인. 가업패진. 병신, 정유. 화개두. 차국중사오화회극금. 빈핍불감. 교무술, 초능립족.

▶병오일주가 巳月의 午時에 났으니 군비쟁재의 형상이어서 癸水를 말려 버리는데, 초운에서 甲午는 겁인이 더욱 날뛰어 부모가 일찍 돌아가시고 己巳운에는 다시 겁재를 도와서 가업이 완전히 망했으며, 丙申과 丁酉에서는 화가 개두되고 또 사주에서 巳午의 화가 금을 극하니 그 가난의 고통을 참을 수가 없었는데, 戊戌대운으로 바뀌어서야 겨우 발을 세울 곳이 있을 정도였다.

【 강의 】

　월간의 계수가 용신이 되는 형상인데, 너무 무력해서 운이 도와주지 않으면 힘을 쓸 수가 없다고 하겠다. 그리고 지지에 금운이 와도 지지에 수가 없으니 실제로 별 도움이 되지 않았고, 천간의 금운이 없었던 것이 아쉽다. 亥水의 운이 오기를 기다려야 하는데, 戊戌대운에 발을 세울 만했다는 말은 무슨 의미인지 모르겠다. 염상격이라는 말도 아닌데 뜻이 명확하지 않다. 아무래도 亥水대운 이후로 살 만했다고 하는 것이 타당하리라고 본다. 아마도 재성이 용신이라고 한 의미가 아닌가 싶은데, 여름에 수가 있으니 그대로 수를 용신으로 해야 옳을 것 같다.

【滴天髓】

> 何爲戰.
> 하 위 전.

◐ 무엇을 일러 전쟁이라 하는가.

【滴天髓徵義】

戰者, 剋也. 如丙運庚年. 謂之運剋歲. 日主喜庚. 要丙坐子辰. 庚坐申辰. 局中得戊己洩丙. 得壬癸剋丙. 則吉. 如丙坐午寅. 局中又無水土制化. 必凶. 如庚運丙年. 謂之歲剋運. 日主喜庚則凶. 喜丙則吉. 喜庚者要庚坐申辰. 丙坐子辰. 又局中逢水土制化者吉. 反此必凶. 喜丙者依此而推.

전자, 극야. 여병운경년. 위지운극세. 일주희경. 요병좌자진. 경좌신진. 국중득무기설병. 득임계극병. 즉길. 여병좌오인. 국중우무수토제화. 필흉. 여경운병년. 위지세극운. 일주희경즉흉. 희병즉길. 희경자요경좌신진. 병좌자진. 우국중봉수토제화자길. 반차필흉. 희병자의차이추.

➔ 전쟁이란 극을 말한다. 만약 丙火운 庚金년이라고 한다면 대운이 세운을 극하게 되는데, 일주가 경금을 좋아한다면 병화는 子辰에 앉아 있기를 요하고 경금은 申辰에 앉아 있기를 원한다. 사주에는 戊己가 국을 이루고 丙火를 설한다면 이른바 '세운이 대운을 극한다.'고 하겠는데, 일주가 경금을 좋아한다면 흉하고 병화를 기뻐한다면 길

하게 된다. 경금을 좋아할 경우는 경금이 申辰에 앉아 있고 병화는 子辰에 앉아 있는 것이고, 또 사주에서 水土의 제화를 만난다면 길하다고 하겠다. 이에 반한다면 반드시 흉하게 되니 병화를 기뻐하는 경우도 이에 준해서 추리하시라.

【강의】

대운이 세운을 극하거나 세운이 대운을 극하는 관계를 설명하는 내용이고 이치적으로 타당하다고 보겠다. 그리고 천간에서 일어나는 이야기라는 것도 참고하면 되겠다.

```
庚   丙   甲   辛
寅   辰   午   卯

丙 丁 戊 己 庚 辛 壬 癸
戌 亥 子 丑 寅 卯 辰 巳
```

丙火生於午月. 旺刃當權. 支全寅卯辰. 土從木類. 庚辛兩不通根. 初交癸巳壬辰. 金逢生助. 家業饒裕. 其樂自如. 辛卯金截脚. 刑喪破耗. 家業十敗八九. 庚運丙寅年. 剋妻. 庚坐寅支, 截脚. 丙寅, 歲剋運. 又庚絶丙生. 局中無剋化之神. 於甲午月, 木從火勢. 凶禍連綿. 得疾而亡.

병화생어오월. 왕인당권. 지전인묘진. 토종목류. 경신량불통근. 초교계사임진. 금봉생조. 가업요유. 기락자여. 신묘금절각. 형상파모. 가업십패팔구. 경운병인년. 극처. 경좌인지, 절각.

병인, 세극운. 우경절병생. 국중무극화지신. 어갑오월, 목종화세. 흥화련면. 득질이망.

➡ 병화가 오월에 생하여 왕성한 겁재가 당령을 했고 지지에는 또 寅卯辰으로 왕성하니 토는 목을 따라간다. 庚申金은 둘이나 있지만 통근을 하지 못하였는데, 초운의 癸巳와 壬辰에서 금이 생조를 만나서 가업이 여유로웠으니 그 즐거움이 마음과 같았다고 하겠다. 辛卯는 금이 절각이 되어 많은 고통이 발생하고 가업이 10에 8, 9가 부서졌으며, 庚운의 丙寅년에는 처를 극하였는데 경금이 인에 앉아 있으니 절각이 된 까닭이다. 丙寅은 세운이 극을 하고 또 경금은 절지가 되고 병화는 생을 받는데 사주에서 (병화를) 극하는 글자가 없고 甲午월에서 목이 화의 세력을 따르니 재앙이 끊이지 않고 일어났으며 병을 얻어서 죽었다.

【 강의 】

이 사주는 신왕에 관살이 없으니 재성이 겁탈당하는 형상이다. 더구나 운조차도 도움을 주지 않으니 딱하다고 해야 하겠다.

乙	乙	甲	辛
酉	卯	午	卯

丙	丁	戊	己	庚	辛	壬	癸
戌	亥	子	丑	寅	卯	辰	巳

乙木生於午月. 卯酉緊沖日祿. 月干甲木臨絶. 五行無水. 夏火
當權洩氣. 傷官用劫. 所忌者金. 初運壬辰癸巳. 印透生扶. 平順
之境. 辛卯運, 惟辛酉年沖去卯木. 刑喪剋破. 至庚運丙寅年. 所
忌者金, 而丙火剋去之. 局無土水. 洩制丙火. 又火逢生. 金坐絶.
入泮. 得舒眉曲也.

을목생어오월. 묘유긴충일록. 월간갑목림절. 오행무수. 하화
당권설기. 상관용겁. 소기자금. 초운임진계사. 인투생부. 평순
지경. 신묘운, 유신유년충거묘목. 형상극파. 지경운병인년. 소
기자금, 이병화극거지. 국무토수. 설제병화. 우화봉생. 금좌절.
입반. 득서미곡야.

▶을목이 오월에 나서 卯酉는 바짝 붙어서 유금을 충하고 월간의 甲
木은 절지에 임하는데, 오행에 수가 없어 여름 불이 월령을 잡고 설
기하니 상관에 겁재를 용한다. 꺼리는 것은 금인데 초운에서 壬辰과
癸巳는 인성이 투출하여 일간을 잡아 주어 편안한 운이었다. 그런데
辛卯대운은 오직 辛酉년에만 卯木을 충거해서 고통이 대단했고, 庚
운에는 丙寅년에 금을 꺼리는 상황에서 병화가 제거를 하게 되었는
데 사주에 토나 수가 없어서 병화를 설하거나 극하지 않고 또 (일간
은) 생을 만나고 금은 절지에 앉으니 공부를 하여 (찡그린) 눈썹이
겨우 펴지게 되었다.

【 강의 】

여름 을목은 여하튼 인성이 있어야 하는데 없으므로 일단 무리가
되는 사주라고 하겠다. 북방의 운이 도움을 줘서 다행이다. 다만 병

화의 운에 좋았다고 하는 것은 기신인 금을 제어했다는 것 외에는 달리 좋은 점을 생각하기 어렵겠다.

【滴天髓】

何爲沖.
하 위 충.

○ 무엇을 일러서 충이라 하는가.

【滴天髓徵義】

沖者, 破也. 如子運午年. 謂之運沖歲. 日主喜子. 要干頭逢庚壬. 午之干頭逢甲丙. 亦無咎. 如子之干頭遇丙戊. 午之干頭遇庚壬. 亦有咎. 日主喜午. 子之干頭逢甲戊. 午之干頭遇甲丙. 則吉. 如子之干頭遇庚壬. 午之干頭遇甲丙. 則凶. 如午運子年. 謂之歲沖運. 日主喜午. 要午之干頭逢丙戊. 子之干頭遇甲丙. 則吉. 如午之干頭遇丙戊. 子之干頭遇庚壬. 必凶. 餘可類推.

충자, 파야. 여자운오년. 위지운충세. 일주희자. 요간두봉경임. 오지간두봉갑병. 역무구. 여자지간두우병술. 오지간두우경임. 역유구. 일주희오. 자지간두봉갑무. 오지간두우갑병. 즉길. 여자지간두우경임. 오지간두우갑병. 즉흉. 여오운자년. 위지세충운. 일주희오. 요오지간두봉병무. 자지간두우갑병. 즉길. 여오지간두우병무. 자지간두우경임. 필흉. 여가류추.

➥ 충이란 깨어짐을 말한다. 예를 들어 子대운에 午년이라면 대운이 세운을 충한다고 말하고, 일주가 子水를 기뻐할 경우에는 천간에 庚金이나 壬水를 만나야 하겠고, 午火의 천간에는 甲木이나 丙火가 있

다면 또한 허물이 없다. 만약 子水의 천간에는 丙火나 戊土가 있고 午의 천간에는 庚金이나 壬水가 있다면 또한 허물이 될 것이다. 일주가 午火를 기뻐할 경우에는 子水의 천간에는 甲이나 戊가 있어야 하고, 午火의 천간에는 甲이나 丙이 있어야 하니 그러면 길하다. 만약 子水에는 庚壬이 있고 午火의 천간에는 甲丙이 있다면 즉 흉하다. 만약 午火대운에 子년이라고 한다면 이를 일러서 '세운이 대운을 충한다.'고 하는데, 일주가 午火를 기뻐할 경우에는 천간에 丙戊가 있어야 하고 子水의 천간에는 甲丙이 있다면 길하다. 또 午火가 천간에 丙戊가 있고 子水가 천간에 庚壬이 있다면 반드시 흉하게 되니 나머지도 이렇게 추리할 것이다.

【 강의 】

책에서는 끝부분에 '子之干頭遇庚辛. 必凶.'으로 되어 있는데, 庚辛은 문맥상 庚壬이 옳을 것으로 봐서 고쳤다.
전은 천간에 대한 이야기이고 충은 지지에 대한 이야기로 구분을 했다. 너무 간단한 이야기이므로 이 정도는 당연히 파악하고 있으리라고 보고 넘어간다. 그리고 사주도 삽입하지 않은 것으로 봐서 운의 해석은 비중을 덜 둔 것인 듯하다.

【滴天髓】

何謂和.
하 위 화.

➡ 무엇을 일러서 화평하다고 하는가.

【滴天髓徵義】

和者, 合也. 如乙運庚年. 庚運乙年. 合而能化. 喜金則吉. 合而不化. 反爲羈絆. 不顧日主之喜我. 則不吉矣. 喜木亦然. 所以喜庚者, 必要庚金得地. 乙木無根. 則合化爲美矣. 若子丑之合. 不化亦是剋水. 喜水者, 必不吉也.

화자, 합야. 여을운경년. 경운을년. 합이능화. 희금즉길. 합이불화. 반위기반. 불고일주지희아. 즉불길의. 희목역연. 소이희경자, 필요경금득지. 을목무근. 즉합화위미의. 약자축지합. 불화역시극수. 희수자, 필불길야.

➡ 화평함이란 합을 말한다. 만약 乙대운에 庚년이거나 庚대운에 乙년이라고 한다면, 합하여 능히 화할 경우에는 금을 기뻐한다면 길하고, 합해서 화하지 않는다면 도리어 기반이 되어서 일간의 희용신임을 망각하고 돌아다보지 않을 것이니 즉 길하지 않다. 목을 기뻐해도 마찬가지이다. 그래서 경금이 기쁜 경우라면 반드시 경금이 득지를 해야 하고 乙木은 무근해야 하니 즉 합화의 아름다움이 있기 때문이다. 만약 子丑으로 합이 된다면 화하지 않으면 또한 수를 극하

게 되니 수를 기뻐한다면 반드시 길하지 않은 것이다.

【 강의 】

합하여 화하느냐는 점에 대해서는 늘 주의 깊게 관찰해야 할 일이지만 여간해서는 화하지 않음을 발견하게 된다. 그래서 일단은 무조건 화하지 않는 것으로 보고 관찰하라고 권해 드린다. 역시 사주는 인용되지 않았다.

【滴天髓】

何謂好.
하 위 호.

◐ 무엇을 일러서 좋다고 하는가.

【滴天髓徵義】

好者, 類相同也. 如庚運申年. 辛運酉年. 是謂眞好. 乃支之祿旺. 自我本氣歸垣. 如家室之可住. 如庚運辛年. 辛運庚年. 乃天干之助. 如朋友之幫扶. 究竟不甚關切. 必先要旺運通根. 自然依附爲好. 如運無根氣. 其見勢衰而無依附之情. 非爲好也.

호자, 유상동야. 여경운신년. 신운유년. 시위진호. 내지지록왕. 자아본기귀원. 여가실지가주. 여경운신년. 신운경년. 내천간지조. 여붕우지방부. 구경불심관절. 필선요왕운통근. 자연의부위호. 여운무근기. 기견세쇠이무의부지정. 비위호야.

➡좋다는 것은 같은 성분으로 모인 것이다. 가령 庚대운에 申년이거나 辛대운에 酉년일 경우이니 이것은 참으로 좋은 것이다. 이에 지지는 녹왕이 되고 나 스스로 본기의 울타리를 만나는 것이니 집 안에 머무는 것과 같다고 하겠다. 만약 庚대운에 辛년이거나 辛대운에 庚년이라면 이것은 천간이 서로 돕는 것이니 마치 친구의 도움과 같지만, 마침내는 끝까지 친절하다고는 못할 것이다. 그러하니 반드시 그 왕성한 운에 통근을 했는지를 봐야 할 것이며 그렇게 되면 자연

히 도움이 된다고 할 것이고, 운에서 기운이 없이 그 세력을 본다면
쇠하여 의지할 수가 없다고 하겠으니 좋다고 할 것이 아니다.

【 강의 】

적어도 좋다는 好자가 들어간다면 당연히 용신의 운으로 대운과
세운이 모인 상태를 두고 하는 말이라는 것을 알 수 있다. 설명만 봐
도 대략 어떤 내용인지는 충분히 짐작하고도 남겠다.

【滴天髓】

造化起於元. 亦止於貞. 再造貞元之會.
조 화 기 어 원. 역 지 어 정. 재 조 정 원 지 회.

胚胎嗣續之機.
배 태 사 속 지 기.

➲ 조화가 원에서 일어나서 정에서 멈추지만, 다시 정에서 원으로 이어지게 되니 잉태를 하여 자손으로 연결되는 기틀이라고 하겠다.

【滴天髓徵義】

易, 元亨利貞者. 生生不息循環無端之謂也. 佛典言世界. 則曰成住壞空. 言人生, 則曰生老病死. 蓋以造化之機. 必經過此四程序. 如以八字言. 年爲元. 月爲亨. 日爲利. 時爲貞. 年月吉者. 前半世吉. 日時吉者. 後半世吉. 如以大運言. 則初十五年爲元. 次十五年爲亨. 中十五年爲利. 後十五年爲貞. 元亨運吉者. 前半世吉. 利貞運吉者. 後半世吉. 皆貞元之道也. 循環之理. 盛極而衰. 否極而泰. 不特人生在世. 運有吉凶順逆. 卽壽終之後. 而行運仍在. 觀其運之吉凶. 可知其子孫之興替. 故其人旣終之後. 而其家興旺者. 身後運必吉也. 其家衰敗者. 身後運必凶也. 爲人子者. 不可不知考之年. 而善繼述之. 若考之身後運吉. 自可承先啓後. 如考之身後運凶. 亦可安分經營. 挽回造化.

(身後之運. 當然有子孫本身自己之運參加. 須活看. 不可執着.)

若祖宗富貴, 自詩書中來. 子孫享富貴而棄詩書者. 祖宗家業自勤儉中來. 子孫享家業而忘勤儉者. 是割扶桑之幹而接以桑梓. 未有不稿者. 其本源各自不相附也. 學者宜深思之.

역, 원형리정자. 생생불식순환무단지위야. 불전언세계. 즉왈성주괴공. 언인생, 즉왈생로병사. 개이조화지기. 필경과차사정서. 여이팔자언. 연위원. 월위형. 일위리. 시위정. 연월길자. 전반세길. 일시길자. 후반세길. 여이대운언. 즉초십오년위원. 차십오년위형. 중십오년위리. 후십오년위정. 원형운길자. 전반세길. 이정운길자. 후반세길. 개정원지도야. 순환지리. 성극이쇠. 부극이태. 불특인생재세. 운유길흉순역. 즉수종지후. 이행운잉재. 관기운지길흉. 가지기자손지흥체. 고기인기종지후. 이기가흥왕자. 신후운필길야. 기가쇠패자. 신후운필흉야. 위인자자. 불가부지고지년. 이선계술지. 약고지신후운길. 자가승선계후. 여고지신후운흉. 역가안분경영. 만회조화.

(신후지운. 당연유자손본신자기지운참가. 수활간. 불가집착.)

약조종부귀, 자시서중래. 자손향부귀이기시서자. 조종가업자근검중래. 자손향가업이망근검자. 시할부상지간이접이상재. 미유불고자. 기본원각자불상부야. 학자의심사지.

→ 易은 원형이정이라고 하니 생하고 또 생해서 그침이 없는 순환의 흐름을 말한다. 불경에서 말하는 '세계는 성주괴공'이라고 하는 것이고, 사람으로 말하면 '생로병사'라고 하듯이 이것이 다 조화의 기틀인데 반드시 이 네 가지의 순서를 거치게 된다. 만약 팔자에서 말한다면 年柱를 元이라고 하고, 月柱를 亨이라고 하며, 日主를 利라고 하고, 時柱를 貞이라고 하겠다. 연월이 길하면 앞의 반평생이 길하고, 일시가 길하다면 후반부의 반평생이 길하다. 마치 대운으로 말

한다면 처음의 15년은 元에 속하고, 다음의 15년은 亨에 속하며, 중간의 15년은 利에 속하고, 후의 15년은 貞에 속하니 원형의 운이 길하다면 앞의 생이 길하고 이정의 운이 길하다면 후반의 생이 길다고 하겠다. 이것이 다 貞元의 이치인 것이다.

순환의 이치는 왕성함이 극에 달하면 쇠약해지고 나쁜 것이 극에 달하면 좋아지는 것이니 특별히 인생에서만 그런 것이 아니다. 운의 길흉순역이 있으니 수명을 마친 이후에 흘러가는 운을 봐서 그 길흉에 따라서 가히 자손의 왕성함이나 침체됨을 알 수가 있는 것이다. 그래서 그 사람이 죽은 다음에 그 가세가 왕성해지는 것은 죽은 다음의 운이 반드시 좋은 것이고, 그 가문이 쇠약해지는 것은 죽은 다음의 운이 반드시 흉하기 때문이다. 사람의 아들은 이러한 죽은 다음의 운을 몰라서는 곤란하겠기에 여기에 설명을 하거니와 조화를 바로잡는다.

(낙오 왈, 죽은 다음의 운에 대해서는 당연히 자녀의 운이 있을 것이므로 모름지기 참고해서 봐야 할 것이니 활간하고 너무 집착할 일이 아니다.)

만약 조부모가 부귀하고 시서를 하면서 내려온 가문에서 자손은 부귀하게 살면서도 시와 글을 버리는 것이나, 조상이 스스로 가업을 부지런히 이어왔는데 자손이 사업을 발전시키면서 검소함을 잊는다면 이것은 뽕나무를 베어서 개오동나무에 접목하는 것과 같으니 말라 죽지 않을 수가 없는 이유는 그 본원이 서로 다르기 때문이다. 공부하는 자는 반드시 깊이 생각을 해야 하겠다.

【 강의 】

 운의 설명을 잘하시다가는 내친김에 별 이상한 말씀을 다 하신다. 아마도 한두 잔의 술에 거나하게 취하신 듯싶기도 하다. 연주가 초년운이니 하는 말은 철초 선생답지 않은데 낙오 선생도 걱정이 되어 중간에 괄호를 하고 언급하시는 것이 자못 긴장되어 보인다. 이 부분에 대한 자세한 언급은 이어서 「운세해석」편에서 말씀드리도록 하겠다.

제8부 운세해석

부록으로 추가하면서 드리는 말씀

　때로는 등을 떠밀려서 글을 쓰기도 하는 모양이다. 이 운세에 대한 부분은 바로 그러한 이유로 첨부되는 내용에 속하는 셈이다. 실은 『알기 쉬운 용신분석』으로 자평명리학에 대한 교재는 마무리되었다고 생각했는데, 그 책을 읽은 독자들이 그야말로 거의 강제적인 요구를 하시는데 용신분석만으로는 마무리가 되지 않는다는 것이었다. 절대로 필요한 것이 운세의 해석을 자세히 설명한 책이라는 이야기를 자주 듣다 보니 '실제로 그러한 책이 필요한가' 하는 생각이 들면서 '그렇다면 또 정리를 해봐야지…….' 하고 보니 그후로는 빠져 나갈 방법이 없다.

　그래서 이렇게 「사주총론」의 운세에 대한 대목에 이어서 운에 대한 낭월의 생각을 언급해 드린다면 이해하시는 데 약간의 참고가 되지 않겠느냐는 생각으로 마음을 일으킨다. 다만 한편으로 염려가 되는 것은 『적천수』를 보자고 했더니 웬 군더더기가 붙어 있느냐고 할 독자도 계실지 모른다는 것이다. 그러나 어쩌랴. 낭월은 평소 상당히 공부가 되신 독자를 위하기보다는 이해가 부족한 독자를 위하는 마음으로 글을 쓰고 있으니 이러한 비난은 그냥 자장가로 들어 넘길 작정이다.

　그러면 도움이 되시기를 바라면서 생각을 정리해 보도록 한다. 되도록 짧게 요약해서 늘어벌리지 않도록 노력해 보겠다. 아마도 실제로 그렇게 요약이 되리라고 믿을 독자는 안 계시겠지만……

제1장 대운(大運)

　순서에 의해서 이런 식으로 생각해 보도록 한다. 흔히 사주를 자동차에 비유하는데 이 비유는 두고서 생각해 봐도 틀리지 않는다고 하겠다. 우선 사주의 구조를 정확히 파악하는 것이 중요한데, 그중에서도 사주의 기능적인 면에 비중을 두어야 한다. 그 이유는 구조적인 부분에 너무 치중하다 보면 정작 기능적인 부분에 대한 고찰이 허술해질 위험이 있다는 생각에서이고, 이것은 『적천수』에서 시종일관 중심 논리로 전개되는 부분이기도 하다.

　①구조적인 면—格局論
　②기능적인 면—用神論

　이와 같이 간단히 설명해 볼 수가 있다. 철초 선생의 주장은 늘 기능에 대해서 관심을 가져야 한다는 이야기로 일관되고 있음을 보면서 현실적이라고 판단이 되어 낭월 역시 같은 면에서 동조하는 바이다. 그리고 대운은 사주가 어떤 기능을 하게 될 것인가를 읽어 내는 신호임을 확인하게 된다면 애초에 일관성이 그대로 유지된다고 하겠다. 이러한 관점에서 사주의 대운 관계를 이해하면 되겠고, 낭월의 모든 책에서도 시종일관 이러한 이야기를 해왔기 때문에 용신파(用神派)라고 부르기도 하겠지만 실은 실용파라고 해도 아무런 불만이 없다. 지나치게 겉모양에만 신경 쓰는 격국 위주의 해석은 도무지 맘에 들지 않으니 이것도 나름대로 자신의 특징이라고 해야 할 모양이다.

대운 교체 시기에 대해서 한번 살펴보자.
그 동안 대충대충 만세력에 나와 있는 것으로만 대운을 대입하고 구체적으로 일일이 따져서 나눠 보지는 않았는데, 복잡하게 생각하기도 번거로울 뿐더러 사람의 운이 그렇게 몇 개월까지 계산해서 부합이 되겠는가 하는 생각도 있어서였다. 그렇지만 근래에 어느 벗님이 낭월에게 좀더 명확한 대입은 어떻게 해야 하느냐는 질문을 인터넷 게시판에 올려 주셨으니 이제는 그냥 얼버무리고 넘어갈 수가 없어서 차제에 이 부분의 명확한 방법을 생각해 보려고 한다. 이번 기회에 이러한 생각을 해보도록 질문을 주신 벗님께 감사의 말씀도 드리고 둔한 머리를 한 번 두드리면서 계산을 해보도록 한다. 그러면 글을 쓰는 이 시점에서 태어난 사람의 남녀를 놓고 정확한 교체운의 시기를 확인하는 것으로 모델을 삼아 보자.

글을 쓰는 지금의 시간은 2000년 양력 4월 14일 오전 10시 정각임.

1. 정확한 대운수의 계산

1) 남자의 경우
庚辰년은 천간이 양이므로 양남에 해당하고, 운세는 순운으로 다음의 절기까지 따지게 된다. 다음의 절기는 컴퓨터 만세력에 의하면 立夏가 되고, 입하가 들어오는 날짜와 시간은 5월 5일 13시 41분으로 되어 있다. 그리고 庚辰年 대한민력에는 5월 5일 13시 50분으로 되어 있다. 약간의 오차는 있지만 인생에 큰 비중을 둘 정도는 아니므로 무시해도 되겠다. 다만 좀더 정확한 것은 대한민력임을 참고로 알아 두시기 바란다.

 여기에서 크게 주의할 사항은 아니지만 알아 둘 점은 현재의 절입 시간도 역시 일본의 동경 기준으로 되어 있다는 것이다. 그러니까 여기에서 30분이 지나야 실제로 자연 시계의 절기가 바뀌는 시점이 된다는 것이다. 구체적으로 명확하게 해야 한다면 이러한 점도 고려해서 계산하는 것이 좋겠다. 다시 말하면 실제로 자연의 시계가 바뀌는 정확한 입하의 절입 시간은 5월 5일 14시 20분경이 되는 셈이다. 방금 명확히 한다면서도 '20분경'이라고 하는 것은 도리 없이 부산에서 공부하는 벗님과 목포에서 공부하는 벗님의 시차가 있음을 고려해서이다. 어쨌든 30분의 대운수는 정확히 따져서 2.5일에 해당한다. 3일이 채 되지 않으므로 대운수에서 3일의 오차로 무슨 큰일을 벌이는 것이 아니라면 그냥 무시해도 되겠다.

 결론적으로 이 남자의 교체운의 시기는 날짜로 따져서 21일이 되고, 태어난 시간으로부터 따져서 남는 시간은 4시간 정도가 된다. 10시에 났고 입하시는 14시라고 잡을 경우에 그렇게 계산할 수 있다. 그러면 21일과 4시간이 지나서 교체가 된다고 하면 되겠고, 이것은 계산법에 의해서 정리하면 결론이 나올 일이므로 잠시 보류하도록 한다.

2) 여자의 경우

여자는 庚辰년에 나면 역운이 되므로 과거의 절기로 따져 가야 하겠다. 과거는 淸明이 되며 청명의 시간은 대한민력에 의하면 4월 4일 오후 8시 31분으로 되어 있다. 그러면 출생시로부터 따져서 9일 하고 13시간 30분이 된다. 이렇게 또 여자의 경우에 대운이 교체하는 시점을 숫자로 뽑아 놓고 다음 단계로 넘어가서 환산을 해야겠다.

2. 실제 나이에 대입

이제 『왕초보사주학』 연구편에서 언급한 바 있지만 다시 정리해서 이해하는 데 혼란이 없도록 한다. 정확히 해당 절입일까지의 날짜를 따져서 계산해야 하는데, 아래의 표를 이해하는 것이 좋겠다. 참고로 시간은 요즘 사용하는 24시간제로 생각하면 되겠다. 이 표를 충분히 이해하고 나면 실제로 이 사람에게 대입시켜 보도록 하자.

절입까지의 날짜	실제로 대입되는 나이
30일	만 10년부터 대운 교체, 실제 나이는 11세
15일	만 5년 후 대운 교체, 실제 나이는 6세
3일	만 1년 후 대운 교체, 실제 나이는 2세
2일	만 8개월 후 대운 교체, 실제 나이는 1세 혹은 2세
1일(24시간)	만 4개월 후 대운 교체, 실제 나이는 1세 혹은 2세
12시간	만 2개월 후 대운 교체, 실제 나이는 1세 혹은 2세
6시간	만 1개월 후 대운 교체, 실제 나이는 대개 1세이지만 혹 2세일 수도 있다.
2시간	만 10일 후 대운 교체
1시간	만 5일 후 대운 교체
30분	만 2.5일 후 대운 교체

1) 남자의 경우는 21일 4시간이다

정확한 대운의 교체수는 출생한 날로부터 따져서 21일이므로 나누기 3을 하면 7이 된다. 그리고 4시간은 20일이 된다. 그렇게 되면 이 사람의 경우 실제로 대운이 접목되는 날짜는 7년 20일이다.

그러면 따져 보자. 우선 庚辰년에서 1년이 되려면 辛巳년 4월 14일이 되어야 한다. 참고로 1대운은 정확히 3일이 지나고 나면 대입이 되는 운이기 때문에 365일이 지나고 대입이 되는 것을 1대운이라고 한다는 점을 생각하면 바로 알 수 있는 방법이다. 다시 확인해 보자.

庚辰년 4월 14일 출발
辛巳년 4월 14일 1년
壬午년 4월 14일 2년
癸未년 4월 14일 3년
甲申년 4월 14일 4년
乙酉년 4월 14일 5년
丙戌년 4월 14일 6년
丁亥년 4월 14일 7년

이렇게 된다. 여기에 추가로 20일이 있으므로 생일로부터 20일을 보태야 한다. 그러면 다시 계산하여 나온 결론은 다음과 같다.

丁亥年(2007)년 5월 4일

- **대운의 나이는 만으로 따져야 한다**

좀 복잡하기는 하지만 정확히 따지다 보면 만세력에 표시된 것은 대략 만으로 대입해야 한다는 것을 알 수 있다. 그렇게 되면 낭월이 그 동안 통상적으로 활용하던 것에서 정확히 하면 약 1년 정도 뒤로 미뤄야 할 계산이 나온다. 그렇다면 일반적으로는 만으로 해야 하겠지만 실은 만으로 해야 한다는 것도 정확하지 않다. 가령 12월경에 태어나서 만으로 하더라도 개월수를 보태다 보면 자칫 실제 나이보다 2년이 지연될 수도 있기 때문이다. 그래서 대략 따지면 만으로 해야 하겠지만 그것도 정확한 것은 아니라는 점을 고려해서 이해하면 충분하리라고 본다. 그러니까 이 남자의 경우에는 우리가 사용하는 일상적인 나이로는 8세가 되는 해의 5월 4일에 운이 들어오게 된다는 것을 알 수 있다. 컴퓨터 만세력을 보면 이 사람의 대운수는 7로 되어 있는데, 실제로 대입되는 것과 1년의 차이가 있음을 확인하면 되겠다는 점도 알고 넘어간다.

2) 여자의 경우는 9일 13시간 30분이다

앞에서 계산한 대로 여자의 경우에는 9일 13시간 30분이 해당된다. 그렇다면 9일은 3이므로 3대운과 뒤에 추가되는 13시간 30분을 보탠다. 그러면 12시간은 2개월이고 1시간 30분은 7.5일이 되니 3년 2개월 7.5일 만에 운이 바뀐다는 것을 확인할 수 있다. 그리고 다시 실제로 대입시켜 보면 다음과 같이 나타난다.

庚辰년 4월 14일 출발
辛巳년 4월 14일 1년
壬午년 4월 14일 2년
癸未년 4월 14일 3년
다시 2개월 7.5일을 추가하면 6월 21일 22시가 된다.

이 여자의 대운 교체일은 癸未년 6월 21일이고, 실제 나이로는 4세가 되는 해의 6월 21일이 교체되는 운의 시작점이 된다. 이렇게만 이해한다면 대운의 계산에 대해서는 충분한 정보가 되리라고 생각한다.

마지막으로 주의해야 할 사항을 말씀드려야겠다. 음력으로 생일이 되었을 경우에 대운의 대입도 음력으로 해야 한다는 것이 기본적인 상식이다. 그런데 문득 윤달의 변수에 생각이 미치면서 결국 정확한 운의 대입은 양력을 기준으로 해야겠다는 것을 다시 생각지 않을 수 없겠다. 그러니까 생일이 음력 3월 10일이라고 한다면 이것을 다시 양력으로 환산해서 4월 14일을 기준으로 해야 윤달의 오류가 없을 것이라는 점도 참고로 말씀드린다. 대략 따질 때에는 별문제가 아니지만 정확하게 날짜까지 계산할 참이면 한 달의 오차는 적지 않으므로 그런 점도 발생할 수 있다는 정도로 이해하면 될 것이다.

이 정도의 궁리를 해본다면 다시는 대운의 대입에 대해서는 의문이 없으시리라고 생각된다. 덕분에 낭월도 정확하게 정리할 수가 있었던 셈이다. 중요한 것은 정확하게 대입을 해야 하겠고, 적어도 만으로 따져야 한다는 것을 알게 되었으니 대략 생각하는 것에서 좀더 주의가 요망된다는 점을 고려해야겠다. 벗님의 사주 해석에 약간의 참고가 되셨으면 고맙겠다.

제2장 세운(歲運)

그러면 대운과 세운은 어떤 관계가 성립되는가 하는 질문을 많이 하시는데, 다음과 같이 설명할 수가 있겠다.

①대운은 환경이다.
②세운은 시기이다.

이렇게 대운과 세운에 대해 간단히 말씀드릴 수 있다. 여기에 좀 더 부연 설명을 한다면 환경이라고 하는 것은 마치 국가의 상황과 같다고 해본다. 그러니까 한국이라는 환경을 생각해 보자. 가령 어떤 사람이 여행을 하는데 수레바퀴를 고치는 일을 전문으로 하는 사람이라고 한다면 아마도 한국은 그에게 좋은 환경이라고 하기 어려울 것이다. 오히려 중국이나 베트남이 그에게는 수입이 되는 환경일 것이다.

여하튼 그는 여행 일정에 의해서 한국에 들를 것이고, 환경이 매우 불리한 상황에서 여행 경비가 나오지 않아 고생을 많이 하게 될 것이다. 즉 그에게는 한국이라는 환경이 매우 불리하게 작용한 것이고, 다시 말하면 대운이 나쁘다고 해석해도 될 것이다.

그런데 마침 국제 원유가가 배럴당 200달러를 넘어서 자동차를 굴리던 사람들이 모두 차를 세워 두고 기름 가격이 내려갈 때까지 수레를 타고 다니게 되었다. 비록 한시적이기는 하지만 그에게는 이보다 반가운 소식이 없다고 한다면 이러한 것을 시기가 좋았다고 하겠다. 그는 유유히 자신의 능력을 발휘해서 여행 경비도 벌고 여유 자금도 확보할 가능성이 많다. 이러한 경우를 세운이 좋은 것으로 해석할 수 있다. 그리고 이것은 일시적이라는 의미에서 1년을 의미하는 세운에 비유해 본다. 그러니까 대운과 세운은 기본적으로 그 기능이 다르다는 것을 구분하는 셈이기도 하다.

『적천수』의 운세에 대한 항목에서는 대운과 세운을 구분하지 않고 같은 것으로 대입하고 있다. 그래서 대운과 세운이 서로 충돌하여 전쟁이 일어나면 누가 이기는지 보라는 말을 하게 되는 것이다. 물론 그렇게 봐도 무리는 없겠지만 그 기능을 떠올리면서 이렇게 의미가 다르다는 생각을 해보는 것이다. 그리고 또 한 가지 새로운 이론을 제시하고자 한다. 다음의 설명을 살펴보면 짐작이 되리라고 본다.

- 신왕하여 食財官을 용신으로 하는 경우

이런 경우의 사주는 대운과 세운의 비율이 6 : 4 정도로 대운의 작용이 우세한 것으로 살펴보게 된다. 그렇다고 해서 세운을 고려하지 않을 수가 없다는 점을 강조하려고 비율을 이렇게 정해 보았다. 물론 가상의 비율이므로 이것을 모두 대입할 필요는 없고 그래서도 곤란하다. 다만 같은 조건이라면 이렇게 비중을 두고 보자는 것이다. 예를 들어 대운에서 용신이 들어오고 세운에서 기신이 들어올 경우에 나타나는 비율을 생각한다면 대운이 세운의 극을 받게 되는 형상이므로 효력은 약간 감소되어 5 : 5 정도라고 할 수 있겠다. 그리고 원국에서 기신을 협조하고 있다면 용신의 작용은 더욱 불리할 것이므로 오히려 4 : 6으로 기신이 득세할 수도 있고, 이러한 일이 발생한다면 정작 대운은 좋아도 세운의 작용으로 인해서 좋은 것을 느끼기 어려울 것이라는 판단이 가능하다.

이러한 점을 참고하면서 대입을 한다면 어떤 기준이 되지 않을까 싶다.

- **신약하여 印劫을 용신으로 삼은 경우**

이 경우에는 대운의 작용을 올바르게 받아들이지 못하고 오히려 세운의 작용에 민감하다는 것을 알 수 있다. 그래서 대운과 세운의 비율을 7 : 3 정도로 생각하고 해석하면 되겠다. 일반적으로 신약한 사주는 살아가면서 기복이 심하다는 말을 하기도 하는데, 이러한 것과도 무관하지 않을 것이다. 운과의 관계에서 발생하는 점은 대운과 세운을 비교하는 방법으로 대입하면 되겠지만, 적어도 대운과 세운의 비중이 5 : 5는 아닌 모양이다. 앞으로 운세를 대입하면서 이러한 점도 고려한다면 더욱 정확한 운의 해석이 될 것으로 생각된다. 그리고 더욱 연구한다면 또 다른 새로운 대입 요령이 나타날지도 모를 일이다.

때때로 사주의 용신을 잡아 놓고서는 잘 맞지 않는다면서 전화를 주시는 독자가 계신데, 내용을 살펴보면 대운의 상황을 대입하고 세운은 무시한 경우가 대부분이다. 그리하여 다시 세운까지 따져서 대입해 보라고 하면 그제야 나름대로 고개를 끄덕이는 경우가 많음을 보면서 이 방법이 매우 중요하다는 것을 깨닫게 된다. 그래서 어쩌면 이 몇 줄의 글을 읽는 것만으로도 이미 운세의 대입에 대한 요령을 터득할 수도 있지 않을까 싶다.

다시 강조를 드리지만 반드시 대운과 세운을 함께 대입해서 해석해야 하고, 신약한 사주에서는 특별히 세운에 대해서 많은 부분을 고려해야 한다는 점을 잊지 말아야 할 것이다.

제3장 월운(月運)

반면에 세운과 월운에 대해서 질문하는 경우도 많다. 낭월의 생각으로는 세운을 보면 되었지 월운에 대해서는 해석할 방법이 없지 않은가 하는데, 그래도 나름대로 생각해 보면 다음과 같은 의미를 부여할 수 있겠다.

①세운은 단위의 전체 상황이다.
②월운은 계절을 위주로 구분하게 된다.

다른 명리학(예컨대 기문둔갑이나 자미두수 등)에서는 매월의 운세를 설명하기도 하고, 특히 12개월로 나눠진 토정비결을 보면 매월별로 자세히도 나온다. 그러면서도 토정비결이 큰 대우를 받지 못하는 것은 신빙성이 없어서이다. 물론 기문둔갑이나 자미두수에서는 상당히 적중한다고도 하는데, 낭월은 이 분야에 대해서 별로 아는 바가 없어서 뭐라고 언급할 주제가 못 됨을 벗님도 아실 것이다. 다만 월운에 대해 이해하기 위해서 또 다른 학문을 배운다는 것은 시간 낭비일 뿐이라는 생각은 틀림없이 하고 있다.

그런데 철초 선생이 월운에 대해서 언급하신 대목이 두어 군데 보인다. 9월의 금왕절에 망했다는 말을 보면 세운에서도 월운의 비중까지 따져서 결과에 대한 언급을 하기는 하지만 이것은 그냥 지나가는 이야기가 아닌가 싶고 실제로는 별로 비중을 두지 않고 있음을 느낀다. 사실 낭월도 월운에 대해서는 대입할 마음이 별로 없다. 물론 천성이 게으르기도 하겠거니와 그렇게 자잘하게 인생의 운명이 나눠지겠느냐는 생각이 드는 것도 솔직한 마음이다. 그래서 대체적으로 연운 정도로 마무리를 하는데, 그래도 월운에 대해서 관심이 있으시다면 전반부와 후반부로 나눠서 생각해 볼 수 있지 않을까 싶다.

　임상을 하면서 늘 대입을 시켜 보는데, 이것도 신빙성이 없어서 독자에게 임상을 해보시라고 권할 마음이 전혀 없다. 가령 己卯년의 경우를 보면 상반부에는 己土가 작용을 하고 하반부에는 卯木이 작용을 한다고 생각해 보니 상반부에서는 계절적으로 목의 기운이 왕성한데 기토가 무슨 힘을 내겠으며, 또 하반부에서 묘목이 작용한다고 해도 가을의 금왕질에서 묘목이 무슨 힘을 내겠느냐는 생각이 들어서 이치적으로 타당하지 않아 이러한 대입도 하지 않고 있다.

　다만 월운에서도 구태여 누가 물으면 계절적인 대입 정도는 참고로 해드리는 편이다. 예를 들어 사주에 화가 용신일 경우에 그래도 언제가 제일 좋겠느냐고 묻는다면 여름철이 가장 좋다는 정도로 설명을 한다. 물론 그 결과가 적중하고 말고는 별로 관심이 없다. 세운의 길흉에 대한 적중에 비한다면 그야말로 '鳥足之血'이기 때문이다. 벗님도 이러한 점을 참고하시고 월운에 대한 입장을 잘 판단하는 것이 좋겠다. 낭월도 귀중한 시간을 투자해서 임상을 해보고 드리는 말씀인데 벗님까지 같은 결과를 위해서 또다시 시간을 투자한다면 이것은 국가적으로나 개인적으로나 소중한 시간의 낭비라고 생각된다. 믿어도 좋다고 하고 싶은데 그래도 편인이 있거나 식신이 있으시다면 반드시 확인해 보는 것도 나쁘지는 않으리라고 본다.

제4장 일운(日運)

 세운도 해석할 마음이 없는데 일운까지 생각하라는 말이냐고 하실지도 모르겠다. 물론 낭월의 마음이 그 마음이다. 다만 늘 구색을 좋아하다 보니까 여기에서도 그 구색을 맞춰 보느라고…….
 논리적으로 생각해 본다면 다음과 같은 의미를 부여할 수 있겠다.

 ①월운은 원칙적으로 절입에서 다음 절입까지이다.
 ②일운은 월의 지장간 당령으로 배분한다.
 ③일진을 본다는 것은 그날의 干支로 희용신을 본다.

 월운의 기준을 잡으려고 한다면 이렇게 해서 대입할 수가 있고, 그 월지의 지장간을 고려해서 날짜를 배분할 수 있다. 그러니까 辰月이라고 한다면 청명이 지난 다음부터 9일간은 乙木이 강한 날짜로 생각하고 여기에 그날의 일진을 대입해서 해석하면 되겠다. 그리고 다시 그로부터 3일간은 癸水가 당령한 상황에서의 일진을 대입하면 된다. 예를 들어 계수는 다시 세부적인 환경이 되고 일진이 甲辰이라면 갑목은 계수의 도움을 받고 생기를 띠는 날짜가 된다는 식으로 이해하면 되겠다. 다만 실제로 임상을 하다 보면 이렇게 자잘한 것까지 계산할 겨를도 없지만 자신의 사주를 더 깊이 이해한답시고 그렇게 대입을 해봐도 고생한 값이 나오지 않는 것 같아 그냥 생각지 않고 있다. 다만 논리적인 설정을 한다면 월의 당령에 따른 날짜를 일의 대운으로 삼고 매일의 간지는 일의 세운으로 삼는다는 말도 재미있지 않을까 싶기는 하다. 물론 믿거나 말거나이다.

이 부분에서 가끔 재미있는 실험을 하는데, 일진이 사나운 날은 영락없이 달력을 보게 되는 일이 많더라는 것이다. 여기에서는 월령의 상황은 고려하지 않고 그냥 일진의 희용신을 대입해서 해석하는 것인데, 가령 수가 용신인데 己未일을 만났다면 오늘은 열을 받을 가능성이 많다는 식이다. 그리고 열을 받고서 달력을 보면 거의 90퍼센트는 일진이 사나운 날에 해당하는 것이다. 오히려 이런 식으로 그날의 스트레스를 풀어 가는 방법도 있겠다. 화가 났다가도 일진을 보면 그냥 웃고 마는 것이다. 이것은 정신 건강에도 도움이 된다고 봐서 권장하고 싶다. 오늘은 乙巳일에 해당하는데 낭월로서는 기신에 해당한다. 그런데 아침부터 받은 전화가 아마도 30통은 될 것이다. 글을 좀 쓰려고 하면 전화가 울리고 별 신통치 않은 질문에 그래도 책을 지은 저자랍시고 웃으면서 답을 해야 하는 사이에도 시간은 흘러가고, 그래서 달력을 보면 영락없는 乙木이 버티고 있는 것이다. 그래서 웃고 만다. 실제 상황이다.

제5장 시운(時運)

　시의 운은 전혀 고려하지 않고 있는데 이 부분에 대해서 관심이 많은 사람은 고스톱을 좋아하는 사람이다. 무슨 시에 어느 방향에 앉으면 따겠느냐는 질문을 하면 참 기가 막힌다. 그래서 몇 번 용신의 시를 생각해서 의견을 말해 봤지만 맞을 턱이 없다. 그후로는 묻지 않아서 세상 편하기는 한데, 이 영역은 정말 자평명리학자로서는 접근 불가가 아닌가 싶다. 그러니까 일운은 나름대로 의미가 있지만 시운은 그냥 무시하는 깃이 좋겠다는 생각이다. 다만 운세를 해석할 때에는 월운과 일운은 전혀 고려하지 않는다. 그냥 심심풀이 정도로 대입을 하고 있다는 것을 명확히 한다.

제6장 연주운(年柱運)
부모의 운 또는 조상의 운

이 책의 제7부「운세」편에서 '元亨利貞'에 대한 언급이 있었는데, 이것이 사주 자체로써 운을 해석하는 부분에 속한다. 그리고 당사주 등에서도 이런 식으로 운을 해석하는데 대운을 적지 않은 상태라면 또한 말이 된다고도 하겠지만, 자평명리학은 이미 대운의 표출로 인해서 10년 단위와 5년 간격으로 운의 해석이 가능한데 다시 별도로 원국의 간지를 놓고서 운에 대한 이야기를 한다는 것은 구습의 잔재라고 해야 할 것이다. 적어도 대운이 있는 명리학에서는 의미가 없는 쓰레기라고 해도 분명하겠다.

다만 육친에 대한 대입으로 활용한다면 일리가 있다는 말씀을 드린다. 이것은 그냥 삭제하기보다는 뭔가 활용할 방법이 있다면 살려야겠기에 생각해 본 것인데, 제6부「원류(源流)」편을 보면 여기에 대한 의미가 그대로 나타나고 있다. 즉 연월에 용신이 있고 어쩌고 하면 조상이 청고하고 어쩌고 하는 말이 등장하는데, 이러한 대입으로만 활용해야지 이것을 당사주 수준으로 확대해서 자신의 운세를 대입하는 것은 무리가 있다.

철초 선생의 설명으로는 초운을 연주로 생각하자는 의견이 일부 보였는데, 이것은 현실적으로 타당하지 않다. '원형이정'에서 언급된 내용을 두고 드리는 말씀이다. 그래서 오히려 연주를 부모로 본다면 그래도 하건충 선생의 의견도 살리면서 일리가 있다는 의견을 드린다.

연주에 희용신이 있다면 조상이 귀하다는 말이 있는데, 이것은 난센스일 가능성이 많다. 다만 조상이 아닌 부모가 귀하다는 말은 일리가 있을 수도 있겠다. 즉 개인의 사주는 부모로 인해서 비롯되므로 부모 이상의 조상에 대해서는 대입할 필요가 없다는 것을 생각해야 할 것이다. 그러니까 연주는 부모의 자리라고 한 하건충 선생의 말씀이 가장 합당하고 그 정도의 참고는 무난하겠다. 다시 말해 연주는 부모의 운을 참고하는 것으로는 타당하지만 조상의 운을 보는 것으로는 부당하다. 이것도 그냥 참고만 할 일이지 큰 비중을 둘 필요는 없다. 부모도 각자의 팔자가 있을 터인데 개인의 사주를 통해서 부모를 언급한다는 것은 별로 합리적이지 못하기 때문이다.

생각해 보시라. 자녀가 3명이 있다면 모두 부모가 같고 사주 연주에 희용신이 있어야 한다는 결론을 내리는 것은 당연한 접근이다. 그래서 이러한 어중간한 논리는 삭제하고 그냥 부모에 대해서 참고는 하되 부모의 명식을 봐서 최종 결론을 내리는 것이 가장 타당하겠다. 참고 자료를 첨부해 보려고 뒤져봤지만, 형제도 많지 않을 뿐더러 있다고 하더라도 모두 연주에 희용신이 있거나 기구신이 있어야 하는데 그러한 자료를 쉽사리 찾을 수가 없어서 그냥 말씀으로만 드린다. 각자 주변에서 좋은 자료가 있는지 찾아보기 바란다.

제7장 월주운(月柱運)
사회와 남편의 운 또는 초년운

　월주를 초년의 운으로 봐야 한다는 말에 대해서 생각을 해보면 일리가 있다. 왜냐하면 운이 월주에서 출발한다는 것은 이미 아시는 대로인데, 그 운에서 대운이 접목하기 전에는 월주 자체의 운이라고 제안해 볼 수도 있겠다는 생각이 들어서이다. 그러니까 월주를 초년의 운으로 보는 것은 가능성은 있으나 채택하기는 어렵겠다. 그리고 대운이 아직 접목되기 전에는 세운을 살펴서 해석하고, 더러는 소운이라고 해서 다시 별도의 운을 만들어서 해석하는 설도 있으나 그럴 필요 없이 그대로 월주를 대운 접목운까지 활용하는 방법도 고려할 만하겠다. 다만 월주를 중년운으로 본다는 것은 일리가 없으므로 생각하지 않는다.
　사회적으로 보면 월지는 사회라고 하는 것을 고려하게 되고, 그래서 사회적인 환경을 생각할 수도 있겠다. 그리고 초년의 운을 대입할 수는 있지만 대운이 있기 때문에 크게 비중을 둘 필요는 없다. 그냥 그 가능성에 대해서만 언급을 한다. 사회의 구조는 참으로 복잡다단한데, 사주에서도 가장 미묘한 의미를 부여하는 곳이 바로 월지이다. 제강(提綱)이라거나 세력의 본부라고 하는 등의 말을 봐도 월지의 비중이 얼마나 큰지를 알겠고, 그러한 점을 고려한다면 월주를 놓고서 사회의 운을 생각하는 것은 매우 타당하다고 본다.

물론 하건충 선생의 제안이기는 하지만 현실적으로도 매우 의미심장한 부분이 있는 것으로 생각된다. 그래서 혹 생각이 있으시다면 사회에 대해서 대입해 볼 수도 있겠지만 이것은 하나의 가능성에 대한 접근이기 때문에 전적으로 의지하기는 어렵겠고, 역시 중요한 것은 대운이므로 사회적인 성공과 실패는 대운에 의거해서 논하는 것이 타당하다고 하겠다.

일설에는 월주에서 부모의 운을 본다고도 한다. 하지만 이런 대입은 연주가 조상의 운을 본다는 데서 유래된 듯싶다. 그러나 현실적으로는 별 의미가 없는 것이다. 실로 일주는 연주에서 발생한 것이므로 월주에서 일주가 나온다는 것은 말이 되지 않는 이야기이기 때문이다.

그래서 나를 낳아 준 것은 연주가 되니 월주는 부모와 무관하다는 것을 알고 있으면 되겠다. 어째서 월주에서 일주가 나오는 것이 아닌가 하는 것은 만세력을 보면 간단히 알 수 있다. 월주에서 일주가 나온다면 입춘일이나 망종일이나 절입일은 당연히 갑자일이 되어야 하는데 현실적으로 있을 수가 없는 일이기 때문이다. 즉 월주와 일간은 아무런 연관이 없다는 것이다. 그래서 월주는 하나의 환경이라고 보는 것이 타당하다고 하겠다.

그렇게 따진다면 연주인들 그렇지 않겠느냐고 할 수도 있는데, 이런 말씀을 드리는 것은 월주가 부모여야 할 당위성이 없다는 것을 얘기하는 것이지 일간의 출처를 밝히는 것은 아니므로 너무 깊이 생각지 말았으면 좋겠다. 그리고 연주에서 일주가 나온다는 것은 현재의 기준으로는 타당성이 없지만 옛날의 흔적이 그대로 남아 있는 기문둔갑에서는 冬至 부근의 甲子일을 한 해의 시작으로 보고 있다는 것을 아신다면 전혀 아니라고 하지 못할 것이다. 이 점도 참고하기 바란다.

제8장 일주운(日柱運)
처운 또는 중년운

　일지를 중년의 운으로 본다는 설은 약간의 일리가 있다. 중년은 가정을 꾸리고 자신이 주인이 되어서 세상을 살아가는 무렵이라고 한다면 일간이 주체가 되는 것과 연관해서 부모의 슬하를 떠나 주관적으로 살아가는 시기가 중년이라고 하는 것과 무관하지 않겠다는 생각을 해본다. 그러니까 일지에 희용신이 있다면 중년운이 좋겠느냐는 질문에는 물론 대운을 살펴야 한다고 하겠지만 적어도 남자의 경우라면 일지에 희용신이 있다는 이야기는 처의 도움이 있다는 것으로 해석하기에 충분하다고 본다. 다만 중년운이라는 것을 여기에 대입시키기보다는 처의 운을 살피는 곳으로 이용해야 하지 않을까 싶다. 중년의 운은 그냥 상징적으로 처와 인연이 되는 운이므로 일지에 희용신이 있느냐에 따라서 처의 도움이 어떻겠는가를 해석할 실마리가 된다. 그러므로 이러한 점을 고려해서 생각해 보면 일지는 중년의 운이라고 할 수 있다는 것이다. 그러나 실은 처의 도움을 받을 암시가 있다고 하는 것이 타당할 것이고, 여인의 명식에서는 오히려 월지를 중년의 운이라고 해석해야 한다는 의미도 부여하게 되므로 일관성 있는 대입은 어렵겠다. 남녀를 구분해서 대입시켜야 하기 때문이다.

제9장 시주운(時柱運)

자녀운 또는 말년운

    시주를 말년이라고 할 필요는 없겠지만 시주가 자식의 자리임을 생각해 보면 말년과 무관하지 않다. 그래서 시주에 용신이 있다면 자식이 잘된다는 의미로 보고 해석하게 되는데, 타당성이 있는 얘기로서 이것을 확대해석하면 자식이 잘되면 자신에게도 도움이 된다고 하겠다. 다만 자식이 잘돼도 말년이 쓸쓸한 사람이 의외로 많은 것을 보면 실은 개인의 운이 더 중요하다는 결론을 내리게 된다. 그러니까 시주에 희용신이 있는 사람의 경우에는 자식이 잘된다는 암시로 대입시키는 정도로는 별 무리가 없다.

    이렇게 각 기둥별로 운세를 보는 기준은 세울 수가 있지만 그보다 더 중요한 것은 대운의 흐름이라고 하겠다. 그렇다면 이러한 방식은 그냥 무시해도 되지 않겠느냐고 할 수도 있겠다. 물론 낭월도 이러한 방식은 없는 것이 더 편하다고 보지만 많은 사람들이 이런 식으로 대입을 하고 있으므로 과연 그 속에는 합당한 의미가 있겠느냐는 생각을 해본 것이다. 이 점만 참고한다면 큰 비중은 둘 일이 없는데, 운의 흐름을 보는 것으로는 사용하지 말고 육친의 길흉을 활용하는 것으로 이용한다면 아무런 문제가 없을 것이다.

그리고 주변에서 이와 같은 방식을 취하는 벗이 있다면 이러한 정황을 설명해 주는 것으로도 많은 도움이 되지 않을까 하여 정리를 해본 것이다. 실제로 낭월은 이러한 방식의 운의 대입은 하지 않고 단지 자식이 잘되고 말고에 대한 판단 근거로 활용하고 있는데, 그것조차도 자식의 운을 봐야 한다고 떼를 쓰는 경우가 더 많다. 즉 중요한 것은 본인의 명식이지 이러한 암시를 대입해서 자식이나 부모의 명식에 대한 상황을 읽을 수는 없다는 점을 명확하게 이해하는 것이 좋겠다. 모든 일에는 선후가 있는 것인데, 여기에서도 해당 육친을 대입해서 길흉을 보는 것은 본인의 사주를 보는 것과 비교해서 당연히 뒤떨어진다는 것을 생각하면 될 것이다.

　다시 강조하건대 각 기둥을 살펴서 초년이나 중년 또는 말년의 운을 살피려 하는 시도는 전혀 무의미하고, 비록 습관적으로 그렇게 하더라도 점차 의식적으로 지워 나가도록 해야겠다는 말씀을 드리면서 이 부분의 의견을 줄인다.

제10장 용신운(用神運)
대운 · 세운 접목

1. 용신운은 ○표, 기신운은 ×표인가?

　사주 공부를 몇 년이고 열심히 한 다음에는 그렇게도 오매불망하던 용신을 찾게 되고 그 기쁜 마음을 그대로 연결시켜서 대운에 대입시켜 볼 것은 당연하다. 그리고 대운에서는 표시를 할 적에 喜用忌仇閑의 공식에 의해서 그대로 ○표와 ×표를 부지런히 하는데 이 또한 대단한 즐거움이고 어찌 보면 이것이 하나의 목표였던 것도 같다. 그런 다음 스스로 대견해서 흡족한 표정을 지으면서 운이 좋다느니 나쁘다느니 하면서 나름대로 평가를 하는데, 실은 이것도 단편적인 이야기임을 알게 될 즈음이면 이미 한 단계 위로 껑충 뛰어오르는 수준이 된 것이다.

　낭월도 처음에는 용신을 찾은 다음에는 운을 보면서 너무 기쁜 나머지 일단 대운에서 용신과 비슷한 글자가 등장하면 무조건 운수대통이라고 흥분했던 기억이 있다. 그러다가 세월이 조금 더 흐르고 난 후에는 용신운이라고 해서 다 좋을 수가 있겠는가 하는 생각이 바닥에 깔리게 되었는데, 무슨 이유인가. 이러한 소식을 세월이 더 흐른 다음에야 비로소 명확하게 알게 되었으니 역시 공부는 하루아침에 이뤄지는 것이 아니구나 하는 생각이 든 것은 바로 이런 경험이 있기 때문이다.

　독자가 전화를 해서 묻는다. "용신운이면 좋지요?" 이렇게 묻는 의미를 왜 모르겠는가. 다만 유감인 것은 그렇다고 말할 수가 없다는 것이다. 철초 선생께서도 여기에 대한 언급을 하셨다. 용신운이 들어와도 원국의 상황에 대입해 봐서 결정을 내려야 하므로 좋은 운이라고 해도 좋은 일이 없을 수도 있고, 나쁜 운이라고 해도 나쁜 일이 일어나지 않을 수도 있다는 경우를 설명하셨는데 과연 지당하신 말씀이라고 하겠다. 하도 친절하게 잘 설명해 둬서 누구든지 그 대목을 읽으면 충분히 의미를 파악하리라고 본다. 그래도 식신의 성분이 부족함을 핑계 대고 전화를 하는 독자도 더러 계시기 때문에 이해를 돕기 위해서 두어 개의 사주를 보면서 생각해 보기로 한다.

• 소강절 선생 명식

時	日	月	年
甲	甲	辛	辛
戌	子	丑	亥

　소강절 선생은 매화역수(梅花易數)를 창안하신 분이다. 매화역수는 그의 탁월한 日支의 직관력으로 탄생하였다. 이 사주에서 용신은 한습한 사주로 봐서 戌土 속의 丁火로 삼게 되는데, 그렇다면 용신운은 火운이 되겠다. 그렇다면 한번 대입을 해보자.

丙火운이 들어오면 시간의 갑목이 생조를 해주니 좋다고 하겠는데, 年月의 辛金은 병화를 합하여 그 불기운을 약화시켜 버린다. 그렇다면 이것을 어떻게 해결할 것인가. 사주에 丁火가 있었다면 물론 가능할 것이다. 다만 정화가 없으므로 병화의 역할은 40퍼센트 미만이라고 해야겠다. 갑목이 없었다면 0퍼센트라고 해야 할 판이므로 그래도 다행인데, 신금의 포진은 참으로 부담이 되는 역할이다. 비록 한신이라고 하지만 이 글자들로 말미암아 용신이 힘을 쓸 수가 없으니 결국은 기신이 되는 셈이다. 그래서 기본적으로 희용기구한을 정하기는 하지만 운에서의 대입은 각자의 상황이 천차만별이므로 일일이 살펴서 해석해야 한다는 말씀을 드린다.

丁火의 운이 들어오면 아무도 정화를 괴롭힐 수가 없다. 시간의 갑목은 여전히 木生火로 도움을 주고 있다. 연월 干의 신금도 아무런 불만이 없을 것이다. 물론 신금이 마음속으로야 불만이 있거나 말거나 말을 하지 않는 것은 정화의 극이 두렵기 때문이라고 하면 그대로 이해가 될 것이다. 그러나 만약 천간에 壬癸水가 있었다면 문제는 또 달라질 것이다. 그래서 다행히 정화의 운은 도움이 된다고 해석을 하게 된다. 당연히 같은 火운임에도 그 작용은 엄청난 차이가 난다는 것을 이해한다면 운의 해석에 많은 도움이 될 수 있겠다.

巳火대운이 들어오면 지지의 용신운이므로 일단은 좋다고 해야 할 것이다. 그런데 지지에 사화가 들어오고 보면 목이 전혀 없으니 누가 사화를 잡아 줄 것인가. 오히려 연지의 亥水가 충을 해서 꺼버리려고 하는 것만 보인다. 불길하다. 丑土가 합은 하지 않지만 설기는 극심하다. 겨우 戌土가 약간의 방어를 해주는 정도로 만족해야 한다. 이 상황은 천간의 병화보다 더 불리하다. 아마도 20퍼센트 미만의 작용을 할 것이라고 해석해야 하겠다. 용신이 들어와도 이렇게 해수 같은 것이 버티고 있으면 기대는 애초에 접어 둬야 한다.

午火대운이 들어오면 문제가 달라진다. 일지의 子水가 충돌을 하기 때문이다. 축토는 당연히 설기를 할 것인데 그래도 변수인 것은 술토가 합을 한다는 것이다. 그래서 일부 보호가 되기는 하겠지만 역시 큰 기대를 하기는 어렵다. 아마도 약 30퍼센트의 작용이 있다고 하면 적당하지 않을까 싶다.

이렇게 각각의 글자마다 일일이 대입을 해야 하는데, 임상을 통해 살펴보면서 느끼는 것은 천간은 천간끼리 반응을 보이고 지지는 지지끼리 반응을 보인다는 점이다. 그래서 앞의 철초 선생 말씀에도 천간의 글자에 대해서 언급하게 되면 계속 천간을 살피는 방향으로 설명이 되었는데 그 의미를 이렇게 많은 임상을 통해서야 비로소 깨닫고 나니 역시 세월도 학문 연구에 절대적으로 필요한 것이라는 결론을 얻어낸다.

2. 천간은 천간끼리, 지지는 지지끼리

干支를 공부하면서 처음에는 甲은 寅과 같고, 乙은 卯와 같다고 이해하는데, 점차 깊은 경지로 들어가면서 이러한 생각은 어디론가 사라지고 오히려 전혀 다른 성분이라는 생각이 살아난다. 특히 辰戌丑未의 경우에는 참으로 변화무쌍하게 작용하는 것을 보며, 항상 주의를 기울여서 이해하고 또 이해해야 할 것은 간지의 구조와 배합이라고 생각하게 된다. 그러니까 천간에 있는 글자는 천간의 대운이나 세운에서 그 작용을 민감하게 하므로 천간은 천간끼리 대입하여 길흉의 작용을 읽어 내는 것이 더욱 정밀하다. 그리고 지지 또한 지지끼리의 대입을 통해서 그 길흉을 읽으면서 어떤 기준이 발생하는 것이다. 어찌 보면 단순하게 생각되는 점도 나타나는데, 이러한 점에 대해서 이 기회에 명확하게 이해해 두면 운을 읽기에 많은 도움이 되리라고 본다.

그래서 '천간은 천간끼리 대입하면서 다시 지지와도 연결시켜서 이해하고 마찬가지로 지지는 지지끼리 우선적으로 대입하고 천간의 상황을 고려하라'는 것이다. 그렇게 해서 좀더 깊은 곳으로 관찰의 시각을 넓혀 가는 것이 순서이다. 현재까지의 생각을 정리해 보면 천간과 지지까지 서로 연결을 하지 않더라도 천간 대 천간의 대입만 잘한다면 길흉의 변화를 충분히 읽을 수 있다는 말씀이다. 이렇게만 오래도록 익혀 나간다면 그후의 작용은 자연스럽게 연결될 것이므로 처음에 공부하시는 벗님의 시각으로는 너무 깊은 곳에까지 생각하지 않아도 될 것이다.

3. 세운의 변화에 따른 길흉 작용의 이해

늘 그렇듯이 대운의 해석만으로 운세를 마무리하기에는 세운의 작용이 만만치 않음을 느낀다. 대략적으로 해석하는 것이라면 큰 무리는 없다고도 하겠지만 또한 의외로 세운과의 차이에서 많은 변화가 발생하는 것을 보면서 대운과 세운을 함께 대입하지 않고서는 정확한 결론을 내리기가 어렵다는 생각을 하였다. 게다가 근래에는 사주의 신강신약에 따라 대운과 세운의 비중이 다르다는 생각을 하게 되었다.

그러면 다시 대입을 해보도록 한다. 소강절 선생의 명식에서 대운을 丁火라고 하고 세운의 상황을 고려해 보도록 하자. 비록 하나의 자료지만 이 내용을 통해서 다각적으로 음미해 본다면 많은 자료를 대충대충 훑어보는 것보다 훨씬 실속이 있다고 하겠기에 좀더 살펴보려고 한다. 다음의 기준을 참고하면 되겠다.

- **대운 丁火(用神)에서의 각 세운에 대한 가감**

- 甲木세운— 용신이 더욱 힘을 얻어서 대길이다. 사주에 있는 갑목까지 힘을 실어 주므로 정화의 용신은 더욱 큰 힘을 발휘한다.

- 乙木세운— 辛金에게 손상을 받으니 갑목보다 못하나 도움은 된다. 기본적으로 희신이니 대운과 세운에서 서로 희용신이 만나서 장단을 맞추어 도움이 되는 것으로 해서된다.

- 丙火세운— 정화를 돕기는 하지만 병신합이 되어서 별로이다. 어떤 식으로든 도움이 된다고는 하겠지만 미약해서 병화는 기대할 필요가 없는 운이라고 해야겠다.

- 丁火세운— 제7부 「운세」편에서는 대운과 세운이 같으면 好라고 하셨는데, 사주의 신금들이 꼼짝도 못하는 모양이 떠오른다. 활발한 운이 될 것이다. 혹 원국의 천간에 癸水라도 있었다면 반감되겠지만 이미 대운에서도 계수에게 손상을 받을 것이므로 당연하다고 하겠으니 여하튼 용신이 겹쳐 들어와서 나쁠 이유는 없다.

여기에서 한 가지 생각할 점은 '대운의 丁火와 세운의 丁火가 완전히 같은 역할을 하겠느냐?' 하는 질문을 하실 벗님도 있을 것 같다는 것이다. 물론 앞에서 설명한 대로 대운은 환경이므로 환경이 좋고, 세운은 시기이므로 시기도 좋다고 하겠으니 예를 든다면 한의학과를 졸업하자마자 한의원에서 취업을 부탁해서 그대로 자신의 배운 것을 활용하게 되는 것으로도 해석이 가능하겠다. 이러한 정황을 본다면 겹쳐서 같은 해석을 하기보다는 따로 해석하는 것이 좋고, 이러나저러나 운이 좋으니 환경이든 시기든 좋으면 그만이라고 한다면 오히려 속 편한 생각이라고 하겠다. 절대적으로 구분해야 할 필요는 없다는 이야기이다.

• 戊土세운─대운은 용신이지만 세운은 구신에 가까운 성분이다. 사주의 천간에 신금을 생조하면서 정화의 기운을 빼는 관계가 발생하기 때문이다. 그래도 갑목이 어느 정도 막아 준다고는 하겠지만 木火의 세운에는 비할 바가 아니다. 그래서 용신이 다소 손상을 받는데, 이것도 대운과 세운의 관계로 해석한다면 환경은 좋으나 시기가 적절치 못해서 신경을 많이 쓰면서 일을 해야 하는 상황이거나 웃돈이 좀 들어간다는 것으로 해석하면 되겠다. 그러니까 여건은 되었는데 그대로 순탄하다고는 못하겠다는 정도로 이해하면 된다.

• 己土세운─기토는 한술 더 뜬다고 해야 할 모양이다. 정화는 기토를 보면 상당히 기운이 약해지는 반면에 신금은 힘이 살아난다. 이런 정화의 대운이라면 용신의 운이라고 해도 실제로는 큰 발전을 보기 어렵다는 생각이 들 것이다. 그리고 갑목이 기토와 합을 하게 되어 이것이 약간의 변수로 작용해서 도움이 될 수도 있지 않을까

싶은 정도이다. 결과적으로 무척 부담이 되는 운이다. 그래서 한신의 동태도 잘 살피지 않으면 곤란하다는 말씀을 드리게 된다.

• 庚金세운─주의를 요하는 운이다. 경금이 갑목을 치고 신금을 돕게 된다면 결국 어떻게 할 것인가. 정화는 그대로 흔들리고 말 것이다. 이렇게 부담이 되는 운이라면 정화는 오히려 발전할 운이 아니라 주의가 필요한 운이라고 할 수밖에 없다. 기대하기 어려운 운이다. 환경은 좋아도 엄청난 방해꾼이 나타나서 말도 꺼내 보지 못하고 머뭇거리는 상황이 떠오른다. 비록 간단하게 생각한다면 정화가 경금을 극해 주므로 별 부담이 없다고 할 수도 있겠지만 천만의 말씀이다. 다만 사주 원국에서 병화가 하나라도 있었다면 문제는 또 달라진다. 경금이 오히려 눈치를 보기 때문에 조심스럽게 진행되는 운이라고 해석할 수 있기 때문이다.

• 辛金세운─경금보다는 조금 완화되었다고 하겠지만 그래도 부담이 되는 것은 마찬가지이다. 갑목의 손상 정도가 다소 완화되었다는 점에서 일단은 약간의 호전으로 숨통이 트였다고 할 수도 있지만 결과적으로는 별반 큰 차이가 없는 부담스러운 운이다. 조심이 필요하고 살얼음판을 걷는 기분을 느끼면서 진행한다면 큰 화는 없으리라고 판단된다.

• 壬水세운─대운과 세운이 합하면 和라고 한 듯 싶은데, 실은 여기에서의 합은 화가 아니라 결딴이라고 해야 할 모양이다. 용신이 합되면서 일순간 그 역할을 망각한다는 것이 큰 부담이다. 임수는 왕하고 정화는 약한 상황임도 고려해야 한다. 다행히도 시간의 갑목

이 약간 도움을 줘서 정화의 생명을 유지하고 있는 정도인데, 그나마도 없었다면 대책이 없을 뻔했다고 하겠다. 그야말로 용신의 운에서 죽었다는 말이 생길 가능성도 생각해야 할 듯하다. 주의해야 할 운이다.

　• 癸水세운─용신이 세운에게 깨어지면 戰이라고 했다. 이 전은 완전히 깨어지는 전쟁이다. 그래도 이러한 경우에는 갑목을 의지하는 것으로 해석해야 하겠다. 임수보다는 약간이나마 더 좋다고 해도 될지 모르겠다. 대운이 기가 죽어서 숨소리도 들리지 않는데 그래도 갑목이 어루만져 주는 바람에 눈치만 보고 있는 상황이다. 여기에서는 움직이지 않아야 한다. 움직이면 계수가 튀어나와서 낚아챌 것이 틀림없기 때문이다. 기다린다는 것은 이러한 운에서 권장해야 할 절대적인 최선의 처방이다. 마치 적군이 총칼을 들고 수색하고 있는 상황에서 비트 속에 숨어 있으면서 눈치만 살피고 있는 침입자의 표정이 떠오른다.

　이상 각자의 상황에 따라서 대입을 해봤지만 결국은 한마디로 용신의 운이라고 해서 좋다고 할 수가 없다는 것이 확인된다. 늘 주의해야 할 것은 대운과 세운의 관계임을 명심하면 실수를 줄일 수 있다. 그렇다면 용신의 운은 그렇다고 치고 기신의 운이 왔을 적에는 어떻게 될 것인지에 대해서도 한번 생각을 해봐야겠다. 화가 용신이라면 수가 기신이 된다고 보고 계수의 대운을 놓고 살펴보는 게 좋겠다. 그리고 기왕이면 벗님이 다른 종이에다 세운의 十干을 죽 적어놓고 나름대로 상황을 설정해 본 다음에 설명을 보시는 것도 좋은 방법이 되리라고 본다. 중요한 것은 받아들이는 것이 아니라 이해를 하는 것이라고 늘 믿고 있기 때문이다. 이런 방법으로 공부하는 것과 그냥 읽으면서 고개를 끄덕이는 것과는 많은 차이가 있으며, 이것이 약 3년의 세월이 경과했을 때에는 전혀 다른 결과를 가져올 수도 있다.

4. 용신운도 흉하다

처음 자평명리학을 공부하는 입장이라면 이러한 글을 대하면서 갑자기 황당해지는 기분을 느낄 수도 있겠다. 그러나 이미 용신에 대해서 많은 고민을 해본 벗님이라면 고개를 끄덕끄덕하실 것이다. 당연한 이야기겠지만 대운이 용신이라고 해도 때로는 흉하게 작용할 수가 있다는 점을 고려해야겠기 때문이다. 그렇지 않으면 애써 노력해서 용신을 찾았더라도 올바른 해석을 하지 못하고 실수를 범할 수가 있음을 생각하고 혹 잘 모르셨다면 이런 기회에 명확하게 이해해 주시는 것이 좋겠다.

앞에서도 언급했지만, 소강절 선생의 사주에서 화가 용신이라고 했고 천간으로 들어오는 丁火는 당연히 도움이 된다고 해석했는데 지지로 들어오는 午火는 子午충으로 인해서 그 길함이 많이 줄어든다는 것을 미루어 보면 용신의 운이면서도 원국의 상황에 따라서 길함이 반감되는 것으로 봐야 한다는 의미가 되겠다. 그리고 여기에서는 그래도 時支의 戌土가 있어서 다행이라는 말씀도 드렸는데, 다른 경우에는 실제로 용신의 운이면서 생명이 위태로울 수도 있다는 점을 생각한다면 놀라울 지경이라고 하실지도 모르겠다. 참고 자료를 살펴보도록 한다.

```
時    日    月    年
丙    乙    辛    壬
子    亥    亥    子

己 戊 丁 丙 乙 甲 癸 壬
未 午 巳 辰 卯 寅 丑 子
```

위의 자료는 『적천수징의』의 「順逆」편에 나오는 사주이다. 설명에서는 종강격으로 하였지만 현실적으로는 겨울 나무이니 寒木向陽으로 시간의 丙火가 용신이 되어야 함이 분명하다. 철초 선생이야 종강격이기 때문에 식상의 운에서는 크게 흉함이 발생한다고 설명하셨지만, 낭월의 소견으로는 천만의 말씀이라고 해야겠다. 이렇게 추운 겨울의 을목이 그 마음속에서는 오로지 병화를 사랑하고픈 마음 외에는 없다고 해도 과언이 아니겠기 때문이다. 여하튼 너무 현실적인 길흉에 대해서만 대입을 하다 보면 이렇게 혹은 무리한 설명을 할 수도 있음을 이해할 수는 있겠는데, 이 사주의 경우에는 아무래도 수긍을 하지 못하겠다. 그래서 군겁쟁재와 같은 의미가 있음을 살피면서 다시 생각해 보도록 하겠다. 우선 희용신을 살펴보면 용신은 火, 희신은 木, 기신은 水, 구신은 金, 한신은 土가 되는 형상임을 미리 생각하도록 한다.

1) 甲寅, 乙卯 대운에서의 평온함

철초 선생이 설명하신 그 이유는 사주에서 水의 성향을 거스르지 않았다고 하셨지만 실은 희신의 운을 만난 용신이 안정감을 얻었기 때문으로 봐야 할 것이다. 여기에서 추가로 이해할 수 있는 것은 당연히 용신의 운보다 희신의 운에 더 발하게 된다는 기현상(!)을 나타내고 있다는 것이고, 이러한 작용 역시 앞의 상황을 고려한다면 아무런 문제도 아니고 그대로 정상이라는 것이다. 낭월이 생각하는 이 부분의 작용은 틀림없이 희신의 운에서 용신을 도와 발하게 되었다고 보는 것이다. 벗님의 생각은 어떠신지 궁금하다. 낭월은 오로지 생극제화의 이치로써 사주를 해석하자는 관점이고 억지로 종강격이라고 하기보다는 시간의 丙火를 자연스럽게 용신으로 삼도록 하고 해석하는 것이 더욱 이치에 합당하다는 생각이다. 물론 철초 선생인들 생극제화를 생각지 않으셨을 리 없지만 이렇게 간혹 외격으로 해석하시는 대목에서는 부자연스러운 점이 있지 않은가 하는 생각이 들어서 의견을 보충해 드린다.

2) 丙, 丁巳 대운의 참혹함

화를 용신으로 볼 수 없다는 주장은 바로 이 화운에서 나빴던 이유를 설명할 방법이 없다는 점에서 나온다고 보겠다. 丙火의 운이 되면 비록 용신운이 되는 것은 틀림없지만, 천간에서 辛金과 합이 되는 현상으로 봐서 가장 흉한 현상이 발생되었다고 볼 수 있고, 설상가상으로 壬水까지 있어서 그대로 대운의 병화는 날아가게 된다는 결론을 내릴 수 있다. 대운이라고 기대했다면 틀림없이 좌절하였을 것이니 이러한 작용을 보면서 원국에서는 가만히 있던 임수가 운에서 병화를 보자마자 그대로 미쳐서 발광하게 되었다는 생각을 해보는 것이다. 그래서 잠자는 사자를 건드린 꼴이 되는 것이다.

그렇다면 辰土운에서는 오히려 용신의 힘이 무력해지는 판인데 안정이 되었느냐는 말을 할 수 있겠는데, 여기에서 느끼는 것이 바로 천간과 지지는 별개의 사이클을 갖고 있지 않느냐는 생각이다. 그렇게만 생각한다면 지지의 辰土는 좋은 운은 아니지만 천간의 병화는 별로 나쁜 작용을 받지 않고 그대로 乙木을 도울 수가 있다는 결론이 나오는 것이다. 이러한 현상을 살피다 보니 간지의 운을 별도로 대입해야 한다는 생각이 자연스럽게 생겨나나 보다.

이어지는 丁巳대운의 경우에는 다시 丁火가 신금을 극하게 되는 것은 참으로 반갑다고 하겠는데, 壬水가 합을 하면서 달려드는 것으로 말미암아 오히려 정화의 작용을 하지 못하는 현상도 고려해야겠다. 그래도 이러한 작용으로 인해서 병화가 부담을 받을 일은 없다고 봐야 옳을 것이다. 문제는 巳火이다. 巳火운이 들어오면서 일어날 상황을 생각해 보면 참 몸서리가 쳐진다. 우선 亥水가 쌍으로 사화를 반긴다. 그대로 달려들어서 치고 받을 것이다. 子水도 혹여 뒤질세라 여기에 가담한다. 이러한 작용을 방지할 어떤 방법도 사주의 원국에서는 없는 것이 너무나 뻔한 결과를 생각케 한다. 이러한 현상이 바로 군겁쟁재의 현상인 것이다.

그렇다면 정화의 대운이 나빴던 이유는 무엇일까? 실은 정화에서는 그렇게 나쁘지 않았을 것이다. 오히려 사화대운에서 치명적으로 당했다는 생각을 하게 되는 것이다. 이유는 천간에서는 癸水의 공격이 없어서이다. 다만 철초 선생이 이러한 점을 구분하지 않았다고 생각되는데, 혹 세운에서 천간으로 壬水와 癸水가 겹쳐서 들어왔다면 물론 그 작용은 그대로 나타나서 치명적이었다고 할 수도 있겠다. 단지 기본적인 작용은 巳火대운에서 더욱 고통을 받았을 것으로 보는 해석이다. 그러니까 이렇게 군겁쟁재의 현상은 어디에서도 나타날 수가 있으므로 이러한 현상을 잘 알아 둔다면 운을 해석하는 데 많은 정리가 될 것이다.

이러한 대입을 하지 않고 그냥 용신이 水이기 때문이라고 하는 것은 너무 무리한 해석이 아닌가 싶은데, 실로 500여 개의 명식 속에서는 이와 같은 의문이 드는 사주도 꽤 있고 특히 從化의 부분에 나오는 사주들도 상당수 고려해야 하겠다. 또 주의할 것은 辰土대운은 그냥 넘어갔다고 하는 해석이다. 여기에서 무심코 말씀을 하셨지만 실은 대운의 간지를 나눠서 생각하고 있다는 점을 노출시키고 있는 대목이라는 점이 눈길을 끈다. 낭월도 이치적으로는 간지를 같이 봐야 하지만 현실적으로는 반드시 나눠서 대입해야 한다는 생각을 하고 있는데, 철초 선생 생각도 마찬가지인 것으로 봐야겠다. 지나는 길이지만 이러한 점을 한번 강조해 드림으로써 좀더 명확한 이해에 도움이 되고자 한다.

제11장 기신운(忌神運)
대운 · 세운 접목

1. 기신운은 ×표인가? 용신운은 ○표.

1) 기신운에 대한 세운의 대입 방법

앞에서 설명한 내용을 모두 이해했다면 이 부분은 단지 희용신의 길작용을 기구신의 흉작용으로 바꿔서 대입하기만 하면 결론이 나온다는 것을 알 수 있다. 다만 낭월로서는 식신이 부족한 벗님들이 구체적으로 대입을 시켜야만 이해가 된다고 하소연을 하시는 바람에 글을 쓰면서도 늘 이러한 생각들을 피할 수가 없다. 그래서 기신 대운에서의 세운에 대한 변화를 살펴봄으로써 이 부분에 대한 이해를 돕도록 하겠다. 물론 여기에서도 소강절 선생의 명식을 그대로 활용해 보고자 한다.

• 대운 癸水(忌神)의 각 세운에 대한 가감

• 甲木세운—癸水의 작용이 辛金의 생조를 받고 있는 상황을 먼저 고려해야겠다. 그래서 사주에서는 방에 불도 꺼졌는데 한파까지 겹친 셈이라고 해석할 수 있다. 세운에서 다행히 甲木이 오기는 했

지만 천간에는 丙丁火가 없으니 무슨 도움이 되겠느냐는 생각을 한다면 운의 대입에 대한 요령을 얻었다고 해도 되겠다. 즉 좋을 것이 별로 없다는 것이다. 아무리 희신의 운이라도 그 희신에게 의지할 용신이 있을 경우에 비로소 올바른 작용을 하는 것이기 때문이다.

• 乙木세운―갑목보다 더 불리하다고 해야 할 모양이다. 같은 목이므로 특별히 더 나쁠 이유가 없다고 한다면 다시 음양의 관점에서 관찰해야 하겠다. 신금에게 얻어터지면서도 비명도 지르지 못하고 있는 모습을 생각한다. 오히려 거추장스럽다고 해야 하겠다. 마치 『삼국지』에서 조자룡이 유비의 아들을 보호하고 적진을 돌파할 적에 유비의 부인이 자신이 얼마나 거추장스러운 존재인지를 스스로 파악하고 우물에 몸을 던지는 상황과 비교할 만하다. 도움이 되지 않는 세운이므로 기신이 날뛰게 될 것이고, 따라서 피곤한 해가 된다는 해석이 가능하다.

• 丙火세운―대운은 기신이고 세운은 용신에 해당하는 관계이다. 그리고 희망은 세운에 있으니 병화에게 거는 기대는 대단하다고 하겠는데, 유감스럽게도 신금과 원하지 않는 합이 발생하는 것이 보인다. 물론 시간의 甲木으로 인해서 병화가 그나마 완전히 소멸되는 것은 아니어서 희신이 가동을 하게 되는데, 실제로 이러한 것이 그래도 다행이라고 해야겠다. 갑목의 도움으로 그나마 약간 회생의 기색이 나타난다. 그래도 여전히 아쉽긴 하지만 없는 것보다는 나은 것으로 봐서 희망적이라고 하겠다.

• 丁火세운―이번에는 대운과 음양이 같으니 이른바 전쟁이 되어

버렸다. 또한 적군이 우세한 판이므로 정화는 매우 부담스럽다. 그리고 이번에도 정화를 도와 주는 것은 갑목이 되겠고, 결국 갑목은 천간에서 용신을 위해 최선을 다하는 모습으로 남게 된다. 원국에 있는 글자는 대운이 오든 세운이 오든 모두 작용하는 것으로 해석해야 하므로 사주팔자의 글자가 어떻게 되어 있는가는 참으로 중요하고, 이렇게 일일이 대입하면서 그 길흉을 해석해야 올바른 판단이 된다는 점을 주의한다면 큰 실수는 없을 것이다.

그렇다면 병화와 비교해서 어떻겠느냐고 한다면 당연히 병화보다는 좋다고 하겠다. 용신이 합이 되는 것보다는 극을 받을망정 자신의 일을 하려고 노력하는 것이 더 좋다고 보기 때문이다. 갑목으로 인해서 절반의 구제는 가능하리라고 해석하겠다.

• 戊土세운—묘하게도 기신의 대운과 합을 하고 있다. 한신이 들어와서 기신과 합을 하면 기신의 작용이 완화되는 것으로 봐야 하므로 오히려 약간의 도움이 된다고 하겠다. 물론 좋다고 하기는 어렵지만 사주 원국의 천간에 丁火가 있었다고 가정한다면 이런 경우의 무토는 엄청난 효도를 할 것이다. 기분으로라도 훨씬 덜 춥다고 하겠는데, 여기에서 오해하지 말아야 할 것은 戊癸합이 되어도 불은 생기지 않는다는 점이다.

늘 말씀드리지만 합이 되는 것은 쉬워도 화를 하는 것은 극히 어렵다는 것이 사주의 현실이다. 그렇다면 이 상황에서 合化에 대한 생각을 하기 위해서는 우선 化神에 해당하는 火氣가 사주에 넘쳐야 하는데, 이렇게 썰렁하다 못해 꽁꽁 얼어붙어 가는 사주에서 化火를 논하는 것은 오행의 이치를 잘 알았다고 보기 어렵다. 더구나 사주의 갑목으로 말미암아 올바르게 합이 되기도 만만치 않으리라고 생각해야겠다. 결과적으로 기신을 약간 제어하는 정도의 도움이 된다는 것으로 이해한다면 충분하다.

• 己土세운—이번에는 세운이 대운을 극하게 된다. 앞에서 언급했듯이 대운이 환경이고 세운이 시기라는 점을 여기에 대입시켜 본다면 환경은 극히 불량한데 일시적으로 그 환경과 대립하는 힘을 얻는다고 할 수 있다. 다만 이미 종이호랑이가 되어 버린 기토이다. 癸水를 극하기야 하겠지만 사실 그 마음은 계수에 있는 것이 아니라 갑목에 있는 것이 너무 뻔히 보이기 때문이다. 즉 사주의 갑목도 그 마음이 기토를 향하고 있으니 애초에 계수를 극할 마음이 없다고 보고 아무런 도움이 되지 않을 뿐더러 오히려 혼란만 일어난다고 해석해야겠다. 물론 기신과 한신이 오히려 용신에게 부담을 주는 것으로 봐야겠는데, 따라서 무토의 운과 기토의 운이 그 작용에서는 약간 차이가 있다는 해석을 하게 되는 것이다. 여하튼 나쁜 해임에는 틀림없다.

• 庚金세운—이런 해가 되면 '설상가상'이라고 해야 할 것이다. 부담이 극을 달리는데, 더구나 경금은 갑목을 치고 있으니 계수는 기고만장으로 세력을 넓혀 가고, 그로 인해서 세상살이는 엉망이 된다.

• 辛金세운—庚金에 비해서 다소 좋다고 한다면 '글쎄요'라고 해야겠다. 여하튼 기신대운에 구신세운이라는 것만으로도 고통은 예약되어 있다. 살아도 사는 것이 아니다. 그렇다면 이런 운에서는 어떻게 해야 잘살아 갈 수 있을까? 물론 자신의 마음속에 세상으로부

터 구하는 것은 모두 포기하고 마음의 평정을 유지하면서 도를 닦는 것이 가장 실속 있고 현명하다는 해석을 할 수 있다. 그런데 인간의 욕망은 뭐든지 하려고 하는 구조라서 하지 않으려고 하는 것에는 매우 서투른 것이 문제이다. 운이 나쁘다고 하면 오히려 더욱 무리해서 보충까지 하겠다고 생각하는 것을 보면서 그런 경우에는 사주를 봐도 아무런 도움이 되지 않을 것이라고 느끼곤 한다.

• 壬水세운—달리 덧붙일 설명이 필요 없다. 그대로 악순환의 연속이라고 하면 되는 것이다. 이런 운이 되면 건강도 염려해야 하지 않을까 싶다. 매우 부담이 큰 운이라고 하겠다. 그래도 일말의 의지처는 시간의 갑목이다. 약간이기는 하지만 水生木으로 노력하는 것이 천만다행이고 이 사주에서의 비견은 그렇게 도움을 주고 있는 형상이다.

• 癸水세운—대운과 세운이 모두 계수이니 글자로만 봐서는 好에 해당한다고 해도 되겠다. 다만 이것이 무슨 소용인가 말이다. 기신들만 좋으니 참으로 흉악한 해라고 해야 할 모양이다.

이와 같이 어떤 대운이든지 일일이 세운의 상황을 대입해서 해석하게 된다. 그러므로 간단하게 대운이 기신이라고 해서 5년이 흉하다고 말할 수는 없는 것이다. 그리고 이 부분에서는 직관력이 뛰어나신 벗님들로부터 분명히 한 소리 들을 것을 각오해야겠다. 그냥 미뤄서 짐작하라고 해도 될 일을 소중한 지면을 낭비하면서 쓸데없이 중언부언 설명을 했다고 말이다. 그런 줄 알면서도 언급을 해야 하는 낭월의 고충도 약간이나마 이해해 주시기 바라는 마음이다.

2) 기신운도 나쁘지 않을 수 있다

　어떻게 그런 일이 가능하냐고 반문하실 수도 있겠다. 그런데 복잡다단한 사주의 명식을 보노라면 때로는 기신운임에도 나쁘지 않다는 설명을 하게 되는 경우가 의외로 많다. 그렇다면 과연 희용신을 구분하는 것이 무슨 기준이 되겠느냐는 질문을 할 만도 하다. 그러나 분명히 희용기구한은 존재하는 것을 전제로 해야 하고, 이것이 기본이 되는 것은 틀림없다. 그리고 그 변화의 과정에서는 이렇게 기신운에도 나쁘기만 한 것은 아니라는 생각을 하게 되는데, 따라서 기본적으로는 용신을 기준으로 정하지만 실제로 대입하는 과정에서는 그 작용 하나하나를 살펴서 길흉을 이해하는 것이 옳다고 보는 것이다.

　특히 이러한 현상은 주로 合化의 변화에서 발생할 가능성이 많고, 상당수는 土의 작용에서 많은 변수가 있다. 일일이 열거하지 못하더라도 앞에서 살피는 요령을 설명했으므로 참고할 수 있으리라고 생각된다. 여하튼 고정관념은 언제나 올바른 판단의 장애물이 될 수 있다는 점을 명확하게 이해하는 것만으로도 많은 이득이 있다고 하겠다. 다음의 한신에 대한 설명에서도 기신이 반드시 나쁘지만은 않다는 점을 이해하게 될 것이다.

제12장 한신운(閑神運)
무수한 변수를 품고……

처음에는 안중에도 없던 것이 나중에는 큰 비중으로 다가올 수도 있는 것이 세상살이겠지만, 팔자 공부에서도 예외가 아니라는 것이 또한 묘한 일이다. 이 한신이 바로 그러한 기분이 드는 성분이다. 처음에는 용신도 아니고 기신도 아닌 한신에게 마음을 쓸 여유가 없다고 해도 과언이 아닐 것이다. 그런데 5년, 10년, 공부가 깊어지면서 점차로 신경이 쓰이는 성분이 바로 한신이라는 점을 생각하는 것이 당연한 공부 과정이다. 벗님의 시각에서 한신의 움직임에 신경이 쓰일 정도가 된다면 이미 상당한 실력을 갖춘 것으로 봐도 되겠다.

앞서 제6부 제12장에서 한신에 대한 내용을 다뤘는데, 철초 선생께서도 이렇게 별도로 한신에 대한 항목을 넣었다는 것이 또한 의미심장하다. 여기에서 다시 요약해 보는 의미로 부연 설명을 해보려고 한다. 다만 철초 선생이 설명하신 사주의 구조를 보면 한신을 완전하게 설명한 것이라고 하기에는 좀 아쉬운 맛이 남는다. 왜냐면 희신의 역할을 하는 글자를 한신이라고 한 듯해서이다. 사주를 보면서 생각해 보자.

```
丙 甲 戊 庚
寅 寅 子 寅
丙乙甲癸壬辛庚己
申未午巳辰卯寅丑
```

철초 선생은 용신—丙火, 희신—寅木, 기신—水, 구신—金, 한신—土의 구조로 설명을 하셨고 특히 年干의 庚金을 기신이라고도 했는데, 기본적으로는 별 무리가 없으나 사실 여기에서 희신은 木이 아니고 土가 되어야 한다는 것을 얘기하고 싶은 것이다. 다시 말하면 '희신은 용신의 용신'이라는 공식으로 대입을 하면 틀림없다. 이 사주를 다시 살펴보면 병화의 입장에서 과연 목이 필요하겠느냐고 한다면 병화는 이미 강할 대로 강하기 때문에 목은 오히려 한신이라고 해야 한다. 즉 용신이 왕한데 다시 목으로 생조를 할 필요가 없다고 봐야 할 것이다. 그렇다면 병화는 보호를 받아야 할 것이고 그 역할은 戊土가 담당하는 것이 월등히 효과적이라는 것을 간단히 판단할 수 있다. 희신이 토가 되는 것으로 본다면 목은 토를 극하므로 구신이 되는 입장이다. 그래서 다시 배치를 해야 하는데, 여기에서 한신은 金으로 보는 것이 정답이겠다.

다만 겨울의 불이 토를 원하지 않는 것은 일간 甲木의 마음이라고 이해할 수는 있겠다. 그렇게 되면 병화는 화력이 강해야 하므로 희신으로서 무조건 목을 써야 한다는 말이 되는데, 이러한 관점에서는 일리가 있으므로 낭월이 너무 고집을 피울 수는 없다. 단지 이미 목이 많으면 다시 목을 희신으로 할 필요가 없겠다는 생각을 하게 된다는 점을 헤아리면 되겠다.

만약 천간으로 壬水나 癸水가 왔을 경우를 생각해 보자. 즉 임수가 왔을 적에 무토가 없다면 누가 병화를 보호할 것인가 하는 질문에는 아무래도 대답이 궁하지 않을까 생각된다. 갑목인 일간 자신이 나서겠다면 물론 말리지는 않겠지만 일간이 개입하는 것은 실제적으로 불가능하다. 그보다는 병화로서는 무토의 보호가 무엇보다도 든든하고, 임수가 오면 극하고 계수가 오면 합해서 확실하게 병화 용신을 보호하니 희신이 아니고 무엇이겠느냐는 생각을 해봤다. 이러한 관점에서 토가 희신이 되어야 한다는 것이고, 병화가 무력했다면 그대로 목을 희신으로 하지 않으면 곤란할 것이다. 우선 약하면 생조를 받아야 하기 때문이다.

1. 한신 金의 여러 가지 변수를 생각한다

1) 庚金의 작용

경금이 들어오면 무토의 생조를 받아서 기세를 떨치게 된다. 병화에게 제어당하기는 하지만 실제로 무토가 있음으로써 완충 작용이 되므로 치명타를 입히기에는 역부족이 될 가능성도 있겠다. 경금이 살아난다면 상대적으로 다시 강해지는 것은 수가 되겠지만 천간에 수가 없기 때문에 실제로 치명적인 흉한 작용은 하지 않을 것으로 보인다. 그래서 한신의 역할은 그대로 한신으로 마무리하게 되는 것이다.

2) 辛金의 작용

신금의 입장은 상당히 다르다. 바로 用神合去라는 치명적인 사고가 발생하기 때문이다. 이렇게 되면 한신이라고 마음을 놓을 수가 없다. 오히려 수가 들어와서 차라리 극을 하는 것이 나을지도 모르겠다. 여하튼 신금이 들어와서는 절대로 안 된다는 것이 명확하게 인식된다. 그렇다면 이 신금의 난동을 막아 줄 글자가 있어야겠는데 바로 丁火가 되는 것은 두말할 필요가 없다. 그런 글자는 있지도 않고 오히려 무토가 있어서 신금을 더욱 싸고돈다면 일간의 마음으로서야 어디에 가서 하소연이라고 해보겠는가 싶다. 이것이 바로 한신의 난동이라고 해야 할 것이다.

혹 그렇다면 한신을 다른 것으로 잡아야 하지 않겠느냐는 생각을 해볼 수도 있겠다. 그러나 이 상황에서 목을 한신으로 잡을 것인가 아니면 그야말로 철초 선생 말씀대로 토를 한신으로 잡을 것인가에 대해서도 다시 생각해야 하겠지만, 어찌 보면 이렇게 희용기구한을 정하기보다는 대운 하나하나마다 사주의 원국과 대입해서 판단하는 것이 더욱 정확한 방법이 될지도 모르겠다. 다만 그렇게 기준에 자신이 없어서야 어떻게 학자라고 하겠느냐고 스스로 생각하면서 이 사주에서의 희신을 토로 보고 한신을 금으로 보게 되는데, 그러자니 신금의 운이 이렇게 치명적인 작용을 하는 것으로 봐야 함이 참 딱하다. 여하튼 이렇게 부담이 될 가능성이 많은데, 살아가는 길에서 부디 신금의 운을 만나지 말도록 기도를 해야겠지만 오고 있는 운이 기도한다고 오지 않겠는가.

만약 만에 하나라도 금이 한신이 아니라고 한다면 여하튼 중요한 것은 화가 용신이라는 점은 틀림없으므로 적어도 기신은 수가 되어야 할 것이다. 그로 인해서 금이 구신이라고 할 수도 있겠는데, 적어도 신금을 보면 매우 불리하다는 것은 일반적인 구신의 역할이라고 보기 어려울 정도로 대단히 치명적이라는 점을 생각하면 되겠다. 이렇게 말씀드리는 것은 철초 선생께서 이 사주의 설명 부분에서 연간의 庚金을 기신이라고 하셨는데, 역시 그렇지는 않다는 점을 강조하는 것이다. 그리고 운의 설명을 보면 卯木에서부터 발했다고 되어 있는데, 그렇다면 신금운까지는 별 볼일이 없었다고 해석해도 되겠다. 역시 신금은 부담이 되었을 것이다.

3) 申金의 작용

지지로 들어오는 申金의 경우에는 寅申충이 발생하면서 상당히 혼란스럽다고 하겠지만, 한편으로 보면 子水가 합을 해서 크게 난동을 부리는 정도는 아니다. 그래서 지지의 그야말로 기신에 해당하는 자수가 좋은 짓을 해서 난리가 벌어질 상황을 무마한다고 해석해도 되겠다. 그리고 자수가 동하는 것은 별문제가 없는 것이 지지에서는 화가 보이지 않기 때문이다. 만약 지지에 화가 있었다면 申金 역시 큰 부담이 되었을 것이다.

4) 酉金의 작용

유금 역시 한신이기는 마찬가지이다. 별로 흉한 작용을 하지 않는다고 보는 것은 사주에 이미 寅木이 수두룩하기 때문에 申金에 대해서도 잘 버텼다면 유금에서는 별로 부담이 없다고 하겠다. 역시 자수의 공덕은 여전히 존재할 것이고 용신인 병화는 전혀 흔들림이 없이 자신의 역할을 수행하게 될 것이라는 설명을 가능하게 한다.

이렇게 살펴보니 결국은 금이 한신이기는 하지만 천간에서의 辛金은 절대로 방심해서는 안 될 성분이라는 점을 주의해야 하겠다. 그리고 덤으로 얻은 것은 자수가 비록 기신이라고는 하지만 사주에서는 별로 흉한 작용을 하지 않는다는 점이다. 이러한 상황을 모두 고려해서 운의 해석을 한다면 비록 기신의 운이라고 해도 무조건 나쁘다고 하기보다는 상황에 따라서 역시 가감이 반드시 필요하다는 점을 알 수가 있다.

제13장 개운(開運)
개운은 가능하다

　대체로 운이 불리한 사람이 매달리는 것은 개운의 부분이다. 그리고 그 영향이 과연 있을지에 대해서 간곡하게 묻는다면 딱 잘라서 가능하다는 말로 답변을 한다. 다만 무엇보다도 자신의 팔자에서 무엇이 불리한지를 알지 않고서는 불가능하다는 말은 해준다. 그러니까 정확하게 무엇이 고쳐야 할 점인지를 모르고서 덮어놓고 '개운을 한다'고 하면서 '팔자에 끌려 다니지 않겠다'는 말로 폼재는 사람을 대하면 그냥 속으로만 비웃음을 머금게 되는 것이 낭월의 속마음이다. 이유는 간단하다.
　자동차를 고치려면 어디가 고장이 났는지를 알아야 하고, 하다못해 어린아이가 울고 보채더라도 어째서 그러는지를 알아야 해결될 것은 너무도 뻔한 이야기인데, 어찌 어리석게도 팔자에 대해서는 알아보지도 않고 고칠 수 있다면서 무모하게 달려드는지 알 수가 없다. 팔자의 나쁜 암시를 무시하겠다는 심리야 어찌 모르겠는가마는 그게 그렇게 억지를 쓴다고 해서 해결될 일이라면 얼마나 좋겠으며, 누가 팔자를 두려워하겠느냐는 생각이 절로 들면서 그렇게 가소로운 마음이 되는 것이다. 원인을 찾으려는 노력은 하지도 않거나 혹은 아예 부정하고 결과에 대해서 변화를 기대하는 것보다 더 어리석은 일이 있겠는가.

『알기 쉬운 용신분석』에서도 약간 언급했지만 여기에서 다시 생각해 보도록 한다. 실로 이 부분은 명리학의 전체를 망라해서 가장 중요할 수도 있다고 생각되어서이다. 벗님의 좀더 현실적인 판단을 기대하면서 개운에 대한 낭월의 생각을 부연 설명해 보는 것이다.

1. 부디 글자를 바꾼다는 생각은……

가끔 사주팔자와 연관해서 엄청난 오해가 있음을 본다. 글자를 바꾸면 운명이 좋아지지 않겠느냐는 오해를 두고 드리는 말씀이다. 이게 무슨 착각일까? 참으로 기가 막히지만 그러한 일이 현실적으로 일어나고 있다니 놀라울 뿐이다. 아마도 이러한 발상은 이름이 나빠서 고생을 하므로 이름을 바꾸면 운이 좋아질 것이라는 정도의 생각에서 나온 것이 아닌가 싶다.

과연 팔자란 무엇인가? 글자인가? 천만의 말씀이라는 것이야 이미 다 알고 있을 터인데 어째서 이렇게 어이없는 일이 생길 수가 있을까……. 물론 그 이면에는 좀더 행복해지고 싶은 사람의 희망이 포함되어 있음은 당연하다. 그러면서도 실소를 금치 못하는 것은 그렇게도 기본 수준이 어리석은가 하는 것이다. 이미 태어난 순간의 연월일시를 간지로 바꿔 놓은 것에 불과한 것이 팔자이다. 글자에 나쁜 암시가 있다고 하여 그 글자를 다른 것으로 바꾼다면, 그리고 그렇게 해서 뭔가 더 행복한 방향으로 삶이 수정된다면 낭월은 실로 발벗고 나서서 나쁜 암시를 개선해 드릴 것이다. 솔직한 심정이다.

그러나 이것은 천만의 말씀이고 얼토당토않은 망상일 뿐이다. 그러한 것은 이미 이 책을 읽으시는 실력이라면 충분히 알고도 남을 것이기 때문에 여기에서 언급할 필요는 없다. 다만 의외로 그런 사람이 있어서 함께 생각을 해보자는 의미임을 헤아려 주시면 충분하겠다. 실제로 낭월에게 찾아와서 '사주를 200만 원 들여서 샀는데 얼마나 좋은지 한번 봐달라'는 사람이 있었다. 물론 바뀐 사주가 왕후장상이 될 사주라고 한들 무슨 소용이 있을까마는, 그것도 우스운 것이 그렇게 바꾼 사주 역시 별수가 없다는 것이다. 그도 당연한 것이 이미 사주를 바꿔 줄 정도의 사기성이 농후한 사람이라면 오행의 바른 이치를 깨달은 사람이 아니라는 것쯤은 깊이 생각해 보지 않아도 충분히 알 수 있는 일이다. 부디 벗님의 주변에서 이러한 이야기를 하는 사람이 있다면 바로 깨우쳐서 허황된 말에 속지 말기를 당부해 주시면 되겠다.

2. 마음으로 글자를 바꾼다고 생각한다면

이러한 방법을 취한다면 상당히 개선될 것이라는 말씀을 드린다. 실제로 감로사에서 명리 공부를 하신 선생이 입산을 하기 이전과 하산 후의 자신에 대해서 관찰한 소감을 들려 주었는데 참으로 의미심장한 내용이었다. 대략 들었던 내용을 정리하면 다음과 같다. 개인적인 이름은 밝히지 않지만 실화라는 점은 말씀드릴 수가 있다.

"사부님 말씀이지요, 예전에는 아내에게 군림하는 입장을 적어도 20년 정도 유지해 왔습니다. 이제 낼 모래가 나이 50인데 그보다 더 하면 더했지 덜할 이유가 없다고 생각해 왔었지요. 그런데 사주 공부를 하면서 제 자신의 사주를 살피고 아내의 사주도 관찰하면서 역시 인간은 운명대로 살고 있구나 하는 생각을 하지 않을 수가 없었습니다. 그리고 사부님의 살아가는 모습을 옆에서 지켜보며 사부님의 사주를 관찰하고 그러면서 과연 사람이 자신을 바꾼다는 것이 무엇을 의미하는지를 어렴풋하게나마 이해하게 되었습니다. 그래서 나도 하산하면 자신을 바꾸도록 노력해야겠다고 생각했습니다. 그리고 실제로 그렇게 달라졌습니다. 예전 같으면 생각도 할 수 없는 일이었지만 장바구니를 들고 시장도 따라가고, 옷을 쇼핑할 적에는 옆에서 지켜보면서 좋다거나 나쁘다는 평가도 해주고 저녁으로는 다리도 주물러 주곤 했습니다. 처음에는 다소 어색하기도 했지만 시간이 지나면서 점점 자연스러워져서 이제는 오래 전부터 그렇게 해온 것처럼 느껴지기까지 하네요.

그런데 변화가 생겼습니다. 예전에는 아내가 그야말로 종의 그 자세처럼 늘 저의 말을 두려워하고 조심하는 모습이 역력해서 저 또한 스스로 주인이라는 뿌듯함을 느끼기도 했는데, 근래에는 아내의 행동이 몰라보게 부드러워져서 마치 20년은 젊은 여인과 살아가는 듯한 착각을 하기까지 합니다. 과연 사주팔자의 공부는 사람을 변화시킬 수 있다는 사부님의 말씀이 허언이 아니라는 것을 몸소 느꼈습니다."

대충 요약하면 이러한 내용을 들려주면서 자신이 스스로 팔자를 고치게 되었다는 점을 자랑스럽게 이야기해 줬고 낭월도 그에게 고마운 마음이 들기도 했다. 누구나 마찬가지겠지만 실로 학자가 자신의 생각을 다른 사람이 실행해서 행복해졌다는 확인을 하면 그보다 더한 보람이 어디 있겠는가. 이렇게 자신의 마음속에 있는 글자를 바꿀 수는 있다. 가령 사주에 정편재가 많아서 자신도 그 영향으로 가족을 엄하게 다루고 자기 마음대로 통제하는 마음이 발달해 있다고 할 때, 스스로 그러한 작용을 잘 깨닫고 나아가 가족이 자신의 눈치를 보느라고 얼마나 피곤할지를 생각한다면 이미 변화의 가능성이 있는 것이다. 그러니까 편재의 강력한 통제성이 있다면 스스로 그 글자를 편관이라고 생각하고 오히려 강제 봉사를 행하도록 노력하는 것이다. 그렇게까지는 못하더라도 적어도 식신의 성분으로 변화시켜서 좀더 논리적으로 가족을 다스리는 것만으로도 이미 가족들은 상당히 다른 변화를 느낄 것이라는 이야기이다.

이와 같이 생각하는 것이야말로 실제로 팔자를 바꿀 가능성이 있는 것이고 실은 이렇게만 된다면 이미 그 사람의 운명도 많이 달라질 수가 있다고 하겠다. 이것은 자신의 사주를 몰라도 가능하다. 즉 자신이 평소에 낭비가 심하다면 사주를 보지 않아도 이미 알뜰하지 않다는 것을 짐작하고 있으므로 알뜰하게 살도록 노력하면 되는 것이다. 다만 사주를 봐야 한다는 것은 사주를 봐야 실제하는 상황을 믿는다는 의미도 포함된다. 그렇게 사주를 통해서(또는 빙자해서) 자신의 단점을 이야기해 줘야 비로소 그러한 것을 인정하려고 하는 사람이 의외로 많기 때문에 사주를 알아야 한다는 것이지, 자신의 일부 문제로 인해서 가족이 불편해한다는 것을 스스로 느끼기만 한다면 사주를 아는 것이 무슨 필요가 있겠는가. 이미 그 가정에 화목한 기운이 감도는 것은 당연한 일이다.

이와 같이 낭월이 생각하는 운명개선론은 실제로 자신의 상황을 정확하게 알고 나서부터 시작된다는 것이다. 이 정도의 의견을 드린다.

3. 이미 마음에서 평정을 얻었다면

　이제는 운의 길흉에 대한 암시에서 자유로워질 수 있다고 본다. 운이 좋거나 말거나 그리 중요한 문제가 아니기 때문이다. 중요한 것은 자신의 마음으로 느끼는 심리적인 요인에서 길흉의 작용이 더 민감하게 나타나고 있다는 것이다. 실로 직장에서 승진하지 못하고 누락된 사람의 마음에는 매우 큰 갈등이 존재함은 이미 그 사람이 아니더라도 다 느낄 수가 있을 것이다. 그런데 그 마음에서는 '또 누가 압니까. 지금의 불행이 오히려 다행이 될지'라고 말을 한다면 아마도 이 사람은 흉운에 대한 스트레스를 거의 받지 않을 가능성이 많고, 그렇게만 된다면 운이 나쁜 것은 개인적으로는 그리 큰 문제가 아니라는 것이다.

　여기에서 떠오르는 이야기는 새옹지마(塞翁之馬)이다. 그 영감님의 심리 상태는 이미 평정의 수준을 유지하고 있는데, 사실 모든 사람들이 이렇게 평정된 마음으로만 삶을 꾸릴 수 있다면 어찌 용신의 운이라고 해서 좋아하고 기신의 운이라고 해서 불평하며 사주쟁이를 무시하겠느냐는 생각이 든다. 이러한 것은 모두 자신의 마음먹기에 달렸음은 너무도 당연하다. 그리고 이러한 세상이 되기만 한다면 사주쟁이도 밥을 빌기 위해서 또 다른 길을 찾아야 할지도 모르겠다. 그렇더라도 사주쟁이 역시 자신의 운명을 잘 알고 있을 것이니 누구를 원망하지 않을 것이다. 그렇게 어우렁더우렁 한세상을 살아간다면 아름다운 우리 강산이 될 것은 틀림없다고 장담해도 되지 않을까 싶다.

4. 길흉의 운은 자업자득이다

늘 그러한 생각을 하게 된다. 예를 들어서 재성이 기신에 속하는 사람이 재성의 운이 오면 대체로 사업을 해서 돈을 벌어 보고 싶은 욕구가 생기는 것은 팔자의 탓이라고 해도 되겠다. 다만 그 마음에서 자신은 재물에 인연이 없음을 잘 알고 평정심을 잃지 않고 무리하지 않는다면 나쁜 운이라고 해도 무슨 상관이 있겠는가.

그리고 傷官이 官星을 바라다봐서 흉허물이 발생할 암시가 있다면 또한 자신의 마음을 잘 다스리고 입을 엄중하게 지켜서 무리한 발언을 하지 않는다면 아무리 흉한 운이라고 해도 결코 어떻게 하지는 못할 것이다. 그럼에도 불구하고 이러한 운이 되면 스스로 자제력을 상실하고 무리하게 동분서주하면서 화닥닥거리다가 결국 자승자박으로 얽혀 드는 것을 보면서 참으로 인생의 경영은 난제 중의 난제라는 생각이 든다. 이렇게 말하면서도 낭월 또한 자신의 팔자에 대한 암시에서 벗어나지 못하고 그 속에서 희로애락을 느끼고 있으니 누구를 탓하겠느냐는 생각을 하는 것은 당연하다. 그래도 이렇게 벗어나는 방법이 있다는 것은 어렴풋이나마 알고 있다. 여하튼 중요한 것은 이 운의 움직임을 잘 파악하는 것이라고 생각은 하는데 여전히 많은 노력을 해야 함을 느끼고 있을 뿐이다. 문득 이런 생각이 든다.

戊寅년과 己卯년을 보내면서 감로사를 방문한 많은 사람들이 법당을 지어야겠다는 말을 해주고 갔다. 그 말은 곧 '절이란 것이 이렇게 조립식이어서야 될 일인가? 주지의 무능함을 보이는 것이니 빨리 털고 법당을 근사하게 지어야 하지 않겠나' 하는 말이다.

어쩌면 그보다 더 강한 어조였는지도 모르겠다. 그런 말을 들으니 누군들 그렇게 멋진 기와집에 부처님을 모시고 싶지 않겠는가 하면서 참으로 쓸데없는 일에 참견한다는 생각도 들었다. 실로 낭월도 그렇게 하면 좋은 줄이야 당연히 안다. 그런데 그러한 일을 하기 위해서는 우선 돈이 있어야 한다는 것이 당면한 현실이다. 일이백도 아니고 2, 3억, 많으면 10억도 적다고 하는 액수이다. 이러한 돈이 어떻게 마련되겠는가. 그 속을 모르고 말로만 거드는 모양인데 실로 갑갑한 사람들이 그네들이다. 그래서 낭월은 그냥 웃으면서 말한다.

"왜요? 부처님이 좁다고 하던가요? 그냥 편안하게 계신 것으로 보이던데? 하하."

이 정도에서 더 이상 말을 하지 않고 마주보고 웃으면 그래도 현명한 사람이다. "그래도 말이지요······." 하면서 다시 길게 말하면 그만 말을 하기 싫어진다. 실로 노자님의 말씀마따나 집은 그 공간을 사용하기 위한 것인데, 법당이 비록 조립식이기는 하지만 공간은 그만하면 충분한데 달리 뭘 어쩌라는 말인지 모르겠다. 좁다면 넓히는 것이 현명하겠지만 단지 껍질을 화려하게 가꾸는 것이 과연 무슨 이득이 있겠는가. 낭월이 알기에 울산의 어느 도반은 멋진 껍질을 얻기 위해서 절의 터를 담보로 잡혀서 농협에서 돈을 융자해서는 터를 닦고 아름드리 나무를 사 날라다가 목수를 시켜 깎았다고 한다. 미국의 어느 교포가 10억 원을 시주하겠다고 해서 그렇게 시작했다는 것이다. 물론 그 이전에 낭월에게 자기의 운을 물었다. 그래서 앞으로 5년간은 꼼짝도 말고 기도만 하라고 권유했는데, 어느 날 기존의 법당을 헐고 새로 공사를 시작했노라는 전화를 해서 잘했다고는 했지만 참 답답했다. 앞으로 운이 불리한데 어쩌려고 그런 일을 저질렀느냐고 하고 싶었지만 남의 큰 공사에 뭐라고 말할 수도 없어서 그냥 넘어갔는데, 그후에 공사가 70퍼센트나 진척된 상황에서 울상이 되어 전화를 했다. 그 교포가 사업이 악화되어서 돈을 보낼 수가 없다고 하더라는 것이다. 그렇다면 이 일을 어떻게 할 것이냐는 생각이 들면서 참으로 자업자득이라는 말을 하지 않을 수가 없었다.

대체로 스님들이 무슨 돈이 있어서 공사를 거창하게 하는 것이 아니다. 주로 신도님들의 시주금으로 일을 하는데, 미리 정한 대로 일이 잘되기만 하면 아무런 문제가 없겠지만 만에 하나라도 착오가 생기면 결국은 절을 팔아서 일꾼의 품값을 줘야 하는 기가 막힌 현실에 부닥치기도 하는 것이다. 그리고 이런 일이 한두 건이 아닌 모양이다. 다들 자신의 운을 살피고 관리를 잘했더라면 이러한 봉변은 당하지 않을 수도 있었을 텐데 스님이라고 해서 운의 사슬로부터 자유로울 수는 없다는 점을 잘 생각해야겠다.

낭월에게 누가 시주를 할 테니 법당을 짓자고 한다면 현금을 손에 쥐어 주기 전에는 절대 일하지 못한다는 말을 할 참인데 실은 그러한 말을 하는 사람도 없는 셈이다.

여기에서 하고 싶은 이야기는 분명해진다. 운이 불리하면 근신하고 자중하라는 말씀이다. 이러한 점만 살핀다면 그야말로 망상으로 인해서 자신도 피곤하고 주변 친지들의 돈까지 말아 넣고서 고통받는 일은 벌어지지 않을 것이다. 그래서 드리는 말씀이 자업자득이라는 것이다. 스스로 만들어서 겪는 현실일 뿐이다. 다만 그 시발점에는 항상 운의 작용이 도사리고 있다는 것을 느끼는 것이다. 여기에서 떠오르는 용어가 있으니 이른바 '因果法'이다. 누굴 탓하랴!

제14장 인과(因果)
운세와의 공존

　사실 명리학 공부를 하면서 종종 느끼는 것은 바로 인과법이라는 존재이다. 원래 인과는 스스로 씨앗을 심어서 결과를 거두는 것이라고 하는데, 운명의 길흉도 이 테두리를 벗어나지 않는다는 것을 알고나서부터 드는 생각이다. 예전에는 어쩌면 인과법보다 운의 길흉이 우선하는 것이라고 생각했는데, 근래에 와서 드는 생각은 그렇지도 않겠다는 것이다. 어느 것이 선후라고 할 필요는 없겠지만, 중요한 것은 인과의 법칙에 의해서 좋은 운과 나쁜 운이 나타나고 있다는 것이다.

　혹 운이 좋아서 사업을 시작하는 사람도 있고, 운이 나쁜 경우에 퇴직금을 받아서 사업에 투자하는 사람도 있다. 그 결과는 팔자의 운에 따를 것이고 100퍼센트 자신이 만든 일이다. 운이 좋으면 돈을 벌 것이고 운이 나쁘면 망할 것이다. 여기에는 운만 존재하지 인과는 존재하지 않는 것처럼 느낄 수도 있다. 그러나 실은 운이 좋아도 사업을 하지 않는다면 돈을 벌 수가 없다는 것을 생각해 보기 바란다. 인과의 법이 아니고서는 되지 않는다는 것을 금세 알 수 있지 않겠는가 말이다. 한편 운이 나빠도 사업을 하지 않는다면 돈을 까먹지 않을 수 있겠다는 결과 예측도 가능하다. 물론 재수가 없으려면 뒤로 넘어져도 코가 깨어진다고 하니까 아마도 다른 일이 생겨서 돈을 까먹게 될지도 모를 일이다. 그러나 이것은 별로 의미가 없다. 사람이 아파서 부득이 병원비를 지출하는 것과 스스로 일을 벌여서 실패한 다음에 느끼는 패배감이 같다고 생각하지만 않는다면 말이다. 결국 불가항력은 어쩔 수 없지만 스스로 일을 벌여서 겪는 고통은 누구에게 하소연할 수도 없는 것이다. 이런 이야기가 생각난다.

어떤 사람이 모처럼 강 위에 배를 띄우고 그 속에서 시원한 바람을 맞으면서 기분 좋게 휴식을 취하고 있었다. 그런데 누군가가 배를 타고 와서 자꾸 자신의 배와 부딪치는 것이다. '쿵', '쿵' 처음 한두 번은 그냥 그런가 보다 했는데, 계속해서 부딪쳐 오는 바람에 그만 기분 좋은 잠에서 깨어나고 말았다. 그러다 보니 슬며시 부아가 치미는 것은 사람이라면 당연한 일일 것이다. 그래서 욕이라도 한번 해주려고 뛰어나갔다. 그 순간 그렇게 자신의 배를 치고 있는 배는 바람에 떠밀려서 자신의 배에 걸린 빈 배였다는 것을 알게 되었다. 그러자 그만 혼자 웃고 말았다.

이 이야기에서 느끼는 바는 바로 자신의 탓이라는 것이다. 자신이 빈 배의 진로를 막고 있으면서 남을 탓한 셈이다. 그리고 그 상황을 바로 이해하고 나면 한 순간 의혹은 사라지고 자신이 멍청했다는 것을 곧 알게 되는 것이다. 그래서 이 우화의 아름다움이 느껴지는데, 운명도 마찬가지이다. 남의 운명 때문에 내가 고통받는다고 할 필요는 없다. 모두가 내 탓이기 때문이다. 예컨대 고시를 10년씩이나 보아도 낙방한다면 경쟁자의 탓이 아니라 자기 탓이라고 해야 할 것이다. 놀라운 일은 고시 공부를 하는 사람일수록 자신의 운명 해석에 더 집착하는 경우가 있더라는 점이다. 최고의 이성으로 공부를 해서 적용해야 할 사람도 이렇게 운명의 작용에 대해서는 궁금해할 수밖에 없다고 하겠지만, 여하튼 낙방하는 사람은 낙방할 인연을 맺었기 때문이며 합격하는 사람도 그에 대한 인연을 맺었다고 해야 할 것이다. 그래서 모든 것은 인과의 법에 의해서 움직이고 있다는 생각을 하게 된다.

그렇다면 그 인과의 법과 운명의 길흉은 별개로 움직이는 것인가에 대해서도 생각해 봐야겠다. 다시 말해서 인과의 법칙을 바탕에 깔고 그 방법론에서는 길흉의 작용을 취하는 것으로 보자는 것이다. 즉 인과가 존재하는 것은 틀림없지만 모두 노력을 함에도 그 결과는 왜 달라지는가에 대해서 의문을 제기한다면 음양의 법칙처럼 서로 맞물려 돌아가는 기어의 톱니바퀴와 같다고 말씀드리고 싶다.

제15장 변수(變數)
올바른 해석에 틀린 결과라면

 실로 자평명리학자를 두렵게 하는 것은 올바른 해석이 되었는가 하는 점이다. 그래서 사주가 틀리지는 않았는지도 살펴보고 생일이 정확한지, 더러는 출생시에 문제가 없는지에 대해서도 다시 질문하는 일이 흔히 생긴다. 그렇게 해서 오류를 바로잡곤 하는데, 주로 출생시에서의 문제가 가장 많이 발생한다.
 한번은 공부하는 학생의 사주로 하루 공부를 하기로 했는데, 낭월이 보기에는 심리적으로 그러한 성분이 있는 것 같았는데 사주에서는 그렇지가 않았던 것이다. 그래서 여러 가지로 확인해 본 결과 辰時가 아니고 巳時라는 결론을 얻어내기도 했다. 그런데 이렇게 해도 뭔가 개운치 않은 경우도 가끔 있다. 그래서 그러한 경우에 대한 가능성을 생각해 보는 장으로 마련했다. 왜냐하면 이렇게 빗나가는 현상이 단지 자신의 공부가 부족해서거나 낭월이 온갖 신살론이나 십이운성 또는 육합이나 형파해 등등을 버린 까닭이라고 생각할 후학도 계실 듯 싶어서 오해하지 말라는 당부의 말씀을 드리고 싶기 때문이다. 한번 버린 것을 다시 끌고 오는 한이 있더라도 실제로 그로 인해서 정확하게 답이 나오기만 한다면 무슨 문제가 있겠는가만, 오로지 생극제화로 추명을 해서 적중하지 않는 경우에는 아마도 다음과 같은 이유가 있지 않겠는가 생각한다. 이 부분에 대해서는 『알기 쉬운 용신분석』에서도 약간 언급했는데, 다시 정리해서 생각해 보도록 한다.

1. 개인적인 느낌과 주변의 관점

임상을 하면서 느끼는 것 중의 하나가 본인이 직접 답을 하는 경우와 대리인이 답을 하는 경우에 서로 차이가 있다는 것을 발견하는 것이다. 즉 본인은 그해에 고통이 많았다고 대답하는데, 주변의 가족은 그해에는 재미있었다고 대답을 한다는 것이다. 그래서 과연 왜 이러한 현상이 일어나는지를 살펴보니, 그 이유 중 하나는 바로 길흉의 기준은 본인의 행복이라는 것을 파악하게 되었다. 그러니까 겉으로는 진급을 하든 돈을 많이 벌든 간에 본인 스스로 생각하기에는 실로 고통이 따랐을 수가 있다는 것이다. 가령 예를 든다면 말이다.

어떤 사람이 그해에 10억의 재물을 벌었다고 한다면 아마도 주변의 그 누구도 그의 성공을 말하지 않을 수가 없을 것이다. 이런 상황에서 명리학자가 그해의 상황을 나빴다고 해석한다면 과연 주변 사람들이 그 판단을 올바로 받아들이겠느냐는 생각을 해보는 것이다. 그리고 대체적인 사람들의 심리에는 그렇게 많은 재물을 확보한다면 운이 좋은 것으로 봐야 한다고 할 것이다. 그런데 낭월은 생각이 좀 다르다. 스스로 과연 그만큼의 행복이 있었는가 하는 점을 생각하는 것이다. 그야말로 철저하게 개인의 행복을 기준으로 운의 좋고 나쁨을 해석해야 한다는 것이다. 『장자』에 나오는 이야기 가운데 이런 말이 보인다.

누구는 왕의 비위를 맞춰 주고 땅을 만 평 얻고, 누구는 왕의 발가락에 난 종기를 빨아 주고 보상으로 애첩을 얻었으며, 또 누구는 왕을 도와서 가까운 사람들을 살해하고 제후가 되었는데 당신은 지금 보니 말이 수천 마리에 땅은 끝이 보이지 않을 정도로 많이 받았으니 왕의 엉덩이에 난 종기라도 빨아 줬는지도 모르겠군. 도대체 어디를 빨아 줬기에 그렇게 많은 보상을 받았는고?

아마도 재산과 명예를 좀 얻었다고 거들먹거리니까 비위가 상해서 쏘아붙인 내용이 아닌가 싶다. 다만 중요한 것은 그렇게 해서 말과 땅을 얻었을 적에 과연 얼마나 행복하겠느냐는 생각을 해볼 수 있겠는데, 남들이야 결과만 좋으면 다 좋다는 말을 할 수도 있지만 본인의 입장에서는 반드시 그렇다고만 할 수도 없다는 점이다.

다음은 예전에 전해 들은 이야기이다. 수십년간 대법원장을 역임하고 정년 퇴임을 하는 곳에서 있었던 이야기이다. 기자가 물었다고 한다.

"대법원장님, 영광스런 일을 마친 소감을 부탁합니다."
"별로 할말이 없습니다······."
"아니, 그렇게 영광된 자리에서 일을 하셨잖아요."
"영광은요······. 치욕의 나날이었지요. 이제 홀가분합니다."

이러한 의미의 말씀을 했다고 한다. 물론 그 말이 어디까지가 사실인지는 낭월도 모르겠지만 그럴 수 있겠다는 생각이 들었다. 명리학을 공부하면서 객관적으로만 해석하는 것은 아무런 의미가 없다는 생각을 하면서부터 이 말이 더욱 귓가에 울린다. 과연 겉으로 나타나는 영광이 무슨 행복이 되겠느냐는 것이다. 실로 중요한 것은 그 사람이 얼마나 행복했는가 하는 것이다. 그 대법원장도 권선징악의 막중한 사명감과 영광으로 늘 행복했다면 그 자리에서 그런 말을 했을 리가 없음은 누구라도 짐작이 가는 것이다. 더구나 배울 만큼 배우고 알 만큼 아는 사람이 그러한 자리에서 그렇게 말했다면……

구태여 벗님의 소견을 묻고 싶지는 않다. 낭월의 생각만 전해 드릴 참이다. 이러한 경우를 당해서 과연 운의 해석을 할 때에 누구의 말을 들을 것인가 하는 점에 대해서이다. 그 결론은 너무도 당연하게 본인에게 물어 봐야겠다는 것이다. 대리인이 답을 하는 것은 오히려 혼란만 가져올 수 있음도 늘 생각해야 한다. 그리고 놀라운 것은 부모나 자녀의 생각조차도 정확하지 않을 수가 있다는 것이다. 본인이 아니고서는 아무도 모른다는 생각을 하지 않을 수 없다. 부디 이러한 문제가 발생한다면 그 기준은 본인의 기분에서 정하시기 바란다는 말씀을 드린다.

2. 마음먹기에 따라서

이제 낭월이 느낀 점에 대해서 소감을 말씀드리고자 한다. 남이 봤을 때 느끼는 점과 본인이 느끼는 점에 얼마간의 차이가 있는지 살펴보기 바란다. 더불어 마음을 어떻게 먹느냐에 따라서 결과는 많이 달라질 수도 있다는 점을 생각해 보자는 의미도 포함된다.

時	日	月	年
癸	己	甲	丁
酉	未	辰	酉
44	34	24	14	04
己	庚	辛	壬	癸
亥	子	丑	寅	卯

　여기에서는 낭월의 丁卯년은 어떠했는지를 생각해 보려고 한다. 당시의 나이는 31세이고 대운은 丑土에 해당하고 있음은 명백하게 알겠다. 대운은 기신이고 세운은 구신이다. 丁卯년이면 丁火의 힘이 대단할 것은 뻔하고 더구나 사주에서 희용신에 해당하는 酉金이 충돌을 당하면서 정화에게 부담을 받기까지 하니 실로 엄청나게 나쁜 운이라고 해석되는 것은 당연하다.
　당시에 어느 할머니의 굿당에서 일이 들어오면 아내인 연지님은 돼지 머리를 삶고 낭월은 징을 치면서 굿도 같고 불공도 같은 일을 하면서 살았다. 그리고 월수입은 아마도 10여 만 원 정도였을 것이다. 그냥 연명했다고 생각하면 딱 적당할 상황이었다. 이런 것을 느끼면서 자신의 운명이 어떻게 돌아가는지에 대해서도 충분히 파악하게 되었지만 이러한 현실을 그대로 수용하기로 했다. 그래서 공식적인 일 외에 땔나무를 하는 것까지 처리된 다음에는 오로지 『적천수』를 읽는 것으로 시간을 보내는 행복감에 젖어 있었다. 처음에는 더듬더듬 살펴 갔지만 시간이 지나고 읽는 횟수를 반복하자 익숙해지면서 글자의 여백에 대해서도 의미가 전달되고 점차로 힘이 붙기 시작했다. 그러면서 그 악조건의 상황들이 모두 잊혀지고 오로지 책을 읽는 데에만 집중되어 날이 가는지도 모르고 글만 읽었다. 그리고 그 순간들이 그렇게 행복할 수가 없었다.

당시에 써놓은 글들을 살펴보면 뜻을 익혀 가는 재미에 밖의 고통은 안중에도 없었던 흔적들을 발견하곤 한다. 그래서 인성의 운에서는 공부를 하게 된다는 말도 가능하다고 하는데, 정화는 바로 인성이기 때문이다. 어쨌거나 그러한 운에서 무슨 장사라도 하려고 했다면 얼마나 고통이 심했겠느냐는 생각도 해본다. 다만 자신의 명식을 정확히 알고 오히려 공부하는 데에 집중하다 보니 고통은 사라지고 희열감이 찾아오더라는 것이다. 이러한 변화의 조짐을 직접 느껴 보지 않았다면 과연 어떻게 감을 잡겠느냐는 생각이 든다.

지금이라도 누군가가 정묘년에는 어떻게 보냈느냐고 한다면 오히려 담담하게 '적천수삼매(滴天髓三昧)에 젖어서 하루하루가 즐겁기만 했다'고 자신 있게 말할 수 있다. 다시 말하면 마음먹기에 따라서 흉운의 작용도 이렇게 달리 인식될 수가 있다는 것이다. 그래서 도인도 운의 작용을 받는 것은 사실이지만 그 마음에 남기지를 않으므로 실제로는 의미가 없다고 해야 하겠다. 실로 낭월의 당시 기분으로는 좋은 책을 만난 행복감으로 충만했던 것이 지금도 느껴질 정도이니 말이다.

이러한 현상은 같은 운의 다른 해석이라기보다는 자신의 생각에 따라서 고통도 행복으로 느낄 수가 있다는 의견을 말씀드리는 것이다. 즉 운이 나쁘다고 해서 기분도 나빠진다는 것은 절대적인 법이 아니라는 점이다. 비록 현실은 그렇게 돌아간다고 하더라도 자신의 마음에서조차 그렇게 느낄 필요는 없다. 그리고 이와 반대가 되는 현상도 생각해 볼 수 있겠다.

예를 들어 남들이 보기에는 손님도 많고 돈도 잘 번다고 하더라도 개인적으로 늘 시간에 쫓기고 심신이 피곤하다면 과연 스스로 운이 좋다고만 느끼겠는가. 또 약간 다른 경우이기는 하지만 종종 재다신약의 구조를 하고 있는 사람들에게서 발견되는 내용인데, 일반적인 상식으로는 그 정도의 수입이면 행복해야 할 터인데도 스스로는 늘 실패했다고 여기고 더 무리해서 큰 수확을 거둬야 한다는 생각으로 불만을 쌓아 가고 있는 경우를 접하면 과연 팔자소관이라는 생각이 절로 든다. 생각하기 나름이라는 것은 틀림없는 말이지만 같은 상황이면서도 느끼는 감정은 서로 다른 것이 참 묘한 일이다. 가령 다 같이 일당을 5만 원 받았다고 한다면 한 사람은 예전에는 2만 원을 받았기 때문에 기분이 매우 좋을 것이고, 또 다른 사람은 사업을 해서 일당이 100만 원도 더 되었다는 것을 생각하면 아쉬울 뿐이다. 같은 상황의 다른 느낌은 확실하다고 하겠다.

그러니까 자신이 목적한 일이 성취되어 남들로부터 인정을 받아서 일 속에서 피곤하게 시간을 보낸다고 할 경우에도 물론 사회적으로 그렇게 하는 것이 삶의 목적이라고 한다면 매우 만족할 것이고 아마도 대부분의 사람들이 성취감에 흐뭇해할 것이다. 다만 일부 별종으로 타고난 사람들은 그렇게 되면 오히려 문을 닫고 배낭을 의지한 채로 어디론가 훨훨 떠나고 싶은 마음을 이루기 위해서 괴로워할 수도 있지 않겠느냐는 생각이 든다. 그리고 충분히 그렇게 될 수도 있다고 본다. 그렇다면 자신이 생각하기에 따라서 같은 운의 다른 기분이 얼마든지 가능하다고 보겠고, 이러한 차이점을 읽어 보려면 용신의 상황도 중요하지만 그 사람이 어떤 마음으로 용신이나 기신을 대하고 있는지에 대해서도 살필 수가 있다면 더욱더 좋겠다.

역시 세상은 보기에 따라서 좋게도 보이고 어둡게도 보인다는 말이 명언이라는 생각을 하면서 벗님도 부디 더욱 행복한 마음으로 현실을 인식하시라는 권유를 드리고 싶다.

3. 여인은 남편 운을 따라간다

원래 여필종부(女必從夫)라고 했지만 운명에서도 이 법칙이 존재하리라고는 미처 생각지 못했다. 그런데 임상을 해가면서 운세도 틀림없이 여필종부라는 것을 인정하지 않을 수 없다는 생각을 하면서 한 말씀 언급해야 하겠다. 그러니까 이 말을 확대해석한다면 운은 활동을 하는 사람을 위주로 흐른다는 것이다. 즉 남자가 살림을 하고 여자가 밖에서 활동한다면 운의 흐름은 여인의 사주를 기준으로 흐르게 된다. 이렇게 되면 남필종처(男必從妻)가 될 것이다. 다시 말하면 운은 활동하지 않으면 작용하지 않을 수도 있다는 것이다.

이러한 공식을 적용하면 여러 가지 운세의 변수를 생각하게 되므로 잘 이해해야 하겠다. 사업을 하는 사람과 직장에 다니는 사람의 운을 비교해 보면 사업하는 사람이 운에 민감하다는 것을 느낄 수 있다. 그러니까 직장 생활을 하는 사람보다 운의 영향을 더욱 많이 받는다는 이야기이다. 즉 운이 좋으면 사업을 하고 운이 약하면 직장 생활을 하면 된다는 결론도 얼마든지 가능하다. 이것을 응용하면 타고난 적성은 사업을 하는 것이 좋겠다고 판단되더라도 운이 약하다면 사업을 자제하고 직장 생활로 방향을 잡으라는 조언을 해주는 것이다. 물론 스스로 망해도 좋으니까 사업을 해보겠다고 한다면 전혀 말릴 필요는 없는 일이다. 그래서 명리 연구가는 조언자일 뿐이지 명령자가 될 수는 없다는 것을 늘 생각하게 된다. 여하튼 스스로 사업을 해서 돈을 벌게 되면 좋겠지만 운이 약해서 실패할 암시가 있다면 신중히 검토해서 스스로 판단하라고 권유한다.

4. 어린 자식은 부모 운을 따라간다

앞의 이야기와 유사한 의미가 되겠는데, 여기에서 강조하고 싶은 것은 대체로 20세 이전의 운세는 그렇게 선명하지 않을 수도 있다는 것이다. 특히 부모 슬하에 있는 경우에는 개인적인 운의 작용보다는 가장의 운에 따라서 길흉이 많이 달라지는 것으로 봐서 어린아이의 운이 작용할 여지는 그만큼 줄어든다. 즉 어릴 때의 운을 참고용으로 확인할 적에는 이 점도 고려하라는 말씀이다. 그렇지 않고서 너무 개인적인 운에만 집착하면 혹 운에 대해 혼란을 느껴서 용신이 뒤바뀔지도 모른다는 점을 염려해서 드리는 말씀이다.

그러므로 어린 사람의 사주를 볼 때에는 운세를 참고하면서 너무 현실적인 대입을 하려 하지 말고 전반적인 상황을 보면서 적성 등에 대해 해석하는 것이 좋겠다. 이러한 점만 주의한다면 편안하게 상담할 수가 있다. 그런데 아무리 어려도 자신의 운에 대해서 느낌은 있지 않겠느냐는 생각을 기본적으로 하고 있는 것은 사실이다. 즉 초등학생이라도 운이 나쁜 해에는 친구의 시달림을 받거나, 학교에서 피곤한 일을 겪게 될 암시가 있겠다는 것은 충분하다. 다시 말해 나름대로의 생활 속에서 희로애락을 느낄 수 있다고 봐서 본인에게 물어 볼 수만 있다면 운을 대입할 수는 있을 것이다. 그 운의 작용도 기껏해야 성적이 올라서 기분이 좋다거나 용돈이 생겨서 신난다는 정도일 가능성이 많으므로 그 사람의 입장에서 대입을 한다면 그대로 적용된다고 보겠다. 낭월의 경우를 생각해 보면 대략 참고가 될지 모르겠다.

낭월이 8세가 되었을 적에는 甲辰년이었고, 9세는 乙巳년이었다. 당시의 대운은 卯木이 시작된 상황이라고 보면 되겠다. 그리고 전후의 사정을 살펴볼 때 아직은 어리므로 부친의 운이 작용했을 것으로 대입을 해본다. 당시 부친은 희망을 찾아서 안면도로 야산을 개간하러 들어갔으므로 식상의 작용을 받은 것으로 봐야겠다. 癸水일간이시기 때문에 그렇게 볼 수가 있다. 대운은 생략하고 나름대로 희망이 있어서 보따리를 싸짊어지고 안면도의 나룻배를 탔던 것이다. 계수가 군겁쟁재를 만난 사주에서 식상이 왔으니 아마도 서부 개척의 수레 행렬에 끼인 기분이 아닐까 싶다. 이 사주는 다음의 『적천수강의』 3권에서 상세히 다룰 예정이다.

여하튼 부친의 개척욕으로 말미암아 자녀는 학교를 중단하고 전학을 해야 했는데, 물론 낭월만 그에 해당되었다. 아시는 벗님도 있겠지만 천성이 내성적인데다가 경상도 창원에서 당시 국민학교 2학년을 다니다가 충청도 서산 땅으로 이동한다는 것은 완전히 타국으로 가는 것과 같다고 해야 할 것이나. 언어의 장벽(!)이며 친구들의 핍박을 생각하면 무지하게 힘들었던 甲辰년과 乙巳년의 기억이 아직도 선하면서 너무 억울하다는 생각이 든다.

당시의 대운을 보면 卯木으로서 식신이 충을 만났다. 물론 酉金이 충하므로 흉하다고는 할 수 없지만 피곤한 것은 사실이다. 또한 세운에서도 관살이 들어오고 있으니 이것은 억압이다. 그래서 심리적으로 참아야 한다는 생각을 암암리에 하게 되었는데, 현실적으로도 그렇게 피곤한 시간을 보냈던 것은 어쩔 수 없는 운명의 탓이라고 해야 할 모양이다. 그런데 묘하게도 그 이전까지는 참으로 편하게 잘살았던 것이다. 부모님이야 빚 때문에 고통을 받거나 말거나 개인적으로는 친구들과 어울려서 전혀 어려움 없이 잘살았는데, 癸水의 운이 작용하고 있는 동안이라고 생각된다.

이렇게 대입을 하니 결국은 金水의 운은 좋지만 木火土의 운은 좋을 일이 없다고 해석되는데, 비록 그렇다고 해도 그냥 고향에서 학교를 다녔다면 그렇게까지 힘들지는 않았을 것이다. 즉 부모의 운에 의해서 낭월은 억울하게 그 부담감을 더 크게 느낀 것이라고 해석해 보자는 것이다. 그래서 지금은 아이들이 전학을 하지 않도록 해야 한다는 생각이 굳어지게 되었고, 따라서 재학중에는 절대로 전학을 하지 말아야 한다는 생각으로 현재까지 무리 없이 학교를 잘 다니고 있는 자식들을 보면서 아비의 고통을 어찌 알겠는가 하는 마음이 가끔 든다.

다시 말하면 지금의 자식들은 부모의 운이 안정을 찾음으로써 스스로의 운이 다소 약하다고 해도 큰 무리 없이 잘 보내고 있다는 것을 생각해 보면서 어린 시절의 운은 개인적인 것으로만 해석할 것이 아니라 부모의 운을 살펴서 대입해야 한다는 점을 말씀드린다. 그리고 그 한계는 학교를 마칠 때까지로 하면 어떨까 싶다. 참고하는 것도 해롭지 않으리라고 봐서 긴 말씀 드렸다.

5. 늙으면 자식 운을 따라간다

이번에는 앞의 경우와 반대가 되는 입장이다. 자신이 활동을 하지 않고 자식이 벌어다 주는 상황이 된다면 자신의 운은 작용하지 않을 가능성도 많다는 이야기이다. 그래서 자식의 운에 따라서 길흉이 달라질 수가 있다. 그러다 보니 늙어서 생활력을 상실한 노인의 운명을 볼 때에는 사업의 운을 보는 것이 아니라 기껏 건강에 대한 정도를 보는 것이 타당하다. 그런데 사실 자평명리에서 다루는 건강이라고 하는 것이 극히 제한적인 오장육부의 균형 정도이므로 그 이상의 접근은 당분간 어려우리라고 보고, 실제로 노인의 사주 해석은 별 도움이 되지 않는다는 생각을 하게 된다.

이러한 점을 응용하면 60이 넘어서 다소 기운은 있더라도 자식의 운이 좋고 자신은 운이 쇠약해진다면 일선에서 물러나는 것이 현명하다고 판단된다는 조언을 할 수가 있겠다. 재벌들 중에서도 늙어서 몸도 가누지 못할 지경이 되어서도 영업에 개입하는 사람들을 더러 본다. 그리고 그 모습이 웅장하지 못하고 초췌해 보이는 것이 오히려 불쌍하다는 생각이 드는 것은 인간적인 연민이다. 운명적으로는 물러날 때를 놓친 것으로 해석해야 하지 않을까 싶다.

그러므로 자식의 운도 쓸모가 없다면 다른 사람을 찾아야 하는 것이고, 적절한 사람을 찾은 다음에는 과감하게 물러나야 한다. 그러니까 고대 중국에서도 자신의 왕 자리를 아들에게 물려주려다 보니 아들의 그릇이 아니라는 것을 판단하고서는 그대로 다른 현인에게 물려주는 일이 일어날 수 있는 것이다. 그래서 그들을 어진 임금이라고 하는데, 장자님은 물론 그러한 왕들을 비난하고 겉치레에 팔려서 자식을 굶어 죽게 만들었다는 말도 했지만, 운명적으로 본다면 좀 딱하기는 하나 억조창생을 생각한다면 오히려 자식 하나 굶어 죽는 것이 나을지도 모르겠다. 그렇게 무능한(스스로 목숨도 유지하지 못할 정도로 무능한 인간이었다면) 사람이 백성을 통치했다면 얼마나 많은 사람이 굶어 죽었겠느냐는 생각도 해봐야겠기 때문이다.

젊어서 가장 어려운 일은 자신이 무슨 일을 해야 할 것인지를 판단하는 것이라고 생각된다. 그리고 늙어서 가장 어려운 일은 자신이 물러나야 할 때를 정확하게 아는 일이다. 그 욕망이라는 것이 사람을 붙잡기 때문이다. 이것은 남자들에게만 해당하는 것이 아니고 여인도 마찬가지이다. 시어머니가 어느 시기에 며느리에게 곳간의 열쇠를 맡기느냐 하는 것도 이에 못지않게 중요한 것이다. 이 시기를 놓치면 그만 찬밥이 될 가능성도 있는데, 실은 그렇게 찬밥이 될까봐 적절한 시기에 살림살이 운영권을 넘겨주지 못한 것으로 인해서 오히려 찬밥이 된다는 것이 참 묘한 일이라는 생각이 든다.

역시 세상만사는 적절한 때가 있는 법이다. 그때를 명리학자는 운세를 통해서 읽어 내는 것이다. 그러니까 운을 봐서 약하다고 판단되면 운이 가장 강한 자녀에게 넘겨주는 것이다. 그렇게 되면 가정은 계속 활기 차게 운영될 것이고 그에 따라 대우도 잘 받게 되리라고 본다. 이미 운이 다했는데도 추한 몰골로 운영자가 되려고 하는 것은 여러 사람을 따분하게 하는 것이다. 그러므로 늙어서 물러나는 것이 늙은이의 가장 큰 숙제라고 해도 되겠다. 이것은 세간의 나이로 구분하는 것이 아니라 운으로 구분한다는 점도 고려해야겠다.

실로 자연계에서 동물들은 가장 운세가 강한 놈이 리더가 되는 것으로 법칙이 정해진 모양이다. 그래서 1년에 한 번씩 경쟁을 하기 위해서 수놈들은 목숨을 걸기도 하는데, 역시 가장 강한 무리로 약육강식의 세상을 살아가기 위해서는 피할 수 없는 숙제이다. 그리고 스스로 운이 약해져서 힘이 빠지면 그냥 물러나거나 용감하게 한판 붙어서 후배에게 물려주고 자신은 죽음을 맞이하기도 하는데, 사람은 그렇게 칼부림을 하는 것이 결코 현명하지 않으므로 물러날 줄을 알아서 양보하는 것이다. 그렇지 못하면 그야말로 '짐승만도 못한 인간'이라는 말을 듣게 될지도 모를 일이다.

6. 장애자의 운세

예나 지금이나 신체나 정신이 자유롭지 못한 사람은 늘 있어 왔고 앞으로도 있을 것이다. 아무리 의학이 발달한다고 해도 다소 편리해지기는 하겠지만 장애자를 없애지는 못할 것이므로 언제나 사회적으로 이 점은 고려해야 하겠다. 자평명리학자의 입장에서는 장애자의 운세를 어떻게 판단할 것인지를 생각하는 것으로 기본적인 체면을 유지했다고 할 참이다. 말이 되는지는 모르겠으나 평소 낭월이 생각하던 점을 전해 드린다.

1) 정신 장애

우선 정신적으로 장애가 있을 경우에는 사람이라고 하기 어렵겠다. 어디에서도 무슨 일도 할 수가 없기 때문이다. 실로 정신병자는 사회적으로도 격리시키는 것이 보통이고, 그렇게 하지 않고서는 언제 사나운 흉기로 변할지 또는 상애가 발생할지 몰라서 곤란한 지경에 처할 가능성이 많다고 봐서일 것이다. 사주에서 정신 장애를 읽을 수 있을지는 모를 일이다. 하도 여러 가지의 문제가 복합적으로 얽힌 경우가 많아서이다. 몇 가지의 경우를 놓고 생각해 보도록 하자.

①선천적인 정신 장애

이 경우는 저능아라고 할 수 있는데, 이러한 사람의 운명은 용신이고 뭐고 찾을 필요가 없다고 봐야 할 것이다. 용신이란 것이 사회에서 살아갈 구멍을 찾아내는 것인데 이 사람은 기본적으로 그 수준이 되지 못하니 무슨 용신을 찾겠는가. 물론 사주에서는 용신을 찾을 수가 있겠지만 그 용신을 놓고 운을 대입하는 것이 아무런 의미가 없다는 생각을 해보자는 것이다. 다음의 사주를 보면서 말씀드린다.

時	日	月	年
辛	庚	庚	辛
巳	辰	子	亥

55	45	35	25	15	05
甲	乙	丙	丁	戊	己
午	未	申	酉	戌	亥

子月의 庚辰일주가 매우 왕성한 구조이다. 子辰으로 합이 되어서 신약하다고 할 수도 있으나 시간의 辛金이나 연간의 신금 또는 월간의 庚金까지 가세하는 것으로 봐서 절대로 약하지 않다고 해야겠다. 따라서 음기가 너무 강한 것을 고려한다면 時支의 巳火를 용신으로 하고 木의 운을 기다리는 것으로 답을 내면 되겠다. 용신은 火, 희신은 木, 기신은 水, 구신은 金, 한신은 土가 되는 구조로서 25세부터의 丁火대운이 기대되며, 丙火대운은 합이 되어서 기대하기 어렵겠지만 乙未와 甲午 대운은 기대가 된다고 하겠다. 물론 천간의 목이 현실적으로 원국의 경금과 신금에게 눌리는 것을 고려한다면 큰 기대는 하기 어려워도 비교적 좋다고 해야 할 것 같다.

그런데 이 사주의 주인공은 선천성 저능아이다. 정신 연령은 약 6세 정도로서 스스로 사회 생활을 하기에는 극히 불가능하다고 해야 할 것이다. 당시 어머니가 상담을 신청했는데, 丁卯년이어서 낭월이 보기에 火木이 들어왔으니 올해 운이 좋다고 해석을 했다. 그런데 실은 전혀 소용이 없는 이야기였던 것이다. 공부와는 담을 쌓아야 하기 때문이다. 그래서 빗나간 상담으로 인해서 창피함을 느꼈는데, 이러한 경험이 쌓이면서 내린 결론은 정신 장애자에게는 운의 해석이 별 의미가 없다는 것이다. 즉 사회 생활을 할 그릇이 아니니 어떻게 쓰일지를 생각할 필요 없다는 것으로 결론을 내리게 되었다. 다만 이 사주의 주인공이 정신 장애자가 아니라 다른 사람이었다면 정묘년은 공부도 잘되고 좋았다고 해석해도 맞았을 것이다. 이런 식으로 대입을 한다면 무슨 문제가 있겠는가. 정신 장애자를 사주로 읽을 수는 없겠느냐는 질문을 하고 싶은 벗님이 많으리라고 생각되는데, '하하, 글쎄올시다'라고 해야 할 모양이다. 여하튼 그러한 방법이 있는지는 모르겠지만 낭월의 생각으로는 불가능한 것으로 보고 아예 생각지도 않는다는 말씀만 드린다.

②후천적인 충격에 의한 장애
이런 경우도 많을 것이나. 어느 날 자동차 사고로 식물 인간이 되었다거나, 사랑하는 사람이 죽고 나서 자신도 실신 상태가 됐다거나, 강간범에게 욕을 당한 후 정신적으로 대인 기피증이 생겨서 병원 신세를 지는 등등의 온갖 일들이 세상에서는 늘 일어나고 있다. 그 경우의 수는 부지기수여서 일일이 열거할 수도 없고 그럴 필요도 없겠다.
이러한 경우에는 정상적일 경우에만 운의 대입이 해당되고, 사고가 나서 비정상적인 상태가 지속된다면 그때부터는 운의 대입이 필요 없다고 생각하는 것이 좋다. 즉 사고를 당해서 식물 인간이 되어 의학적으로는 일어날 가망이 없다고 한다면 용신운이면 뭘 하고 희신운이면 뭘 하겠느냐는 말이다. 이러한 사람의 가족들은 답답한 마음에 상담실을 찾을 수는 있겠지만, 그러한 정황을 숨기고 이야기한 다면 그대로 운의 대입을 하게 되나 그 상황을 알게 되면 대입하지 말라는 말씀을 드리는 것이다. 즉 운이 좋다고 해서 의학적으로, 그러니까 현실적으로 불가능한 일이 가능케 되지는 않는다는 것을 반드시 인식시켜 줘야 한다. 그래서 더 이상 환자의 사주를 보러 다니지 말도록 해주고 오히려 초자연의 현상에 의지하도록 권유하는 것이 더 현명한 조언이 될 것이다. 이런 사람을 놓고서 '운이 좋으니까 기적이 일어난다'고 말할 수도 있겠으나 예언자가 아니라 상담사가 되어서 현실적으로 어려운 점과 늘 일어날 수 있는 변수에 대해서 함께 설명하는 것이 현명한 상담이 되리라고 생각되어서 언급해 드렸다.

2) 신체 장애

이번에는 정신적으로는 매우 정상이고 신체적으로만 장애가 있는 경우를 생각해 본다. 물론 정신이 성하다는 것만으로 사회 생활을 잘 할 수 있다고는 하기 어렵다. 장애라도 어느 부위가 장애인지를 구분해야 할 것이다. 가령 하체가 장애라면 두 손을 이용하는 일이면 뭐든지 할 수가 있다. 실로 그러한 일은 무수히 많을 것이며 특히 요즘같이 컴퓨터와 관련된 일이 많아진 상황에서는 집에서 자신의 일을 맡아서 처리할 수도 있겠으므로 활용의 폭이 상당히 넓다. 다만 출근하고 퇴근해야 하거나 수금원이나 방문 판매와 같은 일은 인연이 없다고 해야겠고, 그에 따라서 자신의 영역을 한정하면 충분히 운의 작용이 있을 수 있다고 보는 것이다.

그리고 사주학 등의 명리학을 배워서 상담사가 되는 것도 좋겠다. 많이 돌아다닐 필요가 없는 직업인데다 어쩌면 올바른 명리학을 지체 장애자용 교육 시스템으로 개발하는 것도 의미 있는 일이라는 생각이 든다. 자신의 상처를 경험으로 되살려서 남에게 따스한 조언을 해줄 수 있다면 자신의 신체에 대한 장애는 이미 오래 전에 잊어버리게 될 것이다. 실로 낭월의 주변에서도 지체가 불편한 벗님이 더러 계신데 장애를 극복하고 명리학의 전문가로서 많은 노력을 하는 것을 보면서 참 아름답다는 생각을 하게 된다. 누가 그를 장애자라고 무시하겠으며 참으로 현명한 삶의 방향을 찾았다는 생각이 드는 것이다. 이렇게 되면 운의 작용은 그대로 살아난다.

혹 자신의 장애를 잊고 방향을 잘못 잡는다면 문제는 달라진다. 손 하나가 없는 장애자가 워드프로세서를 다루는 직업에 종사하겠다고 한다면 이미 50퍼센트 이상은 손해를 보는 것이다. 한 손으로 필기를 하는 것은 충분하겠지만 두 손으로 글자판을 두드리는 것에 비한다면 이 사람의 능력은 이미 남을 따를 수가 없는 것이다. 이러한 점을 고려해서 방향을 잡는다면 운의 작용은 그대로 존재하는 것으로 해석해도 무리가 없다.

7. 개인보다 그룹의 운이 우선한다

자평명리가 개인의 운명을 논하는 것임을 분명히 한다면 그 한계도 명확하다. 극히 개인적인 운의 길흉에 대해서 능력을 발휘한다는 점이다. 그렇다면 개인이 아니고 좀더 커다란 그룹이라는 영향권 아래에 놓인다면 어떻게 될 것인가를 생각해 본다. 너무도 당연한 이야기지만 개인적인 운 앞에서 그 그룹의 영향력이 작용하게 되는 것이다. 즉 얼마 전에는 약사와 의사 간에 충돌이 있었는데, 그 의사들은 개인적으로 운이 좋아서 수입이 짭짤하거나 말거나 사회적으로 위태로운 그룹의 운을 맞이함으로써 개인적인 운은 의미가 없다고 봤기 때문에 그 농성에 가담했을 것이다. 오히려 잘 나가는 의사일 수록 빠져 나가지 못하고 추운 데에서 머리를 깎아야 했을 것으로 본다. 여기에서 개인의 운은 접어 놓는다는 이야기이다.

그리고 이러한 사례는 무수히 많다. 삼풍백화점 붕괴 때에도 틀림 없이 장래가 촉망되는 좋은 운을 탄 사람이 있었는데 그보다 큰 백화점이라는 건물이 넘어가니까 개인적으로 운이 좋은 것은 생략되었던 것으로 해석할 수밖에 없었다. 물론 개인적으로는 운이 좋았다는 이야기이다. 역시 달리 할말이 없겠고, 그렇다면 자평명리가 무슨 의미가 있느냐고 한다면 여하튼 현실이 그렇다고 말할 참이다. 즉 이러한 현실을 고려해서 수용해야 한다는 것이고, 사실 대다수의 사람들은 모두 개인적인 삶을 살고 있다는 점을 생각한다면 달리 문제라고 할 것까지는 없다고 볼 수도 있다. 다만 그러한 일이 발생할 때에는 우선하는 것이 개인의 운이 아니라는 점을 헤아려야 한다는 것이다.

씨랜드에서 불타 죽은 어린 영혼들이나 히로시마 원폭에 죽은 고혼들, 비행기가 추락해서 전부 다 죽는 경우도 모두 마찬가지 의미라고 하겠고, 한참 인기를 끈 영화 '타이타닉'을 보아도 구조된 몇몇 사람을 제외하고는 모두 단체의 운에 휘말렸다고 해석해야 할 것이다. 그리고 살아가는 과정에서도 늘 그러한 일이 발생한다는 것을 고려하고 이러한 배경을 염두에 두고서 개인적인 운이 작용한다는 것을 명심한다면 별문제는 없다고 생각된다. 대다수의 사람들은 그러한 영향보다는 개인적인 영향으로 살아가고 있기 때문이다.

8. 그룹보다 국가의 운이 우선한다

앞의 이야기를 확대하는 이야기이다. 국가의 운이 불리하다면 그룹이든 개인이든 달리 설명할 필요가 없다. 이런 식으로 점차 넓게 해석하면 되는데, 더 넓게 하면 국가보다는 지구의 운이 우선하고, 태양계의 운보다는 은하계의 운이 우선한다고 하면 이해가 될 것이다. 참고하여 대입하기 바란다.

9. 배우자의 인연에 대한 변수

이 부분에 대해서도 생각해 보지 않을 수가 없겠다. 가령 어떤 여인이 있는데 자신의 팔자에서 관살의 운이 전혀 아닌 상황에서 남자가 생겼다고 한다면 과연 이것은 무슨 인연으로 생긴 것이냐고 물었을 때 명리학자는 뭐라고 답할 것인가? 아마도 임상을 많이 해보신 명리학자라면 이런 이야기를 접했을 때 설명을 하기 위해서 땀을 흘려 본 경험이 있을 것이다. 그렇다면 그러한 이유는 어떻게 설명해야 할 것인지에 대해서 지금 생각해 보고자 한다.

1) 운과 상관없이 이성이 생길 수도 있다

이런 제목을 보고 낭월에게 무책임하다고 말씀하고 싶으실지도 모르겠다. 그러나 다음의 설명을 듣는다면 그 의미를 파악할 수 있을 것이다. 예를 들어서 두 남녀가 극히 제한된 공간에 놓이는 환경이 되었다고 생각해 보자. 물론 둘 다 심신이 건강한 정상적인 사람임을 전제로 한다. 그랬을 적에 일단 기본적으로 자신에게는 이성의 운이 없으므로 별로 호감을 느끼지 못할 수도 있을 것이다. 그런데 공교롭게도 그 남자에게는 이성의 운이 다가왔다고 생각해 보자. 그렇게 되면 어떻게 해서든지 그 여인과 정을 나누고 싶어 안달이 날 것은 당연할 것이고 그 결과 아마도 여인은 거부만 할 수도 없지 않겠느냐는 생각을 해본다.

그리고 두 사람이 모두 이성의 운이 아니라고 한들 또 절대로 좋아하는 감정이 없으리라는 보장은 있느냐고 질문을 드려도 되겠다. 아마도 운명 이전에 본능적으로 서로를 필요로 할 수도 있다는 답변은 구태여 할 필요가 없겠다. 이러한 정도는 이미 세상을 살아오면서 많이 느꼈을 것이고 전혀 생각해 본 적이 없다면 지금이라도 좋으니 조용히 그 상황을 생각해 보는 것도 좋겠다. 여기에서 낭월이 드리고 싶은 말씀은 운명보다 본능이 우선한다는 생각을 해보자는 것이고, 그러한 본능의 요구를 운에서 자극시킨다고 생각하는 것은 사실이지만 단지 종족 보존과 연계해서 이성의 이러한 특수한 상황을 연출하는 경우라면 아마도 예외라고 해도 되지 않겠느냐는 것이다.

그렇다면 벗님에게 이런 환경이 주어졌다고 생각해 보자. 특히 남자의 사주에 이성의 인연이 없는 운에서 여인이 나타났을 때에는 어떻겠는지도 한번 생각해 보자. 당연히 마음이 흔들리고 혼란스러울 것이며 신체적인 구조상으로도 남자는 언제라도 성적인 일을 할 수가 있다는 것도 고려한다면 거의 틀림없이 여자의 유도에 넘어갈 것이다.

이러한 상황이라면 아마도 여자보다는 남자의 경우에 유혹(?)을 당할 가능성이 더 많다고 해야겠는데, 그 의미까지 설명할 필요는 없으리라고 본다. 여하튼 결론은 남자 자신의 운에서는 이성의 운이 들어오지 않더라도 여인이 이성운이 된다면 유혹을 받을 수 있고, 남자가 여인을 유혹했을 경우와 비교해서 그 성공의 가능성은 더욱 높아진다는 것을 알 수 있다. 실로 이러한 것을 확인하기 위해서 낭월도 나름대로 14년이 걸렸던 것을 생각하면 참 대단한 집중력이라고 해야 할 모양이다.

2) 귀문관살과 연관해서

『알기 쉬운 합충변화』의 116~117쪽 사이에는 귀문관살에 대한 설명이 되어 있는데, 특히 117쪽 5줄부터 약간의 부연 설명이 되어 있음을 발견할 수가 있다. 실은 丙寅(1986)년에 잠시 무슨 일이 있었는데, (너무 자세히 알려고 하지 말라고 하면서) 당시에 대운이나 세운을 아무리 봐도 이성이 생긴다는 암시는 없는 상황이었다. 그럼에도 어울리지 않게 여인이 생겼는데, 그 이유를 어느 선생께 질문을 드렸더니, 과연 귀문관살로 인해서라는 것이다. 그래서 오행의 생극제화나 십성의 대입으로 해석되지 않음으로써 결국은 그렇게 볼 수밖에 없었고 달리 아니라고 떼를 써볼 수도 없었던 것이다. 그런데 앞에 설명한 대로 상대방의 사주를 놓고 운을 대입해 보니 正官에 해당하는 해였던 것이다. 그 소식을 바로 며칠 전에야 깨닫게 되었다.

실로 그 선생의 말씀대로 귀문관살의 작용이었는지도 모르겠다는 생각으로 확인해 봐야겠다고 했는데, 그로부터 12년을 기다려서 바로 戊寅(1998)년을 겪어 본 다음에야 자신 있게 말씀드릴 수가 있다는 것이다. 결과적으로 확인하게 된 것은 무인년에도 당연히 귀문관살에 해당하는 寅未가 발생했음에도 불구하고 그에 상응하는 작용이 나타나지 않았다는 것이다. 그래서 도대체 무슨 일로 해석해야 하는가를 올해까지도 깨닫지 못했는데, 이렇게 머리가 둔한 낭월이 며칠 전에 다시 곰곰 살피다가 비로소 상대의 사주에 있는 官星의 작용에 의한 것이라는 해석을 하게 되었던 것이다.

혹자는 그때와 지금의 환경이 다르지 않느냐고 한다면 물론 당연한 이야기이다. 다만 신살이 그렇게 환경의 변화까지 고려해야 할 정도로 구체적인 적중성이 없는 것이라면 무시해도 되겠다는 결론을 내리는 것이다. 그래서 이제는 귀문관살에 대해서도 완전히 벗어나게 되었다는 말씀을 드리면서 해석의 방법으로서 이러한 설명을 드리는 것이다.

다만 또 알 수 없는 일이다. 만약 상대방의 운에서도 이성의 암시가 전혀 없는 경우라면 이번에는 어떻게 원인을 규명해야 할 것인지는 참 난감하고 어쩌면 또 그 일을 규명하기 위해서 20년이 걸릴지도 모르겠다. 그렇다고 해도 걱정은 없다. 이렇게 말씀드림으로써 여하튼 남녀의 관계는 운명이라고만 할 것은 아니라는 가능성을 파악할 수 있고, 그로 인해서 다시 확인하는 것은 본능의 작용은 운으로만 대입할 수도 없다는 것이다. 즉 운세의 대입은 사회적인 분야에서 크게 작용하는 것이고 본능적인 것으로 근접할수록 오차가 발생할 여지가 있다는 점을 명확하게 이해한다면 충분하겠다. 그 이외의 상황들에 대해서는 또 문제가 생기면 해결해 보도록 하면 되겠다.

10. 운세를 압도하는 본능의 변수

내친김에 본능에 대해서 좀더 생각해 보도록 하자. 본능이라고 하지만 부처님은 '욕망(慾望)의 늪'으로 보신 듯싶다. 인간에게는 오욕이 있는데, 그로 인해서 생로병사를 끊지 못하고 윤회를 거듭한다는 이야기이다. 그 오욕은 과연 무엇이며 운의 작용과 연관시켜서 어떻게 이해할 수 있을지를 생각해 보도록 한다.

① 식욕(食慾)
② 색욕(色慾)
③ 수면욕(睡眠慾)
④ 재물욕(財物慾)
⑤ 명예욕(名譽慾)

　이상이다. 이러한 부분은 사주팔자의 성격존과는 아무런 상관 없이 모두 갖고 있는 인간 공통이라고 보면 되겠다. 자신이 생존하기 위해서는 먹어야 살고, 배부르면 종족 보존을 위해 이성을 찾아야 하고, 그리고 나면 고단해서 잠을 자고 싶을 것이고, 잠자고 나서는 새끼들 먹여 살리기 위해서 돈을 벌어야 하겠고, 돈이 모이면 남보다 우뚝 서고 싶어서 명예가 탐이 난다는 흐름인데, 그대로 말이 되는 연결이다.
　그렇다면 이 부분에 대해서는 사주의 설명을 하지 않더라도 일단은 누구에게나 내재하는 본능이라고 이해하면 된다. 그리고 본능이기 때문에 그만큼 벗어나기 어렵고 그로 말미암아 인간을 얽매는 밧줄로 생각하신 부처님의 견해는 타당하다. 그중에서도 모두가 갖춰지고 나서 생각하는 명예욕은 참으로 끊기가 어렵다는 말들을 많이 한다. 실제로 돈 좀 있는 사람이면 가능하다면 명예를 찾아서 국회라도 들어가 보려고 안간힘을 쓰는 경우를 많이 보면서 이해가 되는 장면이기도 하다.
　이러한 점에서 생각한다면 사흘 굶어서 남의 담장을 넘지 않을 사람이 없다고 공자님이 말씀하셨다는데, 과연 옳으신 말씀이다. 그대로 인간의 본능을 설명한 대목으로서 즉 정관이 옆에 붙어 있더라도 사흘만 굶으면 식욕이 동해서 먹을 것을 찾는다는 이야기이다. 그리고 이렇게 변수에 대한 부분은 반드시 한 번쯤 생각해 볼 필요가 있는 대목이기도 하다는 것을 고려하면서 사주에 상관이 없더라도 명예욕은 기본적으로 있으며 다만 현실적으로 불가능하기 때문에 느끼지 못할 뿐이라고 설명하면 되겠다.

제16장 결론(結論)
이제 운에 자유로우시기를

 이 정도의 설명이라면 현명하신 벗님은 이미 그 해석의 범위를 충분히 파악하셨으리라고 본다. 결론은 바로 개인이 사회적으로 어떻게 운의 영향을 받으면서 살아가는 것인가 하는 점에 대해서 대입을 하면 해석 못할 일이 없겠고, 그 이면에는 본능적이거나 유전적인 영향은 항상 존재하고 있다는 것을 고려해서 대입해야겠으며, 특히 대입하는 과정에서 심리적인 변화에 대해서는 늘 주시할 필요가 있다는 것이다. 그리고 그 심리의 변화소차도 본능을 능가하지는 못할 암시가 강하다는 것까지 이해하였다면 운세의 대입에서는 더 이상 곤란할 일이 없지 않을까 싶다.

 그러니까 늘 살펴야 할 것은 용신이 운의 길흉을 해결하는 열쇠인 것은 틀림없지만 또한 이 정도의 실력이 된 다음에는 용신의 대입만으로 운의 길흉을 해석하는 것은 참으로 위험하다는 것이다. 그 말을 왜 이제야 하느냐고 하신다면 물론 죄송하다는 말씀을 드려야 하겠지만 실은 기본을 배울 적에는 명확하게 입력을 시켜야 한다는 점을 변명삼아서 말씀드린다. 그리고 100퍼센트 운으로 해석되지 않음을 경험하고 나서야 비로소 그외의 어떤 작용이 있을까를 생각케 되고 그 무렵이면 이제 이러한 설명이 눈에 들어올 것이다. 아마도 이러한 과정은 당연할 것이다. 그 점을 헤아리신다면 일종의 방편으로 운용했을 뿐 벗님들을 곤경에 처하게 할 생각은 전혀 없다는 점을 이해할 것이다. 그리고 그렇게나마 공부하지 않았더라면 아직도 미로를 헤매고 있지 않는다고 보장할 수도 없을 것이다.

덧붙여서 용신만 가지고 해석하려고 하지 말라는 당부의 말씀을 드린다. 이렇게 정확한 대입의 범위를 정해 놓고서 세밀하게 오행의 생극제화를 이해하고 인간의 길흉화복을 대입해서 해석한다면 대체로 거의 벗어나지 않는 결론을 얻을 수가 있다. 어느 정도의 용신을 이해한 다음에는 필연적으로 고민에 빠지게 되는 운세의 흐름을 이해하는 데 이 부분의 설명이 도움을 줄 것이다.

이 책의 제7부에 언급한 「운세」편의 설명을 잘 이해하는 것으로도 많은 도움이 되셨으리라고 생각하면서도 이렇게 상당한 지면을 할애해서 운에 대한 설명을 드리는 것은 오직 독학을 하시는 벗님의 안목을 돕고자 함이다. 어느 책을 봐도 운세의 대입을 구체적으로 설명하는 내용이 없어서 어떻게 해야 할지 난감해하시는 벗님들의 이야기를 들을 적마다 늘 미안한 마음이 들었는데, 이제 이 정도라도 나름대로 정리한 의견을 드렸으므로 적어도 『적천수강의』 2권에서는 대운과 세운에 대한 대입 방법이 자세히 나와 있다는 말씀을 드릴 수가 있겠고 벗님께서도 『적천수』에는 설명이 있다는 말씀을 하시게 된다면 좋겠다. 물론 낭월의 희망이라는 것도 잘 알고 있지만 기왕이면 그렇게 운세를 읽는 방향에서 도움이 되시기를 바라는 마음이다. 이 정도로 줄인다.

2권을 마치며

• 이번 『적천수강의』 2권에서는 대체로 『적천수』의 본론에 해당하는 내용을 모두 다루었다고 해도 무리는 아니겠다. 그래서 더욱 조심스럽고 세심하게 접근하려고 노력했지만 늘 그렇듯이 아쉬움이 남는 것은 어쩔 수가 없는 모양이다. 그래도 이 순간만큼은 최선을 다했다고 생각하고, 다음의 이야기를 정리하러 또 떠날 참이다. 그리고 이번에도 桃花 김용필 선생의 교정과 박성민군의 수정이 큰 도움이 되었음을 감사드린다. 또 최종 교정에서는 강성기, 이기승, 하정식 세 분 선생의 도움도 컸음을 고마움과 함께 전해 드린다.

이제 다음에 이어질 내용은 원리보다는 활용에 가까운 것들인데, 내용의 측면에서 본다면 실로 본론은 이 2권에 다 나온 셈이라고 해도 되겠다. 만약 명리학이 실생활에 접목하는 학문이 아니라면 여기에서 끝맺어도 좋겠지만, 그런 줄을 알면서도 그렇게 할 수가 없는 것은 명리학은 현실에 부합되는 것이어야 하기 때문에 富貴貧賤에 대한 설명이 이어지는 것이라는 점은 벗님이 더 잘 아시리라고 본다. 그리고 그 대목을 빌려서 여러 가지로 언급해 볼 이야기들을 생각하고 있기도 하다. 과연 부귀빈천의 참뜻은 무엇일까?

모쪼록 변변치 못한 소견이지만 주옥 같은 내용을 올바로 이해하는 데 약간의 도움이 되시기만을 간절히 바라면서 이번 강의는 이렇게 줄이도록 한다. 학문의 일취월장을 기원드린다.

                                        계룡산 감로사에서
                                        朗月 두손 모음

강해 · 낭월 박주현

스님이자 명리 연구가이다.
지은 책으로는 명리학 총론이라고 할 수 있는
『왕초보 사주학』(입문 · 연구 · 심리편)과
각론인 『알기 쉬운 음양오행』 『천간지지』 『합충변화』 『용신분석』,
명리학 최고의 경전인 『적천수』를 정리한 『적천수 강의』(❶❷❸),
사이버공간에서 명리애호가들과 주고받은 문답을 엮은 『사주문답』(❶❷❸),
사주용어를 체계적으로 해설한 『낭월 사주용어사전』 등이 있다.
현재 충남 논산 감로사 주지스님이다.
홈페이지 | www.nangwol.com

적천수강의 2

글쓴이 | 박주현
펴낸이 | 유재영
펴낸곳 | 동학사

1판 1쇄 | 2000년 7월 10일
1판 7쇄 | 2016년 5월 31일
출판등록 | 1987년 11월 27일 제10-149

주소 | 04083 서울 마포구 토정로 53(합정동)
전화 | 324-6130, 324-6131 · 팩스 | 324-6135
E-메일 | dhsbook@hanmail.net
홈페이지 | www.donghaksa.co.kr
www.green-home.co.kr

ⓒ 박주현, 2000

ISBN 89-7190-065-2 03150
ISBN 89-7190-063-6 03150(세트)
※ 저자와의 협의에 의해 인지를 생략합니다.
※ 잘못된 책은 바꾸어 드립니다.